Die Öffentlichkeiten der Erziehung

Tomoko Kojima

Die Öffentlichkeiten der Erziehung

Eine historisch vergleichende Untersuchung

Mit einem Geleitwort von Prof. Dr. Frank-Olaf Radtke

 Springer VS

Tomoko Kojima
Frankfurt/Main, Deutschland

Dissertation, Goethe-Universität Frankfurt/Main, 2013
D.30

ISBN 978-3-658-08279-6   ISBN 978-3-658-08280-2 (eBook)
DOI 10.1007/978-3-658-08280-2

Die Deutsche Nationalbibliothek verzeichnet diese Publikation in der Deutschen Nationalbi-
bliografie; detaillierte bibliografische Daten sind im Internet über http://dnb.d-nb.de abrufbar.

Vorwort

Mit ihrer kenntnisreichen Arbeit hat Tomoko Kojima eine Debatte in den Nachbardisziplinen auf originelle Weise für die Erziehungswissenschaft nutzbar gemacht. Am Ende eines zielstrebigen Durchgangs durch die sozial-philosophische, soziologische, politologische, kommunikations- und medienwissenschaftliche Literatur zum Verhältnis von Erziehung und Öffentlichkeit steht eine erziehungswissenschaftlich folgenreiche Einsicht. Es gelte, so schreibt die Autorin, die Analyse von Erziehungsverhältnissen aus einer antagonistischen Sichtweise zu befreien, in der „öffentlich" und „privat", „Staat" und „Gesellschaft" einander dichotom entgegengesetzt würden. Unter dieser Prämisse könnten vereinseitigend entweder der Staat, oder die Wirtschaft oder die Familie etc. als Orientierung für öffentlich verantwortete Erziehung eingesetzt werden, was notwendig dahin führe, daß anschließend unlösbare Strukturprobleme gesehen würden.

Wenn man von einer normativ geprägten, stark demokratietheoretisch aufgeladenen Position startet, kann der Eindruck eines Verfalls der (liberalen) bürgerlichen Öffentlichkeit und ihrer an den Prinzipien der Vernunft orientierten Korrektivstellung gegenüber dem Staat entstehen. Dagegen können theoretische Konzepte, die mit funktionaler Differenzierung beginnen, der sozialen Evolution und ihren jeweiligen Hervorbringungen gelassener entgegen treten und Schäden und Potentiale gegeneinander abwägen. Auch zum Verständnis öffentlich veranstalteter Erziehung sei es aussichtsreicher, das Erziehungssystem, das ja selbst das Ergebnis der gesellschaftlichen Evolution ist, daraufhin zu beobachten, wie es in seiner jeweiligen historischen und lokalen Gestalt zwischen den jeweils wirksamen externen Erwartungen oszilliere. Dann sieht man, dass es zu hybriden Formbildungen kommt, mit denen das System auf die widersprüchlichen Anforderungen anderer Funktionssysteme der Gesellschaft eigensinnig reagiert. Man wird von historisch gewachsenen Systemarrangements ausgehen können. Die Frage sei dann nicht mehr, ob die öffentliche Erziehung sich an den staatlichen, gesellschaftlichen, individuellen oder privaten Interessen orientieren soll, sondern vielmehr, wie die Integration der öffentlich-staatlichen und privaten Interessen qua öffentlicher Erziehung realisiert werde.

Mit dieser empirischen Hinwendung zu Wie-Fragen kann sich die erziehungswissenschaftliche Beobachtung des Erziehungssystems aus normativ-präskriptiven Umklammerungen lösen und sich der Beschreibung der empirischen Veränderungen im Verhältnis von Erziehung und Öffentlichkeit zuwenden. Tomoko Kojimas „Lösung" für das unlösbare Problem der widersprüchlichen

Erwartungen an die Erziehung ist der Vorschlag, die Öffentlichkeit der Erziehung bzw. des Erziehungssystems selbst als „aktiven Teil der demokratischen Gesellschaftsordnung" einzusetzen. Dann wäre die Öffentlichkeit der Erziehung ein „intermediäres System", das zwischen Mensch und Welt, Individuum und Gesellschaft tritt, wobei jeweils von Aushandlungsprozessen unter Bedingungen von Pluralität und Mehrdimensionalität auszugehen sei.

Die Wahl des Konzeptes „Öffentlichkeit" für die Rekonstruktion der Gestalt des Erziehungssystems erweist sich als doppelt fruchtbar: einerseits, um erneut die Entstehung der modernen Vorstellungen von Erziehung bzw. des Erziehungssystems systematisch rekonstruieren zu können, wie umgekehrt die Wahl des Gegenstandes „Erziehung" sich als ein Glücksgriff erweist, wenn es darum geht, Rolle und Bedeutung der Öffentlichkeit in der modernen Gesellschaft sachhaltig zu bestimmen.

Den Ertrag ihrer semantischen Rekonstruktionen bringt die Autorin vollends zur Geltung, wenn sie den gegenwärtigen Strukturwandel der Öffentlichkeit und die daraus sich ergebenden Folgen – Belastungen wie Chancen – für die Erziehung beschreibt. Nun gelingt es, die großen Themen Wohlfahrtsstaat, (neue) Medien, Ökonomisierung, Internationalisierung/Globalisierung mit dem erarbeiteten Instrumentarium zu erfassen, ins Verhältnis zu Erziehung zu setzen und einzuordnen. Die Tragfähigkeit des theoretischen Rahmens, den sie durch die Fokussierung des Themas Öffentlichkeit gewonnen hat, erweist sich in der Zeitdiagnose. Die Arbeit ist ein origineller Beitrag zur erziehungswissenschaftlichen Theoriebildung ebenso wie ein substantieller Einwurf in die anhaltende Diskussion, die kontrovers darüber geführt wird, welche Bedeutung Öffentlichkeit in der modernen Gesellschaft hat und wie ihr fortdauernder Strukturwandel zu beurteilen sei.

Frankfurt am Main, im Oktober 2014   Frank-Olaf Radtke

Inhaltsverzeichnis

Hinweis zum Text

Japanische Originaltexte wurden von der Autorin dieser Arbeit übersetzt, soweit keine englische oder deutsche Übersetzung vorlag.
Langgezogene o- und u-Laute in japanischen Eigennamen und Begriffen werden in dieser Arbeit mit den Zeichen ô und û dargestellt.

Einleitung: Die Öffentlichkeiten der Erziehung[1]

Allgemeine Zugänge zum Strukturproblem der Erziehung[2]

Erziehung ist ein beabsichtigter und einwirkender Handlungsprozess, der im privat-familialen Bereich beginnt.[3] Sie ist innerhalb privater Motive und Handlungsprozesse zu verorten. Erziehung findet jedoch nicht ausschließlich privat statt. Sie wird gleichzeitig öffentlich behandelt und hat einen sozialen Charakter: Erziehung ist eine „unvermeidliche soziale Tatsache" (Tenorth 2000, S. 15)[4] und wird als öffentliche Angelegenheit verstanden und öffentlich strukturiert. Die Entstehung der heutigen Form der öffentlichen Erziehung liegt historisch noch nicht lange zurück. In der Erziehungswissenschaft herrscht die einhellige Meinung, dass das heutige Konzept der öffentlichen Erziehung mit dem Prozess der Modernisierung in den okzidentalen Ländern entstanden ist (vgl. Oelkers 1992). Die öffentliche Erziehung in Staaten mit westlich-demokratischer Verfassung lässt sich anhand von drei unterschiedlichen, aber zusammenhängenden Aspekten beobachten: *Erstens* hat Erziehung einen Bezug zur Aufklärungsphilosophie. Die Selbstorganisationskräfte der neuen Gesellschaft sollen durch das Heranbilden autonomer, mündiger Individuen gefördert werden. Damit verbunden ist *zweitens* die Erziehung mit Bezug auf die neu herausgebildete (kapitalistische) Produktionsweise der Moderne. Erziehung wird zum Mittel für die (Weiter-)Ent-

---

1   Wenn der Begriff ‚Öffentlichkeit' oder ‚Öffentlichkeiten' in der vorliegenden Arbeit in der Wortkombination ‚Öffentlichkeit der Erziehung' verwendet werden, ist nicht die Bedeutung einer bestimmten Sphäre im Sinne einer realen Räumlichkeit bzw. eines realen Bereichs gemeint. Vielmehr verweist die Verwendung auf ein substantiviertes Adjektiv ‚öffentlich', also auf eine Charakterzuschreibung und auf ein allgemeines semantisches Merkmal der ‚öffentlichen Erziehung'.

2   Mit dem Begriff ‚Erziehung' oder ‚Erziehungswesen' werden im Folgenden das gesamte Erziehungssystem im Allgemeinen und das schulische Bildungswesen im Speziellen verstanden. ‚Erziehung' wird bewusst auch verwendet im Kontext der höheren Bildung (wie beispielsweise Gymnasium und Universität) oder der staatlichen Bildungspolitik bzw. in der vorliegenden Arbeit der Begriff ‚Erziehung' den Institutionalisierungsprozess der öffentlichen Erziehung allgemeiner, funktionaler und somit adäquater darstellt als der Begriff ‚Bildung'.

3   Hans Merkens zufolge kann die Familie als eine der pädagogischen Institutionen neben der Schule verstanden werden (Merkens 2006, S. 15ff.; S. 89ff.). In der vorliegenden Arbeit bezieht sich Institutionalisierung jedoch grundsätzlich auf die außerhäusliche, öffentliche Erziehung.

4   Heinz-Elmar Tenorth definiert Erziehung in seiner Abhandlung über die Geschichte der Erziehung im Anschluss an Siegfried Bernfeld als „die Summe der Reaktionen einer Gesellschaft auf die Entwicklungstatsache" (Bernfeld 1994 (1925), S. 51, zit. n. Tenorth 2000, S. 15).

11

wicklung der sich auf die liberale Marktwirtschaft stützenden Privatpersonen und -unternehmer einerseits sowie für das ökonomische Wohlergehen der Gesellschaft andererseits. *Drittens* ist der Anfang öffentlicher Erziehung eng verbunden mit der Entstehung eines modernen Nationalstaates. Hier wird Erziehung als ein grundlegendes Medium für den Demokratisierungsprozess im modernen Staat verstanden. Der Erziehungsprozess wird unter der Obhut eines modernen, zentralistischen Staates garantiert und institutionalisiert.[5] Diese drei Bezugspunkte der modernen öffentlichen Erziehung werden in der folgenden Prämisse miteinander verknüpft: „Der Staat, den die Bürger bilden sollen, ist dafür verantwortlich, dass möglichst alle Bürger an möglichst allen öffentlichen Geschäften teilhaben können. Sie sind aber nur dann imstande, Politik zu kontrollieren, ein Urteil über die wirtschaftlichen Verhältnisse abzugeben oder sozialen Wandel herbeizuführen, wenn sie hinreichend allgemein gebildet sind" (Oelkers et al. 1998, S. 7). Erst in diesem Kontext kann die Idee von Erziehung, Öffentlichkeit und Demokratie zusammen gedacht werden.

Erziehung ist daher ein paradoxer Komplex. Sie erfolgt einerseits unmittelbar, lokal geschlossen und wird teilweise mit Nähe in Verbindung gebracht und orientiert sich andererseits an der Regierungsform und vermittelt staats- bzw. weltbürgerliche Tugenden.[6] Die Relation zwischen ‚Subjekt' und ‚Objekt' sowie zwischen ‚Individuum' und ‚Gesellschaft'/‚Gemeinschaft' kann als „dialektische Spannung" (Oelkers 2009, S. 249) der öffentlichen Erziehung je nach den historischen Prozessen und gesellschaftlichen Gegebenheiten nach verschiedenen Theorieströmungen unterschiedlich ausgerichtet sein. Setzt öffentliche Erziehung stark auf die aufklärerische, freie Entfaltung der einzelnen Privatperson bzw. erfüllt mehr die Erwartung von privater Freiheit mit geringerer staatlicher Kontrolle z. B. im privaten Wirtschaftssystem, so kann das Konzept der öffentlichen Erziehung mit mehr Freiräumen bezüglich inhaltlicher, organisatorischer und finanzieller Entscheidungen ausgestattet sein. Wird öffentliche Erziehung hingegen stark durch den Staat (das politische System) als Handlungsinitiator der gesamten gesellschaftlichen Systeme beeinflusst, so kann die öffentliche Erziehung durch unmittelbare staatliche Kontrolle geprägt sein und inhaltlich, organisatorisch und finanziell überwiegend vom Staat gesteuert werden. Öffentlichkeit der Erziehung zeigt sich im Spannungsfeld zwischen Privatheit und Staatlichkeit bzw. den Individuen und der Gesellschaft. Dies wird als Strukturproblem bezeichnet, das öffentliche Erziehung stets beinhaltet. Die Begrifflichkeiten und Gegebenheiten der öffentlichen Erziehung sind in diesem Spannungsfeld stets schwammig: Die öffentliche Erziehung lässt sich oft nicht eindeutig dem Priva-

---

5   Mit öffentlicher Erziehung sind im Allgemeinen die institutionalisierten Formen der Erziehung gemeint, die vom Staat, aber auch von privaten Körperschaften (wie z. B. die Kirche) organisiert werden.

6   Oelkers zufolge ist „(d)ie Konzentration der Erziehungstheorie auf die *unmittelbare* Gemeinschaft und die Unterscheidung von *nah* und *fern* sowie von *Innen* und *Aussen* (...) ein Grundtopos der Theoriegeschichte der Pädagogik" (Oelkers 2000, S. 339).

ten oder dem Staatlichen zuordnen bzw. erscheint beiden zugehörig. Dadurch ist ein eindeutiger Bezugspunkt in der Überlegung, was öffentliche Erziehung heißt und in welcher Form sie realisiert werden kann/soll, schwer möglich (vgl. Horie 1992, S. 50f.).

Vor diesem Hintergrund ist es nicht verwunderlich, dass öffentliche Erziehung in der aktuellen Gesellschaftsstruktur keine überzeugenden Funktionslösungen anzubieten scheint. Die Selbstverständlichkeit einer öffentlichen Erziehung als wohlfahrtsstaatliche Erziehungsfürsorge, die das aufklärerische Motiv des allgemeinen Wissenszugangs zu bedienen versucht, scheint seit Ende des 20. Jh. ins Wanken zu geraten. Die Legitimation des staatlichen Erziehungsengagements schwindet zunehmend. Zum Teil werden in der bundesdeutschen Diskussion „freie Bildungsunternehmer", „staatlich unabhängige Bildungsmärkte" (Oelkers et al. 1998, S. 7) und die (Teil-)Privatisierung des öffentlichen Schulwesens favorisiert. Es handelt sich um einen Prozess innerhalb des Erziehungssystems, der wegführt vom ‚öffentlichen' in den ‚privaten' Bereich (vgl. Sünker 2002, S. 125). Ein Blick auf die anderen Industrieländer zeigt generell eine ähnliche Entwicklung.[7] Diese aktuelle Entwicklung in der Bildungslandschaft wird sowohl in der Erziehungswissenschaft als auch in der pädagogischen Praxis kontrovers diskutiert (vgl. Whitty 1994; Richter 1996; Weiß 1998; 2001; Radtke/Weiß 2000; Hoffmann/Maack-Rheinländer 2001; Lohmann/Rilling 2002; Lohmann 2002a; 2002c; 2004; Weißhaupt 2003; Frost 2006; GEW 2006). Dabei lassen sich unterschiedliche, teils gegensätzliche Positionen beobachten. Diese lehnen sich zumeist an die neue Entwicklung hin zu Privatisierung und unabhängigen autonomen Schulformen oder an das frühere, wohlfahrtsstaatliche Konzept an. Die Debatte speist sich im Wesentlichen aus zwei sich gegenseitig ausschließenden Fragestellungen: Ist das Erziehungswesen ein öffentliches Gut und somit ein Teil der staatlichen Aufgaben, oder ist es prinzipiell ein privates Gut? In der Thematisierung und der Auseinandersetzung mit der Bedeutung und Organisation der öffentlichen Erziehung scheinen jedoch Vorstellungen oder gar Übereinkünfte hinsichtlich der Frage nach den möglicherweise veränderten Voraussetzungen der Öffentlichkeit zu fehlen. Genau diese Fragestellung nach einer veränderten Öffentlichkeit wird legitim, wenn man die aktuelle Tendenz der öffentlichen Erziehung mit der Struktur der Öffentlichkeit in Verbindung setzt, und zwar unter Zuhilfenahme der bereits erwähnten Bezugsinhalte der modernen Erziehung – Aufklärung, kapitalistisches Wirtschaften und Staatlichkeit. Es sollte möglich sein, das öffentliche Erziehungskonzept innerhalb der sich historisch veränderten Öffentlichkeitsstruktur zu verorten und daraus seine Erscheinung herzuleiten.

---

7 Bezüglich einer vereinheitlichten Interpretation ist hier Vorsicht angebracht. Jedoch können tendenziell Gemeinsamkeiten der Entwicklung aufgezeigt werden. Dies zeigt sich am Beispiel Japan, auf das in der Arbeit am Rande eingegangen wird. Dort sind die privaten Bildungsträger in das öffentliche Schulwesen bereits zahlreich eingedrungen und scheinen auf breiter Front akzeptiert zu sein.

‚Öffentlichkeit' als Zugang zur außerfamilialen Erziehung

Der Begriff ‚Öffentlichkeit', der mit der modernen ‚öffentlichen' Erziehung in engem Zusammenhang zu stehen scheint, ist aus der Betrachtung der historischen Entwicklung der Öffentlichkeit zu verstehen. Öffentlichkeit ist ein relativ junges Konzept, das bis Mitte des 19. Jh. vorwiegend in der Staatspolitik und im Verfassungsrecht Gegenstand theoretischer Überlegungen war. Als wissenschaftlicher Grundgedanke wird der Begriff in der politischen und soziologischen Forschung erst in der zweiten Hälfte des 19. Jh. eingeführt (vgl. Hölscher 1979, S. 169; 1984, S. 1139).

Den Diskussionen der Politik- und Sozialwissenschaften über verschiedene Formen der Konfliktlösung, Konsensfindung und somit Integration in pluralistischen Gesellschaften liegen bislang unterschiedliche Schwerpunkte und Konzepte von Herrschaftsmodellen zugrunde.[8] Es wird grundsätzlich angenommen, dass sich die Problemlösungen der modernen Gesellschaft in der Sphäre der Öffentlichkeit abspielen. In der Öffentlichkeit wird über die Meinungs- und Pressefreiheit hinaus tendenziell der universelle, freigeistige Verkehr in allen die Allgemeinheit interessierenden Fragen gefordert. Öffentlichkeit bezeichnet in diesem Zusammenhang ein unentbehrliches soziales Medium, das den Zugang zum öffentlichen Leben gewährt, und mittels dessen sich öffentliches Leben entfaltet und integriert (vgl. Hölscher 1984, S. 1135f.). Öffentlichkeit als Sphäre sozial und politisch partizipatorischen Austausches bzw. kritischen Diskurses ist ein wesentlicher Bestandteil der demokratischen Herrschaftsform. Sie ist zwar „eine notwendige, keineswegs aber hinreichende Bedingung für (sic) Legitimität" (Sarcinelli 1998, S. 253), denn Öffentlichkeit stellt lediglich einen strukturellen Rahmen für die Möglichkeit sozialer Integration dar. Öffentlichkeit bietet keine absoluten Vorgaben, wie man Öffentlichkeit verstehen und mit ihr umgehen soll.

Die Bestimmungsversuche des Begriffs Öffentlichkeit verstricken sich im Allgemeinen in den Kontroversen der Moderne. Die Versuche, die strukturelle Erscheinung wie die Rolle der Öffentlichkeit darzustellen, bleiben bis heute zum größten Teil den politisch induzierten Begriffsbildungen aus der Zeit gegen Ende des 18. und Anfang des 19. Jh. verhaftet (Beetz 2003, S. 108). Aus der Konfrontation mit den Rationalitäts- und Legitimitätsproblematiken moderner Gesellschaften ergeben sich zwei Theorieströmungen: eine an der idealen Normativität orientierte Haltung einerseits und eine funktionalistisch empirisch argumentierende Sichtweise andererseits.

---

8   In der Moderne zerfallen die Handlungs- und Funktionsmöglichkeiten in verschiedene Rationalitätstypen und werden in eine dezentralisierte und pluralisierte Vernunft transformiert (vgl. Bonacker 1997, S. 16f.). Für Rationalisierung und Zusammenkünfte der modernen Gesellschaften sind die Legitimitätsüberzeugung sowie die Beurteilung des Geltungsanspruchs der (politischen) Herrschaft ein wichtiger Bestandteil und zugleich ein wesentliches Problem (vgl. Sarcinelli 1998, S. 253).

Die ideal-normative Bedeutung der Öffentlichkeit orientiert sich an den „moralischen Konnotationen" (Hölscher 1979, S. 169), die insbesondere mit der liberalen Gesellschaftsauffassung verbunden sind.[9] Vor allem wird Öffentlichkeit eine kritische Funktion zugeschrieben, die ihr die Aufklärungsphilosophie seit dem späten 18. Jh. einräumt. Öffentlichkeit ist verbunden mit der aufklärerischen Idee sozialer Verwirklichung durch die Vernunft des Menschen. Die moderne Gesellschaft, die auf einem kontingenten Erfahrungshorizont basiert, wird durch den kollektiven Gesamtwillen, über die Entscheidungen des (vernünftigen) Publikums und von dem daraus entstehenden, kommunikativ vermittelten, zustimmungsabhängigen und begründungspflichtigen Verfassungsstaat organisiert. Vorausgesetzt wird damit die Trennung zwischen Staat und Gesellschaft bzw. zwischen Staat, Öffentlichkeit und Privatheit. Das Verhältnis untereinander wird häufig oppositionell bestimmt.

In einer funktionalistisch empirisch argumentierenden Sichtweise verweist Öffentlichkeit auf die „wertneutrale Bezeichnung für soziale Kommunikationsstrukturen" (ebd.). Die Rationalisierungsproblematiken und Bestimmungsversuche von Öffentlichkeit werden dabei zunehmend aus deskriptiven, empirischen bzw. strukturfunktionalistischen Richtungen diskutiert. Nach dieser Herangehensweise besteht die moderne Gesellschaft grundsätzlich aus horizontal und funktional ausdifferenzierten, pluralistischen Teilsystemen (vgl. Luhmann 1969, S. 319; 1987a, S. 67f.). So können mit dem Begriff Öffentlichkeit weitere Lebensbereiche erfasst werden, die über die aus Staat und Gesellschaft bestehende klassische Sphäre des öffentlichen Lebens hinausgehen (vgl. Hölscher 1979, S. 169f.).

Die Struktureigenschaften außerfamilialer Erziehung im Sinne einer modernen öffentlichen Institution können in Verbindung mit den genannten zwei wesentlichen Erklärungsansätzen der Öffentlichkeit, moralisch normativer Bedeutungsinhalt einerseits und wertneutrale Struktur der Kommunikation andererseits (re)kontextualisiert werden. Den Erklärungen normativer Konzepte und Zielsetzungen zufolge kann und soll die Erziehung zum einen durch Vorbereitung auf die Teilnahme an öffentlichen Angelegenheiten zu anderen Funktionssystemen und somit zum gesamtgesellschaftlichen Entwicklungsprozess beitragen. Zum anderen erfolgt durch die Beobachtung der gesellschaftlichen Ordnung aus deskriptiver Perspektive eine intensivere Auseinandersetzung der Erziehung mit ihrem Verhältnis zur Öffentlichkeit. Es ist möglich, Erziehung funktional in

---

9   Zur politischen Philosophie und liberalen Auffassung von demokratischen Staatgebilden vgl. Locke 1992 (1690); Brink 1995. Im Mittelpunkt des liberalen Forderungskatalogs bestanden drei Formen (politischer) Öffentlichkeit: 1) Die Öffentlichkeit der parlamentarischen Verhandlungen, d. h. sowohl die unmittelbare Teilnahme des Publikums an ihnen als auch die vollständige Publikation ihrer Protokolle, 2) Die Öffentlichkeit der Gerichtsverhandlungen, vor allem der Strafprozesse, und 3) die Öffentlichkeit der Presse und des literarischen Verkehrs im Allgemeinen (vgl. Hölscher 1984, S. 1138).

15

einer Konstellation von sozialen Systemen zu verorten und ihre Wechselwirkung in der Öffentlichkeit sichtbar zu machen. In der bisherigen Erziehungswissenschaft, die vor allem auf die mit der Aufklärung verbundenen Geistes- und Humanwissenschaften ausgerichtet ist, wird jedoch das Thema öffentlicher Erziehung überwiegend mit einer moralisch normativen Konnotation von Öffentlichkeit in Verbindung gebracht.[10] Öffentliche Erziehung wird dabei in das konstruktive Ordnungsschema der Trennung von Staat, Gesellschaftlichem und Privatem eingebettet. Diese Zuordnung findet sich in Deutschland seit der Verstaatlichung und Nationalisierung der preußischen Schulorganisation überdies in spezieller Weise in Verbindung mit der „Sozialisierung der Erziehung" (Oelkers 2000, S. 334). Sie scheint die aktuelle Erziehungsversorgung nachhaltig zu bestimmen (ebd.): Begleitet durch das Aufkommen des sozial- und wohlfahrtsstaatlichen Erziehungskonzepts seit Ende des 19. Jh. gewinnen die Ideen der Aufklärung sowie das Einbeziehen der Gesamtbevölkerung in den öffentlichen Erziehungsbetrieb zunehmend an Bedeutung. Angesichts der aktuellen Tendenz einer Zunahme privat-ökonomischen Kalküls bilden sich aber gegensätzliche Standpunkte zu Verständnis und Ausrichtung öffentlicher Erziehung heraus, die sich an die theoretische Grundkonstellation der Trennung von Staatlichem, Gesellschaftlichem/Öffentlichem und Privatem anlehnen.

Historische Aspekte der Öffentlichkeit der Erziehung

Im Hinblick auf die Veränderung des bisherigen Selbstverständnisses einer öffentlichen Erziehung als staatliche Erziehungsfürsorge ist vor allem die Frage zu stellen, wie sich das Selbstverständnis der öffentlich organisierten, schulischen Erziehung historisch entwickelt hat, und zwar im Hinblick auf einen möglichen *Strukturwandel der Öffentlichkeit* (Habermas 1990 (1962)).[11] Diese Fragestellung scheint gegenwärtig wichtig, um in der aktuellen Diskussion die durch die unterschiedlichen Positionen vertretenen Bildungskonzepte hinsichtlich einer möglicherweise veränderten Öffentlichkeit zu relativieren und weiteren Sichtweisen oder einem anderen Verständnis von öffentlicher Erziehung Geltung zu verschaffen. Der Ausgangspunkt dieser Arbeit ist daher das Interesse an den

---

10   Die traditionelle, bundesdeutsche Erziehungswissenschaft, die insbesondere durch die Geisteswissenschaftliche Pädagogik sowie die Kritische Erziehungswissenschaft beeinflusst ist, setzte ihren philosophisch-emphatischen Schwerpunkt auf die Gestaltbarkeit der Vernunft des Menschen.

11   In der Diskussion über Öffentlichkeit sowohl in den politisch-philosophischen Wissenschaften, in den Gesellschaftswissenschaften als auch in den Kommunikations- und Medienwissenschaften erfährt die Abhandlung von Habermas über den *Strukturwandel der Öffentlichkeit*, vor allem seine kritische Betrachtung zur Entwicklung der Neuzeit bzw. seit der zweiten Hälfte des 20. Jh. bis heute große Resonanz. Dies gilt ebenso für Arendts *Vita activa oder Vom tätigen Leben.*

historisch unterschiedlich entstandenen, sich wechselseitig beeinflussenden Entwürfen und Verkörperungen der Öffentlichkeit(en). Wie lassen sich der Zusammenhang zwischen dem privaten Subjekt, der Gesellschaft und dem Staat sowie die konstruktive Erscheinung der Öffentlichkeit(en) in der jeweiligen Zeit und im gesellschaftlichen Kontext verstehen und beschreiben? In erziehungswissenschaftlicher Hinsicht stellt sich hier die Frage, wie die Erziehung in die jeweilige Struktur der Öffentlichkeit eingebettet werden kann, und zwar historisch und gegenwärtig. Damit stellt sich die Frage nach der Möglichkeit einer anders begründeten Stellungnahme bzw. weiterer Erscheinungsmöglichkeiten der aktuellen öffentlichen Erziehung. Wie lässt sich die gegenwärtige Erziehung angesichts des sich historisch wandelnden Konzepts moderner Erziehung erklären? Die These der vorliegenden Arbeit kann wie folgt zusammengefasst werden: Anhand der aktuellen, aktiven Umstrukturierung der Öffentlichkeit durch die Veränderung des Sozialen, durch die Privatisierung des Staatlichen und durch die Entprivatisierung des Privaten (vgl. Habermas 1990 (1962), S. 237; S. 243) kann das Erziehungswesen den Blick auf vielfältige (Teil-/Gegen-) Öffentlichkeiten (vgl. Fraser 2001) richten und sich selbst als Teil konstruktiver Öffentlichkeiten nach demokratischem Modell situieren. Das öffentliche Erziehungswesen ermöglicht somit die Kooperation von staatlicher und privater Souveränität. Die vorliegende Arbeit versucht, aus der historischen Rekonstruktion der erziehungswissenschaftlichen Diskurse, bezogen auf den Strukturwandel der Öffentlichkeit, die gegenwärtige Situation des Verhältnisses von Erziehung und Öffentlichkeit neu zu interpretieren und die genannte These zu belegen. Eine Anschlussüberlegung ist die Frage nach möglichen anderen Erscheinungen des Zusammenhangs zwischen Erziehung und Öffentlichkeit in anderen Ländern, hier speziell am Beispiel Japan. In diesem Land zeigt sich einerseits eine Parallele zu den neueren Entwicklungen in Deutschland, andererseits kann man trotz der Globalisierung (neo-)liberaler und kapitalistischer Prinzipien Unterschiede beobachten, und zwar in Bezug auf die unterschiedlichen historischen Hintergründe und die gesellschaftlichen Strukturbedingungen.[12] Der Zusammenhang von Erziehung und Öffentlichkeit weist eine andere Form auf bzw. stellt andere Aspekte in den Vordergrund. Die Darstellung einer anderen Organisationsmöglichkeit des Verhältnisses von Erziehung und Öffentlichkeit, wie sie in Japan vorliegt, ermöglicht, die einseitig am okzidentalen Diskurs festhaltende Perspektive zu erweitern und der Diskussion eine zusätzliche Sichtweise hinzuzufügen.

---

12   Eine Vergleichsstudie mit Bezug auf Japan ist insofern sehr interessant, als dort trotz der mit europäischen Verhältnissen vergleichbaren Modernisierung und Bildungsprozesse eine andere Moderne entstanden ist. Unter solchen Bedingungen muss Öffentlichkeit generell anders bestimmt werden (vgl. Eisenstadt 2000).

Zum Aufbau der vorliegenden Arbeit

Im ersten Kapitel wird zunächst auf die Begrifflichkeiten im Zusammenhang mit ‚Öffentlichkeit' eingegangen.[13] Zur Herausstellung des vielschichtigen, semantisch beweglichen Felds der ‚Öffentlichkeit' (vgl. Peters 1994, S. 42) werden die Begrifflichkeiten hauptsächlich aus zwei unterschiedlichen Perspektiven diskutiert, und zwar anhand diachroner und synchroner Standpunkte in den politik- und sozialwissenschaftlichen Diskussionen. ‚Öffentlichkeit' wird zunächst innerhalb des historischen Wandlungsprozesses verortet (1.1). Jürgen Habermas zufolge zeigt sich ein Strukturwandel der Öffentlichkeit entlang des historischen Entwicklungsprozesses, und zwar in Bezug auf das moderne, liberal-demokratische Konzept. Ausgehend von der ursprünglichen Gestalt der Öffentlichkeit in der griechischen Antike (1.1.1) können die unterschiedlichen Erscheinungen der Öffentlichkeit in folgenden drei Phasen beobachtet werden: die repräsentative Öffentlichkeit bis etwa zum 17. Jh. (1.1.2), die liberal-bürgerliche Öffentlichkeit im 18. und 19. Jh. (1.1.3) sowie die sozial- und wohlfahrtsstaatliche Öffentlichkeit im 19. und 20. Jh. (1.1.4) (vgl. Habermas 1990 (1962); Fraser 2001). Hier wird gezeigt, wie sich Öffentlichkeit im gesellschaftlichen Zusammenhang als Sphäre eines sozial und politisch partizipatorischen Austausches bzw. eines kritischen Diskurses entwickelt und wie sich die Struktur dieses wesentlichen Bestandteils demokratischer Herrschaftsformen historisch gewandelt hat. Die Rolle des Staates sowie des Privaten wird im Laufe der Zeit unterschiedlich geprägt und die Struktur der Öffentlichkeit bildet sich in unterschiedlichen Erscheinungen heraus. Die Systematisierung nach Habermas zeigt jedoch in Bezug auf die gesamtgesellschaftliche Konstellation eine Unzulänglichkeit: Sie bleibt dem normativen Beschreibungshorizont verhaftet. So ist es notwendig, Öffentlichkeit zusätzlich aus anderen Blickwinkeln zu rekonstruieren. Die wissenschaftliche Thematisierung von Öffentlichkeit erhält seit den 1970er Jahren eine weitere Richtung. Dementsprechend können die diversen intensiven Debatten über Öffentlichkeit nach der feministischen Theorie (Gender-Forschung) beleuchtet werden, welche sich in den 1970-80er Jahren als eine der soziologi-

---

13 In der vorliegenden Arbeit wird ausschließlich auf die Analyse der Begrifflichkeit ‚Öffentlichkeit' eingegangen. Die damit in Beziehung stehenden Begriffe ‚Staat' und ‚Privatheit' werden lediglich im Zusammenhang mit ‚Öffentlichkeit' erörtert und nicht ausführlich behandelt. Die beiden Begriffe haben ebenso wie ‚Öffentlichkeit' eine vielschichtige Bedeutung. So impliziert z. B. ‚Privatheit' neben dem ideellen Bedeutungsinhalt von Autonomie und Selbständigkeit auch Bedeutungen wie Privatwirtschaft, Kommerzialisierung oder intime Sphäre. Das Fehlen einer genauen Definition dieser Begriffe kann dazu führen, dass der Unterschied zwischen Staat und Öffentlichkeit bzw. Öffentlichkeit und Privatheit in dieser Arbeit teilweise unklar bleibt. Ferner wird in der vorliegenden Arbeit auf die begriffliche Unterscheidung zwischen Öffentlichkeit und Gesellschaft nicht speziell eingegangen. Gesellschaft und Öffentlichkeit werden, ähnlich wie bei Habermas, teilweise mit der gleichen Bedeutung versehen, obwohl diese beiden Begriffe, wie die Systemtheorie beschreibt, unterschiedliche Inhalte umfassen und auf unterschiedliche Eigenschaften und Funktionen verweisen.

schen Themenbereiche etabliert hat (vgl. Fraser 1992; 2001; Benhabib 1995). Zusätzliche Erkenntnisse ergeben sich aus der Betrachtung der seit den 1980er Jahren in den USA aufgekommenen Liberalismus/Kommunitarismus-Debatte (vgl. Brink 1995; Honneth 1993) (1.2.1.1). Im Anschluss an die kontroversen Debatten/Kritiken aus den hier genannten Theorieströmungen entwickelt Habermas schließlich selbst eine neue Sicht auf die Öffentlichkeitsstruktur in Form einer Diskursethik und deliberativen Demokratie (1.2.1.2). Ausgehend von der kritischen Auseinandersetzung mit dem Habermas'schen Ansatz des Strukturwandels der Öffentlichkeit aus der politisch-philosophischen Perspektive wird Öffentlichkeit außerdem im sozialwissenschaftlichen, empirischen Kontext synchronisch vorgestellt. Nach der Einführung des differenztheoretischen, deskriptiven Ansatzes, einem weiteren Instrument zur Beschreibung der modernen Gesellschaft und somit der modernen Öffentlichkeit (1.2.2.1), wird Öffentlichkeit aus systemtheoretischer Sicht betrachtet, und zwar auf der strukturellen und semantischen Ebene und auf der operativen Ebene (1.2.2.2; 1.2.2.3). Der Blick aus unterschiedlichen Ansätzen und die Darstellung kontroverser Debatten/Kritiken unterstützen die folgende, möglichst adäquate Beschreibung des Zusammenhangs von Erziehung und Öffentlichkeit, des daraus folgenden Strukturwandels der Öffentlichkeit der Erziehung und vor allem die Beschreibung ihrer weiterführenden Aspekte in der Gegenwart.

Um die Ausgangsüberlegungen – öffentliche Erziehung unter dem Aspekt des Strukturwandels der Öffentlichkeit – darzustellen, wird *im zweiten Kapitel* die Wechselbeziehung zwischen Erziehung und Öffentlichkeit systematisiert. Das Verhältnis wird sowohl aus der ideal-normativen als auch aus der differenztheoretischen Perspektive betrachtet. Aus der ideal-normativen Perspektive ist die Öffentlichkeit der Erziehung in Bezug auf drei Phänomene zu sehen – Aufklärung, (National-)Staatlichkeit und kapitalistische Wirtschaft –, die am Übergang zur Moderne entstanden sind (2.1.1). Bei genauerer Betrachtung der mit diesen einhergehenden politisch-philosophischen Erklärungsversuche bezüglich Gesellschaftsordnung und Öffentlichkeit lassen sich unterschiedliche pädagogische Konzepte finden, die das Verhältnis der Erziehung zur Öffentlichkeit innerhalb einer demokratischen Staatsordnung zu beschreiben versuchen: Pädagogik des Liberalismus, des Kommunitarismus und der deliberativen Demokratie (2.1.2). Darauf folgt die Abhandlung der Öffentlichkeit der Erziehung anhand des systemtheoretischen Ansatzes. Öffentliche Erziehung wird zunächst innerhalb der gesamtgesellschaftlichen Konstellation verortet und das Verhältnis zwischen dem Erziehungssystem, Öffentlichkeit und anderen Funktionssystemen nach systemtheoretischen Gesichtspunkten rekonstruiert (2.2.1). Neben der semantischen Ebene, mit deren Hilfe sich die Funktionen der öffentlichen Erziehung in Bezug auf Öffentlichkeit und andere Funktionssysteme aufzeigen lassen (2.2.2), wird auch die operative Ebene betrachtet (2.2.3).

Auf der Grundlage der systematischen Einordnung der Erziehung in den Zusammenhang mit Öffentlichkeit wird *im dritten Kapitel* das Hauptanliegen dieser

Arbeit behandelt. Erziehung wird strukturell in den Wandel der Öffentlichkeit eingebettet. Die Diskussion folgt dem historischen Strukturwandel von Öffentlichkeit nach Habermas. Zusätzlich wird die differenztheoretische Perspektive berücksichtigt. So wird die Öffentlichkeit der Erziehung in vier Phasen dargestellt: die der antiken Öffentlichkeit (3.1), der repräsentativen Öffentlichkeit (3.2), der liberal-bürgerlichen Öffentlichkeit (3.3), sowie die der sozial- und wohlfahrtsstaatlichen Öffentlichkeit (3.4). Die jeweilige Erscheinung der Öffentlichkeit der Erziehung wird einerseits im gesellschaftlichen Kontext jener Zeit als spezifisch-punktuelle Gegebenheit dargestellt, andererseits werden vor allem die Bezugsprobleme wie die Konfliktpunkte erörtert, die sich als Eigenschaft der Öffentlichkeit der Erziehung im Entwicklungsprozess der Moderne herausbildeten und bis zur Gegenwart als allgemeine Strukturprobleme der öffentlichen Erziehung ihre Gültigkeit behalten haben (dazu 3.3.3).

Im vierten Kapitel wird öffentliche Erziehung und ihr Strukturwandel am Beispiel von Japan thematisiert, um die bisherigen Diskussionen um eine neue Perspektive zu erweitern. Die vergleichende Studie erhellt zunächst generelle Schwierigkeiten, die sich aus den Unterschieden der gesellschaftlichen und kulturellen Voraussetzungen der zu vergleichenden Gegenstände ergeben (4.1). Auf dieser Basis wird nach der Darstellung der historischen Entwicklung der Öffentlichkeit in Japan (4.2) auf die grundlegenden Strukturmerkmale der Öffentlichkeit in Japan eingegangen. Diese offenbaren eine spezifisch japanische Öffentlichkeit, die in okzidentalen Ländern nicht anzutreffen ist (4.3). Anschließend wird Erziehung mit der dargestellten Öffentlichkeitsstruktur in Verbindung gebracht und die japanische Art der Öffentlichkeit der Erziehung sowie deren historischer Wandel dargestellt (4.4).

Im fünften Kapitel wird der Ausgangspunkt der Fragestellung dieser Arbeit – die aktuelle Erscheinung der öffentlichen Erziehung – auf der Grundlage der bisherigen Diskussion des Strukturwandels der Öffentlichkeit der Erziehung näher behandelt. Analog zu den unterschiedlichen Ausprägungen der Bedeutung und des Verständnisses von Erziehung im historischen Prozess kann in der Gegenwart erneut eine Veränderung beobachtet werden. Es wird auf den immer dominanter werdenden medialen Einfluss im aktuellen Öffentlichkeitsbild einerseits (5.1.1) und die seit den 1990er Jahren den politischen und gesellschaftlichen Diskurs bildenden neoliberalen Anforderungen andererseits (5.1.2) eingegangen. Diese werden als weiterführender Aspekt vor allem anhand der Auseinandersetzungen in den kommunikations- und medienwissenschaftlichen Disziplinen herausgearbeitet. Im Hinblick auf diese beiden (neuen) Strukturen der Öffentlichkeit wird dann die aktuelle Erscheinung der Öffentlichkeit der Erziehung erörtert (5.2.1; 5.2.2). Teilweise wird eine Verknüpfung mit dem aktuellen Stand der Diskussion in Japan hergestellt, um die Phänomene der strukturellen Verschiebung in ihren unterschiedlichen Aspekten zu beleuchten. Anschließend wird eine neue Sichtweise auf die Öffentlichkeit der Erziehung hergestellt. Die gegenwärtige Diskussion über öffentliche Erziehung wird anhand des Konzepts von ‚Zivilgesellschaft' und ‚bürgerschaftlicher Öffentlichkeit' sowie anhand des systemtheoretischen Erklärungsmodus in anderen Konstellationen der Öffentlichkeitsordnung jenseits des Verhältnisses von Staatlichem und Privatem verortet, wodurch eine andere Sicht auf das Verständnis der öffentlichen Erziehung ermöglicht wird (5.3).

Am Schluss dieser Arbeit werden die historische Deutungsverschiebung sowie die allgemeinen Bezugsprobleme der Öffentlichkeit der Erziehung zusammengefasst. Durch das Einbeziehen der öffentlichen Erziehung in das Konzept des Strukturwandels der Öffentlichkeit mit gleichzeitiger Referenz auf die normative wie die deskriptive Perspektive wird das Verständnis der Öffentlichkeit der Erziehung noch einmal auf den Prüfstand gestellt. Als Schlussfolgerung daraus wird die antagonistische Bestimmung der Öffentlichkeit – entweder dem Staatlichen oder dem Privaten zugehörig – noch einmal problematisiert. Die Überwindung der aus der antagonistischen Betrachtung resultierenden Strukturprobleme der Öffentlichkeit der Erziehung bildet den wesentlichen Beitrag dieser Arbeit zur Diskussion über Öffentlichkeit der Erziehung. Durch die Erweiterung der Perspektive wird es möglich, die Strukturprobleme anders zu beschreiben. Schließlich wird anhand der Ausführungen in dieser Arbeit die anfangs aufgestellte These belegt, dass das Erziehungswesen den Blick auf die vielfältigen (Teil-/Gegen-)Öffentlichkeiten (vgl. Fraser 2001) richten, die Kooperation von staatlicher und privater Einflussnahme ermöglichen, und sich selbst als Teil der konstruktiven Öffentlichkeiten im demokratischen Modell situieren kann. Dadurch wird eine weitere Erklärungsweise für die Öffentlichkeit der Erziehung herausgearbeitet, so dass sich bei der Betrachtung der öffentlichen Erziehung die Aussicht auf eine anders geartete Perspektive ergibt, vor allem unter den derzeitigen massendemokratischen Bedingungen.

21

1. Zum Begriff der Öffentlichkeit[14]

,Öffentlichkeit' stellt sich als ein verhältnismäßig junger Begriff dar.[15] Hölscher definiert ,Öffentlichkeit' in der Einleitung seiner begriffsgeschichtlichen Untersuchung *Öffentlichkeit und Geheimnis* wie folgt: „,Öffentlichkeit' ist einer jener revolutionären Begriffe des späten 18. und frühen 19. Jahrhunderts, die durch die Aufklärungsphilosophie zu Kampfinstrumenten der politischen Propaganda geschmiedet worden sind: seitdem gilt Öffentlichkeit als ein entscheidendes Kriterium zumindest der politischen Vernunft, wenn nicht von Vernunft überhaupt" (Hölscher 1979, S. 7). Die Formulierungen „revolutionärer Begriff", „Kampfinstrument der politischen Propaganda" sowie „entscheidendes Kriterium der politischen Vernunft" machen deutlich, dass dem Begriff ,Öffentlichkeit' in der Moderne eine normative Forderung an ein sozial-politisches Ordnungsprinzip zugeschrieben wird. D. h., Öffentlichkeit gewinnt in den okzidentalen Ländern seit der Neuzeit sukzessive die normative Eigenschaft eines sozial-politischen Mediums, „in dem sich die politische Autorität nicht nur legitimieren, sondern auch (...) zuallererst (sic) bilden soll" (ebd.). Öffentlichkeit verkörpert die formale Identität einer politischen Forderung, einer liberalen Überzeugung, moralischer Aufrichtigkeit oder des Charakters eines freien Volkes (vgl. ebd., S. 118). In diesem Kontext scheint es, dass gerade die mit dieser Begriffsbildung einhergehenden Charakteristiken es schwer machen, den Begriff ,Öffentlichkeit' allgemeingültig zu definieren. Grundsätzlich erfolgt die Begriffsbildung auf zwei unterschiedlichen Bedeutungsebenen: Einerseits stellt ,Öffentlichkeit' auf der Ebene eines realen Sachverhalts und Strukturmerkmals lexikalisch-definitorisch einen Sozialraum sowie ein Sozialleben im jeweiligen historischen Kontext dar. Andererseits werden dem Begriff ,Öffentlichkeit' auf der semantischen Ebene zusätzliche Bestimmungsmerkmale des Diskurses verliehen.[16] Aufgrund der beiden Bedeutungsebenen bietet der Begriff ,Öffentlichkeit' je nach Kontext vielfältige Interpretationsmöglichkeiten. So sind die Wissen-

---

14   Die Ausführung der Begrifflichkeit im folgenden Kapitel bezieht sich hauptsächlich auf das Phänomen der okzidentalen Entwicklung im Allgemeinen und der deutschen im Speziellen.

15   Im Folgenden werden Worte in ,Häkchen' gesetzt, wenn es sich um Begrifflichkeiten oder sprachliche Ausdrücke handelt, wie sie Lucian Hölscher in seiner Arbeit von 1979 einführt. Vgl. dazu Hölscher 1979, S. 9, Fußnote.

16   Reinhart Koselleck zufolge kann sprachliche Zweideutigkeit entstehen, denn „(e)in Wort wird (...) zum Begriff, wenn die Fülle eines politisch-sozialen Bedeutungs- und Erfahrungszusammenhangs, in dem – und für den – ein Wort gebraucht wird, insgesamt in das eine Wort eingeht" (Koselleck 1972, XXII, zit. n. Hölscher 1979, S. 125).

schaften, vor allem die Sozial- und Politikwissenschaften, stets mit *Staatlichkeit* und *Vernunft* einerseits und der Dreieinigkeit von *Staat, Vernunft* und *Öffentlichkeit* andererseits konfrontiert.[17] Öffentlichkeit und ihre Struktur hinreichend in einen theoretischen Rahmen zu bringen, war bisher immer mit Schwierigkeiten verbunden. Schließlich kann die Struktur der Öffentlichkeit in den Wissenschaften je nach Theoriebildung und Sichtweise divers dargestellt werden.[18]

Für die weitere Diskussion ist es erforderlich, die unterschiedlich geprägten Erscheinungen und Beschreibungen von Öffentlichkeit zu rekonstruieren. In diesem Kapitel wird deshalb der Zugang zum Begriff Öffentlichkeit anhand der politik- und sozialwissenschaftlichen Auseinandersetzungen gezeigt, und zwar nach den diachronen und synchronen Bestimmungen. Damit wird versucht, einen allgemein-systematischen Überblick über die Mehrdeutigkeit dieses Begriffs zu geben.

Die Entstehung des Begriffs Öffentlichkeit mit den damit verbundenen politischen Ideen und Konzepten ist erstens innerhalb eines historischen Transformationsprozesses zu verorten. Blickt man diachronisch genauer auf die historische Entwicklung, so lässt sich Öffentlichkeit, oder die ihr entsprechende Sphäre, in der antiken, mittelalterlichen, frühmodernen oder modernen Phase rekonstruieren. Diese historisch-eigentümlichen Formen von Öffentlichkeit können wiederum mit den epochalen, institutionalisierten Modellen in Verbindung gebracht werden, so dass eine Beschreibung der Öffentlichkeitsstruktur für bestimmte Zeiten und Orte möglich wird (vgl. Schiewe 2004, S. 29). Öffentlichkeit kann sich demnach je nach Charakter der Gesellschaft wie folgt rekonstruieren lassen: repräsentative, (liberal-)bürgerliche Öffentlichkeit (vgl. Habermas 1990 (1962)) und sozial- und wohlfahrtsstaatliche Öffentlichkeit (1.1).

Zweitens kann man die Öffentlichkeitsstrukturen synchronisch betrachten. Es gibt in der politischen Philosophie unterschiedliche Ideen eines sozial-politischen Ordnungsprinzips. Demnach kann zwischen der liberal-individualistischen, bürgerschaftlich-republikanischen, sozialstaatlich-massendemokratischen oder

---

17   Der Begriff ‚Öffentlichkeit‘ ist mit der lexikalischen Doppeldeutigkeit sowohl unter einem *politisch-sozialen Aspekt* als auch unter einem *visuell-intellektuellen Aspekt* zu sehen (vgl. Hölscher 1978, S. 413). „Die (...) stets mögliche kritische Frage, ob die öffentliche Ordnung des Staats tatsächlich der durch die Vernunft, die öffentliche Moral bzw. die gesellschaftlichen Bedürfnisse vorgeschriebenen ‚natürlichen‘ Ordnung entspricht, bedient sich der Mehrdeutigkeit des Wortes ‚öffentlich‘“ (ebd., S. 438).

18   In dieser Hinsicht problematisiert Baecker wie folgt: „Alle Arten von Komplementär-, Supplementär- und Konkurrenzbeziehungen zwischen Staat, Vernunft und ihrem gemeinsamen Dritten, der Öffentlichkeit, wurde bereits durchgespielt, aber eine Konstellation, die die Dreieinigkeit als solche absichern könnte, wurde nicht gefunden. Die Öffentlichkeit als Garant einer im Staat gefundenen Vernunft; die Öffentlichkeit als ausgeschlossener Dritter eines zwischen Staat und Vernunft eingespielten Einverständnisses; die Öffentlichkeit als Instanz der Kritik eines an Vernunftansprüchen scheiternden Staates und einer an Staatsansprüchen scheiternden Vernunft; schließlich die Öffentlichkeit als Ruin des Staates wie der Vernunft – jede dieser Konstellationen überzeugt nur auf den ersten Blick und verliert rasch an Attraktivität, wenn man genauer hinschaut.“ (Baecker 1996, S. 88).

neoliberalen Öffentlichkeit unterschieden werden sowie zwischen demokratischer, deliberativer oder postmoderner Öffentlichkeit (vgl. Peter 1994; 2007; Brink/Reijen 1995; Habermas 1999; Fraser 2001).[19] In der vorliegenden Arbeit wird die gegenwärtige Öffentlichkeitsstruktur anhand der Eröffnung diverser Debatten aus der postkolonialen/feministischen Theorie beleuchtet, welche sich in den 1970-80er Jahren als eine der soziologischen Themenbereiche etabliert hat, sowie anhand der seit den 1980er Jahren in den USA entstandenen Liberalismus/Kommunitarismus-Debatte (vgl. Honneth 1993; Brink 1995). Die Diskussion findet als kritische Auseinandersetzung mit der davor gezeigten diachronen Zugangsweise statt. Weitere Erklärungsmodelle werden als (selbst-)kritische Problemlösung dargestellt. Im Anschluss an die kontroversen Debatten/Kritiken aus den hier genannten Theorieströmungen entwickelt Habermas schließlich selbst eine neue Sichtweise der Öffentlichkeitsstruktur, nämlich in Form von Diskursethik und deliberativer Demokratie. Die Gemeinsamkeit dieser Konzepte besteht darin, dass sie die Abhandlungen von Arendt und Habermas kritisch aufgreifen und auf deren Grundlage die Diskussion über die aktuelle Struktur der Öffentlichkeit weiter zu entfalten versuchen (1.2.1).

Neben der politisch-philosophischen Bestimmung wird ebenso die sozialwissenschaftliche Perspektive dargestellt. Um eventuelle Rückschlüsse auf normative Konzepten zu ziehen, wird auf einen deskriptiven, real-empirischen Erklärungsansatz (vgl. Hölscher 1984, S. 1138f.) als weitere Zugangsmöglichkeit zum Thema Öffentlichkeit eingegangen. Wenn man Öffentlichkeit innerhalb der gesamtgesellschaftlichen Struktur einordnet, so ist für die weitere Diskussion dieser Arbeit der Blick besonders von einem systemtheoretischen Standpunkt aus fruchtbar (1.2.2).

---

19   Wenn man sich nicht auf ein bestimmtes, machterzeugendes Mehrheitsphänomen beschränkt, so kann die Sichtweise in der Formulierung von Begriffen verankert werden, z. B. in Begriffen wie ‚Teilöffentlichkeit', ‚Gegenöffentlichkeit', ‚Sonderöffentlichkeit', positive und negative Öffentlichkeit (Dahrendorf 1993 (1969); Fraser 2001). In Bezug auf einen konkreten, realen Sachverhalt kann darüber hinaus dem Begriff ‚Öffentlichkeit' eine Bedeutung nach dessen unterschiedlichen institutionellen Eigenschaften zugeschrieben werden. So kann Öffentlichkeit gekennzeichnet sein, z. B. als politische, publizistische oder massenmediale Öffentlichkeit, als Spontan-, Interaktions- und (örtlich zentrierte) Versammlungsöffentlichkeit, oder als Organisations- oder Betriebsöffentlichkeit.

1.1 Politik- und sozialwissenschaftliche Diskussionen I – Eine diachrone Beschreibung

1.1.1 Der konzeptionelle Ursprung der Öffentlichkeit – Öffentlichkeit und Privatheit in der griechischen Antike

Die griechische Antike ist nach drei Hauptepochen bzw. Phasen zu unterscheiden. Die erste Phase bis Ende des 6. Jh. v. Chr. ist durch die Herrschaft des Adels, der Könige und Tyrannen bestimmt. Die zweite Phase beginnt etwa im 5. Jh. v. Chr. In dieser Zeit ist die Hinwendung vieler Stadtstaaten zur Demokratie und somit die Ausbildung zahlreicher Polis zu beobachten. Anschließend folgt etwa ab dem 4. Jh. v. Chr. die dritte Phase, die hellenistische Zeit, mit den Eroberungen Alexanders des Großen (356-323 v. Chr.). Im Hellenismus reichte die griechische Zivilisation und Kultur über Ägypten, den Orient bis nach Indien. „So entstand anstelle der ‚griechischen Nationalkultur eine *einheitliche* Weltkultur‘" (Christes et al. 2006, S. 11). Im Folgenden wird auf die Zeitspanne der zweiten und dritten Phase Bezug genommen, d. h. auf die Zeit, in der sich zahlreiche, „demokratische" Stadtstaaten herausbildeten und die griechische Kultur sich mit der hellenistischen Strömung verbreitete. Insbesondere in den modernen Wissenschaften wird auf diese Zeit als Ursprung einer okzidental-demokratischen Gesellschaftsordnung und somit der modernen Öffentlichkeit Bezug genommen. Wie Hannah Arendt und auch Habermas konstatieren (vgl. Arendt 2007 (1958); Habermas 1990 (1962)), ist das Ursprungsmodell der Öffentlichkeit auf die attische Polis zurückzuführen.[20]

Versucht man die klassisch-griechische Welt makro-soziologisch zu beschreiben, so ergibt sich zum einen ein archaisches Bild von einer relativ simpel geordneten, stratifizierten Gesellschaft, zum anderen erscheint diese Gesellschaft – in einem anderen als im modernen Sinne – funktional differenziert. Dies kann aus der Existenz von zwei Bereichen gefolgert werden – einem politischen System (Polis) als gesellschaftliche Organisationsform und dem privaten Leben (Oikos) als naturhaftes Zusammenleben in Form von Haus und Familie.

Die Polis ist der ausgebildete griechische Stadtstaat, in dem die freien Bewohner zu politisch gleichberechtigten Bürgern werden, öffentlich das politische Leben der Gemeinschaft gestalten und an deren Regierung partizipieren. Hier in der den freien Bürgern gemeinsamen Sphäre (Koine) sind die Bürger als Volk mit dem Staat identisch. Die Staatlichkeit ist in der griechischen Antike kein politisches Instrument, das die Bürger unter Schutz stellt bzw. gegen das sich die Bürger auflehnen. Sie kann vielmehr mit der „Selbstherrschaft der Bürger über

---

20   Bezüglich des Begriffs ‚Öffentlichkeit‘ ist zwar festzuhalten, dass er erst in der zweiten Hälfte des 18. Jh. entsteht. Aber der Ursprung des Konzepts der Öffentlichkeit lässt sich bereits in früherer Zeit finden. Die thematische Auseinandersetzung in den politischen sowie philosophischen Wissenschaften beginnt später. Vgl. dazu Hölscher 1978; 1979.

Bürger" (Brüggen 2004, S. 725) gekennzeichnet werden. Die Angelegenheiten des politischen Lebens werden hier im öffentlichen Streit und in öffentlicher Verständigung ausgetragen (ebd.). D. h., alle sind in den „diskutant aufzuhellenden politischen Entscheidungsprozeß" (Saage 2005, S. 56) eingebettet – die direkte Demokratie der freien Bürger. Diese findet in der (politischen) Öffentlichkeit ihren Ausdruck und zugleich strukturiert sie die Öffentlichkeit.

Die Öffentlichkeit der Polis spielt sich auf dem Marktplatz – der Agora – ab.[21] Während sie sich anfänglich in Form großer Wettspiele (Agone) in Sport und Musik ausdrückt und Tüchtigkeit vor allem durch körperliche Einzelkämpfe bewiesen wird, erfährt die Streit- und Entscheidungsform in der Agora eine Verschiebung. In der Zeit des Hellenismus ist die Streit- und Entscheidungsform im Wesentlichen von unmittelbaren Interaktionen mit Worten bestimmt.[22] In einer Polis zu leben und dort in der Öffentlichkeit politisch tätig zu sein, heißt in diesem Sinne, dass „alle Angelegenheiten vermittels der Worte, die überzeugen können (...) und nicht durch Zwang oder Gewalt" geregelt werden (Arendt 2007 (1958), S. 36f.). Das Artikulieren, Begrifflich-Klären von geläufigen Meinungen, das Miteinander-Sprechen ist demnach das zentrale Anliegen der Bürger (vgl. ebd., S. 37). Das Beherrschen der Rhetorik ist entscheidend, um sich wirkungsvoll in öffentlichen Versammlungen, vor Gericht oder allgemein auf dem Marktplatz einsetzen zu können.

Die Öffentlichkeit der Polis ist durch Freiheit und Stetigkeit gekennzeichnet. Freiheit in zweifacher Hinsicht – Freiheit vom Zwang einerseits und Gleichheit vor dem Gesetz andererseits: In der Öffentlichkeit kann die Freiheit den Bürger vor Zwang bewahren, im privaten Leben (Oikos) dagegen muss er notwendigerweise den Befehlen eines Herrn gehorchen. Er war frei, „weil es ihm freistand, sein Haus zu verlassen und sich in den politischen Raum zu begeben, wo er unter seinesgleichen war" (ebd., S. 42). Freiheit bedeutet in diesem Sinne nicht, den Bürger vor Macht und Zwang der (staatlichen) Obrigkeit zu bewahren, was in der modernen demokratischen Gesellschaft als eine wesentliche Motivation des (privat-individuellen) Volkes gilt. Vielmehr ist die Öffentlichkeit der griechischen Polis die Sphäre der Freiheit im Gegensatz zur Privatheit.

Die Freiheit in der Öffentlichkeit der Polis wird andererseits dadurch gesichert, dass die Bürger dort als Gleiche mit Gleichen verkehren. „Alle nehmen Anteil an der Gleichheit des Gesetzes, und der Geltung nach hat im öffentlichen Wesen den Vorzug, wer sich irgendein Ansehen erworben hat, nicht nach irgendeiner Zugehörigkeit" (Saage 2005, S. 55). Es kann von einer Art Chancen-

---

21 Diese Form von Öffentlichkeit kann nach der Systematisierung von Gerhards und Neidhardt als Themen- oder Versammlungsöffentlichkeit bezeichnet werden. Vgl. dazu Gerhards/ Neidhardt 1993 sowie Abschn. 1.2.2.3 in dieser Arbeit.

22 Aristoteles definiert den Menschen in der Polis als ein Lebewesen im Besitz des Logos. In Bezug auf ihn und die griechische Polis betont Arendt das Handeln und Reden als die in allen Formen menschlichen Zusammenlebens anzutreffenden, politischen Tätigkeiten (vgl. Arendt 2007 (1958), S. 37ff.).

gleichheit die Rede sein, die jedem ermöglicht, „unabhängig von Stand und Besitz nach Maßgabe von Fleiß, Intelligenz und Verdienst" (ebd., S. 56) in der Öffentlichkeit aufzusteigen.

Die hier gleichberechtigte Aktivbürgerschaft besteht jedoch aus einer geringen Zahl der Mitglieder der privilegierten Bevölkerungsschicht – nämlich den Aristokraten. Daher bedeutet die Gleichheit vor dem Gesetz nicht soziale Gleichheit.[23] Die Öffentlichkeitsstruktur der Polis gilt trotzdem bis zur heutigen Zeit als demokratisch, weil dort die Beteiligungsrechte des Volkes für die Verhältnisse dieser Zeit weitgehend realisiert waren (vgl. ebd., S. 50). Zudem zeigt sich das Hervorragende in Tat, Wort und Leistung hauptsächlich in Form gewaltloser Auseinandersetzung (vgl. Arendt 2007 (1958), S. 36ff.). Die ehrenvolle Auszeichnung für diese Art Verdienste und somit die Anerkennung werden unabhängig von der Herkunft verliehen. „Die Anerkennung der Gesellschaft, die sich in Dekreten, Statuten, Kulten ausdrücken konnte, war nicht nur für den Geehrten von nutzen, sondern auch für seine Nachfahren" (Ameling 2004, S. 160). Sie können in der (politischen) Öffentlichkeit der Polis ewig und stetig andauern. Ewigkeit bzw. Stetigkeit sind für die Bürger grundsätzlich ein wichtiges Lebensziel. Der Ruhm, der zeitlich und räumlich ewig bleibt, ist nur in der Öffentlichkeit der Polis zu erreichen (vgl. Habermas 1990 (1962), S. 56f.). Während Beschränkung, Zwang und Gewalt zum Privaten gehören, können in der Öffentlichkeit Freisein und das gute, beständige Leben realisiert werden.

Im Gegensatz zur Öffentlichkeit der Polis versteht sich die Sphäre des privaten Lebens, Oikos, als Ort, der jedem einzelnen zu Eigen ist (Idia) (vgl. Arendt 2007 (1958), S. 40ff.; Habermas 1990 (1962), S. 56f.). Oikos entspricht nicht der Familie im modernen Sinne, sondern gilt nach gängigem Terminus als (Privat-) Haushalt.[24] Er basiert auf dem Oikosdespot, d. h. dem adligen Großgrundbesitzertum, das nach den Prinzipien der Ökonomie des ganzen Hauses die „Subsistenzwirtschaft mit dem Ziel der Selbstversorgung" betreibt (vgl. Saage 2005, S. 57). Sie besteht aus der Kernfamilie von Vater, Mutter und Kindern. Das Dienstpersonal – üblicherweise die Sklaven – wird rechtlich nicht zu den Personen des Oikos gezählt. Es gehört zum beweglichen und unbeweglichen Besitz des Hausherrn (vgl. Christes et al. 2006, S. 29). Das Organisationsprinzip des privaten Haushaltsbereichs war durch die menschlichen Bedürfnisse und Lebensnotwendigkeiten bedingt, dem individuellen Überleben sowie dem Fortbestehen der Gattung, dem notwendigen Wirtschaften, der Produktion und der Reproduktion. So vollzieht sich „(u)nter dem Schirm seiner Herrschaft (...) die Reproduktion des Lebens, die Arbeit der Sklaven, der Dienst der Frauen, geschieht Geburt und Tod" (Habermas 1990 (1962), S. 56f.).

---

23 „Vollbürger war jeder männliche Athener, der aus einer freien Familie stammte. Etwa 43 000 Männer aus einer Gesamtbevölkerung von ca. 315 000 gehörten der Aktivbürgerschaft an und konnten (...) an der Volksversammlung teilnehmen" (ebd., S. 50).

24 Im Haushalt der antiken Griechen gibt es kein Empfinden von Intimität, wie es in der privaten Sphäre der modernen Zeit zu finden ist (vgl. Arendt 2007 (1958), S. 58).

Das Leben der Angehörigen des Hauses – hier die Frauen, Sklaven oder Barbaren – verlief außerhalb des Logos (vgl. Arendt 2007 (1958), S. 37). Diese Personen wurden von Beginn an nicht der Bürgerschaft einer Polis zugerechnet und so war es ihnen nicht möglich, an der Öffentlichkeit der Polis teilzuhaben.[25] Im Gegensatz zur Polis ist der Oikos durch Macht und Zwang gekennzeichnet. Die Gewalt über Hauswirtschaft und Angehörige anstelle der verbalen Überzeugung weist im Wesentlichen darauf hin, dass Oikos grundsätzlich die Verfügung über die Arbeitskraft und den beweglichen Reichtum bedeutete. Er ist das Reich der Notwendigkeit und der Vergänglichkeit (vgl. Habermas 1990 (1962), S. 56f.).

Obwohl die antike Gesellschaft politisch als Ursprung der okzidentalen Demokratie angesehen wird, ist ihre gesellschaftliche Struktur nicht mit der der Moderne vergleichbar. Denn gegenüber der funktional differenzierten Gesellschaft der Moderne fehlt in der Antike – nach Luhmanns' Definition – eine demokratische Struktur. Eine demokratische Gesellschaftsstruktur sichert im modernen Sinne die Erhaltung eines möglichst weiten Selektionsbereichs und somit die der Komplexität für immer wieder neue und andere Entscheidungen (vgl. Luhmann 1969, S. 319). Dem gegenüber besteht die antike Gesellschaft lediglich aus zwei ausdifferenzierten Systemen von Öffentlichem und Privatem.[26] Die strikte Trennung der beiden Sphären lässt sich nach drei unterschiedlichen Aspekten charakterisieren, welche für das Verhältnis der Erziehung zur Öffentlichkeit bedeutend sein können.

Erstens stehen Polis und Oikos (Öffentlichkeit und Privatheit) in einem vertikal hierarchischen, ungleichen Verhältnis zueinander. Ordnet man die Öffentlichkeit der Polis dem politischen und die Privatheit der Oikosdespoten dem Wirtschaftssystem zu, ist hier zu bemerken, dass „die politische Gleichheit von extremer wirtschaftlicher Ungleichheit konterkariert wurde" (Saage 2005, S. 57). Die gesellschafts-ökonomischen Bedingungen der Antike zeigen, dass die auf der menschlichen Ungleichheit basierende Privatheit stets in den Hintergrund tritt und lediglich als Umwelt des Öffentlichen fungiert.

Zweitens unterliegen diese getrennten Sphären einem Voraussetzungsverhältnis. Die strikte Trennung an sich ist notwendig vor allem für die Existenz der

---

25 Es gibt jedoch einen Beleg dafür, dass Oikos keinen reinen Privatbereich darstellte. Der Hausherr (Kyrios), der für die weiblichen Mitglieder des Oikos die Vormundschaft übernahm, vertrat sie außerhalb des Oikos in der Öffentlichkeit des Gemeinwesens, eines Dorfes oder einer Stadt (Polis), beispielsweise vor deren Gericht. Zudem trat der Hausherr nicht nur selbst in die Öffentlichkeit, sondern die Öffentlichkeit kam auch zum Hausherrn in dessen Haus (Oikos), etwa wenn er Gäste empfing. So wird der Hausherr als „Scharnierfunktion" der zwei Lebenswelten im Oikos dargestellt – eine der Öffentlichkeit zugewandte und deswegen männliche und eine private, weibliche, den Trakt des Hauses betreffende (vgl. Christes et al. 2006, S. 29f.).

26 Der hier eingeführte Ausdruck der funktionalen Differenzierung in der Antike ist deswegen nicht vergleichbar mit dem der modernen Zeit, weil in der antiken Welt keine sich horizontal von einander ausdifferenzierenden, pluralen Gesellschaftssysteme existierten. Dennoch können in der Antike zwei strikt getrennte, funktional differenzierte Sphären beobachtet werden.

Öffentlichkeit. Denn die Existenz der Öffentlichkeit setzt die Existenz der Privatheit voraus. Die Privatheit scheint sogar lediglich um des Polis-Lebens willen zu existieren, weil die Teilhabe am öffentlichen Leben von der privaten Autonomie als Hausherr abhängt (vgl. Arendt 2007 (1958), S. 40f.; Habermas 1990 (1962), S. 56f.).[27] D. h., die Beherrschung der Lebensnotwendigkeiten innerhalb eines Haushaltes stellt die Bedingung für die Bürgerschaft und für das Freisein in der Polis dar. „Nur wer sich vom Reich der Notwendigkeit – kraft seiner Herrschaft – befreien kann, hat legitimerweise Zutritt zum Reich der Freiheit im Raum der Polis" (Imhof 1998, S. 18). Die Bürger leisten die Scharnierfunktion zwischen den beiden Sphären.

So lässt sich *drittens* der Unterschied zur Funktion der modernen Öffentlichkeit beobachten. Die Struktur der Öffentlichkeit in der Antike ist mit dem politischen System, dem Staat und der Bürgerschaft gleichzusetzen. Die Öffentlichkeit in der Antike leistet nicht die Funktion, vermittels derer die jeweiligen Systeme sich selbst reflektieren, die Rollenanforderungen neutralisieren, die Themen festlegen und somit die eigenen Grenzen markieren können, wie es in der Moderne der Fall ist (vgl. Luhmann 1994 (1971), S. 21; Abschn. 1.2.2.2 in dieser Arbeit). Sie ist vielmehr eine immanente Angelegenheit, eine Sphäre, wo die Bürger zusammentreffen und interagieren. Sie zeigt sich als Einheit und Ganzheit des Systems des Öffentlichen,[28] welches das andere System, die Privatheit, nicht tangiert.

---

27 Diese Logik der griechischen Antike ist nicht mit der modernen Vorstellung von Egalität identisch. Arendt zufolge zeigt sich jedoch in der ideellen und in der realen Entwicklung der Vergangenheit, dass das freie Wohlergehen in der Gesellschaft stets von Zwang, Gewalt und Ungleichheit abhängig war und ist. Lediglich der Schwerpunkt hat sich verschoben – z. B. eine Gesellschaft der Gläubigen im Mittelalter, eine Gesellschaft von Eigentümern bei Locke, eine Erwerbsgesellschaft bei Hobbes, eine Gesellschaft von Produzenten bei Marx, eine Gesellschaft von Arbeitern in sozialistischen bzw. kommunistischen Ländern oder eine Gesellschaft von jobholders in den modernen industrialisierten Ländern. Im modernen wissenschaftlichen Verständnis wird in diesem Zusammenhang die Verschiebung des dichotomen Makro-Verhältnisses sichtbar: *die Gesellschaft*, die Freiheit vertreten soll und eine Beschränkung der politischen Machtvollkommenheit verlangt und rechtfertigt einerseits, und *der Staat*, der Zwang und Gewalt im Politischen lokalisiert und monopolisiert andererseits (vgl. Arendt 2007 (1958), S. 41).

28 Dies ändert sich später in der römischen Antike ein wenig. Mit der Herausbildung der res publica als überpersonales Abstraktum ist die (politische) Öffentlichkeit zwar immer noch die Sache des Volkes, aber Öffentlichkeit, Volk und Staat werden nicht mehr als identisch verstanden. Die strikte Trennung von Privatheit/Haus besteht jedoch weiterhin fort.

1.1.2 Die Entstehung der repräsentativen Öffentlichkeit und die weitere Entwicklung in die moderne Zeit (bis ca. 17. Jh.)

1.1.2.1 Ein kurzer Überblick über den Feudalismus im Mittelalter

Hinsichtlich der politisch-philosophischen und rechtstechnischen Anwendung des Begriffs ‚Öffentlichkeit' scheint es einen Konsens darüber zu geben, dass sich Öffentlichkeit im Sinne der hellenistischen Antike „freilich erst wieder mit der Entstehung des modernen Staates und jener, von ihm getrennten, Sphäre der bürgerlichen Gesellschaft" (Habermas 1990 (1962), S. 57) beobachten lässt. Daher wird Öffentlichkeit im Zusammenhang mit dem Mittelalter kaum behandelt. Dies hängt damit zusammen, dass die okzidental mittelalterliche Weltordnung zum größten Teil einerseits durch die römisch-katholische Religion und andererseits durch den Feudalismus bestimmt war. Es gibt jedoch Anzeichen dafür, dass sich bereits im Mittelalter öffentliche Sphären herausbildeten.

Die Lebensordnung der Menschen im feudalistischen Mittelalter spielt sich grundsätzlich nicht in öffentlichen Sphären, sondern im Rahmen des Privathaushalts ab und ist daher mit der Privatsphäre in der Antike, Oikos, zu vergleichen. Dem gegenüber bieten das römische Recht und die darauf beruhende katholische Kirche „einen Ersatz für die Zugehörigkeit zu einem öffentlichen Körper" (Arendt 2007 (1958), S. 44). Die Unterscheidung der Sphären des Privaten und des Öffentlichen kann im Mittelalter mit einer spezifischen „Spannung zwischen dem Dunkel des Alltäglichen und der großartigen Pracht heiliger Stätten" (ebd.) verglichen werden. Durch Religiosität versucht die Kirche, das menschliche Leben zusammenzubinden, wobei im christlich-weltlichen Raum Wissen und Glaube durch göttliche Ordnung eine Einheit bilden. Der christliche Glaube bleibt vor allem an ein Jenseits gebunden und allein die Sorge um das Seelenheil kann die Gemeinschaft der Gläubigen zusammenhalten (vgl. ebd.; Foucault 1994a, S. 248; Lemke 2001, S. 85). Entlang den christlich-institutionellen Kriterien tritt das Öffentliche hier anders in Erscheinung als in der griechischen Antike. Ein mit Logos gekennzeichneter, auf Freiheit und Stetigkeit beruhender Bereich des Öffentlichen ist hier nicht zu beobachten (vgl. Arendt 2007 (1958), S. 44).

Neben der Religiosität ist die feudale Herrschaft ein sozialstrukturelles Merkmal im Mittelalter. Der machthabende Adel verfügt hier nicht über Doppelrechte des Öffentlichen im griechisch-antiken Sinne – die Gegensätzlichkeit von „privater Verfügung (dominium) und öffentlicher Autonomie (imperium) [...]. Es gibt niedere und hohe »Oberkeiten«, niedere und hohe »Gerechtsamkeiten«, aber keinen irgend privatrechtlich fixierbaren Status, aus dem Privatpersonen in eine Öffentlichkeit sozusagen hervortreten können" (Habermas 1990 (1962), S. 58). Öffentlichkeit ist hier anhand institutioneller Kriterien des feudalen Herrschaftssystems nicht als ein eigener, von einer privaten Sphäre abgetrennter Bereich nachzuweisen.

In dieser mittelalterlich herrschaftlichen Struktur von Religiosität und Feudalismus tritt jedoch seit dem 14. Jh. eine neue Kraft auf – das städtische Milieu (vgl. ebd., S. 63). Es beginnt, unabhängig von den feudalistischen Höfen, eigenständige städtische Räume zu entfalten.[29] Die vom autonomen Bürgertum vorangetriebene, neue Gesellschaft entwickelt später eine republikanisch-halbdemokratische Struktur in Anlehnung an humanistische Ideale,[30] die vor allem mit der Blütezeit der Renaissance des florentinischen Bürgerhumanismus im 14./15. Jh. in Oberitalien einhergehen (ebd.). Hier ist insbesondere die vom städtischen Bürgertum der Renaissance gebildete Sphäre zu erwähnen, welche sich klar vom Habermas'schen Konzept der späteren liberal bürgerlichen Öffentlichkeit im 18.-19. Jh. (vgl. Abschn. 1.1.3) unterscheidet. Während letztere sich gerade gegen die herrschende Obrigkeit herausbildet, steht die stadtansässige Bürgerkultur in dieser früheren Phase teilweise mit den Höfen und dem Adel in Verbindung. Das städtische Bürgertum in der Zeit der Renaissance übernimmt mehr und mehr aristokratische Merkmale, welche sich noch in unpolitischer Gestalt darstellen.[31] Umgekehrt mischt sich in die höfische Adelskultur, die grundsätzlich weit von Bildungseifer und humanitärer Idee entfernt blieb, allmählich die städtische Bürgerkultur. Die durch die bürgerlichen Intellektuellen entfaltete Öffentlichkeit schlägt dann alsbald „die Brücke zwischen der Restform einer zerfallenden: der höfischen, und der Vorform einer neuen: der bürgerlichen Öffentlichkeit" des 18. Jh. (ebd., S. 89; vgl. Abschn. 1.1.3).

---

29 Dies hängt mit der Entwicklung des Wirtschaftsraums zusammen. Die neue handwerklich-gewerbliche Produktionsform der Städte steht dem agrarischen Feudalismus entgegen. Handwerkliche Zünfte bilden eine ständische Körperschaft, um gemeinsame Interessen, Regeln wie Ausbildungsregeln, Arbeitszeiten, Produktqualität oder Preise zu wahren und zu überwachen. Außerdem erhält das städtische Großbürgertum finanzielle Macht durch freien Handel. Das Verhältnis zwischen den Höfen und dem autonomen Bürgertum in dieser Zeit zeigt sich am Beispiel von Kaiser Maximilian, der in eine finanzielle Abhängigkeit von den Fuggern geriet (vgl. Scheuerl 1985, S. 50).

30 Hier werden christliche Motive zu civitas dei, deren Bezeichnung auf dem sich an die Idee des Gottesstaates von Augustinus anlehnenden christlichen Motiv der in sich geschlossenen, geordneten Stadt beruht, mit den klassisch-antiken Deutungsmustern von res publica, communis utilitas und utilitas publica und mit der Vorstellung vom tätigen Leben (vita activa) verbunden. Dahinter steckt der Gedanke, dass der Mensch nur im politisch-öffentlichen Leben der Stadt bzw. des Staates seine wahre Vollkommenheit erreichen kann (vgl. Brüggen 2004, S. 733ff.). Die humanistische Idee rückt den Menschen als Handelnden in den Mittelpunkt der Welt und stützt sich auf den Sinn für das Gute und Edle im Menschen. Freiheit und Gleichheit der Bürger, die der Herrschaft gegenüber stehen, bedeuten jedoch „nicht die Freiheit und Gleichheit aller Menschen, sondern, wie in der klassischen Antike, die der (wahlberechtigten) Vollbürger der (Florentiner) polis oder civitas" (ebd., S. 734).

31 Ein Grund für diese Tendenz ist, dass sich das Bürgertum noch stark an die ständischen Herrschaftsverhältnisse mit feudal landwirtschaftlicher Produktion und „der korporativ gebundenen Kleinwarenproduktion des städtischen Handwerks" anlehnte (Habermas 1990 (1962), S. 70).

1.1.2.2 Repräsentative Öffentlichkeit

Die höfisch ritterliche Repräsentationsform, in der die herrschende Klasse Autorität und sozialen Status aufgrund der mittelalterlich starren Religiosität und des feudalen Systems beanspruchte, hätte im Prozess des Aufkommens der neuen, weltlich orientierten, städtischen Lebenswelt nicht überleben können. Der Austausch mit der städtisch bürgerlichen Kultur verwandelt jedoch die unkultiviert rohe, höfisch ritterliche Lebenswelt. Seit dem 15. Jh. stellt sich die höfisch adelige Herrschaft bezüglich ihrer Öffentlichkeit allmählich in geänderter Form dar. Sie pflegt sich selbst öffentlich zu repräsentieren. Der Herrscher „zeigt sich, stellt sich dar als die Verkörperung einer wie immer »höheren« Gewalt" (Habermas 1990 (1962), S. 60). Habermas bezeichnet diese Art öffentlicher Eigendarstellung des Herrschers vor den Menschen als *repräsentative Öffentlichkeit*.

Die Entfaltung der repräsentativen Öffentlichkeit ist an symbolische Eigenschaften der Person geknüpft – „an Insignien (Abzeichen, Waffen), Habitus (Kleidung, Haartracht), Gestus (Grußform, Gebärde) und Rhetorik (Form der Anrede, förmliche Rede überhaupt)" (ebd., S. 61f.). Besonderheiten wie Größe, Hoheit, Majestät, Ruhm, Würde und Ehre bestimmen die repräsentationsfähige Erscheinung. Die Porträts in Ölgemälden z. B. inszenieren den durch göttlichen Auftrag legitimierten, absoluten Herrscher. Die Öffentlichkeit der höfischen Repräsentation entfaltet sich an Festtagen, aber im Grunde „nicht nur bei definierter Gelegenheit am definierten Ort, etwa »in« einer Öffentlichkeit, sondern stets und überall, wo sie in Ausführung ihrer Herrenrechte repräsentier(t)" (ebd., S. 62). Die Legitimation der Herrschaft liegt hauptsächlich darin begründet, dass die politische Herrschaft zusammen mit der Kirche, corpus christi, eine transpersonale und organische Einheit bildet, welche als Rechtfertigung der (tyrannischen) Herrschaft eines Königs bzw. Hofes fungiert (vgl. Brüggen, 2004, S. 732f.).[32] Die Bevölkerung ist in dieser Vorstellung zur Herrschaft gehörig und der König, Fürst sowie seine Landstände sind das Land selbst. D. h., die feudalen Herrscher repräsentieren selbst Staat, Öffentlichkeit und Volk in ihrer Person (Privatheit) (ebd.). Die repräsentative Öffentlichkeit bildet sich demnach weder aus den Menschen, noch in einer Sphäre der sozialen und politischen Kommunikation, wie sie sich in der Öffentlichkeit der griechischen Polis zeigt. Vielmehr ist die repräsentative Öffentlichkeit mit einem Statusmerkmal identisch, das vor den Menschen anstatt für die Menschen existiert (vgl. Habermas 1990 (1962), S. 61).[33]

---

32 Dem gegenüber ist das öffentliche Leben in der Antike mit consensus omnium zu bezeichnen, das auf dem sich im Diskurs herausbildenden Konsens aller Bürger beruht.

33 Der Höhepunkt der repräsentativen Öffentlichkeit zeigt sich in der Herrschaft des französischen Königs Ludwig XIV von Bourbon. Ebenso ist verständlich, dass der englische König ‚publicness‘ genießt – „es besteht nämlich eine öffentliche Repräsentation von Herrschaft" (ebd.). Vor allem in Deutschland haben Formen repräsentativer Öffentlichkeit bis an die Schwelle des 19. Jahrhunderts starke Wirksamkeit (vgl. ebd., S. 67). Die Begrifflichkeit der

1.1.2.3 Öffentliche Gewalt im Absolutismus (Ancien Régime)

Die Herausbildung repräsentativer Öffentlichkeit ist in gewisser Hinsicht mit dem darauf folgenden Prozess der Verstaatlichung und einer merkantilistischen Regierungsweise verbunden. Das auf der repräsentativen Öffentlichkeit beruhende, absolutistisch monarchische Herrschaftssystem beginnt sich in eine *Sphäre der öffentlichen Staatsgewalt* zu transformieren (vgl. Habermas 1990 (1962), S. 74). Dies ist begleitet vom Verlust der politischen Mitwirkungsrechte traditionell mittelalterlicher Gewalten und geht einher mit der semantischen Veränderung des Wortes ‚öffentlich'. Das Öffentliche fungiert als Kennzeichen und Attribut staatlicher Obrigkeit und Herrschaft.

Zwar entstehen seit der florentinischen Stadtentwicklung im Übergang zur Moderne langsam mehr und mehr Elemente wie Waren- und Nachrichtenverkehr (für den Fernhandel), lokale Märkte oder Messen mit Gilden und Zünften (vgl. ebd., S. 70f.) und die Grenzen enger lokaler Wirtschaftseinheiten beginnen sich aufzulösen (vgl. Leschinsky/Roeder 1983, S. 35ff.), aber die neue Art des gewinnorientierten, zweckrationalen Wirtschaftens des frühen Finanz- und Handelskapitalismus bedeutet keineswegs die vollständige Entstehung einer von obrigkeitlichem Reglement befreiten, privaten (Wirtschafts-)Sphäre. Die allmähliche Säkularisierung und die Auflösung feudal-ständischer Strukturen ist vielmehr begleitet von der Herausbildung eines neuen Bewusstseins bei herrschenden und anderen Bevölkerungsgruppen: Sie beginnen, sich selbst innerhalb territorialer Grenzen und Regierungskörper einzuordnen (vgl. Gellner 1995; Anderson 1996). Die absolutistischen Herrscher organisieren ihr Landesterritorium als Einheit mit einer neu herausgebildeten Wirtschaftszone unter den Bedingungen ihrer obrigkeitlichen Reglementierung. Diese Tendenz wird verstärkt durch die großen Territorial- und Kolonialreiche im Frühkapitalismus.[34] Es entsteht ein Staatsapparat, der die eigene Repräsentation (des Mäzenatentums) der Fürsten nach außen hin und zugleich die Durchführung merkantilistischer Politik unterstützt. Das Leitbild der öffentlich-staatlichen Reglementierung ist „die Schaffung einer einheitlichen, straff von oben gelenkten, möglichst leistungsfähigen und rationalen Staats- und Sozialordnung, und in diesem Sinne bildet(e) sich der Absolutismus die Instrumente, die ihm eine weitreichende

---

Repräsentation hat sich bis in die jüngste Verfassungslehre hinein erhalten, und zwar in dem Sinne, dass Repräsentation eigentlich nur in der Sphäre der Öffentlichkeit erfolgen kann. Es gibt keine Repräsentation, die reine ‚Privatsache' wäre (vgl. ebd., S. 61).

34   Diese Form des Frühkapitalismus beginnt bereits im 16. Jh., als Expeditionen großen Stils neue Gebiete für den eigenen Markt entdeckten. Dadurch steigern sich der Kapitalbedarf und zugleich der Bedarf nach Verteilung der wachsenden Risiken. In der Folgezeit, im 17. Jh., verliert der Außenhandel jedoch seine Bedeutung als reine Quelle des Reichtums. Vielmehr gewinnt der Austausch des eingeführten Rohmaterials gegen eigene Fertig- und gegenüber denen des Handelskapitals durchzusetzen. Die frühkapitalistische Produktionsweise verbreitet sich in den Fabriken innerhalb des Landes und stellt sich als neuer Kolonialismus dar (vgl. Habermas 1990 (1962), S. 75).

Kontrolle und Reglementierung erlauben sollten: angefangen von der Begründung einer Steuerverwaltung, die für regelmäßige Einnahmen zu sorgen hatte, über den Aufbau einer zentralisierten Bürokratie und loyalen Beamtenschaft mit wirtschafts- und sozialpolitischen Kompetenzen bis hin zur Organisation eines stehenden Heeres" (Leschinsky/Roeder 1983, S. 36).[35] Absolutistischer Staatsapparat und frühkapitalistisches Wirtschaften sind abhängig voneinander und gegenseitig unentbehrlich. Im Staatsapparat werden politische, juristische und administrative Funktionen zusammengezogen (vgl. Habermas 1990 (1962) S. 142ff.), deren Gesamtheit als öffentliche Gewalt über die Bevölkerung fungiert.

Öffentlichkeit wandelt sich in dieser Weise beim Übergang vom späten Mittelalter zur frühen Moderne nun vom „repräsentativen »Hof« einer mit Autorität ausgestatteten Person" in „den nach Kompetenzen geregelten Betrieb eines mit dem Monopol legitimer Gewaltanwendung ausgestatteten Apparats. Grundherrschaft verwandelt sich in »Polizei«;[36] die ihr subsumierte (sic) Privatleute bildet (sic), als die Adressaten der öffentlichen Gewalt, Publikum" (ebd., S. 75.). Der Staatsapparat als öffentliche Instanz beginnt, in die privaten Sphären der Menschen wie der Privatwirtschaft einzudringen. Die Gegenüberstellung von Öffentlichem und Privatem ist hier seit der Antike erstmals wieder zu beobachten. Im Unterschied zur antiken Zeit ist jedoch das Öffentliche nicht der durch Logos gekennzeichnete, auf Freiheit und Stetigkeit beruhende Bereich innerhalb der Bevölkerung, sondern eine streng geregelte, immanente Staatlichkeit, die in der Bevölkerung wirkt. Während in der griechischen Antike die Privatheit eine Voraussetzung für das öffentliche Leben ist und die aus Publikum bestehende Öffentlichkeit ein entscheidender Faktor für die gesamte Struktur des Staates darstellt, zeigt sich Öffentlichkeit nun selbst in Form einer starken Staatlichkeit, die von oben geordnet wird. Privatheit ist kein integraler Bestandteil der Öffentlichkeit, sondern untergeordnete Kategorie innerhalb des absolutistischen Staates. Aus dieser Konstellation öffentlicher Gewalt und Privatheit bildet sich im 18. Jh. eine andere Eigenschaft von Öffentlichkeit heraus, die dieser politischen Herrschaftsgewalt gegenüber tritt.

---

35 Diese Instrumente gehen mit wesentlichen Motiven der früh-neuzeitlichen, absolutistisch-merkantilistischen Staatspolitik einher, dem Versuch, die Menschen innerhalb einer Staatsgrenze statistisch und ökonomisch als Bevölkerung zu lenken, anstatt den Einzelnen der privat-familialen Einheit zu überlassen, um „die Akkumulation des Kapitals mit der Akkumulation von Menschen" in Übereinstimmung zu bringen (vgl. Lemke 1997, S. 73; Foucault 2000, S. 58ff.).

36 Foucault zufolge fungiert die Polizei nicht nur als gängiger „Hilfstrupp der Justiz bei der Verfolgung von Verbrechern und als Instrument der politischen Kontrolle von Aufstandsbewegungen oder Revolten ". Vielmehr übernimmt sie eine Disziplinierungsfunktion. „Interdisziplin und Metadisziplin" spielen eine große Rolle, welche an die kleinsten in der Gesellschaft verstreuten Machtinstanzen anknüpft, ein lückenloses Verbindungsnetz spannt und so die Übereinstimmung von Person und staatspolitischer Machtausübung begleitet. „Der Souverän gewöhnt das Volk durch eine kluge Polizey zur Ordnung und zum Gehorsam" (Foucault 1994c, S. 276; vgl. ebd. 1994a, S. 249).

1.1.3 Die (liberal-)bürgerliche Öffentlichkeit

1.1.3.1 Gesellschaftliche Vorbedingungen zur Genese der bürgerlichen Öffentlichkeit

Die frühkapitalistisch-aristokratische Gesellschaft, welche ab dem 14. Jh. als eigentümlich städtische Sphäre mit der repräsentativen Öffentlichkeit der feudalen Herrscher einherging, dehnte allmählich ihren Einfluss aus. Habermas zufolge sind bezüglich der Übergangszeit vom Mittelalter zur Moderne insbesondere drei unterschiedliche, jedoch zusammenhängende, sozio-ökonomische Faktoren zu erwähnen, die sodann im 18. Jh. zur Genese der neuen, bürgerlichen Öffentlichkeit führen sollen: (i) Erfindung des Buchdrucks und Entstehung des allgemeinen Zugangs zu Schriften, (ii) eine darauf folgende Unabgeschlossenheit des Publikums sowie die Erweiterung des Kommunikationsraums, und (iii) die Entstehung des Frühkapitalismus und einer horizontalen Gesellschaftsstruktur (vgl. Habermas 1990 (1962), S. 69ff.).

(i) Die Erfindung der modernen Drucktechnik durch Johannes Gutenberg Mitte des 15. Jh. schafft die Voraussetzung für die Reproduzierbarkeit von Schriften. Gedruckte Schriften verbreiten sich in den Landessprachen, während die Nutzung der heiligen Sprachen Latein, Griechisch und Hebräisch allmählich zurückgeht. Waren die philosophischen, literarischen und künstlerischen Werke zuvor durch kirchliche wie höfische Autoritäten monopolisiert und lediglich Bestandteile der Repräsentation kirchlicher wie höfischer Öffentlichkeit, so werden sie nun durch die Drucktechnik freigegeben und allgemein zugänglich. Wissen wird auf dem riesigen Markt der (einsprachigen) Massen verfügbar und ist nicht mehr exklusiv der Geheimlehre der geistigen Elite vorbehalten.[37]

(ii) Mit der grenzenlosen Verfügbarkeit des Nachrichtenverkehrs wird eine „prinzipielle Unabgeschlossenheit des Publikums" (ebd., S. 98) geschaffen und die bisherige repräsentative Öffentlichkeit verliert allmählich an Bedeutung. Dies geht mit der Verbreitung der neuen Kommunikationsmedien einher. Der sich in der Anfangsphase entwickelnde Nachrichtenverkehr über Zeitungen, (berufsständische) Korrespondenzsysteme sowie Briefverkehr durch eine institutionalisierte Post ermöglichen zwischenmenschliche Dauerkontakte und -kommunikation (ebd., S. 71f.). Der Umsatz von Tageszeitungen und Wochenzeitschriften steigt. Buchclubs, Lesezirkel und Subskriptionsbüchereien werden gegründet

---

37 Die weite Verbreitung der muttersprachlich gedruckten Schriften ist vor allem auf die Reformation und die Bibelübersetzung von Martin Luther im 16. Jh. zurückzuführen. Als Luther im Jahre 1517 seine Thesen in Wittenberg anschlug, wurden sie ins Deutsche übersetzt und gedruckt. Hier gab es zum ersten Mal eine wirkliche Massenleserschaft und eine, jedem zugängliche, Volksliteratur. Landesweit einheitliche Standardsprachen setzten sich jedoch erst später durch. Sie entstehen spätestens gegen Anfang des 19. Jh. durch die Notwendigkeit, alle amtlichen Belange und formellen Dokumente der Regierungs- und Justizbehörden in der landesweiten Standardsprache zu verfassen.

(ebd., S. 115). Das Bewusstsein der Gesellschaft ändert sich in größerem Maße, vor allem mit der Entstehung der Presse und Mediatisierung der Kommunikation seit Ende des 17. Jh.: Mit Hilfe der regelmäßigen, schriftsprachlichen Berichterstattung der Presse gelangen die Menschen[38] zu einer visuellen Vorstellung von der Existenz der Abertausenden, die trotz ihrer Unsichtbarkeit ihnen selbst gleichen (vgl. Anderson 1996, S. 82).[39] Der neue Kommunikationsraum ist gekennzeichnet durch ein Publikum aus Privatpersonen, die als Leser, Hörer und Zuschauer mittels des publizistisch bereitgestellten Wissens über unterschiedliche Themen – anfänglich der Literatur und Philosophie und später der Politik – miteinander zu kommunizieren beginnen. Die publizistisch vermittelte Öffentlichkeit entwickelt sich zum Träger der (liberal-) bürgerlichen Öffentlichkeit.

(iii) Die Entwicklung der neuen Kommunikationsweisen hängt zum großen Teil mit der zunehmenden Verbreitung marktwirtschaftlicher Handels- und Produktionsbedingungen sowie mit dem damit einhergehenden Aufblühen des privat-wirtschaftlichen Lebens zusammen. Die Verbreitung der Schriften sowie die Erweiterung des Kommunikationsraums setzten eine frühe Form des kapitalistischen Unternehmertums voraus (vgl. ebd., S. 24ff.). Die Schriften und somit das Wissen beginnen nun, dem rational orientierten Verhalten des Kapitalismus unterworfen, in Warenform überführt und als Information auf dem Markt vermittelt zu werden (vgl. Habermas 1990 (1962), S. 97f.). Der Merkantilismus in der frühkapitalistischen Phase unterstützt dabei keineswegs lediglich den Staatsbetrieb, sondern fördert zugleich „seine Gewerbepolitik, (...) den Auf- und Abbau kapitalistisch arbeitender Privatbetriebe" (ebd., S. 82). Auf nicht-staatlicher, privater Ebene wird der Austausch gefördert, der „nicht etwa die Gleichheit des Status voraussetzt, sondern von diesem überhaupt absieht" (ebd., S. 97). Hier entsteht die Vorbedingung für ein „horizontales Netz ökonomischer Abhängigkeiten, die sich im Prinzip nicht mehr den, auf Formen der geschlossenen Hauswirtschaft basierenden, vertikalen Abhängigkeitsverhältnissen des herrschaftsständischen Systems unterordnen (sic) lassen" (ebd., S. 71).

Die Verschiebung von vertikalen zu horizontalen Abhängigkeitsverhältnissen im wirtschaftlichen Bereich ist ein Grundstein für die moderne demokratische Gesellschaftsordnung. Prinzipiell soll jedermann unabhängig von seiner Herkunft ein Teilnahmerecht am ökonomischen Leben zugestanden werden. Dies gilt nicht nur für das wirtschaftliche Verhältnis. Jeder erhält rechtlich gleichermaßen die Chance, „mit Tüchtigkeit und »Glück« (...) den Status eines Eigentümers und somit eines »Menschen«, die Qualifikationen eines zur Öffent-

---

38 Neben den alten herrschenden Klassen handelt es sich hier um „die in der Entstehung begriffenen Mittelschichten der niedrigen Beamtenschaft, der freien Berufe und der Handels- und Industriebourgeoisien" (Anderson 1996, S. 80).

39 Später wird ihr Interesse mit dem nationalstaatlich gemeinsamen Bewusstsein in Verbindung gebracht. Die Bourgeoisie wird im welthistorischen Maßstab die erste Klasse, die Solidarität auf der wesentlichen Grundlage einer vorgestellten Gemeinschaft auf nationaler Ebene herzustellen vermochte (vgl. Habermas 1990 (1962), S. 72; S. 140; Anderson 1996, S. 82).

lichkeit zugelassenen Privatmannes, Besitz und Bildung, zu erwerben" (ebd., S. 158). Während einst die Freiheit nur, begrenzt auf lokaler Ebene, im städtischen Milieu entstehen konnte – so z. B. in der Renaissance –, entwickelte sich das bürgerlichen Recht nun von einer lokalen zu einer nationalen Institution als allgemein gültige Freiheit (vgl. Marshall 1992, S. 43ff.).[40] Mit dem Einbeziehen des bürgerlichen Rechts wird „ein Normensystem entwickelt, „das eine im strengen Sinne private Sphäre, nämlich den von ständischen wie von staatlichen Auflagen tendenziell befreiten Verkehr der Privatleute miteinander sichert" (Habermas 1990 (1962), S. 144).

1.1.3.2 Die Struktureigenschaften der frühen bürgerlichen Öffentlichkeit – literarische Öffentlichkeit

Das gesellschaftliche Dasein von ‚Privatleuten' zeichnet sich als modernes Phänomen ab. Diese treten in der Neuzeit vor allem angesichts der Entwicklung moderner kapitalistischer Wirtschaftsordnungen in Erscheinung. Die Bedeutung der Privatheit, welche seit der Antike durch die Anstrengungen und die Abhängigkeitsverhältnisse der (privat-häuslichen) Arbeit gekennzeichnet war (Oikos), spaltet sich in der Moderne in zweifacher Weise: Zum einen in wirtschaftliche Tätigkeiten und zum anderen in den inneren Bezirk der häuslichen Privatsphäre. „In dem Maße, in dem der Warenverkehr die Grenzen der Hauswirtschaft sprengt,[41] grenzt sich die kleinfamiliale Sphäre gegenüber der Sphäre gesellschaftlicher Reproduktion ab." (Habermas 1990 (1962), S. 88). Privatleute vertreten demnach beide Bereiche – einerseits den gesellschaftlich-wirtschaftlichen Bereich, andererseits den kleinfamilial-intimen Bereich.

---

40   Wie Marshall zur Entwicklung der bürgerlichen Rechte im 18. Jh. konstatiert (vgl. ebd., S. 40ff.), verankert sich die Idee individueller Freiheit rechtlich im Prozess des Aufbaus moderner, demokratischer Staaten. Die Verfassung von 1791 ergänzt beispielsweise die Gesamtheit der Öffentlichkeit, die im großen und ganzen die *Déclaration des Droits de l'Homme et du Citoyen* (deutsch: Erklärung der Menschen- und Bürgerrechte) vom 26. 8. 1789 übernimmt: „Die freie Mitteilung der Gedanken und Meinungen ist eines der kostbarsten Menschenrechte. Jeder kann mithin frei sprechen, schreiben, drucken unter Vorbehalt der Verantwortlichkeit für den Mißbrauch dieser Freiheit in den durch Gesetz bestimmten Fällen" (Art. XI, In: Gauchet 1991, S. 11; vgl. Habermas 1990 (1962), S. 137f.). Die Grundrechte der Freiheit der Gedanken, des freien Glaubens, der freien Meinung und freien Rede garantieren demnach die Existenz sowohl des Privaten (als Intimsphäre wie als Privatautonomie mit Familie und Eigentum) als auch einer öffentlichen Kommunikationssphäre (vgl. Habermas 1990 (1962), S. 153). Zu Privatem wie auch zu öffentlicher Kommunikationssphäre lässt sich in der vormodernen Zeit nichts Vergleichbares finden.

41   Während in der frühen Form der hausindustriellen Produktion wirtschaftliche Tätigkeiten dem privaten Haushalt zugehörig waren, erscheinen mit der Entwicklung der Manufakturindustrien Tagelöhner, Arbeiter bzw. Fabrikanten, die jenseits der privaten Sphäre in Fabrikgebäuden arbeiten. Die Verdrängung der hausindustriellen Produktion z. B. durch Fabriktextilien fördert die Trennung von Familienarbeit und Gewerbearbeit (vgl. Tennstedt 1981, S. 56.).

Die frühbürgerliche Ausformung von Öffentlichkeit bleibt zwar von ihrem Ursprung her „der vom Hof sich lösenden adligen Gesellschaft verhaftet" (vgl. Abschn. 1.1.2.1). Ihre ästhetische Kommunikationsform verschmilzt jedoch allmählich mit der neuen Kultur der städtischen Aufklärer.[42] Sie führt „zu einer Spannung zwischen »Stadt« und »Hof«" (ebd., S. 81; S. 107) und weitet die Bezugspunkte ihrer subjektiv-privaten Erfahrungen nach außen aus. Die Kommunikationsbasis der gesellschaftlichen Sphäre der frühen Moderne wird grundsätzlich von der „Subjektivität kleinfamilial-intimer Herkunft" geprägt. Konkret drückt sie sich mithilfe neuer Mittel in Form von Freiheit, Bildung, Liebe, Briefwechsel, Selbstbeobachtung, Ich-Erzählung oder Tagebüchern aus (ebd., S. 110f.; S. 120). Sie ist der Vorläufer der literarischen Öffentlichkeit. Die frühbürgerlich literarische Öffentlichkeit entfaltet sich in Städten wie Paris und London (vgl. ebd., S. 63). Sie institutionalisiert sich vor allem in Salons, die zumeist in der aristokratisch geprägten, privaten Sphäre veranstaltet werden.[43] Diejenigen, die in diesem sozialen Kreis verkehren und prinzipiell unabhängig und frei von der Herrschaft des (ökonomischen) Marktes und Staates handeln, gelten als

---

42 Zu den städtischen Aufklärern zählen die Bürgerlichen (Bourgeoisie) – die großen Handelskaufleute, Bankiers, Verleger, Manufakturisten als Wirtschaftsbürgertum – die aus dem engeren Rahmen der Stadt herausgewachsen sind. Ebenso gehören dazu „Ärzte, Pfarrer, Offiziere und Professoren, die »Gelehrten«, deren Stufenleiter sich über Schulmeister und Schreiber zum »Volk« hin verlängert" (ebd., S. 80).

43 Innerhalb der okzidentalen Länder entwickelt sich die bürgerliche Öffentlichkeit unterschiedlich. So erfährt England diese seit Ende des 17. Jh. in den Kaffeehäusern, als "Zentren einer zunächst literarischen, dann auch politischen Kritik, in der sich zwischen aristokratischer Gesellschaft und bürgerlichen Intellektuellen eine Parität der Gebildeten herzustellen beginnt" (ebd., S. 92). In Frankreich tritt im 18. Jh. die erste Form des Salons auf, in dem sich die „ökonomisch unproduktive(n) und politisch funktionslose(n) Stadtaristokratie mit den bedeutenden, oft aus dem Bürgertum stammenden Schriftstellern, Künstlern und Wissenschaftlern" verbindet (ebd., S. 90). Salons werden häufig von den adeligen Frauen in ihren privaten Räumen veranstaltet, während Kaffeehäuser grundsätzlich von männlichem Publikum dominiert werden. Im Gegensatz zu den beiden Ländern dauert es in Deutschland mit der Herausbildung einer solchen Sphäre, in der die repräsentative Öffentlichkeit der Höfe durch Institutionen der Bürgerlichen abgelöst werden. Eine vergleichbare Institution findet sich jedoch in den gelehrten Tischgesellschaften, den alten Sprachgesellschaften des 17. Jh. Sie sind zwar von der politischen Praxis eher ausgeschlossen als die Salons, aber „ihr Publikum rekrutiert sich (...) wie in den Kaffeehäusern aus Privatleuten, die produktive Arbeit tun, nämlich aus der städtischen Ehrbarkeit der fürstlichen Residenz, mit einem starken Übergewicht der akademisch gebildeten Bürgerlichen" (ebd., S. 95). Dies lässt sich auf die 1727 in Leipzig gegründeten „Deutschen Gesellschaften" zurückführen. In diesem Zusammenhang können in Deutschland für das Ende des 18. Jh. mehr als 270 Lesegesellschaften festgestellt werden. „Es handelt sich dabei meist um Vereine mit eigenen Räumen, die Gelegenheit bieten, sowohl Zeitschriften wie Zeitungen zu lesen als auch, ebenso wichtig, (sich) über das Gelesene (...) zu unterhalten. (...) Diese Vereine, die ihren Vorstand satzungsgemäß wählen, über die Aufnahme neuer Mitglieder mit Mehrheit beschließen, Streitfragen überhaupt auf parlamentarischem Wege erledigen, die Frauen ausschließen und Spiele verbieten, dienen einzig dem Bedürfnis der bürgerlichen Privatleute, als räsonierendes Publikum Öffentlichkeit zu bilden." (ebd., S. 140).

Privatpersonen, gentlemen, les hommes[44] – und zugleich als Bürgerliche. Wie sich an Salons typischerweise beobachten lässt, sind sie „in Umfang und Zusammensetzung ihres Publikums, im Stil des Umgangs im Klima des Räsonnements und in der thematischen Orientierung" (ebd., S. 96f.) anfänglich beinahe humanistisch-aristokratisch geprägt. Die Bürgerlichen lassen sich stets durch Theater, Museen und Konzerte bilden, und formieren sich als „Zuschauerpublikum", „Kunstpublikum", „Konzertpublikum" oder als „Lesepublikum" (ebd., S. 100ff.). In Kommunikation mit der „eleganten Welt" erlernt nun „die bürgerliche Avantgarde des gebildeten Mittelstandes" verstärkt die Kunst des öffentlichen Räsonnements (ebd., S. 89). Durch Handlungen wie zuschauen, hören, lesen und über bestimmte Themen sprechen, persönliche Meinungen austauschen und dieselben mitformulieren, entfaltet sich die neue Sphäre, die als *öffentlich* bezeichnet werden kann (vgl. ebd., S. 140ff.). Diese Sphäre mit der „Tendenz nach permanente Diskussion unter Privatleuten" (ebd., S. 96) bleibt jedoch vorerst unpolitisch.

1.1.3.3 Die Idee der Öffentlichkeit als politisch-philosophisches Ordnungsprinzip

Die Hobbes'sche dichotome Staatsidee, welche von der natürlichen Verderbtheit der Privatleute und der absoluten Gewalt der Fürsten als staatliche Garantie der öffentlichen Tugend ausgeht, tritt durch die sich ausweitende Aufklärungsströmung seit Anfang des 18. Jh. in den Hintergrund. Im Zuge der Aufklärung wird der Wissenschaftsbetrieb unabhängig von Kirche und Staat. Das Wirtschaftssystem entwickelt sich nach liberalen Ideen und verselbständigt sich.[45] Die Tendenz zur Abgrenzung der sich gleichzeitig gegenseitig bedingenden Sphären Staat und Privatheit verstärkt sich immer mehr. „Die private Sphäre bürgerlichen Lebens – also in erster Linie Wirtschaft, Religion und persönliche Bildung – soll möglichst dem Zugriff des Staates entzogen werden." (Angermann 1976, S. 129; Berner 2009, S. 31). „Der Ursprung der öffentlichen Ordnung wurde nun nicht mehr der positiven Rechtsetzung des Staates, sondern einem natürlichen Ge-

---

44 Dieser Status wird nicht länger nach Stand und Geburt definiert. Weil sie als Akteure gebildet sein müssen, stammen die meisten von ihnen jedoch aus bestimmten Oberschichten, die unabhängig sind von permanenter, lebensnotwendiger Beschäftigung.

45 Der Durchbruch des ökonomischen Liberalismus geht einher mit der Verbreitung der Schriften von Adam Smith, der das gemeinschaftliche Wohl mit der Verfolgung individueller Einzelinteressen in Verbindung bringen. Vgl. dazu Smith 1993 (1776/1789). Die Metapher der ‚invisible hand' steht dabei für einen Mechanismus in der Wirtschaftsordnung, welcher das eigennützig individuelle Handeln zum allgemeinen Besten zusammenführen soll. Zu fördern sind die natürlichen Neigungen und das persönliche Interesse der Menschen. „So plädiert er für das »offene und einfache System der Freiheit«, wendet sich gegen die gebundene Arbeits-, Sozial- und Wirtschaftsverfassung, gegen staatliche Beschränkungen und Privilegien der Stände im Interesse des Volkswohlstandes" (Tennstedt 1981, S. 25).

meinschaftstrieb zugeschrieben. Die Sphäre des Öffentlichen trat aus ihm unmittelbar, gewissermaßen ‚naturwüchsig' hervor." (Hölscher 1978, S. 441).

Die endgültige Überwindung der bisherigen Gleichsetzung von ‚öffentlich' und ‚staatlich' in der repräsentativen Öffentlichkeit des Absolutismus erreicht Kant mit seinen Ideen.[46] In seinem rechts- und geschichtsphilosophischen Konzept verbindet Kant die absolutistisch-staatliche Bedeutung von ‚öffentlich' mit den naturwüchsig privaten Möglichkeiten (als Träger universalistisch verstandener Moral), indem er die staatliche Gesetzgebung sich am ‚öffentlichen Willen' und damit am Prinzip der ‚Publizität' orientieren lässt (vgl. Brüggen 2004, S. 742). Hier wird die begriffliche Doppeldeutigkeit von ‚öffentlich', nämlich sowohl staatlich als auch aufklärerisch, aufgegriffen, um auf die Notwendigkeit einer Rechtsordnung zu verweisen, die die Ansprüche der Politik mit denen der Moral verbindet (vgl. Hölscher 1984, S. 1138). Öffentlicher Wille bzw. Volkswille bezieht sich hier auf den Willen selbständiger Bürger, der sich nicht allein am Zweck der eigenen Glückseligkeit ausrichtet, sondern mit einer allgemeinen (sowohl mit der Natur als auch mit dem freien Willen) gesetzgebenden Vernunft übereinstimmt. „Die ‚staatliche' Bedeutung von ‚öffentlich' konnte dann mit der egalitären Vorstellung einer allgemein verbindlichen Vernunft in Einklang gebracht werden, wenn der Fürst sich bei der Gesetzgebung am *öffentlichen Willen* orientierte, welches allein der *allgemeine (vereinigte) Volkswille* sei" (Kant 1992 (1793), S. 27; S. 29; Hölscher 1978, S. 445). Diese Orientierung am öffentlichen Willen verweist einerseits auf eine bloße Idee der Vernunft, wobei deren öffentlicher Gebrauch vom Einzelnen zu erwarten ist.[47] Andererseits ist sie für Kant eine „unbezweifelnde, praktische Realität", die jeden Gesetzgeber

---

46 Die neue politische Idee, insbesondere die liberalen Staatstheorie, entsteht vorerst in England. So definiert z. B. John Locke bereits vor Kant die bürgerliche Gesellschaft (civil society) mit negativen Rechten. Der Zustand, in dem sich die Menschen von Natur aus befinden, ist der „vollkommener Freiheit, innerhalb der Grenzen des Gesetzes der Natur ihre Handlungen zu regeln und über ihren Besitz und ihre Persönlichkeit so zu verfügen, wie es ihnen am besten scheint, ohne dabei jemanden um Erlaubnis zu bitten oder vom Willen eines anderen abhängig zu sein" (Locke 1992 (1690), S. 133). In der bürgerlichen Gesellschaft gibt jeder einzelne dafür seine individuelle Gewalt auf und übereignet sie der Allgemeinheit: „Die einzige Möglichkeit, mit der jemand diese natürliche Freiheit aufgibt und die Fesseln bürgerlicher Gesellschaft anlegt, liegt in der Übereinkunft mit anderen, sich zusammenzuschließen und in einer Gemeinschaft zu vereinigen, mit dem Ziel eines behaglichen, sicheren und friedlichen Miteinanderlebens" (ebd., S. 140f.). Die negativen Grundrechte sind dabei konkret: Schutz des privaten Eigentums und dessen Verkehr, Gleichheit vor dem Gesetz, Grundfreiheiten des Vertrags, des Gewerbes und der Vererbung usw. Dies hängt stark mit der Entwicklung des modernen liberalen Kapitalismus zusammen. Für ihr wirtschaftliches Leben ist nun der freie Wettbewerb, der freie Austausch der Güter und der Arbeitskraft (nach ihrem ‚Wert') gesichert. Des Weiteren wird die häusliche Privatsphäre, die persönliche Freiheit, Unverletzlichkeit der Wohnung usw. garantiert (vgl. Habermas 1990 (1962), S. 144).

47 In seiner Antwort auf die Frage *Was ist Aufklärung* konstatiert er, damit der Mensch „aus seiner selbst verschuldeten Unmündigkeit" (Kant 1964 (1784), S. 53) heraustrete, sei nichts weiter erforderlich als dass man ihm die Freiheit lasse, „von seiner Vernunft in allen Stücken öffentlichen Gebrauch zu machen" (ebd., S. 55).

dazu zwingt, „daß er seine Gesetze so gebe, als sie aus dem vereinigten Willen eines ganzen Volks haben entspringen können" (Kant 1992 (1793), S. 29; Hölscher 1978, S. 445).[48] Wie kann jedoch die Übereinstimmung der Politik mit der Moral überhaupt gewahrt sein, solange kein entsprechender Rechtszustand besteht? Dazu bedarf es der kollektiven Einheit des vereinigten Willens – alle zusammen müssen diesen Zustand wollen (vgl. Habermas 1990 (1962), S. 185). Diese politische Funktion der Vermittlung zwischen Staat und Gesellschaft ist bei Kant eine wesentliche Aufgabe der Sphäre des (politischen) Räsonnements durch bürgerliche Privatleute (Publikum) – nämlich der Öffentlichkeit. Öffentlichkeit begreift Kant „als Prinzip der Rechtsordnung und Methode der Aufklärung" (ebd., S. 180). Aufklärung soll durch Öffentlichkeit zustande gebracht werden, damit sowohl *subjektive Maxime* für einzelne – Aufklärung heißt Befreiung aus selbstverschuldeter Unmündigkeit (vgl. Kant 1964 (1784), S. 53) – als auch *objektive Tendenz* für die Menschheit – Fortschritt zur vollkommen gerechten Ordnung – vermittelbar werden. Gerade in der normativen Überwindung der Gleichsetzung von Öffentlichem und Staatlichem von Kant besteht der Habermas'sche Begriff der bürgerlichen Öffentlichkeit, welche Öffentliches aus der öffentlichen Gewalt des absolutistischen Staats in die bürgerliche Gesellschaft zurückzuholen versucht (vgl. Brüggen 2004, S. 742). Öffentlichkeit in diesem Sinne entfaltet sich gegen Mitte des 18. Jh.

Seit der Französischen Revolution werden die Kollektivbegriffe wie ‚Volk', ‚Nation', und ‚öffentliche Meinung' faktisch als politisch-soziale Handlungseinheit verstanden, die aus sich heraus einen kollektiven politischen Willen zu entwickeln fähig ist. Begleitet durch die politisch-philosophischen Ideen ändert sich im Prozess der Auflösung der feudalistischen Herrschaft und des darauf folgenden Aufbaus des modernen demokratischen Staates die Legitimationslogik der Herrschaftsordnung. Während im Mittelalter durch die römisch-katholische Kirche und den Feudalismus die Machtausübung ohne Legitimationszwang lediglich aufgrund der Erbfolge gegeben war, ist man im modernen Staat dazu gezwungen, die Herrschaftsform vor dem Publikum zu begründen. Im Einklang mit der Herausbildung einer neuen (privaten) Handlungssphäre des Volkes entwickeln sich hier faktisch die modernen „Rechtsstaaten mit parlamentarischer Regierungsform" (Habermas 1990 (1962), S. 142). Das moderne Organisationsprinzip eines demokratischen Staates basiert grundsätzlich auf den Regeln der Gewaltenteilung und dem repräsentativen Prinzip der Demokratie mit Machtkontrolle durch die Volkssouveränität (vgl. Oelkers 1988, S. 581). Das Volk wird zum souveränen Träger der Staatsgewalt bestimmt.[49] Somit kann sich kein anderer Wille als der des gesamten Volkes auf die politische Regierung auswir-

---

48   Dies wird ebenso dadurch begründet, das „(w)as ein Volk über sich selbst nicht beschließen kann, das kann der Gesetzgeber auch nicht über das Volk beschließen" (Kant 1992 (1793), S. 38; vgl. Habermas 1990 (1962), S. 184).

49   Dass alle Staatsgewalt vom Volke ausgeht, ist der zentrale Grundstein des modernen Staates, wie beispielsweise in Artikel 20 des Grundgesetzes der BRD nachzulesen ist.

ken (vgl. Habermas 1990 (1962), S. 184).[50] Die politische Handlungsform soll hierzu theoretisch wie praktisch aus der Meinung und Kritik bzw. aus dem politischen Bestimmungsrecht wie dem Wahlrecht des Volkes bestehen. Die politischen Grundrechte garantieren die Institutionen des Publikums wie Presse oder Parteien (vgl. ebd., S. 153), sowie die bürgerlichen Rechte der Versammlungs- und Vereinigungsfreiheit.[51] Aufgrund der gesetzlichen Festlegung sind das Publikum bzw. die Privatleute in die daraus folgende Entwicklung der (Massen-)Medien, die öffentlichen Versammlungen und Parlamente eingebunden. Das Publikum entwickelt sich zu dem ‚Bürger‘, ‚Volk‘ als politischer Körper, das sich über die Angelegenheiten des ‚gemeinen Wesens‘ verständigt. Die grundrechtlich fixierte Sphäre der Öffentlichkeit wird nun zur festen organisatorischen Richtschnur für die politischen Verfahren der Staatsorgane (ebd.). Sie fungiert als ein politisches Medium, das vor allem „unter der ‚republikanischen Verfassung‘ zum Organisationsprinzip des liberalen Rechtsstaates" wird (ebd., S. 183; vgl. Hölscher 1978, S. 456). Öffentlichkeit wird zum Schlagwort und zugleich zum Programm der politischen Herrschaftsordnung erhoben. Die (staats-)politische Entscheidung und die Gesellschaftsordnung der modernen demokratischen Gesellschaft hängen demnach von einem grenzenlos möglichen, liberalen Prinzip des Offenlegens der Handlungen in der Öffentlichkeit – öffentlichen Meinungen der Privatpersonen – ab (vgl. Oelkers 1988, S. 581). „„Öffentlichkeit‘ wird damit zugleich mehr und anderes als ‚Gesellschaft‘ und ‚Staat‘, nämlich deren kritisches Publikum oder das politisch-soziale Medium ihrer Resonanz und Legitimität, an dem jeder teilnehmen kann, sofern er die Bedingungen diskursiver Auseinandersetzung erfüllt." (ebd., S. 583; vgl. Hölscher 1979, S. 83ff.).[52]

---

50 Nach Kant ist das Prinzip der Volkssouveränität lediglich unter der Voraussetzung des öffentlichen Gebrauchs der Vernunft realisierbar (vgl. Kant 1964 (1784), S. 55; Habermas 1990 (1962), S. 184).

51 Die Aktivitäten des privaten Publikums in der Öffentlichkeit sind staatsrechtlich zu garantieren, weil deren Mitwirkung in der Politik eine unabdingbare Voraussetzung für den Erhalt des demokratischen, volkssouveränen Verfassungsstaates darstellt. In diesem Zusammenhang ist hier zu erwähnen, dass, Marshall zufolge, nach der bürgerlichen Rechten des 18. Jh., seit dem 19. Jh. nun eine politische Rechte entsteht. Der Bevölkerung werden die politischen Instrumente wie Petitionsrecht, Wahl- und Stimmrecht, Recht der Parlamentsmitgliedschaft usw. rechtlich zugesichert. Dies entspricht jedoch noch nicht den Maßstäben demokratischer Staatsbürgerrechte, denn es ist das Privileg einer beschränkten wirtschaftlichen Klasse (vgl. Marshall 1992, S. 47).

52 Die bürgerliche Öffentlichkeit kann nach dem Organisationsprinzip des Rechtsstaates als bürgerschaftlich-republikanisches Modell bezeichnet werden. Vgl. dazu Fraser 2001, S. 139. „Erst seitdem die Privatsphäre (...) in diesem Sinne für die politische Willensbildung funktionalisiert wurde, entfaltete sich in der bürgerlichen Gesellschaft eine staatsrechtlich relevante Öffentlichkeit, ein öffentliches Leben im politischen (nicht rein soziologischen) Sinn des Wortes." (Hölscher 1979, S. 153ff.).

1.1.3.4 Die Struktureigenschaften der politisch-liberalen, bürgerlichen Öffentlichkeit

Die vorerst unpolitisch geprägte, frühbürgerlich literarische Öffentlichkeit wandelt sich allmählich aufgrund der Herausbildung politisch-philosophischer Ideen des modernen Liberalismus sowie mithilfe der am Ende des 17. Jh. entstandenen Presse. Die staatliche, durch Verwaltungsapparat und Gewaltmonopol verkörperte Obrigkeit beginnt, in der realen politischen Praxis ihre allgemeinen Bekanntmachungen an das Publikum zu adressieren. Es entsteht ein neues Gegenüber des Staatlichen – das greifbare Publikum.[53] Das öffentliche Interesse am Publikum, der privaten Sphäre, wird nicht mehr nur von der staatlichen Obrigkeit wahrgenommen, sondern zugleich vom Publikum selbst als seine eigenen Angelegenheiten in Betracht gezogen (ebd., S. 81f.). Innerhalb des Publikums entsteht eine Resonanz – eine Resonanz, durch die sich das Publikum als abstraktes Gegenüber und Gegenspieler der öffentlichen Gewalt einerseits und als Handelnder der bürgerlichen Öffentlichkeit andererseits bewusst wird. Es entsteht ein Gefühl politischer und sozialer Verbundenheit, die als Verfassungsgrundlage des politischen Gemeinwesens fungiert (vgl. Hölscher 1979, S. 140; S. 153ff.). Dabei lassen sich im 18. Jh. zwei Formen des Publikums aus der bürgerlichen Schicht unterscheiden: Der *Bourgeois* (Wirtschaftsbürger/Warenbesitzer) einerseits und der *Citoyen* andererseits.[54] Die beiden Bürgertypen beginnt, sich

---

53 Der private Bereich als wirtschaftliche und intime Sphäre – als der genuine Bereich privater Autonomie – beginnt, sich sowohl strukturell wie auch konzeptionell deutlich von staatlicher Gewalt abzugrenzen (vgl. ebd., S. 67). Diese Trennung ist des Weiteren darauf zurückzuführen, dass sich in den okzidentalen Ländern im Prozess der Modernisierung einerseits Religion sowie höfische Angelegenheiten in den privaten Sphären aufzulösen beginnen, während sich auf der anderen Seite grundsätzlich das laizistische Prinzip entwickelt und dem modernen Staat ein neutrales Bild zugeschrieben wird. Durch Religionsfreiheit entsteht die neue Sphäre privater Autonomie. Trennung des öffentlichen Budgets vom privaten Hausgut des Landesherrn, Trennung von Bürokratie und Militär als öffentliche Gewalt von der privatisierten Sphäre des Hofes. Entstehung von Parlament und Gerichtsbarkeit statt herrschaftsständischer Gewalt. „Die feudalen Gewalten, Kirche, Fürstentum und Herrenstand, an denen die repräsentative Öffentlichkeit haftet, zersetzen sich in einem Prozeß der Polarisierung; sie zerfallen am Ende in private Elemente auf der einen, in öffentliche auf der anderen Seite." (ebd., S. 66).

54 Der *Bourgeois* nimmt insbesondere zu Beginn die Position als Träger des Bürgerlichen ein. Neben seiner kulturellen Bildung zeichnet den Bourgeois hauptsächlich sein ökonomisches Interesse als Warenbesitzer aus. Aufgrund der Entwicklung des Nachrichtenverkehrs und der Staatsbildung kommt ein weiterer Typus hinzu – der *Citoyen*. Diese beiden Bürgertypen lassen sich folgendermaßen unterscheiden: Der Bourgeois verkörpert die Idee der klassisch-liberalen Bürgergesellschaft und stellt sich als Mitglied der bürgerlichen Gesellschaft und somit als konkret handelndes Subjekt, als eigentlicher Mensch – l'homme – dar. Er handelt nach eigenem (privat-wirtschaftlichen) Interesse und bewegt sich innerhalb des Publikums, zu dem er selbst gehört. Dem gegenüber entstammt der Citoyen der republikanischen Staatsidee, die sich insbesondere mit der Französischen Revolution herausbildet. Er nimmt sich selbst als Mitglied des politischen Staates, als Volk, als ein abstraktes Subjekt wahr, richtet sein Interesse auf das gemeine Wesen und trägt zur qualitativen und quantitativen Ausweitung der Rechte der Bevölkerung im modernen Staat bei (vgl. Lohmann 2002b, S. 5). Diese beiden Typen des

neben dem eigenen, privat(-betrieblichen) Interesse ebenso mit den öffentlichen Interessen der gesellschaftlichen Reproduktion politisch zu beschäftigen (vgl. Habermas 1990 (1962), S. 87f.). Vor allem wird sich die an Privatautonomie reichere Bourgeoisie des staatlichen Reglements bewusst und beginnt, ihre privat-wirtschaftlichen Interessen nach außen zu vertreten, während die Citoyen ein Gegengewicht zu den rein wirtschaftlichen Angelegenheiten der Privatheit und des Staates bilden (ebd., S. 142f.).

Hier erfährt die bürgerliche Öffentlichkeit eine deutliche Verschiebung ihrer Schwerpunkte von einer kleinfamilial-intimen, literarischen Sphäre zu einer politisch artikulierenden, kritisch räsonierenden Öffentlichkeit. Die Bürgerlichen als Hauptakteure des großen Publikums sind „aus jenen frühen Institutionen der Kaffeehäuser, der Salons, der Tischgesellschaften längst herausgewachsen (...) und nun durch die Vermittlungsinstanz der Presse und deren professionelle Kritik zusammengehalten" (ebd., S. 116). Der private Bereich bildet sich als dem Staat gegenüberstehende, eigenständige Sphäre, Öffentlichkeit, heraus. Damit werden die Themen der Lebensbedingungen und der (Lebens-)Reproduktion in der Privatheit allmählich über die private Hausgewalt hinaus zu einer Angelegenheit öffentlichen Interesses. Diese Bedingungen fordern die Kritik eines räsonierenden Publikums heraus, das sich zur politisch-fundierten, bürgerlichen Öffentlichkeit entfaltet (ebd., S. 82ff.). Habermas zufolge entwickelt sich „das öffentliche Räsonnement" in der bürgerlichen Öffentlichkeit zum Medium politischer Auseinandersetzung der Moderne (ebd., S. 86). Dies zeigt sich darin, dass, infolge der grundrechtlich gesicherten Funktionen beider Bürgertypen und der verschobenen Sphäre der Öffentlichkeit, für das politische Verfahren der Staatsorgane nun Öffentlichkeit selbst zum organisatorischen Prinzip eines Staates wird: „(I)n diesem Sinne ist von Publizität die Rede. Die Publizität der Parlamentsverhandlungen sichert der öffentlichen Meinung ihren Einfluß, sichert den Zusammenhang zwischen Abgeordneten und Wählern als Teilen ein und desselben Publikums" (ebd., S. 154). Die publizistisch bestimmte, bürgerliche Öffentlichkeit lässt sich somit als Gesamtheit der einzelnen, privaten Meinungen begreifen. Öffentlichkeit ist die „Sphäre der zum Publikum versammelten Privatleute" (ebd., S. 86) und bildet sich gerade innerhalb des Volkes heraus. Dabei liegt ihre politische Aufgabe darin, möglichst viele Teile der Bevölkerung in die Öffentlichkeit mit einzubeziehen.[55]

Bürgerlichen bilden die zentralen Leitfiguren der modernen Öffentlichkeit, die jeweils aus ihren unterschiedlichen Interessen heraus handeln. Die Gemeinsamkeit ist: Während das Ziel im humanistischen Weltbild der Renaissance eine vollkommene Emanzipation des Menschen als Menschheit war, zielt der aufgeklärte Bürgerliche der Moderne – sowohl Bourgeois, als auch Citoyen – auf die Emanzipation zum Staatsbürger, d. h. Emanzipation innerhalb einer Gesellschaft, eines politischen Staates.

55 Nach aufklärerischer Ansicht soll die eigentümliche Vollkommenheit der Idee eines modernen Staates dadurch erreicht werden, dass der freie Austausch der Meinungen durch eine möglichst breite Teilnahme des gebildeten Publikums an den öffentlichen Angelegenheiten sichergestellt wird (vgl. Hölscher 1978, S. 456).

1.1.4 Die sozialstaatliche (wohlfahrtsstaatliche) Öffentlichkeit

1.1.4.1 Strukturwandel hin zur sozialstaatlichen (wohlfahrtsstaatlichen) Öffentlichkeit

Das liberale Modell des Frühkapitalismus bildete sich aus der Kritik an der absolutistisch-merkantilistischen Staatspolitik und sah grundsätzlich horizontale Tauschbeziehungen individueller Warenbesitzer vor. Aufgrund freien Wettbewerbs und autonomer Handelstätigkeiten kann niemand über einen anderen verfügen. Die Idee der liberalen Gesellschaftsordnung erfordert demzufolge, die Funktion des Staates auf nachtwächterstaatliche Maßnahmen zu beschränken. In diesem Fall reicht es aus, wenn der Staat lediglich *Ordnungsfunktionen* durch Polizei und Justiz mit einer vorsichtig gehandhabten Steuerpolitik leistet (vgl. Habermas 1990 (1962), S. 131). Die sich auf die liberale Idee stützende Struktur der bürgerlichen Öffentlichkeit, als dominantes Organisationsprinzip der Gesellschaft,[56] wurde jedoch angesichts der realen, demographischen Weiterentwicklung wie des zunehmenden Bewusstseins des nationalen Staates, in Abgrenzung zu den anderen Staaten, im 18.-19. Jh. allmählich aufgelöst. Ebenso nicht zu übersehen, ist die sozialpolitische Tendenz, die durch die Ausbreitung der auf dem kapitalistischen Prinzip basierenden, marktwirtschaftlichen Produktionsweise entsteht: Die Entwicklungstendenzen der bürgerlichen Gesellschaft und die kapitalistische Wirtschaftsentwicklung prallen hier aufeinander (vgl. Tennstedt 1981, S. 55). Die liberale Gesetzgebung bei gleichzeitiger kapitalistischer Marktwirtschaft wird nicht nur von der freien Entwicklung des Einzelnen und der Entfaltung der natürlichen Eigengesetzlichkeit der kapitalistischen Ökonomie begleitet, sondern verursacht zugleich Existenzprobleme für die Mehrheit der Bevölkerung, die durch den modernen Kapitalismus vor allem aus der traditionellen Erwerbs- und Familienstruktur verbannt wurde. Die privat-familiale Sphäre verliert zunehmend ihren eigenständig herstellenden Teil der Produktionsgemeinschaft. So ist der Strukturwandel der privaten Sphären durch eine fortschreitende Ausgliederung der Familie aus dem Funktionszusammenhang der privat-gemeinschaftlichen Arbeit gekennzeichnet. Die Familie übernimmt nun konsumtive Funktionen innerhalb der kapitalistischen Produktionsweise. „Die für heutige Verhältnisse typische Reduktion des Familieneigentums auf das Einkommen der einzelverdienenden Lohn- und Gehaltsempfänger raubt der Familie (...) die Möglichkeit der Selbstversorgung im Falle eines Notstandes und der Eigenvorsorge für das Alter" (Habermas 1990 (1962), S. 242). Das private Leben wird zunehmend abhängig von den gesellschaftlichen und vor allem von

---

56 Es ist hier notwendig, die Ideengeschichte und die realen Verhältnisse zu unterscheiden. Denn die reine liberale Gesellschaft hat sich historisch nicht ergeben. Die Idee der Volkssouveränität bestand bereits im spätfeudalistischen Zeitalter, beispielsweise in den Konzepten von Locke und Rousseau, und wird in der modernen staatlichen Machtkonstellation zu einem politischen Organisationsprinzip.

den ökonomischen Verhältnissen. Die Macht in der Gesellschaft wird dabei auf wenige private Hände konzentriert, was zur hierarchischen Ordnung zwischen diesen wenigen und der Mehrheit der Bevölkerung, zu Druck und einseitiger Abhängigkeit führt (vgl. ebd., S. 228).

Die Tendenz, die im Zuge der kapitalistischen Wirtschaftsform zum Vorschein kommenden Probleme als soziale Probleme wahrzunehmen, wird zum einen durch die Eigenschaft der bürgerlichen Öffentlichkeit unterstützt: Das private Publikum in der politisch fungierenden, bürgerlichen Öffentlichkeit pflegt die private (Lebens-)Reproduktion als Eigentümer zu einer Angelegenheit öffentlichen, gemeinsamen Interesses zu erheben (vgl. ebd., S. 121; vgl. Abschn. 1.1.3). Zum anderen ist jedoch hier die Tatsache bedeutsam, dass neben den Problemen der erhöhten Sterblichkeit usw., vor allem den bürgerlich Intellektuellen „die fehlende, möglicherweise zur Gefährlichkeit ausartende proletarische Sittlichkeit" (Tennstedt 1981, S. 58) bedrohlich zu erscheinen beginnt. Das Bild der Welt außerhalb des bürgerlich ästhetischen Lebens ängstigte die Träger der Öffentlichkeit, insbesondere der Verfall der Sittlichkeit und die mentale Gefährdung der bürgerlichen Welt.[57] Daraus entwickelt sich ein praktischer politischer Diskurs über den Aufbau eines neuen sozialen Lebensraums, die Wohnungsfrage der Arbeiter und Disziplinierungsmaßnahmen (vgl. ebd., S. 63).

Angesichts dieser gesellschaftlichen Entwicklung entsteht das Bedürfnis nach einem *stärkeren* Staat, der sich jedoch im Allgemeinen von der absolutistisch-merkantilistischen Großmacht unterscheiden lässt: Das alte Konzept der Staatsreichtumsvermehrung durch Bevölkerungsvermehrung gelangt bereits gegen Ende des 18. Jh. an seine Grenzen.[58] Der in Frage kommende Sozialstaat im ausgehenden 19. Jh. ist den sozialfürsorglichen Notwendigkeiten einer Gesellschaft verhaftet (vgl. Habermas 1990 (1962), S. 228).[59] Motive und Tendenz der Regierungen lassen sich nun dadurch charakterisieren, dass die Technik der

---

57 Die bürgerliche Lebensweise, welche die Trennung der Lebensbereiche der Familie von der Arbeit und der Öffentlichkeit, der körperlichen von den kulturellen Funktionen, der Bildung vom Besitz als sinnliches und repräsentatives Eigentum voraussetzt, gilt bis dahin in der politischen Öffentlichkeit soweit als verallgemeinert und Norm bildendend. Dagegen zeichnet sich in den lohnabhängig arbeitenden Massen der Bevölkerung überall Wildheit und Körperlichkeit ab, kaum Eigenes, Mobilität in Fremdem, Sexualität und Kinderaufzucht in einem Raum, dichte Familie und Fremde durcheinander, ein Reproduktionszentrum für oft umschichtiges Schlafen, Essen, Ausbessern, dessen Enge das Wirthaus zum Salon machte (vgl. ebd., S. 63).

58 „(D)ie Volksvermehrung (»Nahrungsbedarf«) beginnt stärker als der Güterreichtum (»Nahrungsspielraum«) zu steigen, denn die natur- bzw. zwangsvermittelte, extensive Ausnutzung der Arbeitskraft des gemeinen Volkes stößt an soziale Grenzen. Hinzu kommen die ökonomischen Folgen der napoleonischen Politik, insbesondere der Kriege" (ebd., S. 24).

59 Dem gegenüber hatte der absolutistische Staat noch keine ausdifferenzierte Sozialpolitik, außer Gewerbeförderung und Bevölkerungspolitik, zur Verfügung. Es wurde das Prinzip verfolgt: Durch das Ankurbeln der Produktion und Schaffung arbeitsamer Bevölkerung (‚Industriösität') entstehen ausreichende Steuereinkünfte und Exportüberschüsse (positive Handelsbilanz) für den Staatshaushalt (vgl. Tennstedt 1981, S. 13; vgl. Abschn. 1.1.2.3).

bereits im 17. Jh. entwickelten, politischen Ökonomie weiter verfeinert wird. Das sozial- und wohlfahrtsstaatlich sorgende Kalkül innerhalb eines Landes, vor allem im Nationalstaat, gewinnt nun vermehrt an Bedeutung. Über die gewöhnlichen Amtsgeschäfte hinaus setzt der Staat verstärkt auf Interventionen (vgl. ebd., S. 229). Der Staat erhält nun die *Gestaltungsfunktionen* (vgl. ebd., S. 232).[60] Dies hat zur Voraussetzung, dass der neue politische Wandel sich innerhalb der modernen, funktional differenzierten Gesellschaft manifestiert. So ist die Regierungsmacht nicht ausschließlich dem Staat zuzuordnen. Vielmehr bilden sich mannigfaltige, oft konkurrierende Organisationen heraus, welche die (neue) Gestaltungsfunktion übernehmen (vgl. Luhmann 1982, S. 10ff.; Liebert 1999, S. 98f.). Dies geschieht in der Praxis in zweifacher Weise: einerseits wird ein Teil der (staatlichen) Aufgaben rechtlich auf halb-öffentliche/private Unternehmungen, Anstalten, Körperschaften, halbamtliche Geschäftsträger (der Sozialsektor) übertragen (vgl. Berner 2009, S. 28). Dazu zählen Institutionen wie z. B. Krankenhäuser, soziale Einrichtungen oder Schulen, welche zuvor rein privat, karitativ bzw. kirchlich organisiert waren. Andererseits erreicht die staatliche Steuerung der Sozialpolitik ein Ausmaß, in dem Privatpersonen und -organisationen wie die privaten Wirtschaftsbetriebe mit öffentlichen Aufgaben unmittelbar betraut werden.[61] Damit werden im Rahmen der staatlichen Sozial- und Wohl-

---

60   Er sieht seine Aufgabe nicht länger nur im Bereich des Schutzes gegen gängige Risiken klassischer Notstandssituationen (negative Rechtsgebung), sondern in der positiven Strategie zur aktiven Gestaltung des Soziallebens und der sozialen Ordnung durch Schutz, Ausgleich und materielle Fürsorge. Die bis dahin dem häuslich-intimen Privaten zugehörigen Sphären wie Gesundheit, Wohnungswesen und Erziehung usw. beginnen sich mit den staatlich-öffentlichen Sphären zu konsolidieren. Der Staat liefert „Lebenshilfen aller Art, (...) Dienste der Wohnungsbeschaffung und Arbeitsvermittlung, der Berufs- und Erziehungsberatung, der Gesundheitsüberwachung" (ebd., S. 242).

61   Der Staat setzt sich nun mittelbar in Form sozialer Programme mit der Frage der Entwicklung einer neuen, sozialen Sicherung und den dafür notwendigen Maßnahmen auseinander – so z. B. mit der Frage der Arbeitslosigkeit, der Krankheit, des Alters und eines neuen Arbeitsrechts zur Gewährleistung von Mindestlohnsätzen wie zur Begrenzung der Arbeitszeit. Um die Problemlösung durch vorbeugende Maßnahmen möglichst flächendeckend zu gewährleisten, wird die Übernahme eines Teils der (staatlichen) Aufgaben durch unterschiedliche, halböffentliche Institutionen arrangiert. Darüber hinaus nehmen wirtschaftlich Tätige, vor allem Großunternehmen wie Aktiengesellschaften und Konzerne, die während des liberalen Zeitalters noch prototypisch zum privaten Bereich zu zählen waren, einen intervenierenden, halböffentlichen Charakter an. Denn der Druck auf private Wirtschaftsbetriebe in Bezug auf ein mögliches gesellschaftliches Engagement wird angesichts der häufiger werdenden Thematisierung der sozialen Probleme innerhalb der (bürgerlichen) Öffentlichkeit immer stärker. Die (Aus)Bildung der (Fabrik)Arbeiter innerhalb der Wirtschaftsbetriebe wird aufgrund der industriellen und technischen Entwicklung als immer notwendiger angesehen. In Form von Wohlfahrtsleistungen bauen „(d)ie Industriewerke (...) Wohnungen oder verhelfen dem Arbeitnehmer sogar zu Hausbesitz; sie legen öffentliche Parks an, bauen Schulen, Kirchen und Bibliotheken, veranstalten Konzerte und Theaterabende, halten Fortbildungskurse ab, sorgen für Alte, Witwen und Waisen" (Habermas 1990 (1962), S. 240f.). Während die private Wirtschaft aufgefordert wird, sich im Namen des sozialen Engagements mit den neu entstehenden sozialen Problemen zu beschäftigen, dringt sie gleichzeitig in die privat-familiale Sphäre des Menschen ein (vgl. Treiber/Steinert 2005).

fahrtspolitik sowohl halb-öffentliche/private Organisationen gebildet als auch „privatwirtschaftliche Tätigkeiten durch Rahmenplanungen koordiniert (...). Der Sektor der öffentlichen Dienstleistungen dehnt sich zwangsläufig aus,»weil mit steigendem wirtschaftlichen Wachstum Faktoren wirksam werden, die das Verhältnis der privaten zu den sozialen Kosten umgestalten«" (Habermas 1990 (1962), S. 232f.; vgl. Berner 2009; Kaufmann 2009). Es handelt sich hier um die staatlich beabsichtigte öffentliche Wohlfahrtspolitik, welche durch unmittelbare und mittelbare Interventionen in die gesellschaftlichen Verhältnisse und somit in die gesamte Privatsphäre sukzessive wirksam wird (vgl. Berner 2009, S. 28).[62] Hier wird ein Grundbaustein für den Strukturwandel der Öffentlichkeit gelegt: Die private Angelegenheit wird zunehmend zum Gegenstand öffentlichen Interesses. Sie könne und solle von der Politik getragen werden. Die aktive Politik des Staates sowie der nicht-staatlichen (privat-wirtschaftlichen) Organisationen mit den sozialen und fürsorglichen Maßnahmen gegenüber der privaten Sphäre führe daher einerseits zur *Entprivatisierung und Veröffentlichung des Privaten*: „(D)ie Familie, dieser private Rest, (wird) durch die öffentlichen Garantien ihres Status *entprivatisiert*" (Habermas 1990 (1962), S. 243) und die Autonomie der Privatleute wird in gewisser Weise eingeschränkt. Die Institution der Familie löst sich allmählich auf und die privaten Angelegenheiten wandern vom Zentrum der privaten Sphäre auf die gesellschaftliche Bühne. Andererseits tendiert umgekehrt die Funktion der "kollektiven Daseinsvorsorge" (ebd., S. 233) innerhalb eines Staates zur Tendenz der *Privatisierung des öffentlichen Rechts* (vgl. ebd., S. 237).[63] Verschränkungstendenzen innerhalb der funktional differenzierten Gesellschaft führen zu einer Verbindung privater und öffentlicher Interessen.[64] So ist kommerzielles Gewinnstreben nicht länger privat,[65] und

---

62 In diesem Zusammenhang ist hier anzumerken, dass Habermas zufolge, der privatrechtliche Ausdruck nun eine „quasi-öffentliche Gewalt" verschleiern kann (vgl. Habermas 1990 (1962), S. 234). Habermas bezeichnet diese neue Tendenz als „Neomerkantilismus", wobei die neo-merkantilistische Politik „mit einer Art »Refeudalisierung« der Gesellschaft Hand in Hand" gehen kann (vgl. ebd., S. 225).

63 „Mit der »Flucht« des Staates aus dem öffentlichen Recht, der Übertragung von Aufgaben öffentlicher Verwaltung auf Unternehmungen, Anstalten, Körperschaften, halbamtliche Geschäftsträger privaten Rechts, zeigt sich auch die Kehrseite einer Publizierung des privaten Rechts, nämlich: die Privatisierung des öffentlichen Rechts." (ebd.).

64 Die Verstrickung des Öffentlichen in die privat wirtschaftlichen Bereiche ändert die rechtlichen Verhältnisse grundsätzlich. Sie lassen sich nicht mehr eindeutig den Bereichen privaten oder öffentlichen Rechts zuordnen (vgl. ebd., S. 238; Berner 2009). So werden beispielsweise die Vertragsverhältnisse in den privaten Wirtschaften (Unternehmerverbände und Gewerkschaften) zunehmend in der Form des Kollektivvertrags standardisiert, und zwar mit dem Ziel, den ökonomisch schwächeren Partner zu schützen und zur Gleichheit der Marktposition zu führen (vgl. Habermas 1990 (1962), S. 230). Anders lässt sich dieser Prozess im Rahmen des sozialen Versicherungssystems zeigen. So werden die Krankenversicherung und das Rentensystem gemeinsam staatlich, halb-öffentlich und privat ausgebaut. Vgl. dazu Berner 2009.

65 „Bildete für die klassische Ökonomie z. B. noch das Betriebsgeheimnis des privaten Unternehmers ein notwendiges Gegenstück zur Öffentlichkeit des Marktes mit seinen Konkurrenz- und Tauschbeziehungen, so nimmt (...) in der sozialstaatlichen und sozialistischen

umgekehrt staatlich-bürokratische Tätigkeit nicht nur gemeinwohlorientiert (vgl. Hölscher 1979, S. 169ff.; Liebert 1999, S. 110).

Im Prozess der zunehmenden Vermischung von Staatlichem und Privatem entsteht eine neue Sphäre des Gesellschaftlichen (Raum des Sozialen), „als das Innere des Haushalts mit den ihm zugehörigen Tätigkeiten, Sorgen und Organisationsformen aus dem Dunkel des Hauses in das volle Licht des öffentlich politischen Bereichs trat" (Arendt 2007 (1958), S. 47f.).[66] „Der Aufstieg des Gesellschaftlichen" (ebd., S. 50) bzw. die Entstehung der „Sphäre des »Sozialen«" (Habermas 1990 (1962), S. 225) erfolgt gerade aus dem Zusammenspiel von kapitalistischer Wirtschaftsweise und staatlicher Intervention, spielt sich ab in verschiedenen Lebensbereichen wie dem Staatlichen, Öffentlichen und Privaten. In diesem Raum treten vor allem soziale Kategorien der Bevölkerung in Erscheinung, die bis dahin hinter der privaten Festung verborgen blieben – Frauen, Kinder, Jugendliche, Menschen mit Behinderung, sozial und ökonomisch Schwache wie Arbeiter, Angestellte, Mieter und Verbraucher. Sie werden im Kontext der großgewerblichen Massenproduktion als Faktor des Sozial-Problematischen wahrgenommen und der Staat fühlt sich für die Wohlfahrt dieser Bevölkerungsgruppen verantwortlich.[67] Dies verweist im Besonderen auf eine repolitisierte Sozialsphäre innerhalb der öffentlich relevanten Privatsphäre, „in der sich staatliche und gesellschaftliche Institutionen zu einem einzigen, nach Kriterien des Öffentlichen und Privaten nicht länger mehr zu differenzierenden Funktionszusammenhang zusammenschließen" (ebd., S. 233). Im Sinne der repolitisierten Sozialsphäre tritt auf der gesamtgesellschaftlichen Ebene das Phänomen der *Verstaatlichung der Gesellschaft*, oder ebenfalls aus dem umgekehrten Blickwinkel der *Vergesellschaftlichung des Staates* auf (vgl. ebd., S. 226).

Dieser Prozess im ausgehenden 19. Jh. verweist, laut Habermas, auf eine deutliche Strukturänderung der Öffentlichkeit – hin zur *sozial- und wohlfahrts-*

Globalplanung wirtschaftlicher Prozesse der Druck zu, Gewinnspannen, Fertigungstechniken u. a. betriebswirtschaftliche Geheimnisse, die einst der privaten Verfügungsgewalt des Unternehmers überlassen worden waren, einer öffentlichen Kontrolle zu unterstellen." (Hölscher 1979, S. 169f.).

66   Arendt sieht die Verschmelzungsphänomene des Öffentlichen und des Privaten bereits in einer früheren Phase der Moderne als Habermas. „(M)it dem Entstehen der Gesellschaft in der Neuzeit, das heißt mit dem Aufstieg des »Haushalts« und des »ökonomischen« (...) Tätigkeiten in den Raum des Öffentlichen, (gehen) das Haushalten selbst und alle Angelegenheiten, die ehemals in die Privatsphäre der Familie gehörten, nun alle an (...), und das heißt, (sind) zu »kollektiven« Angelegenheiten geworden. So gehen in der modernen Welt diese beiden Gebiete dauernd ineinander über, als seien sie nur die Wellen in dem immer fließenden Strom des Lebensprozesses selbst" (ebd., S. 43). Das Private wird durch Trennung von intimer Familie, durch öffentliche Arbeitswelt bzw. durch Politisierung des Privaten vermehrt entprivatisiert.

67   „(M)an kann geradezu vom quasi political character of private economic units sprechen. Rechtlich findet diese neue Interdependenz bis dahin geschiedener Sphären ihren Ausdruck in der Durchbrechung des klassischen Privatrechtssystems." (ebd., S. 233f.). Diese spiegelt nach feministischer Ansicht gerade die positive Seite der sozial-wohlfahrtsstaatlichen Öffentlichkeit (vgl. Fraser 1992; Benhabib 1995; vgl. Abschn. 1.2.1.1).

staatlichen Öffentlichkeit. Die neue Öffentlichkeitsstruktur setzt das Kalkül der kapitalistischen Wirtschaft, nach klassisch-liberalen Vorstellungen, mit der demokratischen Idee der Inklusion der Massenbevölkerung ins Verhältnis. Sie tritt in der Verschränkung staatlicher und privater Sphären in Erscheinung. Sozial- und wohlfahrtsstaatliche Öffentlichkeit wird theoretisch von den (neuen) Massen getragen und schafft somit die Teilnahmemöglichkeit der breiten Massenbevölkerung.[68] Die Grundlage der bürgerlichen Öffentlichkeit – die Trennung und Spannung zwischen Staat und Gesellschaft (Öffentlichkeit) – lässt sich hier in der wechselseitigen Durchdringung und Verschränkung des Staates mit der Gesellschaft (Öffentlichkeit) bzw. des öffentlichen mit dem privaten Bereich nicht mehr aufrechterhalten. Die Kräfteverhältnisse, nach denen die liberal-bürgerliche Öffentlichkeit tendenziell die gesellschaftliche Politik und somit den Staat gestaltet, verschieben sich dahingehend, dass nun der Staat mit seiner (bürokratischen) Verwaltung verstärkt sein Gegenüber, die Gesellschaft (Öffentlichkeit), gestaltet. „Damit war nicht nur die alte Scheidelinie zwischen privaten und öffentlichen Angelegenheiten verwischt, sondern der Sinn dieser Begriffe wie die Bedeutung, die eine jede der beiden Sphären für das Leben des Einzelnen als Privatmensch und als Bürger eines Gemeinwesens hatte, veränderten sich bis zur Unkenntlichkeit" (Arendt 2007 (1958), S. 47f.). Während die (strittige) Interaktion zwischen den Privatleuten in der griechischen Antike wie später in der liberal-bürgerlichen Öffentlichkeit die „politischen Aufgaben der gemeinsam agierenden Bürgerschaft (Rechtsprechung im Inneren, Selbstbehauptung nach außen)" (Habermas 1990 (1962), S. 116) übernahm, geht es nun hauptsächlich um die Regelung des Sozialen. Das Soziale rückt als öffentlich zu lösendes Thema in die Öffentlichkeit, wird jedoch an sich nicht im Sinne der liberalen Öffentlichkeit von den aktiven Subjekten der Öffentlichkeit ausgetragen. Die Kategorie des Publikums in der Öffentlichkeit wird vielmehr zum Objekt, zum Gegenstand der staatlich-öffentlichen Politik. Dies zeichnet sich vor allem dadurch aus, dass die Erweiterung der öffentlichen Sphäre nicht die unmittelbare Teilnahme aller an den öffentlichen Angelegenheiten bedeutet. Vielmehr wird „die politische Öffentlichkeit der sozialstaatlichen Massendemokratie" (ebd., S. 312) nun durch die korporativen Akteuren wie (staatliche) Verwaltung, (politische) Parteien, (gesellschaftliche) Verbände, Gewerkschaften oder (private) Unternehmen und Medien organisiert. Als öffentliche Akteure vertreten sie lediglich das allen, der Gesellschaft und dem Staat, gemeinsame Interesse an den sozialen Fragen.[69] Individuen werden von der Aufgabe in der Öffentlichkeit

---

68   Bestehen die Akteure in der bürgerlichen Öffentlichkeit aus der wohlbegründeten, publikumsbezogenen, politische Diskurse bildenden, begrenzten Schicht von Bürgerlichen, so wird nun die Teilnahmemöglichkeit im Prinzip der breiten Massenbevölkerung wie den Arbeitern und Lohnabhängigen verliehen.

69   Es wird üblich, dass die öffentliche Diskussion über bestimmte Themen ausschließlich „von Repräsentanten kollektiver und korporativer Akteure (...) bestritten (wird). Nicht einzelne Personen (treten) in ihrer Eigenschaft als Individuen als Öffentlichkeitsakteure auf, sondern

durch andere Institutionen weitgehend entlastet und erfüllen nun ausschließlich die passive Publikumsrolle (vgl. ebd., S. 268).[70] Öffentlichkeit steht nicht länger dem Staat gegenüber und räsoniert kritisch, sondern wird nach Habermas ein dem Staat untergeordneter, nicht selbstständig handelnder Bereich. Indem durch die Entstehung des Sozialen die Unterscheidung zwischen öffentlich und privat entfällt bzw. Staat und Gesellschaft quasi verschmelzen, hört laut Habermas jener spezifische Teil der (privaten) Sphäre auf, „in dem die zum Publikum versammelten Privatleute die allgemeinen Angelegenheiten ihres Verkehrs untereinander regeln, nämlich Öffentlichkeit in ihrer liberalen Gestalt" (ebd., S. 226).

Genau diese Tendenz des Strukturwandels der Öffentlichkeit interpretieren Arendt und Habermas kritisch. Für Arendt bedeutet dieses Phänomen, „daß die Gesellschaft in allen ihren Entwicklungsstadien das Handeln genau so ausschließt wie früher der Bezirk des Haushaltes und der Familie. An seine Stelle ist das Sich-Verhalten getreten, das in jeweils verschiedenen Formen die Gesellschaft von allen ihren Gliedern erwartet und für welches sie zahllose Regeln vorschreibt, die alle darauf hinauslaufen, die Einzelnen gesellschaftlich zu normieren, sie gesellschaftsfähig zu machen und spontanes Handeln wie hervorragende Leistungen zu verhindern" (Arendt 2007 (1958), S. 51f.).[71] Die Lebenswelt des passiven ‚Konsumstaatsbürgers' als ‚neue Gleichgültige' der Gesellschaft wird nun von den staatlichen, politischen, gesellschaftlichen sowie wirt-

---

die öffentlichen Äußerungen (werden) im Namen mehr oder weniger organisierter Akteure gemacht" (Raupp 1999, S. 118). Als Akteure neuer öffentlicher Sphäre üben zwar z. B. die Parteien und die Verbände, wie die bürgerliche Öffentlichkeit, Kritik am Staat, die Ausdrucksweise in der Kommunikation des (Massen) Publikums ist jedoch von der in der bürgerlichen Öffentlichkeit verschieden: Während die bürgerliche Öffentlichkeit die Interessen des privaten Publikums vertritt, verliert die neu entstandene Öffentlichkeit ihren privatrechtlichen Charakter. Öffentlichkeit ist nicht länger ein Teil des privaten Bereichs, weil die Unabhängigkeit ihrer Institutionen nur mehr durch gewisse politische Garantien gesichert werden kann (vgl. ebd., S. 275). Sie betreibt intern Machtvollzug und Machtausgleich im Zusammenspiel mit dem Staatsapparat (vgl. ebd., S. 268).

70   Der Unterschied zwischen dem aktiven Publikum und den passiv kollektiven Massen liegt ausschlaggebend im „Grad der Interaktion zwischen den Individuen und [der] Art des Umgangs mit der Information (...). Findet keine Interaktion statt und wird Information bloß im Sinne von Annehmen oder Ablehnen ‚[d]elegiert', sprach Blumer nicht mehr von Publikum, sondern von ‚Masse'" (Blumer, Herbert: The Mass, The Public, and public Opinion. In: Bereison, Bernard / Janowitz, Morris (Hrsg.): Reader in Public Opinion and Communication. New York/London 1966, S. 43-50, davon S. 43ff., zit. n. Raupp 1999, S. 116). Die Individuen bleiben als Masse in der Öffentlichkeit unsichtbar. Als „Unbeteiligter Beteiligter" spielen Individuen keine Leistungsrolle mehr, sondern eine Abnehmerolle in der Öffentlichkeit (vgl. ebd., S. 119f.).

71   Durch das Auftreten des Sich-Verhaltens an Stelle des Handelns in der Rangordnung menschlicher Bezüge, scheint nun die Egalität der (Massen-)Gesellschaft ermöglicht zu werden. Als moderne Form beruht sie jedoch auf dem der Gesellschaft inhärenten Konformismus und „unterscheidet sich in jeglicher Weise von der Gleichheit, wie wir sie aus der Antike und vor allem durch die griechischen Stadt-Staaten kennen" (ebd., S. 52).

schaftlichen Systemen „kolonialisiert".[72] Im Zwischenbereich verkehren die ent-
privatisierten Bereiche des Privaten, die verstaatlichten Bereiche der Gesellschaft
sowie die vergesellschafteten Bereiche des Staates ohne Vermittlung politisch
räsonierender Privatleute miteinander. Der Strukturwandel der Öffentlichkeit
wird, sowohl von Arendt als auch von Habermas, aufgrund der Entwicklung
sozialstaatlicher Strukturen letztendlich durch den Zerfall der Öffentlichkeit
markiert, der „in dem strukturellen Wandel des Verhältnisses von öffentlicher
Sphäre und privatem Bereich überhaupt begründet" (Habermas 1990 (1962), S.
226) ist.

1.1.4.2 Die sozialstaatliche Öffentlichkeit am Beispiel Deutschlands

Die im vorherigen Abschnitt erwähnte neue Erscheinung der Öffentlichkeit stellt
eine allgemeine Entwicklung der okzidentalen nach dem liberal-demokratischen
Regierungsmodell organisierten Gesellschaft dar. Die Entwicklung verlief
jedoch innerhalb der okzidentalen Moderne, je nach den historisch herausgebildeten Voraussetzungen der jeweiligen Länder, höchst unterschiedlich. Im Folgenden wird die Entwicklung des Modernisierungsprozesses auf deutschem
Gebiet dargestellt, um der allgemeinen Schilderung des Strukturwandels der
Öffentlichkeit eine erweiterte Perspektive hinzuzufügen.

Im Unterschied zum modernen Großbritannien, als auch zum aus der absolutistischen Herrschaftsordnung weiterentwickelten Frankreich, verzögert sich auf
deutschem Gebiet die Herausbildung einer demokratischen Gesellschaftsordnung
in Verbindung mit einer volkssouverän-parlamentarischen Politik.[73] Deshalb
trifft die Herausbildung einer liberal-bürgerlichen Öffentlichkeit und im weiteren
Verlauf eine Strukturänderung im Habermas'schen Sinne in Deutschland nicht
unmittelbar zu. Dass sie sich auf deutschem Gebiet anders entwickelt, ist vor
allem auf zwei Faktoren zurückzuführen: *Zum einen* existierten auf deutschem
Gebiet über einen langen Zeitraum des Modernisierungsprozesses zahlreiche
Herrschaftsstrukturen. Bis spät ins 18./19. Jh. entwickelt sich hier kein eindeuti-
ges politisches Zentrum – so besteht selbst das Königreich Preußen aus mehreren
Ländern. Weil die vielen verwaltungs- und steuerrechtlich wichtigen Städte in
Preußen sehr klein waren, bildete sich auf deutschem Territorium keine sich als

---

72 „Die Austauschbeziehungen zwischen ‚System' und ‚Lebenswelt' der modernen Gesellschaft
beschrieb Habermas ursprünglich vor allem kulturkritisch als ‚Mediatisierung' der Lebenswelt, die schließlich zur ‚Kolonialisierung' geriet" (Liebert 1999, S. 96).
73 Die parlamentarisch-demokratische Staatsform zeigt sich in Deutschland „überhaupt erst, und
dann auch nur kurzfristig, im Gefolge der französischen Julirevolution an den Residenzorten
einiger süd- und südwestdeutscher Territorien, wo die von der Wiener Schlußakte 1815
empfohlenen Vertretungskörperschaften an gewisse landständische Traditionen angeknüpft
hatten, dann freilich durch die Karlsbader Beschlüsse fast überall gelähmt worden waren"
(Habermas 1990 (1962), S. 139f.).

Privatsphäre von den Direktiven der staatlichen Gewalt emanzipierende, liberal-bürgerliche Öffentlichkeit in dem Maße wie in Frankreich. Die politische Öffentlichkeit konnte im bürgerlichen Rechtsstaat nicht zur vollen Entfaltung kommen. „Am Ende des 18. Jahrhunderts besteht in Preußen eine Trennung von Staat und Gesellschaft erst virtuell" (Habermas 1990 (1962), S. 148). *Zum anderen* blieben die ständischen Schranken, insbesondere die zwischen Adel und (einfachem) Volk lange erhalten. Das kritisch räsonierende Bürgertum ist hier, historisch gesehen, nur wenig in Erscheinung getreten. Im Vergleich zu französischen Verhältnissen war die Position des Adels dem Hof gegenüber unselbständig. „Er vermag es nicht, die von ökonomischen wie politischen Funktionen abgeschnittene Sphäre der »Gesellschaft« in Kommunikation mit bürgerlichen Intellektuellen zur kulturell maßgebenden eines räsonierenden Publikums auszubilden." (ebd., S. 139f.). So entfalteten sich selbständiges Bürgerbewusstsein und bürgerliche Kultur nur unzureichend.

Diese Situation führte dazu, dass sich auf deutschem Gebiet eine absolutistische politische Ordnung, ein System von Institutionen und Zwangsanstalten, das der Bevölkerung von oben her auferlegt wurde, lange anhielt und in der politischen Öffentlichkeit fest verankert blieb.[74] Es gab keine eigene, im unmittelbaren Kontakt zur Bevölkerung stehende, Sphäre gegenüber dem Staat. Das Souveränitätsprinzip konsolidiert lediglich den preußischen König.[75] Diese deutsche Situation lässt sich der Entwicklung der anderen okzidentalen Nationalstaaten seit Mitte des 19. Jh. gegenüber stellen: Während des Prozesses der politischen Zentralisierung wie in Großbritannien, der von einer allmählichen Parlamentarisierung und Demokratisierung des politischen Verbundes begleitet wird und die politischen Systeme schrittweise für neue Bevölkerungsgruppen mit neuartigen Ansprüchen gegenüber dem Staat öffnet (vgl. Rieger 1992, S. 95), kann der sich ausweitende, direktive Staat von Preußen von der frühen Neuzeit bis ins 20. Jh. hinein, mittels gezielter Maßnahmen zur Handels- und Gewerbepolitik, in fast alle gesellschaftlichen Bereiche eingreifen (vgl. Leschinsky/Roeder 1983, S. 66ff.). Die Beziehung zwischen Staat, (privat-)gewerblicher Industrie und Handel in Preußen war „so eng, daß die ökonomische Selbständigkeit immer prekär blieb und das Bewußtsein eines unabhängigen eigenen Status sich wohl nur schwer entfalten konnte. Andererseits erwies sich die Allianz mit dem absolutistischen Staat zumindest für das höhere Bürgertum (zu dem ja auch die höheren Staatsbeamten gehörten) wohl als so vorteilhaft, daß sich auch von daher eine bürgerliche Opposition mit ausreichender ökonomischer Macht gegen diesen Staat kaum bilden konnte" (ebd.).

---

74   Insbesondere nach den Ereignissen der Französischen Revolution scheitert der Versuch, eine liberale, auf Gerechtigkeit basierende Gesellschaftsordnung einzuführen, weil man eine ähnliche revolutionäre Entwicklung hierzulande fürchtet.

75   Trotzdem erschien der preußische Staat „nicht mehr als eine künstliche Maschine, die lediglich von einem obersten Willen gelenkt wird, sondern als ein natürlicher Körper mit eigenen inneren Lebenskräften und Lebensgesetzen" (vgl. Tennstedt 1981, S. 26f.).

Während in Preußen eine starke Staatsgewalt herrscht, ist hier nicht zu übersehen, dass sich zugleich eine liberale Gesellschaftsidee verbreitet. Bis zur Revolution 1848/49 ermöglichen die liberalen Reformen eine bürgerliche Gesellschaft und kapitalistische Wirtschaftsweise. *Einerseits* wirkt die bürgerliche Privatinitiative bei der Gestaltung der Gemeindepolitik mit und ersetzt die Bürokratie durch eine liberale Selbstverwaltung der Bürger. Dies geht mit dem politischen Regierungskonzept des Staates einher. So geht es dem Freiherrn vom Stein um „Belebung des Gemeingeistes und Bürgersinns, den Kräften der Nation soll eine freie Tätigkeit und Richtung auf das Gemeinnützige gegeben werden" (Tennstedt 1981, S. 32f.). *Andererseits* werden die wirtschaftlichen Verkehrs- und Produktionsbedingungen in Richtung wirtschaftlicher Freiheit umgestaltet. Die merkantilistische Zielsetzung und das allgemeine wirtschaftliche Interesse Preußens werden in gewisser Weise an die liberale Wirtschaftsreform geknüpft. Die liberale Gewerbeförderung wird in Preußen im Rahmen der Sozialpolitik mit der Gründung der planmäßigen, rationellen und produktiven Fabrik eingeführt. So setzt sich Mitte des 19. Jh. der Aufschwung der durch den Staat initiierten Industrialisierung (industrielle Revolution), „die definiert ist durch den breiten Einsatz neuer Techniken der Produktion (Werkzeugmaschinen, Dampfmaschinen) und Kommunikation, durch massenhafte Nutzung bislang wenig verwendeter natürlicher Rohstoffe, vor allem Eisen und Kohle, durch die Ausbreitung des Fabriksystems als Organisationsform arbeitsteiliger gewerblicher Produktion, durch die Tatsache, daß nunmehr freie Lohnarbeit zur Erwerbsform von Massen schließlich Mehrheiten der Bevölkerung wird" (ebd., S. 38f.). Während die beginnende gewerbliche Massenproduktion zunächst ihrer Struktur nach wenig problematisch ist, offenbaren sich allmählich ihre Wirkungen und Nebenwirkungen. Das bedeutet „erleichterte und langfristig zunehmende Ausbreitung der kapitalistischen Warenproduktion, die für die traditionell »parallel« produzierenden Handwerksmeister und Hausindustrien den Ruin bringt" (ebd., S. 32f.).[76] Der Grundsatz der freien Selbstbestimmung des Individuums ermöglicht zwar der (Land-)Bevölkerung neben dem Recht auf Gewerbefreiheit ebenso das Recht auf unbeschränkte Niederlassung, auf Verehelichungsfreiheit usw.[77] Die Freiheit

---

76   Dies bezieht sich auf das Gewerbesteueredikt von 1810 sowie das Gewerbepolizeigesetz von 1811. Sie heben erstens den Zunftzwang auf. Zweitens beseitigen sie die traditionelle Trennung von Stadt und Land und damit in diesem Sektor die Privilegien des städtischen Handwerks gegenüber dem ländlichen. Drittens entziehen sie den Reglementierungen des absolutistischen Staates durch Beseitigung der merkantilistisch begründeten monopolistischen Privilegien in Bezug auf das Zunftwesen und staatliche Konzessionierung die gesetzliche Grundlage (vgl. Herrlitz et al. 2005, S. 25). Damit wird die relative Selbständigkeit des kaufmännischen und gewerblichen Bürgertums im Schutz zünftischer und städtischer Privilegien abgebaut. „(S)ie entzieht dem handwerklichen Kleingewerbe den Boden und bringt, im Verein mit der ausländischen Konkurrenz, der Hausindustrie und Manufakturproduktion, vor allem im Textilsektor, enorme Absatzschwierigkeiten" (Tennstedt 1981, S. 38f.).

77   Gegenüber der bisherigen Autonomie der Gemeinden in Bezug auf Zulassung fremden Zuzuges und Beschränkung ihrer Angehörigen wird die Freizügigkeit im Interesse freier

führt jedoch zugleich zu existenzieller Unsicherheit eines Großteils der Bevölkerung und verursacht neue soziale Konflikte – das furchtbare Elend durch Hungerlöhne und überlange Arbeitszeit von Arbeitern und mithelfenden Familienangehörigen wie Kindern, Jugendlichen und Frauen. Die Grenze zwischen Arbeiter- und Armenbevölkerung wird fließend (vgl. ebd., S. 79f.). Im Verarmungsfall ist man auf die Unterstützung der Heimatgemeinde, Armenfürsorge, angewiesen, die von den besitzenden Gemeindebürgern finanziert wird (vgl. ebd., S. 28; S. 39).[78] In Distanz zur Armenpolitik entwickelt sich zugleich eine Arbeiterpolitik, um der Gefahr der Verarmung vorzubeugen und damit eine proletarische Revolution zu verhindern (vgl. ebd., S. 89). Der staatliche Eingriff in die privaten Angelegenheiten wird institutionell organisiert.

In diesem Zusammenhang ist zu erwähnen, dass die neue Form der Publikumsrolle nicht zu übersehen ist. Die lokalen Vereine stellen sich als Arbeiterverbrüderung dar, in den Jahren bis zum Vormärz entstehen verschiedene Grundformen einer Arbeiterbewegung, vor allem in den Städten (vgl. ebd., S. 64).[79] In der Revolution von 1848 lassen sich sogar lokale Volksversammlungen finden, welche sich zu einer überlokalen, gesamtdeutschen Arbeiterbewegung entwi-

---

Arbeitsplatzwahl verwirklicht. Entscheidende Reformen hin zur Bauernbefreiung finden statt. Durch die Agrarreform wird erstens die Realleibeigenschaft der gutsherrlichen Bauern aufgehoben. Zweitens werden die ständisch gebundenen Besitz- und Nutzungsrechte an Grund und Boden in freie Eigentumsrechte umgewandelt. Drittens müssen die ständisch-herrschaftlichen Zwangsdienste der untertänigen Bauern aufgelöst werden. Viertens werden die gemeinschaftlich genutzten Acker- und Weideflächen durch Flurbereinigung und -verteilung abgegrenzt und in privates Eigentum der Berechtigten überführt (vgl. Herrlitz et al. 2005, S. 23f.). Betroffen von dieser Reform ist ein großer Teil der Bevölkerung, denn im kontinentalen Westeuropa sind durchschnittlich 2/3 der Erwerbstätigen in der Landwirtschaft tätig (vgl. Tenorth 2000, S.161).

78 „In der ersten Hälfte des 19. Jahrhunderts kommt es in fast allen deutschen Staaten zu einer neuen Armengesetzgebung, die in unterschiedlicher Weise der Tatsache Rechnung trägt, daß nach der liberalen Theorie nicht nur eine Freisetzung der Arbeitskräfte aus den persönlichen Bindungen der traditionell arbeitgebenden Standeskorporation möglich sein muß, sondern ebenso eine aus örtlichen Bindungen." (ebd., S. 42). Die nicht durch die Kirche oder Privatwohltätigkeit, sondern vom Staat organisierte Armenunterstützung ist jedoch keine barmherzige Wohltat, sondern eher kriminalpolitisch zu rechtfertigen. Der Staat hat lediglich ein Interesse daran, die (kapitalistischen) Besitzenden sowie ihre Eigentum vor den gemeinschaftsschädigenden Folgen der Armut zu schützen. Wenn der Staat die Besitzlosen unterstützt, kann er nicht nur im Interesse der Armen, also seinem eigenen Interesse – sondern im Interesse der Besitzenden sowie der Großindustriellen handeln (vgl. ebd., S. 94). Die politischen Bündnisse waren eng mit den ökonomischen Absprachen und mit der Staatsbürokratie verknüpft (vgl. Swaan 1993, S. 210).

79 In den dreißiger Jahren „bildet sich (...) unter auslandserfahrenen Handwerksburschen eine politische Arbeiterbewegung heraus, ein Handwerksburschen-Kommunismus mit stark antifeudalen und antibürgerlichen Tendenzen. Er thematisiert das Mißverhältnis zwischen Armen und Reichen, zwischen Besitzlosen und Besitzenden und kehrt das jahrhundertelang gegen die niederen Volksklassen gerichtete Argument vom faulen und trägen Müßiggang entschlossen um, richtet es gegen die bürgerliche Gesellschaft" (ebd., S. 68). Sie findet jedoch wenig Verbreitung im vormärzlichen Deutschland, nicht zuletzt aufgrund staatlicher Unterdrückungsmaßnahmen (vgl. ebd., S. 69).

ckeln (vgl. ebd., S. 76ff.).[80] Diese wird unterstützt durch das entstehende Bewusstsein als (nationales) Volk. Die vom Staat initiierte, liberale Gesetzgebung mit sozialpolitischen Maßnahmen führt zum Aufbrechen der bisherigen, engeren Gemeinschaften. An die Stelle der vorherrschenden Gemeindebürgerschaft tritt nun die Staatsbürgerschaft. „Die Rechte, welche die Gemeindegenossen bis dahin als Mitglieder der Gemeinde hatten in Anspruch nehmen dürfen, sollten ihnen nunmehr als Mitgliedern des Staates, zu welchem die Gemeinde gehörte, zustehen." (ebd., S. 40). Öffentlichkeit, die zuvor überwiegend durch die staatliche Obrigkeit strukturiert war, erhält in der Übergangszeit einen neuen Impuls seitens der (niederen) Bevölkerung mit staatsbürgerlichem Bewusstsein.

Mit der Gründung des Deutschen Kaiserreichs 1871 wird schließlich das allgemeine Männerwahlrecht im politischen und verfassungsrechtlichen System eingeführt und scheint damit vorerst das Teilnahmerecht der Massenbevölkerung an den öffentlichen Angelegenheiten rechtlich zu sichern.[81] Im Deutschen Reich, das sich weiterhin stark mit Preußen identifiziert, bleibt das vom Staat abgetrennte, parlamentarisch souveräne Parteiensystem jedoch weiterhin funktionslos.[82] Das Verhältnis der deutschen Arbeiterbewegung zum Staat ist demzufolge von „negative(r) Integration" (Rieger 1992, S. 102) geprägt. Wie vor der Gründung des Kaiserreichs bleiben die politischen Parteien in erster Linie Gesinnungsgemeinschaften, die sich lediglich aus den höheren Schichten und intellektuellen Gruppen zusammensetzen und die kein anderes Publikum zulassen. Obwohl die Selbstverwaltung – mit unabhängigen Gerichten als typisches Merkmal der staatlichen Verwaltungsorganisation des Deutschen Reiches – betont wird, besteht im Gegensatz dazu die zentralstaatliche Bürokratie fort. Die Zentralisierung der öffentlichen Staatsgewalt verlief unkontrolliert, weil das im preußischen Staat tradierte sozialkulturelle Verständnis die bürokratische Staatsgewalt über die Parteien stellte. Sie garantierte die Wohlfahrt und den Zusammenhalt der Nation (vgl. ebd., S. 80ff.). Die Abgrenzung von Staat und räsonierender Sphäre wurde in dieser Hinsicht auch im Kaiserreich nicht erreicht. Sozialstaatli-

---

80   „Über die 170 lokalen Vereine erreicht die »Arbeiterverbrüderung« über 15 000 Mitglieder (...), die sich »Social-Demokraten« nennen. Die ökonomischen und sozialen Forderungen richten sich auf allgemeine Heimatberechtigung, paritätische Lohnkommissionen, Produktivgenossenschaften, staatliche Unterstützzungsleistungen für Arbeitsinvalide und schließlich auch auf die politische Macht im Staate. Darüber hinaus versteht sie sich als Selbsthilfeorganisation zur Risikoabsicherung der proletarischen Existenz: örtliche (Wander-)Arbeitsvermittlungsstellen und Gesundheitsvereine sollen gegründet werden. Die Gesundheit der Arbeiter wird als (politischer) Wert betrachtet." (ebd., S. 77).

81   In diesem Zusammenhang ist zu erwähnen: „In England kam es 1867 und 1883 zu Wahlrechtsreformen; in Frankreich hatte Napoleon III. das allgemeine Stimmrecht eingeführt; dessen plebiszitär-konservative Folgen hatte Bismarck vor Augen, als er in die Verfassung, zunächst des Norddeutschen Bundes, dann des neugegründeten Deutschen Reiches das allgemeine Wahlrecht aufnahm." (Habermas 1990 (1962), S. 229).

82   „Der Reichstag hatte kein eigenständiges Initiativrecht. Es waren hauptsächlich Kaiser, Reichskanzler und die höheren Ränge der Bürokratie in Preußen und im Reich, die neue Gesetze anregen konnten." (Rieger 1992, S. 81).

che Öffentlichkeit in Deutschland entwickelt sich weiterhin unter den Bedingungen und dem besonders starken Einfluss zentralstaatlicher Initiativen. Diese ist von der sozialen Gesetzgebung Bismarcks geprägt. Am Beispiel der Sozialversicherungssysteme, die er einrichtet,[83] kann man das sich verändernde Verhältnis des Staates zum Volk (Privates), d. h. die Öffentlichkeitsstruktur der Übergangszeit beobachten: Sie zeigen *einerseits*, „inwieweit der staatliche Eingriff in die Privatsphäre dem Druck von unten nachgeben muß.[84] Die Eingriffe des Staates in die private Sphäre [seit Ende des 19. Jh.; T. K.] lassen erkennen, daß es den breiten, zur Mitbestimmung jetzt zugelassenen Massen gelingt, die ökonomischen Antagonismen in politische Konflikte zu übersetzen" (Habermas 1990 (1962), S. 230). Die (sozialstaatliche) Öffentlichkeit konsolidiert sich Hand in Hand mit den Sphären der öffentlich gewordenen Lebenswelt der Massenbevölkerung (der Arbeiterschicht). *Andererseits* dient sie „hauptsächlich der Staatsbildung, sollte ganz bewusst den neuen deutschen Staatsapparat stärken" (Swaan 1993, S. 208). Mittels der Sozialversicherungssysteme versucht das autoritäre Regime, direkt auf die arbeitenden Massen zuzugreifen, um sich deren Loyalität zu sichern und stärker an den neuen Staat zu binden (vgl. ebd. S. 209ff.). Durch die sozialstaatliche Politik mit einem umfassenden Netz von Krankenkassen wie Gewerkschaftsversicherungen bauten die deutschen Arbeiter eine starke, einheitliche, politisch sehr selbstbewusste Bewegung auf, durchbrachen nach und nach „örtliche wie berufliche Fixierungen, um sich zunehmend an der nationalen Politik zu orientieren" (ebd., S. 210).[85]

---

83   Neben einer landesweiten gesetzlichen Versicherung gegen Einkommensverluste werden in den 1880er Jahren drei Versicherungsgesetze verabschiedet – für die Unfall-, Invaliditäts- und Krankenversicherung (vgl. Swaan 1993, S. 207; S. 211).

84   Die Selbstorganisation ist in diesem Fall eine andere als etwa in Großbritannien. Z. B. bildeten sich Witwen- und Weisenkassen, Spar- und Kreditvereine, Versicherungsgesellschaften, Vereine zum Wohl der arbeitenden Klassen, Siedlungsgesellschaften, Auswanderungsvereine, Armenkolonien usw., die vor allem stark von philantropisch orientierten Angehörigen der gehobenen Ständen getragen waren, die jedoch vom Staat stark gefördert und somit in einer Zwischenzone staatlicher Aufsicht, Förderung oder polizeilicher Kontrolle stattfanden (vgl. ebd., S. 88).

85   Die Sozialversicherung lässt sich stets im Zusammenhang mit der nationalen Einigung zeigen. Zur Staatsbildung „schien eine starke, nationalistisch eingeschworene Arbeiterschaft unabdingbar" (Swaan 1993, S. 211).

1.2 Politik- und sozialwissenschaftliche Diskussionen II – Eine synchrone Systematisierung

1.2.1 Eine politisch-philosophische Bestimmung der Öffentlichkeit

1.2.1.1 Nach Habermas – Kritik durch die postkoloniale/feministische Theorie und durch das kommunitaristische Konzept der Bürgergesellschaft

Mit der diachronen Rekonstruktion, welche in den vorangehenden Abschnitten anhand der Abhandlung von Habermas unternommen wurde, wurden die unterschiedlichen Konzepte und Erscheinungen der Öffentlichkeit als historische Entwicklungsmomente dargestellt. Die Abhandlungen über Öffentlichkeit, sowohl aus der republikanischen Sicht von Arendt als auch aus der liberal-bürgerlichen Sicht von Habermas und vor allem ihre kritischen Betrachtungen zur Entwicklung der Neuzeit, erfuhren große Resonanz. Der konzeptionelle Wandel der Öffentlichkeit erscheint hier gegen Ende kritisch: Die dem Staat gegenüberstehende, aus aktiven Privatleuten bestehende räsonierende Öffentlichkeit verschwindet spätestens mit der Einführung des sozial- und wohlfahrtsstaatlichen Regierungsmodells. Die neue Erscheinungsform von Öffentlichkeit, als die vom Staat absorbierte, konsumkulturelle Sphäre, hat im weiteren Verlauf diverse Debatten ausgelöst. Hält man die negativen Schlussfolgerungen der beiden Autoren fest, so lässt sich nun die Frage stellen, wie – nach dem Strukturwandel, der zum „Zerfall der Öffentlichkeit" führte – die gesellschaftlichen Probleme und ihre Lösungen behandelt bzw. gerechtfertigt werden können. Eine einfache Kritik an der sozialstaatlichen, massendemokratischen Öffentlichkeit und die Feststellung des Zerfalls des Öffentlichen sind anhand der realen sozialen Verhältnisse empirisch nicht haltbar. Man stößt damit bei dem Versuch, die Öffentlichkeit und vor allem die Öffentlichkeit der Erziehung in der Gegenwart zu beschreiben, an eine theoretische Grenze. Um das Verhältnis von Öffentlichkeitsstruktur und Erziehung, und somit die unterschiedlichen Auslegungen von Öffentlichkeit in der (öffentlichen) Erziehung zu systematisieren, scheint die Herleitung eines zusätzlichen Theorieinstruments notwendig.

Die Diskussionen werden vor allem seit den 1970er Jahren im Rahmen der postkolonialen Theorie im Allgemeinen und durch die feministischen Ansätzen im Speziellen normativ ausgelöst.[86] Habermas zufolge kann die Eigenschaft der Öffentlichkeit in der historischen Entwicklung „als Garant einer im Staat gefundenen Vernunft", als „ausgeschlossener Dritter eines zwischen Staat und Ver-

---

86 Gegenstand der postkolonialen Forschung sind sowohl die Geschichte der Dekolonisierung als auch die Problematisierung dominanter Rassen-, Kultur-, Sprach- und Klassendiskurse (Ethnozentrismus, Eurozentrismus und Neokolonialismus) und die Revolutionierung westlich intellektueller Traditionen durch Konzepte von Macht, Subjektivität und Widerstand (z. B. der Blick auf die ‚internen Kolonien' des Westens). Die feministischen Ansätze können als ein Zweig der postkolonialen Theorie bezeichnet werden. Vgl. dazu Varela 2005.

nunft (der Privatheit) eingespielten Einverständnisses", oder als „Instanz der Kritik eines an Vernunftansprüchen scheiternden Staates und einer an Staatsansprüchen scheiternden, (privaten) Vernunft" (Baecker 1996, S. 88) beschrieben werden. Diese emphatischen Erklärungsmodelle werden nun insbesondere unter dem Gesichtspunkt der einseitig modernen, linearen Herangehensweise gegenüber der real existierenden Demokratie kritisiert. Die feministische Theorie greift vor allem die traditionelle, binäre Trennung von Öffentlichem und Privatem als „komplementäre akademisch-politische Projekte" auf (vgl. Kerner 2005, S. 219).[87] Angesichts der Verschränkung von Öffentlichem und Privatem und dadurch, dass das Aufkommen des Sozialen, seit der politischen Ökonomie der Neuzeit (Arendt) bzw. der sozialstaatlichen Zielsetzung der Politik in der Massengesellschaft (Habermas), die Privatsphäre (z. B. der Familie) zur kollektiven Angelegenheiten werden lässt (vgl. Arendt 2007 (1958), S. 43), wird von den beiden Autoren ein Zerfall der öffentlichen Sphäre diagnostiziert und versucht, Öffentlichkeit in der vergangenen, binären Struktur der Antike (Arendt) sowie des räsonierenden, liberalen Bürgertums (Habermas) zu suchen. Das Öffentlichkeitsmodell Habermas' verweise jedoch auf ein unverwirklichtes utopisches Ideal, ebenso wie das auf die antike Polis zurückzuführende Modell der Öffentlichkeit von Arendt, wo die Teilnahme an öffentlichen Sphären schicht- und geschlechtsspezifisch erlaubt wird. Bei Habermas werde die Besonderheit des liberalen Modells bürgerlicher Öffentlichkeit betont, die jedoch in der öffentlichen Arena in der Einzahl zu sein scheint. Der wesentliche Kritikpunkt der postkolonialen und feministischen Theorie ist, dass die hier als „das Private" bezeichneten Bereiche als gutes bzw. naturhaftes Leben und somit als unantastbar betrachtet werden. In der Rhetorik über ökonomische Privatheit bzw. häusliche Privatheit werden die privaten Probleme und Interessen bis in die Gegenwart aus der öffentlichen Debatte ausgeschlossen (vgl. Fraser 2001, S. 142). Eine solche Herangehensweise sei Teil eines Herrschaftsdiskurses, der „eine spezielle, nämlich *bürgerliche, maskulinisierte, von der Überlegenheit der weißen Rasse überzeugte* Konzeption der Öffentlichkeit" (ebd. S. 121) sichtbar mache und die Unterdrückung und Ausbeutung der früheren Sklaven, Frauen, Kinder, Fremden in privaten Bereichen legitimiere (vgl. Benhabib 1995, S. 124f.). Aus der Sicht des feministischen Ansatzes mache die aus derartigen Darstellungen resultierende, politische Machtausübung aus einer Schicht der Gesellschaft eine herrschende und aus der restlichen Bevölkerung eine beherrschte Gruppe. Die Öffentlichkeit als offizielle Sphäre war und ist „der beste institutionelle Ort für das Zustan-

---

87   Die feministische Theorie versucht nicht nur, patriarchale Strukturen in der Gesellschaft sichtbar zu machen, sondern explizit Frauen und ihre Lebenswelt in den Mittelpunkt der Betrachtung und Analyse zu stellen. Aus ihrer Perspektive tauchen neue Fragen auf: Dort, wo scheinbar alle Probleme gelöst sind, wo die Sozialwissenschaft als etabliert gilt, wo Wissen gesichert zu sein scheint, wird durch ihre Sichtweise alles wieder in Frage gestellt (vgl. Brück et al. 1992, S. 10f.). Diese Zugangsweise steuert einen wesentlichen Beitrag zur Diskussion über Öffentlichkeit bei.

dekommen jener Zustimmung, über die sich die neue, hegemoniale Herrschaftsweise definiert" (Fraser 2001, S. 119; vgl. ebd., S. 113).

Solange sich eine ‚offizielle' Öffentlichkeit aus einem utopischen Ideal herleitet, an der traditionellen Unterscheidung zwischen privaten und öffentlichen Fragen festhält und somit über die von der politischen Öffentlichkeit Ausgeschlossenen keine politischen Diskussionen stattfinden, bleiben die Machtverhältnisse innerhalb und außerhalb der Öffentlichkeit aufrechterhalten. Die feministische Theorie hinterfragt genau solche wortlosen Übereinkommen bis hin „zu öffentlichen Belangen der Gerechtigkeit, in dem sie die Asymmetrie der Machtverhältnisse thematisiert (...). Dass der Zugang zur Öffentlichkeit durch die diskursive Ressource innerhalb der Machtverhältnisse bestimmt wird, sollte in Betracht gezogen werden. In diesem Prozess steht die Grenzlinie zwischen dem Privaten und dem Öffentlichen, zwischen Fragen des Rechten und Fragen des guten Lebens, neu zur Verhandlung" (Benhabib 1995, S. 124). Ein gerechtes, haltbares Konzept von Öffentlichkeit, das gegenwärtig immer mehr an Bedeutung gewinnt, sollte nicht den Ausschluss, sondern das Einbeziehen aller Probleme und Interessen unterstützen. D. h., die Sphäre, die leicht als privat etikettiert und als unzulässig behandelt wird, bzw. überhaupt nicht sichtbar gemacht wird, soll in der Öffentlichkeitsstruktur zum Vorschein kommen. So sehen die VertreterInnen der feministischen Theorien gerade im Aufkommen des Sozialen die positive Möglichkeit des Aufkommens der anderen, alternativen Öffentlichkeit(en), wobei die zahlreichen, früher als Privatheit ausgeschlossenen Teile der Gesellschaft sichtbar werden (vgl. Fraser 2001). Es sei notwendig, das bisherige Verständnis von Öffentlichkeit durch ein alternatives Modell – mit Frasers Worten „ein neues nachbürgerliches Modell der Öffentlichkeit" – zu ersetzen (vgl. ebd., S. 109f.; S. 149). Gerade die von Arendt und Habermas kritisch und als aussichtslos betrachtete Situation der Absorption der Privatheit durch den Staat impliziert eine Chance zur Neugestaltung der Öffentlichkeit.

Diese konstruktiven Bemühungen fehlen in Habermas' Modell des *Strukturwandels der Öffentlichkeit*. Fraser zufolge versäume Habermas die Untersuchung von nichtliberalen, nichtbürgerlichen, konkurrierenden Öffentlichkeiten. Die öffentliche Sphäre sei in der Wirklichkeit stets vom Konflikt bestimmt (vgl. ebd., S. 116f.). So schlägt Fraser vor, der Öffentlichkeit konkurrierende *Gegenöffentlichkeiten* entgegenzustellen (counter publics, alternative publics). [88] Denn Öffentlichkeit impliziert nicht nur das auf ein abstraktes Übereinkommen zielende, ideale Verständnis im Sinne von Habermas, sondern vielmehr eine Sphäre grenzenloser, zieloffener Interaktion von Vielfältigkeit. Sie sei der Gegensatz zur kleinen sozialen Gemeinschaft mit begrenzter, homogener Gruppierung (vgl.

---

88 Gegenöffentlichkeiten können z. B. in Form von volkstümlich bäuerlichen Öffentlichkeiten, Öffentlichkeiten von ethnischen Minderheiten, Öffentlichkeiten von Frauen (aus der Elite), Öffentlichkeiten der Arbeiterklasse oder nationalistischen Öffentlichkeiten zum Ausdruck kommen (ebd.).

Fraser 2001).[89] Annahmen, die zuvor von der Auseinandersetzung verschont blieben, werden hier nun grundsätzlich öffentlich debattiert. Insofern Gegenöffentlichkeiten als Reaktion auf Ausschlüsse durch dominante Öffentlichkeit entstehen, tragen sie dazu bei, den diskursiven Raum zu erweitern. Die „Vermehrung subalterner Gegenöffentlichkeiten bedeutet im Allgemeinen eine Ausweitung der diskursiven Auseinandersetzung, und das ist in geschichteten Gesellschaften positiv zu sehen" (ebd., S. 130).[90] Die öffentliche Sphäre stellt sich somit als ein strukturierter Schauplatz dar, „wo zwischen einer Vielzahl von Öffentlichkeiten kulturell und ideologisch gestritten oder verhandelt wird" (ebd., S. 132).

Die Struktur der Öffentlichkeit ist demzufolge in anderer Weise verflochten als in der zuvor vermuteten, linearen und binären. Das impliziert eine neue strategische Annahme, welche auf die bewegliche, überlappende Form der Öffentlichkeit verweist. In diesem Zusammenhang zeigt Fraser zum einen die Erscheinung der *inneröffentlichen Beziehung* auf. Eine notwendige Bedingung innerhalb einer Öffentlichkeit ist die partizipatorische Gleichstellung, welche systembedingte soziale Ungleichheiten abschafft (vgl. ebd., S. 127). Die Öffentlichkeit fordert dabei nicht die Ausklammerung, sondern vielmehr die Beseitigung sozialer Ungleichheit (vgl. ebd., S. 149; Peters 1994, S. 56). Zum anderen sind *Beziehungen zwischen den Öffentlichkeiten* in Betracht zu ziehen. Die Gesellschaftsschichten erzeugen in dem institutionellen Grundgefüge ungleiche soziale Gruppen, für die strukturelle Beziehungen von Herrschaft und Unterordnung kennzeichnend sind. Egalitäre, multikulturelle Gesellschaften, welche in den westlichen Ländern immer mehr angestrebt werden, setzen eine Vielzahl öffentlicher Arenen voraus, in denen Gruppen mit unterschiedlichen Wertvorstellungen und Rhetoriken auftreten. Eine Vielfalt von Öffentlichkeiten kann als interaktive Auseinandersetzung verschiedener Öffentlichkeiten miteinander bezeichnet werden (vgl. Fraser 2001, S. 128; S. 134).

Ein Merkmal des nach feministischem Ansatz konzipierten Öffentlichkeitsmodells ist die Tendenz der Politisierung des Privaten. Versuche, die traditionellerweise als privat unbeachteten Sphären öffentlich zu thematisieren, betonen die politischen Aspekte und Aufgaben (vgl. Brink 1995, S. 21). Im Vergleich dazu findet man in der kommunitaristischen Debatte eine Bereicherung des normativen Ansatzes durch die relativierende Bestimmung einer Gesellschaftsordnung mit vielfältig erweiterten Öffentlichkeiten. Wie die feministische Theorie kritisieren auch sie die Eindimensionalität des klassisch liberalen Staatskonzepts, das in der Hauptsache „*eine* Vorstellung des guten gesellschaftlichen Lebens als *die*

---

89 In diesem Zusammenhang ist zu erwähnen, dass die Habermas'sche These insbesondere von den Vertretern der postmodernen Rationalitätskritik wegen seiner Fixierung auf die Gedankenwelt des „Projekts der Moderne" als kritikwürdig aufgenommen wurde (vgl. Meyer-Drawe 1989).

90 Als Träger der „subalternen Gegenöffentlichkeiten" sind die Mitglieder untergeordneter sozialer Gruppen – Frauen, Arbeiter, Kinder, Fremde usw. – gemeint (vgl. ebd., S. 129).

Vorstellung des guten Lebens darzustellen" versucht (ebd., S. 18).[91] Das Öffentlichkeitskonzept bleibe hier von einem bestimmten, bürgerlichen Charakter belastet. „Wegen der faktischen Differenzierung der Gesellschaft in verschiedene Handlungsbereiche mit jeweils eigenen Standards von Rationalität und des Guten und aufgrund des kulturellen und ethischen Pluralismus kann ein solcher reduktionistischer Begriff der (...)(G)esellschaft und des Bürgers der gegenwärtigen Lage nicht gerecht werden" (ebd.). Anstelle der schichtspezifischen Bezugnahme auf die Bürger richten die Kommunitaristen den Blick hauptsächlich auf „die sozial konstituierte und kulturell situierte Person als Mitglied einer bestimmten, durch substantielle Werte integrierten Gemeinschaft – >community< – " (ebd., S. 15).[92] D. h., die Eigenart der Bürger, die in der Öffentlichkeit verkehren, besteht vor allem „in der Zugehörigkeit zu einer bestimmten ethischen und kulturellen Gemeinschaft" (ebd., S. 17). Diese pflegt dabei, ihre Traditionen durch aktive soziale und politische Partizipation – „primär als intersubjektive Prozesse der individuellen und kollektiven Selbstverständigung" (ebd., S. 15f.) zu reproduzieren (ebd., S. 17). Öffentlichkeit in dieser Theorieströmung ist dort angesiedelt, wo eine Gemeinschaft durch gemeinsame Vorstellung vom ethisch Guten verbunden ist. Dieses Konzept bildet „als Basis solidarischer Anerkennungsverhältnisse ein substantiell-ethisches Gegenstück zu abstrakten Gerechtigkeitsprinzipien und Prozeduren politischer Willensbildung" (ebd., S. 16).

Um einen Begriff von posttraditionalen Anerkennungsverhältnissen in und zwischen den Öffentlichkeiten zu entwickeln, wird vor allem auf die *Zivil-* bzw. *Bürgergesellschaft* zurückgegriffen. Auf der *strukturellen Ebene* werden zur Bildung einer Zivil- bzw. Bürgergesellschaft, Walzer zufolge, drei Voraussetzungen gefordert: „1) der Staat muß dezentralisiert werden, so daß die Staatsbürger mehr Gelegenheiten haben, die Verantwortung für (einige) ihre(r) Tätigkeiten zu übernehmen; 2) die Wirtschaft muß vergesellschaftet werden, so daß es viele verschiedene Akteure auf dem Markt gibt, sowohl genossenschaftliche wie private; und 3) nach dem Modell der religiösen Toleranz sollte man den Nationalismus pluralisieren und zähmen, so daß es verschiedene Möglichkeiten gibt, historische Identitäten zu verwirklichen und aufrechtzuerhalten" (Walzer 1995, S. 67). Auf der *Interaktionsebene* müssen die Formen des Handelns als die wesentlichen Teile der gesellschaftlichen Organisation an der Peripherie durch etwas anderes als die herkömmlichen Staatstheorien ergänzt (und nicht ersetzt)

---

91   In diesem Zusammenhang wird die Ableitung der Gerechtigkeitsprinzipien aus der Marshall'schen Schlussfolgerung von den zivilen, politischen und sozialen Rechten kritisiert. Diese seien „zwar eine notwendige, keineswegs aber eine hinreichende Bedingung konkreter politischer Gerechtigkeit. Wer ein funktionierendes Rechtssystem denken will, muß auch auf Prinzipien und Verfahren partizipatorischer Demokratie reflektieren, die es Bürgern ermöglichen, die formale Freiheit und Gleichheit, die ihnen laut Verfassung zukommen, in politischen Diskursen effektiv zu fordern" (ebd., S. 12).

92   Die „>substantiellen Werte< werden dabei vorwiegend als ethische Werte, Werte des >guten Lebens<, konzipiert, die sowohl für die Identität des einzelnen als auch für die des Kollektivs, der Gemeinschaft, von ausschlaggebender Bedeutung seien" (ebd., S. 16).

werden: „durch etwas das eher dem Organisieren von Gewerkschaften als politischer Mobilisierung gleicht, eher dem Unterrichten in Schulen als dem Debattieren in Versammlungen, eher dem freiwilligen Dienst in Krankenhäusern als dem Beitritt zu politischen Parteien" (ebd., S. 68). In dieser Hinsicht wird Zivil- bzw. Bürgergesellschaft als „ein Handlungsraum von Handlungsräumen" konzipiert, „wo jeder Entwurf die partielle Erfüllung finden kann, die ihm allein zukommt" (ebd., S. 69). Hier treffen z. B. Gewerkschaften, Parteien, Bewegungen, Interessengruppen zusammen und viele kleine Entscheidungen und Beschlüssen werden getroffen. Sie können ebenso „Familienbetriebe, öffentliche oder städtische Gesellschaften, Arbeitergenossenschaften, Verbraucherkooperativen und gemeinnützige Organisationen aller Art" (ebd., S. 59) sein. „Alle gesellschaftlichen Strukturen werden durch das Dazwischentreten der zivilen Gesellschaft relativiert – auch auf dem Boden der Wirklichkeit." (ebd., S. 60). Ein Handlungsraum ist daher in diesem Kontext „ein Projekt von Projekten. (...) (Er) erfordert eine neue Empfänglichkeit für das, was lokal, spezifisch und kontingent ist, und vor allem ein neues Bewusstsein davon (...), daß das gute Leben im Detail liegt " (ebd., S. 69). Aus diesen Perspektiven verschränken sich Staat und (privater) Markt in der Öffentlichkeit zu einem Handlungsraum. Er wird nicht nur auf den politischen Handlungsraum wie im Konzept von Arendt beschränkt, sondern enthält ebenso die pluralistischen Perspektiven der z. B. privaten, wirtschaftlichen Tätigkeiten. Die Handlungsräume verkörpern sich in den dicht organisierten, vernetzten Vereinigungen der zahlreichen Öffentlichkeiten. Hier werden idealer Weise alle aufgenommen und keiner bevorzugt (vgl. ebd., S. 56). Die Bürger können in diesem Konzept nicht in einer passiven Zuschauerrolle bleiben, wie sich an dem liberalen Modell zeigen lässt.[93] Vielmehr wird vorausgesetzt, dass die unterschiedlichen Bürgertypen aktiv und selbstbestimmend an den Handlungen in den Öffentlichkeiten beteiligt sind. Öffentlichkeit(en) als Handlungsräume enthalten die verschiedenen Bürger und umgekehrt, die Bürger benötigen unterschiedliche Handlungsräume (Öffentlichkeiten), damit sie auf verschiedene Weisen ein erfülltes Leben führen können (vgl. ebd., S. 58).

Sowohl aus der feministischen Sichtweise als auch im kommunitaristischen Konzept wird die Grenzziehung zwischen Staat, Öffentlichkeit und Privat vage. Der Staat kann nie ausschließlich ein bloßer Rahmen für die souveräne gesellschaftliche Ordnung sein, wie das in der klassischen liberalistischen Denkfigur zu finden ist. Vielmehr gilt er selbst als ein positives Mittel, das über das Zusammenwirken mit den privaten wie gesellschaftlichen Angelegenheiten das gemeinsame Leben der Gesamtheit gestaltet (vgl. ebd., S. 65). Öffentlichkeit bedeutet in diesem Kontext sowohl Gesamtheit als auch Teil, unabdingbar für eine demokratische Gesellschaftsordnung.

---

93   In diesem Zusammenhang sind die Konzepte zur aktiven und passiven Öffentlichkeit von Dahrendorf zu erwähnen. vgl. dazu Dahrendorf 1993.

1.2.1.2 Diskursive/deliberative Öffentlichkeit

Im Hinblick auf die weitere gesellschaftliche Entwicklung und die bereits in dieser Arbeit behandelte, wissenschaftliche Kontroverse lässt sich in der neueren Abhandlung von Habermas eine revidierte Zugangsweise zur Öffentlichkeit erkennen. Diese Tendenz ist sowohl aus dem Vorwort zur Neuauflage seiner Schrift *Strukturwandel der Öffentlichkeit* von 1990,[94] als auch aus den Schriften zur *Theorie des kommunikativen Handelns* sowie seinem rechtstheoretischen Werk *Faktizität und Geltung* herauszulesen. Im letzteren Werk wird ein „elaboriertes Modell diskursiver Öffentlichkeit" (Gerhards 1997, S. 2) entwickelt.

Trotz der tendenziellen Überformung durch die (Massen-)Medien, worauf von der Kommunikationswissenschaft hingewiesen wird, erscheinen sowohl die Struktur des Regierungssystems als auch die Prozesse öffentlicher Auseinandersetzung, Interessenartikulation und Konfliktregulierung in den aktuellen westlichen Verfassungsstaaten komplexer denn je (vgl. Peters 2007, S. 38). Die bürgerlichen Aktivitäten in Form von Partizipation werden im normativen Sinne nicht länger nur in einem eng definierten, politischen Bereich, sondern ebenso in den vielfältiger gewordenen, gesellschaftlichen und kulturellen Bereichen ermöglicht (vgl. Benheibib 1995, S. 116). Vor diesem Hintergrund sieht Habermas sein bisheriges Verständnis als eine „Überstilisierung der bürgerlichen Öffentlichkeit" mit einer daraus folgenden, singulären Sichtweise von Publikum in öffentlichen Kommunikationsprozessen (Habermas 1990 (1962), S. 15). „Wenn die moderne Öffentlichkeit verschiedene Arenen für einen (...) mehr oder weniger diskursiv ausgetragenen Meinungsstreit umfaßt, in denen nicht nur verschiedene Parteien (...) miteinander konkurrieren, sondern von Anfang an ein dominierendes bürgerliches auf ein plebejisches Publikum trifft, und wenn man weiterhin die feministische Dynamik des ausgeschlossenen Anderen im Ernst berücksichtigt, dann ist das Modell der widerspruchsvollen Institutionalisierung der Öffentlichkeit im bürgerlichen Rechtsstaat zu starr angelegt." (ebd., S. 21). So richtet Habermas nun seinen Blick auf die Ausdehnung des Bereichs öffentlicher Teilnahme. Um die dabei entstehenden, theoretischen Schwierigkeiten zu lösen, stellt er das liberale Demokratiemodell und das kommunitaristisch-republikanische Denkmodel kritisch gegenüber.[95] Er versucht die beiden Kon-

---

94 Hier im Vorwort schreibt Habermas: „Ziel ist nicht mehr schlechthin die Aufhebung eines kapitalistisch verselbständigten Wirtschafts- und eines bürokratisch verselbständigten Herrschaftssystems, sondern die demokratische Eindämmung der kolonialisierenden Übergriffe der Systemimperative auf lebensweltliche Bereiche" (Habermas 1990 (1962), S. 36).

95 Zum einen hebt Habermas die Nachteile der liberalen Auffassung der demokratischen Öffentlichkeit hervor. Nach dem liberalen Konzept steht der durch Minoritäten repräsentierte Rechtsstaat im Vordergrund. Das einzelne Individuum kann leicht zu einer entpolitisierten Haltung neigen. Öffentlichkeit kann hier lediglich durch die Sicherstellung des Wirtschaftsbürgertums aufrechterhalten werden. Zum anderen ist die (politische) Entscheidungsfindung in der Öffentlichkeit ebenso nicht nur agonal zu verstehen, nicht nur als Raum des Wettstreits um Zustimmung, Anerkennung und Unsterblichkeit unter Angehörigen einer politischen Elite im

zepte der demokratischen Staatsordnung zu vereinen und daraus ein neues Öffentlichkeitsmodell zu entwickeln. So zeigt er in seinem rechtstheoretischen Werk *Faktizität und Geltung*, dass „das liberale System subjektiver Rechte und die kommunitaristisch-republikanische Idee der Volkssouveränität sich wechselseitig voraussetzen" (Brink 1995, S. 19f.). Die liberale, instrumentelle Politik und die kommunitaristisch-republikanische, dialogische Politik werden demnach in einer möglichen Struktur des *Verfahrens von Selbstverständigungsdiskursen* zusammengebracht (vgl. Habermas 1999, S. 285f.).

Der neue Ansatz wird von Habermas, aufbauend auf seiner Theorie des kommunikativen Handelns, innerhalb eines Modells der Diskurstheorie/deliberativen Demokratie aufgefasst.[96] Die Gemeinschaft von aufgeklärten und kritischen Staatsbürgern, die sich durch das Medium öffentlicher Diskussion über anstehende Probleme und Problemlösungen, über gemeinsame Selbstverständnisse, Regeln und Ziele des Zusammenlebens verständigt, steht im Mittelpunkt dieser normativen Demokratietheorien. Dieser Prozess sei unabdingbar für eine aktive Gestaltung der gesellschaftlichen Ordnung durch bewusste und vernünftige Teilnahme des kollektiven Publikums (vgl. Peters 2007, S. 31). Öffentlichkeit definiert sich hier im Allgemeinen durch die nach ungezwungenem Konsens, Kompromiss und Legitimation strebenden, rationalen Aushandlungsprozesse (vgl. Habermas 1999, S. 291f.) – die Prozesse der kollektiven Selbstverständigung und Selbstaufklärung durch diskursive Meinungs- und Willensbildung in einer Gesellschaft (vgl. Peters 2001, S. 655; 2007, S. 63).[97] Öffentlichkeit ent-

---

Sinne der republikanischen (Arendt'schen) Auffassung. Das Modell beschränkt sich strukturell zu sehr auf einen kleinen, diskutierenden Zirkel und ist angesichts der realen gesellschaftlichen Verhältnisse als komplexe Massendemokratie heuristisch nicht zureichend. Zudem fehlt ein Instrument für eine Konsensfindung außerhalb der enggeschlossenen Orientierung an Bürgerschaftstugend oder Solidargemeinschaft (vgl. Habermas 1999).

96   Der Begriff ‚Diskurse' stammt ethymologisch aus „dem Verb discorrere, und dieses bedeutet hin und her laufen" (Gerhards 1997, S. 20). Die Begründung der eigenen Argumente und die andauernde Bezugnahme auf andere Argumente sind zwei der Gütekriterien von Diskursen (vgl. ebd., S. 21). Die Akzeptabilität der Argumente, Behauptungen, Forderungen, Urteile oder Empfehlungen werden stets durch Begründungen verteidigt oder kritisch bestritten (vgl. Peters 2007, S. 89). Dem gegenüber heißt der Begriff ‚Deliberation' etwa Beratschlagung und Überlegung (Aus Duden. Bd. 5, Das Fremdwörterbuch 2001). Mit der deliberativen Politik ist ein Entscheidungsprozess gemeint, welcher von allen Teilnehmern diskutiert, reflektiert und beraten wird.

97   Hier lässt sich der Unterschied zwischen einer liberalen bzw. republikanischen Auffassung der Öffentlichkeit einerseits und einer deliberativen Öffentlichkeit im Habermas'schen Sinne andererseits beobachten. Der demokratische Konsens wie die Legitimität, nach der liberalen und republikanischen Auffassung von Öffentlichkeit, bestehen hauptsächlich in der „Aggregation der Individualmeinungen", die als „der öffentlich aggregierte Gesamtwille" (Gerhards 1997, S. 11) durch angesehene Präferenzen der Bürger und durch den von den Bürgern gewählten Vertreter legitimiert wird (vgl. ebd., S. 5). D. h., es wird vorausgesetzt, dass „(d)ie Bürger einer Gesellschaft (...) Vorstellungen über das (haben), was politisch wie entschieden werden soll. Diese politischen Präferenzen der Bürger formieren sich zu einem legitimen Mehrheitswillen via Aggregation der Individualwillen, ermittelbar durch allgemeine und gleiche Wahlen" (ebd.). Gegenüber diesem Aggregationsprinzip der Meinungs- und

steht aus dieser Sicht überall dort, wo alle Betroffenen an einem praktischen Diskurs teilnehmen, indem sie die Gültigkeit der allgemeinen gesellschaftlichen und politischen Handlungsnormen beurteilen (vgl. Benhabib 1995, S. 118). Zivilgesellschaften gewinnen dadurch, ebenso wie bei den Kommunitaristen (vgl. Abschn. 1.2.1.1), als mehrfach differenzierte Öffentlichkeiten an Bedeutung.

Öffentlichkeit wird in diesem Ansatz als Gesamtheit der Prozesse und zugleich als Medium verstanden (vgl. Peters 2001, S. 655; 2007, S. 63). So teilen Peters und Gerhards die Struktur der diskursiven/deliberativen Öffentlichkeit in zwei Ebenen ein: in die Makro-Ebene, als strukturelle Gesamtheit der politischen Entscheidungsfindungen (i) und in die Mikro-Ebene, Medium verständigungsorientierten Handelns innerhalb der funktional differenzierten (Zivil-)Gesellschaften (ii).[98]

(i) Während Habermas in seinen früheren Ausführungen Öffentlichkeit als Bereich definiert, in dem (Wirtschafts- bzw. Bildungs-)Bürgertum (und nicht kollektive Massenakteure) öffentliche Belange diskutieren, lokalisiert er Öffentlichkeit nun auf der erweiterten Inputseite der Peripherie, von der aus Interessen und Themen definiert werden, gleichsam im kommunikativen Raum zwischen der zivilgesellschaftlichen Infrastruktur und dem Zentrum der Politik (vgl. Gerhards 1997, S. 4f.). „In komplexen Gesellschaften bildet die Öffentlichkeit eine intermediäre Struktur, die zwischen dem politischen System einerseits, den privaten Sektoren der Lebenswelt und funktional spezifizierten Handlungssystemen andererseits vermittelt. Sie stellt ein hochkomplexes Netzwerk dar, das sich räumlich in eine Vielzahl von überlappenden internationalen, nationalen, regionalen, kommunalen, subkulturellen Arenen verzweigt" (Habermas 1994, 451f.).[99] Die öffentlichen, politisch-rechtlichen Entscheidungsprozesse werden

---

Entscheidungsbildungen der beiden Auffassungen beschreibt diskursive und deliberative Öffentlichkeit einen ‚realen' demokratischen Prozess, wobei sich vernünftigere, bessere Argumentationen immer durchsetzten und ein Konsens erreicht werden kann. „Anders als der Republikanismus versteht die soziologisch aufgeklärte Diskurstheorie Politik nicht nach dem Muster der relativ reibungslosen face-to-face Interaktion zwischen Mitgliedern derselben ethisch-kulturellen Gemeinschaft" (Brink 1995, S. 20f.). Diskursive und deliberative Öffentlichkeit geht von Beginn an von der Unbegrenztheit der öffentlichen Sphären aus.

98 Während Peters versucht, Habermas' Diskurstheorie u. a. durch empirische Untersuchungen weiter zu entwickeln (vgl. Peters 2007), vergleicht Gerhards die Habermas'sche diskursive Öffentlichkeit und die liberale Öffentlichkeit an einem empirischen Beispiel miteinander (vgl. Gerhards 1997). In Bezug auf den Zusammenhang von Theorie und Empirie zum Thema Öffentlichkeit merkt Gerhards an: „Theorien der Öffentlichkeit und empirische Forschungen zum Thema Öffentlichkeit stehen recht unverbunden nebeneinander. Dieser Umstand ist sicherlich auch der Tatsache geschuldet, daß sich der Bereich der empirischen Forschungen zum Thema öffentliche und vor allem mediale Kommunikation als eigene Fachdisziplin mit eigenen Zeitschriften und einer eigenen Wissenschaftlergemeinschaft als Publizistik ausdifferenziert hat, während die Theorien öffentlicher Kommunikation weiterhin dominant im Bereich der Soziologie und Sozialphilosophie beheimatet sind." (ebd., S. 30).

99 Öffentlichkeit spezialisiert sich „sachlich nach funktionalen Gesichtspunkten, Themenschwerpunkten Politikbereichen usw. (...), aber (gliedert) für ein Laienpublikum noch zugängliche Öffentlichkeiten (z. B. in populärwissenschaftliche und literarische, kirchliche und künstleri-

dabei in eine Struktur von *Zentrum* und *Peripherie* eingeordnet (vgl. ebd., S. 430ff.).

Das Zentrum verweist auf einen in sich differenzierten institutionellen Kernbereich, „der in vielfältigen Vermittlungsbeziehungen zu peripheren Strukturen und Prozessen steht" (Peters 2007, S. 35). Mit dem Zentrum sind konkret parlamentarischer Komplex, Rechtswesen, Regierungen sowie Verwaltungen gemeint (vgl. ebd., S. 39f.). Hier fallen die wichtigsten Entscheidungen und werden mit entsprechender Autorität umgesetzt. Die Peripherie wiederum weist „vielfältige Übergänge und Verzahnungen mit »privaten« gesellschaftlichen Bereichen" (ebd.) auf.[100] Es handelt sich „um eine Mehrzahl von Zentren, von denen jedes eigene Beziehungen zur Peripherie hat" (ebd., S. 44). Die Legitimität der Entscheidungsfindung im Zentrum ist abhängig von den Meinungs- und Willensbildungsprozessen in der Peripherie. „Das rechtsstaatlich verfasste politische System ist intern in Bereiche administrativer und kommunikativer Macht differenziert und bleibt zur Lebenswelt hin geöffnet. Denn die institutionalisierte Meinungs- und Willensbildung ist auf Zufuhren aus den informellen Kommunikationszusammenhängen der Öffentlichkeit, des Assoziationswesens und der Privatsphäre angewiesen. Mit anderen Worten, das politische Handlungssystem ist in lebensweltliche Kontexte eingebettet" (Habermas 1994, S. 427).[101] Bürger-

---

sche, feministische und »alternative«, gesundheits-, sozial- oder wissenschaftspolitische Öffentlichkeiten) (...); und (...) (differenziert) sich nach Kommunikationsdichte, Organisationskomplexität und Reichweite nach Ebenen (...) – von der *episodischen* Kneipen-, Kaffeehausoder Straßenöffentlichkeit, über die *veranstaltete* Präsenzöffentlichkeit von Theateraufführungen, Elternabenden, Rockkonzerten, Parteiversammlungen oder Kirchentagen bis zu der *abstrakten*, über Massenmedien hergestellten Öffentlichkeit von vereinzelten und global verstreuten Lesern, Zuhörern und Zuschauern" (ebd., S. 452).

100 Peripherie zeigt sich als: 1) Intermediäre Strukturen: Parteien, Rechtsberatung, Rollen von Interessengruppen usw. 2) Netzwerkstrukturen zwischen Regierungssystem, privaten Organisationen und Assoziationen: staatliche Universität, Berufsverbände, Kammern, Krankenhäuser, Wohlfahrtsverbände, Stiftungen usw. 3) Intermediäre Strukturen und Prozesse: Interessengruppen, Parteien, Bewegungen, Massenmedien, Meinungsforschung, Kommunikationsnetze usw. (vgl. ebd., S. 41f.). Gerhards weist darauf hin, dass Habermas innerhalb der Peripherie nochmals in Outputseite und Inputseite unterscheidet. Die Outputseite der Peripherie vertreten organisierte Spitzenverbände, „mit denen das Zentrum in korporativer (sic) Manier die Entscheidungen umsetzt, die die Implementierung von Entscheidungen aber auch blockieren können" (Gerhards 1997, S. 3). Die Inputseite der Peripherie besteht aus den Interessengruppen (Verbände, die partikulare Interessen vertreten), kulturellen Einrichtungen (Akademien, Schriftstellerverbände u. a.), public interest groups, den Kollektivgüterinteressen (Umwelt, Verbraucher, Tiere u.a.), den Kirchen und karitativen Verbänden (ebd.).

101 Im Zuge der Rationalisierungstendenz moderner Gesellschaft kommt es, laut Habermas, zu einer Unterscheidung von System und Lebenswelt. „Das ‚System' wird durch strategisches (zweckorientiertes) Handeln charakterisiert, durch die (Steuerungs-)Medien Geld und Macht gesteuert, und es differenziert sich in die systemisch integrierten Handlungsbereiche (Subsysteme) Wirtschaft und Staat/Verwaltung. Die ‚Lebenswelt' wird durch kommunikatives Handeln charakterisiert, basiert auf dem Koordinationsmechanismus der Verständigung, und sie differenziert sich in die sozial integrierten Handlungsbereiche Privatsphäre und Öffentlichkeit. Privatsphäre und Wirtschaftssystem sowie Öffentlichkeit und Verwaltungs-

liche Aktivitäten und Kommunikation müssen in der Regel durch die institutionellen Strukturen des Zentrums hindurchgeleitet werden, um rechtlich oder politisch wirksam und legitim werden zu können (vgl. Peters 2007, S. 44). Die diskurstheoretisch begründete Erwartung vernünftiger Ergebnisse gründet sich gerade „auf das Zusammenspiel der institutionell verfaßten politischen Willensbildung mit den spontanen, nicht-vermachteten Kommunikationsströmen" und der „nicht-organisierten Öffentlichkeit" (Habermas 1990 (1962), S. 43). Öffentlichkeit ist „seit dem späten 19. Jahrhundert als von ‚Lebenswelt' *und* ‚System' zugänglich, gleichsam in einer Zwischen- oder Übergangszone befindlich, aufzufassen. Öffentlichkeit kann potentiell also – aber nicht in jeder historischen Konstellation gleichermaßen – sowohl aus der ‚Lebenswelt' spontan entstehen als auch vom ‚System' bewusst hergestellt werden" (Liebert 1999, S. 97). Das Gesamtgebilde der Öffentlichkeit besteht aus fortwährenden Kommunikationsprozessen, wobei die beiden Sphären Zentrum und Peripherie strukturell nicht klar zu trennen sind.

(ii) Wie die Gesamtheit der Aushandlungsprozesse zeigt, spielt im diskurstheoretischen und deliberativen Öffentlichkeitsmodell vor allem die Zivil- und Bürgergesellschaft eine wichtige Rolle. Die Zivil- und Bürgergesellschaft besteht aus den meinungsbildenden, auf Themen und Beiträge spezialisierten Vereinigungen oberhalb der individuellen Lebenswelt, die allgemein öffentlich Einfluss nehmen. So wird sie „als das Medium betrachtet, über das Probleme der privaten, wirtschaftlichen und wissenschaftlichen Bereiche an die politische Öffentlichkeit gelangen" (Brink 1995, S. 20f.). Als Netzwerk aus kommunikativen Handlungen gehört sie zur „Infrastruktur einer durch Massenmedien beherrschten Öffentlichkeit, die mit ihren informellen, vielfach differenzierten und vernetzten Kommunikationsströmen den eigentlichen (sic) peripheren Kontext bildet" (Habermas 1994, S. 431; Gerhards 1997, S. 3). Entscheidend für eine Rationalisierung der Lebenswelt in einer pluralen Zivil und Bürgergesellschaft, welche in den Meinungs- und Willensbildungsprozessen entsteht, ist, Habermas zufolge, die Legitimationsform des Gültigen, die auf *sprachlicher Begründung* beruhen muss (vgl. Bonacker 1997, S. 18). Habermas geht davon aus, „dass die unterstellten Geltungsansprüche einer Norm, wenn diese strittig geworden sind (...), im praktischen Diskurs der Kommunikationspartner mit Argumenten begründet werden müssen" (Gerhards 1997, S. 19). Daher muss es im Diskurs wesentlich darum gehen, die Interessen vertretenden Argumentationen zu reflektieren, individuelle Werte und Interessen möglicherweise zu transformieren bzw. weiterzuentwickeln, kollektive oder allgemeine Interessen und Aspirationen zu definieren, den egozentrischen individuellen Interessenhorizont zu transzendieren und normative Prinzipien und Regeln zu schaffen (vgl. Peters 2007, S. 63f.). Legitimitätserzeugung ist für Habermas jedoch nie ein abgeschlossener Prozess

---

system (Staat) verhalten sich jeweils komplementär zueinander" (Liebert 1999, S. 96; vgl. Habermas 1990 (1962), 35f.; ebd. 1995, S. 182ff.).

der Wahrheitssuche und -findung, dessen Hauptmerkmal der gleichsam „zwang-lose Zwang des besseren Argumentes" (Habermas 1974, S. 137) ist. Öffentlich-keit zeigt ihre Struktur innerhalb der differenzierten, pluralen Konstellation der freien Gestaltbarkeit und des notwendigen Gestaltet-Seins der Gesellschaft. Öffentlichkeit stellt sich hier als kritische Öffentlichkeit dar, wo die sich im kommunikativen Handeln herausgebildeten, sozialen Konflikte ausgelegt und in einem intersubjektiven Verständigungsprozess konsensuell gelöst werden (vgl. Bonacker 1997, S. 104). Die Erscheinungsform der Öffentlichkeit kann an den Schnittstellen der Konflikt- und Konsensbildung vielfältiger Gesellschaften entstehen.[102]

Auf der Mikro-Ebene offenbaren sich dabei zwei Unzulänglichkeiten. Die Betrachtungsweise der Öffentlichkeit als Medium verständigungsorientierten Handelns in der Zivil- und Bürgergesellschaft klärt *zum einen* keine konkreten Kommunikationsflüsse und realistischen Zustimmungsprozesse. Dies gilt sowohl für die Aushandlungsprozesse innerhalb der Zivil- und Bürgergesellschaft (Peripherie bzw. Lebenswelt), als auch für die Interaktionen zwischen rechts-staatlich institutionalisierter Willensbildung (Zentrum) und kulturell mobilisier-ten Öffentlichkeiten (Peripherie). Hier stellt sich die Frage, wie sich politische Entscheidungsfindungen über den Aushandlungsprozess zeigt, wie die eventuell erzielte Einheitsstimme des Publikums (als öffentliche Meinung in der Lebens-welt) den offiziellen Entscheidungsprozess im (politischen) System beein-flusst.[103] *Zum anderen* bleibt hier grundsätzlich die Frage offen nach dem Errei-

---

102 Anhand der in den Theorien des kommunikativen Handelns systematisierten Trennung von System und Lebenswelt erklärt Habermas, dass Konflikte an den Schnittstellen zwischen den Systemen und der Lebenswelt entstehen. Dabei wird für die Lebenswelt betont, dass „(n)ur in lebensweltlichen Handlungskontexten (...) Konflikte in Konsense überführt werden (können), indem die Konfliktparteien in Diskursen ihre Streitigkeiten über Geltungsansprüche konsen-suell bereinigen" (ebd., S. 108). Die als Folge widersprüchlicher Geltungsansprüche auftreten-den Handlungskonflikte in der Lebenswelt können nur mit den Mitteln der argumentativen Überprüfung der Geltungsansprüche in Diskursen beigelegt werden (vgl. ebd., S. 107). Damit bindet Habermas gesellschaftliche Rationalität an Konfliktlösung, welche als Handlung durch gelungene Prozesse der Konsensfindung gekennzeichnet sind. Gerade in einer Öffentlichkeit, in diskursiven Reflexionsprozessen, sollen die strittigen Normen durch die rationale Konflikt-handhabung der Gesellschaftsmitglieder zum Konsens geführt werden (vgl. ebd., S. 25). Dabei liegt das Gelingen eines Konsenses in der kommunikativen Vernunft der Akteure, denn Ha-bermas geht strikt davon aus, dass die Akteure wie Gesellschaften von Grund auf zur Kon-sensbildung fähig sind. Anderseits sind Konflikte für ihn eindeutige Anzeichen misslungener Verständigung und gestörter normativen Einverständnisses, die eine negative Konnotation aufweisen (ebd.). Es wird aber grundsätzlich unterstellt, dass die vorangegangene Dissens im Prinzip durch wechselseitige Überzeugung und die Gewinnung geteilter Einsichten gelöst werden kann und der argumentative Konsens erreichbar ist (vgl. Peters 2007, S. 89).

103 Peters zufolge gibt es drei Merkmalsgruppen als Voraussetzung zum Gelingen kommunikati-ver Transformation. Die ausführliche Darstellung siehe Peters 2007, S. 69ff. Gegenüber der theoretischen Abhandlung von Peters folgert Gerhards aus einer empirischen Untersuchung der öffentlichen Debatten über Abtreibung in der BRD, im Zeitraum von 1970 bis 1994, dass „die Akteure in der Medienarena weder im hohen Maße ihre Kommunikationen mit Begründungen versehen noch ihr Kommunikationsverhalten die Form eines Diskurses in der

chen überzeugender Begründung und Legitimation der diskursiven Prozesse, weil sich das Gesamtkonzept an das konsensfähige, vernünftige Publikum anlehnt. Wie ist es möglich, dass ein Konsens innerhalb der pluralen Konstellation der Gesellschaft immer erreicht werden kann? Mit anderen Worten: Wie geht man überhaupt mit dem möglichen Dilemma um, niemals zu irgendeiner Übereinkunft zu gelangen? Interaktionen innerhalb der Peripherie bzw. zwischen dem Zentrum und der Peripherie können nur dann funktionieren, wenn sie zugleich mit den „besonderen Qualitäten der Kommunikationsformen" (Peters 2007, S. 61) einhergehen.[104] Dieser Zustand ist jedoch nicht naturgemäß vorauszusetzen. Auch eine fortschreitende Rationalisierung für die kulturelle Reproduktion und die soziale Integration in der Lebenswelt, wie sich in der „Pädagogisierung [Professionalisierung; T. K.] von Erziehungsprozessen" beobachten lässt (vgl. Habermas 1995 (1981), S. 221; Bonacker 1997, S. 19), garantiert keineswegs „störungsfreie Reproduktionsprozesse" und auf Vernunft basierende Vereinigungsmöglichkeiten (vgl. Habermas 1995 (1981), S. 221).[105]

Weise aufweist, daß A etwas sagt und B versucht, dies zu widerlegen. Im Hinblick auf die Struktur öffentlicher Kommunikation bleibt Diskurs im Sinne eines hin und her Laufens der Argumentation eine Ausnahme. Im normativen Theorierahmen einer diskursiven Öffentlichkeit lassen sich diese Befunde als Defizite der Wirklichkeit etikettieren" (Gerhards 1997, S. 21).

104   Habermas vertritt „die Idee nicht institutionalisierter informeller Meinungsbildung im Rahmen der öffentlichen Kommunikationssphäre" (Marcinkowski 2002, S. 98), in der Lebenswelt. Ihre legitimatorische Bedeutung sei abhängig „von der normativen Qualität öffentlicher Kommunikation" (ebd.).

105   Gegen die Kritik an dem Habermas'schen Konzept, auf den öffentlichen Vernunftgebrauch fixiert zu bleiben, wendet sich Peters mit der Thematisierung der möglichen Beschränkung des normativen Modells der diskursiven, deliberativen Öffentlichkeit. In Bezug auf die möglichen Probleme der Nichterreichbarkeit des argumentativen Konsenses und des andauernden Dissenses konstatiert Peters, dass die Lösung eines vorangegangenen Dissenses offen für neue Kritiken und Problematisierungen bleibe. Peters zufolge ist eine kontroverse Argumentation „nur sinnvoll, wo die Möglichkeit gegenseitiger Überzeugung vorausgesetzt wird. Nicht erst der Konsens, schon der Dissens beziehungsweise Disput (im Gegensatz zum bloßen Konflikt) ist »unwahrscheinlich« – nämlich angewiesen auf eine eingeübte Praxis wechselseitigen Respekts. Nicht einfach die »Zähmung«, sondern die Fruchtbarmachung von Konflikt durch Verwandlung in Dissens ist eine entscheidende, wenn auch stets gefährdete Errungenschaft der Moderne" (Peters 2007, S. 94). Er setzt somit voraus, dass in der deliberativen Öffentlichkeit der Dissens selbst als berechtigt anerkannt wird (vgl. ebd., S. 89). Für eine plausible normative Konzeption von Öffentlichkeit seien hier institutionelle Arrangements notwendig, „welche die Diskursivität öffentlicher Auseinandersetzung fördern. Nicht zuletzt müßten sich Maximen entwickeln für die Fälle, in denen diskursive Verständigungsversuche scheitern: Kompromißstrategien, Wege des Ausklammerns oder Neutralisierens von Streitpunkten, schließlich Kriterien für diejenigen Fälle, in denen Verständigungs- wie Kompromissbemühungen sinnlos werden und Pädagogik, Sanktionen und andere Mechanismen sozialer Kontrolle und Konfliktbewältigung einsetzen müssen" (ebd., S. 97). Die Einführung von Gesprächsbeschränkungen – neutral-rechtliche Sicherung des liberalen Modells wie Gleichheit und Reziprozität, Offenheit und adäquate Kapazität – ermöglicht, das Dilemma, niemals zu irgendeiner Übereinkunft zu gelangen, zu vermeiden (vgl. ebd., S. 61; Benhabib 1995, S. 119).

Auch das Diskursmodell löst nicht ganz die klassische Gegenüberstellung von Öffentlichem und Privatheit, weil es von den formellen Grundrechten und Prinzipien des Rechtsstaates einerseits (Zentrum) und der informellen Meinungsbildung andererseits (Peripherie) ausgeht. Ebenso bleibt im Modell der deliberativen Öffentlichkeit nach wie vor „der öffentliche Vernunftgebrauch" zur Konsensführung ein zentrales Thema (Peters 2001, S. 655). Die Grenzen zwischen Zentrum und Peripherie bzw. Staat und Öffentlichkeit (Zivil- und Bürgergesellschaft) werden hier aber nicht in einer Weise gezogen, dass sie das Prinzip der freien Wahl und der freiwilligen Einsicht einschränken oder beschädigen. Das normative Prinzip in seiner Forderung nach der Diskursivität öffentlicher Debatten verfügt selbst über Instrumente, um auf den strukturellen Widerspruch von Gleichheit und Offenheit zu reagieren (vgl. ebd., S. 657f.), während das normative Prinzip von liberaler Öffentlichkeit als Repräsentationsmodell notwendigerweise stets eine fundamentale Asymmetrie und Begrenzung der Rolle aktiver Partizipation enthält. Durch die Institutionalisierung kommunikativer Verständigungsprozesse deutet die diskursive bzw. deliberative Öffentlichkeit auf eine Demokratisierung des öffentlichen Raums und garantiert in Diskursen, die Grenzen zwischen Privatem und Öffentlichem neu zu verhandeln (vgl. Benhabib 1995, S. 126f.). „Eine argumentierende Öffentlichkeit fungiert als normatives Leitbild und normativer Maßstab zur Kritik realer Verhältnisse wie als real wirksames Medium von kollektivem Lernen." (Peters 2001, S. 655). Eine Reflexion ihrer Anwendungsbedingungen wird hier stets erforderlich sein.

1.2.2 Eine sozialwissenschaftlich-empirische Bestimmung der Öffentlichkeit

1.2.2.1 Theoretischer Zugang über einen deskriptiven Ansatz

Die bis jetzt thematisierte Begriffstradition und die damit einhergehenden, normativen Konzepte der Öffentlichkeit werden seit Ende des 18. Jh. zumeist von politischen Programmen wie vom „Schlagwort für die Idee der Beteiligung des Publikums an den öffentlichen Angelegenheiten des Staates" (Beetz 2003, S. 108) beeinflusst. In der liberalen Theorie der Aufklärung wird der Begriff Öffentlichkeit direkt aus dem intendierten Sinn des öffentlichen, offenen, lichten, wahren, gerechten oder vernünftigen Sachverhaltes abgeleitet. Die Kategorie Öffentlichkeit wird hier in engen Zusammenhang mit Vernunft und Staatlichkeit gebracht. Dem entsprechend erheben die Konzepte von Arendt sowie von Habermas einen normativen Anspruch an gesellschaftliche Verhältnisse. So unterstellt Habermas, dass gesellschaftliche Rationalität über die diskursive Lösung von Handlungskonflikten verwirklicht wird. Das Vernunftpotential moderner Gesellschaften soll in der kritischen Öffentlichkeit freigelegt werden, um einen Konsens zu erreichen (vgl. Bonacker 1997, S. 105). D. h., die Erreichbarkeit des Konsensus ist bei Habermas an eine gewisse Kontrolle der subjektiven Vernunft gebunden, so dass die Struktur der Öffentlichkeit im Sinne der Diskurstheorie bzw. des deliberativen Ansatzes – als intersubjektiv geteiltes Einverständnis – geregelt werden kann. Erst durch Konsens in der Öffentlichkeit ist ein ausbalanciertes Miteinander von System (Staat) und Lebenswelt (Privatheit) möglich. Wie bereits skizziert, reichen jedoch die Ansätze einer normativen Bestimmung von Öffentlichkeit bei Arendt und Habermas nicht aus: Die mit dem „aufklärerischen Impetus einer Vorstellung einer normativ richtigen Öffentlichkeit" (Rohmberg 2008, S. 37) verbundenen Konzepte zeigen zwar die unterschiedlichen Ideen und Motive bezüglich Öffentlichkeit, aber sie erklären und begründen die Struktur der Öffentlichkeit nicht adäquat, weil sie die Funktion der ausdifferenzierten, (Zivil- und Bürger-) Gesellschaften nicht ausreichend bestimmen, obwohl sie sich auf diese stützen (vgl. Gerhards 1997, S. 32).[106] Die Unzulänglichkeiten der normativen Konzepte zeigen sich darin, dass sie für die gesellschaftlichen Bedingungen der (okzidentalen) Moderne, in der (politische) Entscheidungen prinzipiell nicht nur im Staat oder für den Staat, sondern auch in anderen Orten/Strukturen bzw. auf anderen Ebenen für verschiedene Zwecke getroffen werden können, keine ausreichenden Lösungen bereit halten. Des Weiteren ist zu berücksichtigen, dass beide dem typischen, seit der Mitte des 19. Jh. vorherrschenden Trennungsdenken von Staat und Gesellschaft bzw. Staatlichkeit und Privatheit verhaftet bleiben (vgl. Berner, 2009, S. 20). Innerhalb dieser Ordnungsvorstellung von einer trennenden Gesellschaftskonstellation lassen sich jedoch die normativ-idealen Forderungen nach Freiheit, Gleichheit oder Offenheit zumeist nicht ausreichend erklären. Die Meinung der Öffentlichkeit entspricht in der Politik zudem oft nicht der Summe bzw. Zusammenfassung der Meinungen des räsonierenden Publikums. Im Modell der deliberativen Öffentlichkeit besteht eine grundlegende Skepsis gegenüber der Möglichkeit der praktischen Durchsetzung der diskursiven Kommunikation. In diesem Zusammenhang hat Gerhards in seinen empirischen Analysen gezeigt, dass gerade die Akteure der (zivilgesellschaftlichen) Peripherie, „von denen Habermas ein diskursives Verhalten erwartet, auf einem geringeren diskursiven Niveau kommunizieren als die anderen kollektiven Akteure. Damit liegt der Befund vor, der auf theorieimmanente Unstimmigkeiten verweist und der – auch im Rahmen der normativen Prämissen der Theorie – nicht der gesellschaftlichen Praxis, sondern der Theorie selbst angelastet werden kann" (Gerhards 1997, S. 30). In diesem Zusammenhang wird darauf hingewiesen, dass Öffentlichkeit nicht nur im Bezug auf Politik als „die Kategorie einer vierten Gewalt" angesehen werden kann.[107] Öffentlichkeit beschränkt sich nicht nur auf eine Entscheidungsfunktion, sondern

---

106 „Eine Theorie der Öffentlichkeit, die an einer Funktionsbestimmung von Akteuren der Zivilgesellschaft festhalten will, muß sich (...) eine andere als eine diskurstheoretische Begründung suchen. Ein(en) mögliche(n) Bezugspunkt könnte das kybernetische Konzept (...) bilden." (ebd.).

107 „Vierte" bezieht sich auf die in drei Bereiche geteilte Staatsgewalt – Legislative, Exekutive und Judikative.

bezieht sich ebenso in verschiedener Weise auf Ereignisse, Werte, Geschichten und Personen (vgl. Baecker 1996, S. 89f.). Die Berücksichtigung der Vernunft in der Konsensbildung z. B. als wichtige Komponente der Öffentlichkeit in der normativ orientierten Herangehensweise führt eher zur Komplexität, so dass sie der Meinungsbildung zumeist eher im Wege steht als fördernd wirkt. Abgesehen von dieser theoretischen Unzulänglichkeit kann man für das Grundprinzip der Staatsform Demokratie als Prämisse festhalten, dass die Formen und Strukturen von Öffentlichkeit weiterhin gelten – und nicht, wie von Arendt und Habermas geschildert, ein „Zerfall der Öffentlichkeit" eintritt. Vor allem trifft dies sowohl auf die Entwicklung der sozial-wohlfahrtsstaatlichen Organisationsform als auch auf die heutige neoliberal und massenmedial orientierte Gesellschaftsstruktur zu (vgl. Kapitel 5).

Nähert man sich dem Begriff der Öffentlichkeit stattdessen vom aktuellen Status der Gesellschaft und seiner spezifischen Probleme, bietet sich zur Untersuchung der Öffentlichkeitsstruktur eine empirisch-analytische Vorgehensweise an. Die Lücke, die der liberale Ansatz hinterlässt, kann mit der differenztheoretischen Beschreibung deskriptiv gefüllt werden. So findet man bereits in der Mitte des 19. Jh., unabhängig vom liberalen Ansatz des Staates, eine Betrachtung von Öffentlichkeit als soziale Kommunikation: „Die Öffentlichkeit ist für den sozialen Körper dasselbe, was die Physiologie des organischen Körpers die ,Ausbreitung' des Nervenstroms zu nennen liebt." (vgl. Hölscher 1984, S. 1139).[108] Ein jüngerer Ansatz ist die seit Mitte des letzten Jahrhunderts entstandene systemtheoretische Perspektive, die eine Beobachtung und Beschreibung der Öffentlichkeitsstruktur auf der semantischen Ebene erlaubt.

Niklas Luhmann sieht in seiner Abhandlung *Öffentliche Meinung* (1994 (1971)) die Aufgabe einer soziologischen Theorie darin, die klassischen, stark von den frühliberalen Theorien beeinflussten, politischen Begriffe „mit neuartigen Denkmitteln" zu rekonstruieren, da die Unzulänglichkeit einer politischen Theorie im Allgemeinen spürbar ist (vgl. ebd., S. 10). Zur Klärung der sozialen Prozesse in einer hochkomplexen Gesellschaft der Moderne sei es erforderlich, einen strukturierten Kommunikationsprozess mit entsprechender Varietät aufzuzeigen, der einen Wechsel der Kommunikationsgegenstände organisieren und mit den Erfordernissen der Systemdifferenzierung rückverbinden kann (vgl. ebd., S. 20). Es handelt sich nicht um die Determination oder Legitimation der Herrschaftsausübung und Meinungsbildung, sondern vielmehr um den Versuch, angesichts der intransparenten Gesellschaftsstruktur eine akzeptable Form der Abgrenzung des jeweils Möglichen festzulegen und somit ein systematisches Bild zu liefern. Aus diesem Kontext heraus bearbeitet die Systemtheorie die Frage, wie die Sozialwissenschaft beobachtet, was sie beobachtet und wie sie sich selbst beim Beobachten beobachten kann. D. h. nicht Staat und Gesellschaft,

---

108   Orig. aus: Welcker, Carl: Art. Öffentlichkeit. In: Rotteck, Carl v. / ders. (Hrsg.): Staats-Lexikon. 12, 1841.

sondern *Sozialstruktur* und *Semantik* sind zu unterscheiden. So formuliert Luhmann: „Mit Hilfe einer soziologischen Theorie der Gesellschaft kann man nicht nur die alte Thematik von Staat und Gesellschaft rekonstruieren, sondern zugleich sehr viel komplexere analytische Mittel bereitstellen. Diese Gesellschaft kann dann auf zwei Ebenen begriffen werden: sozialstrukturell in der Form ihrer Differenzierung in Subsysteme und semantisch in den Formen, in denen sie darauf durch Selbstbeobachtung und Selbstbeschreibung reagiert." (Luhmann 1987a, S. 73). Damit interpretiert Luhmann die Unterscheidung zwischen Staat und Gesellschaft bzw. Öffentlich-Staatlichem und Privatem mit Hilfe einer „Semantik, mit der die Entflechtung von Politik einerseits und Wirtschaft, Religion und Wissenschaft andererseits zum ersten Mal theoretisch reflektiert wurde" (Berner 2009, S. 32). D. h., mit dem Mittel der Selbstbeobachtung wird es überhaupt erst möglich, die Perspektive der klassischen Theorien der Gesellschaft zu reflektieren.

Durch diese systemtheoretische Vorgehensweise ergibt sich ein anderer Blickwinkel auf das Konzept von Habermas: Luhmann konzentriert sich im Wesentlichen „auf die Möglichkeit von sozialen Systemen, Konflikte zu beobachten und entsprechende Rationalitätssemantiken auszubilden" (Bonacker 1997, S. 105).[109] Bei der Integration kontingenzerzeugender Erfahrungen unterliegen die sozialen Systeme der modernen Gesellschaft stets der Herausforderung paradoxer Konflikte in derselben. Die moderne Gesellschaft ist deshalb paradox, weil als Folge der Kontingenzsteigerung parallel gleichzeitig die Notwendigkeit von Konsensen und die Zunahme des Dissensrisikos entstehen (vgl. ebd., S. 15). Dies wird im Habermas'schen Konzept der deliberativen Öffentlichkeit als wesentliches Problem dargestellt. Zur Lösung dieses Problems lässt sich Demokratie – eine politisch-philosophische (Herrschafts-) Idee des Organisierens der okzidental modernen Gesellschaft – nach Luhmann funktional erklären. Ihm zufolge ist Demokratie „die *beste Antwort* des politischen Systems zur Steigerung von Effizienz, d. h. zur Komplexitätssteigerung der Politik selbst" (Rohmberg 2008, S. 29; vgl. Luhmann 1969, S. 319f.). Die komplexer werdenden gesellschaftlichen Verhältnisse können nur in komplexer werdenden Kommunikationsprozessen bearbeitet werden (vgl. Luhmann 1994 (1971), S. 14). So „besteht für Luhmann kein Grund, positive und negative Kommunikationsanschlüsse zu hierarchisieren" (Bonacker 1997, S. 76), „(w)ährend Habermas konsensuelle Konfliktlösung auszeichnet. Übereinstimmung sei für Konsens wie für Dissens erforderlich. Konflikte sind für Luhmann funktional notwendig. Es erscheint Luhmann daher sinnvoller, den Konflikt nicht als Gegenbegriff für Konsens zu benutzen, sondern Konflikt gleichsam neutral an die empirische

---

109 „Wenn die Möglichkeit der Verwirklichung gesellschaftlicher Rationalität im Spannungsfeld von Konsensen und Konflikten angesiedelt ist, kommt es im entscheidenden Maße darauf an, wie Konflikte als Austragung sich widersprechender Kommunikationen gesellschaftlich behandelt werden." (ebd.). Man kann sich hier auf die Debatte zwischen Habermas und Luhmann aus den 1970er Jahren beziehen. Vgl. dazu Habermas/Luhmann 1974.

Beobachtbarkeit von prozessierten Widersprüchen zu binden" (ebd., S. 104f.). Konflikte lassen sich demnach „als das kommunizierte Ablehnen der kommunizierten Ablehnung einer Kommunikation" (ebd.) bezeichnen. Kommunikation in der Öffentlichkeit ist keine Auszeichnung eines bestimmten ‚demokratisch' genannten Verfahrens, welches auf Geltungsansprüche zurückgreift. Vielmehr wird sie, im Gegensatz zu Habermas, lediglich unterstellt, ohne dass die Intention des oder der Kommunizierenden vom Gegenüber tatsächlich verstanden werden muss (ebd.).[110] Der Fortbestand sozialer Systeme ist nicht von einem gezielten Konsens, sondern vom bloßen Anschluss an Kommunikation abhängig, der auch als Konflikt oder Widerspruch vollzogen werden kann (vgl. ebd., S. 72f.). Bedeutsam sind hier „die Möglichkeiten der Erwartungsflexibilisierung sozialer Systeme hinsichtlich des Entstehens von Konflikten aufgrund eigener Entscheidungen. Gesellschaftliche Selbstreflexion, die für Luhmann den Bezugspunkt für gesellschaftliche Rationalität darstellt, ist (...) auf Konflikte und deren Austragung (...) angewiesen, die beobachtet werden können und in gewisser Weise auch müssen" (ebd., S. 105f.).[111] Insofern lässt sich der Vorgang der strukturellen Entwicklung „von stratifikatorischer zu funktionaler Differenzierung" (Luhmann 1987a, S. 68) der Moderne durch Rationalisierungsprozesse kennzeichnen, durch die Konfliktfälle systemisch beobachtet werden.

1.2.2.2 Öffentlichkeit aus der systemtheoretischen Perspektive – Die strukturelle und semantische Ebene

Öffentlichkeit ist in der Tat „ein Konzept, das nie einen festen Platz in Luhmanns Begriffsapparat gefunden hat" (Marcinkowski 2002, S. 97). Seine Abhandlungen im Hinblick auf das systemtheoretische Verständnis von Öffentlichkeit bleiben recht marginal. Der Begriff Öffentlichkeit taucht zwar bereits Anfang der 1970er Jahre im Kontext der Beiträge von Luhmann zur *öffentlichen Meinung* auf. Die Thematisierung bleibt aber ausschließlich auf den Rahmen der

---

110 „Das Gelingen eines Konsenses liegt dann nicht in der kommunikativen Vernunft der Akteure, sondern entweder in der Imagination, die sich einstellt, wenn Anschlüsse unproblematisch ablaufen, oder die ‚Erzielung intersubjektiver Übereinstimmung ist (...) ein unwahrscheinliches Zufallsprodukt und für das Verständnis des Kommunikationsverlaufs funktionslos'" (ebd., S. 72) So kann nach Luhmanns Ansatz die Intelligenz eines Systems „‚nicht an der Fähigkeit zur Konsensbildung, sondern an seiner Fähigkeit, mit Konsensfiktionen das Prozessieren von Differenzen zu provozieren'" gemessen werden.

111 In den autopoietischen Systemen der Gesellschaft sind die Konflikte Rechtsstreite, „die *in einem Subsystem* parasitär auftreten und nach systemspezifischen Kriterien entschieden werden können. Dazu haben die jeweiligen Systeme ihre speziellen Verfahren und Institutionen ausgebildet: Das Politiksystem entscheidet Konflikte zwischen Regierung und Opposition durch Mehrheitsabstimmungen im Parlament, das Rechtssystem entscheidet zwischen Konfliktparteien durch gerichtliches Urteil beziehungsweise ebenfalls, wie beim Verfassungsgericht, durch Abstimmung" (ebd., S. 108).

politischen Kommunikation beschränkt. Seine späteren Arbeiten enthalten eine Erweiterung der Diskussion auf das Thema Massenmedien. Dabei ist jedoch weiterhin keine klare Darstellung eines Konzepts von Öffentlichkeitsstruktur zu finden (vgl. Luhmann 1996, S. 185; Marcinkowski 2003, S. 85).[112] Erst durch Abhandlungen anderer Autoren scheint eine Akzentverschiebung im systemtheoretischen Verständnis von Öffentlichkeit stattgefunden zu haben. Es ist deshalb notwendig, neben Luhmanns Bezugnahme auf öffentliche Meinung und später auf Massenmedien ebenso die Abhandlungen anderer Vertreter der Systemtheorie zu betrachten.[113] Frank Marcinkowski unterteilt Luhmanns Überlegungen zu Öffentlichkeit und öffentlicher Meinung in vier Phasen (vgl. Luhmann 1990; 1994 (1971); 1996; 2000b; Marcinkowski 2003). Für den Zweck der vorliegenden Arbeit wird insbesondere auf einen der vier thematischen Schwerpunkte fokussiert, der Öffentlichkeit auf struktureller und semantischer Ebene klärt. Dabei wird eine systemtheoretische Darstellung von Dirk Baecker aufgegriffen, auf die sich auch Luhmann selbst als wichtige Quelle bezieht (Baecker 1996; Luhmann 1996; 2000b; Marcinkowski 2003, S. 92). Baecker thematisiert Öffentlichkeit im Zusammenhang mit den sozialen Systemen der Gesellschaft.

Die Ausgangsüberlegung zur Öffentlichkeit basiert auf sozialstruktureller Ebene im Allgemeinen auf der Möglichkeit, dass sich der Modernisierungsprozess vor allem mit zunehmender Ausdifferenzierung der verschiedenen Gesellschaftssysteme erkennen lässt. D. h. in der modernen Gesellschaft bilden sich anstelle einer allwissenden Zentrale funktional differenzierte Teilsysteme und eine Vielzahl von umgebenden Subsystemen (Umwelt) als Selbstorganisationsform heraus (vgl. Luhmann 1987a, S. 67f.). Diese ausdifferenzierten, sozialen Systeme weisen jedoch eine gewisse Selbstreferentialität bezüglich Kommunikation auf. So sind die einzelnen Systeme operativ geschlossen und orientieren sich in relativ hohem Maße an sich selbst. Sie können sich nicht ohne weiteres wechselseitig durchschauen und berechnen (vgl. Luhmann 2002a; Rohmberg 2008, S. 26). Vor diesem Hintergrund ist zwischen den jeweiligen Systemen ein „Koordinationsmechanismus" (Beetz 2003, S. 112) erforderlich, um die selbstreferenziellen Rationalitäten der Systeme gegenseitig zu integrieren, zu koppeln und zugleich die Komplexität weiter zu entfalten. Öffentlichkeit kann nach systemtheoretischem Verständnis an diesen ‚Scharnierstellen' in Erscheinung treten. An dieser Stelle zeigt Öffentlichkeit ihr Potential der „Organisation gesellschaftlicher Erfahrung" sowie das einer „Verflüssigung der »Staatsgewalt

---

112 Während der Luhmann'sche Blick in der früheren Phase hauptsächlich auf die öffentliche Meinung als spezifisch politische Form der Öffentlichkeit gerichtet ist (vgl. Luhmann 1994 (1971); 2000, S. 283f.), so versucht er später, öffentliche Meinung als strukturelle Kopplung von Politik und Massenmedien zu beschreiben (vgl. Luhmann 2000c, S. 311; Beetz 2003, S. 113).

113 Neben Luhmanns Arbeit werden die Argumente der Autoren Baecker (1996), Gerhards (1994), Marcinkowski (2002), Beetz (2003) sowie Rhomberg (2008) berücksichtigt.

zum Medium einer Selbstorganisation der Gesellschaft«" (Baecker 1996, S. 92), um die Demokratie zu unterstützen.

Betrachtet man Öffentlichkeit im Verhältnis zu den Teilsystemen sowie zur Umwelt der Gesellschaft, können zum möglichen Potential der Öffentlichkeit die „Reflexion jeder innergesellschaftlichen Systemgrenze" (Luhmann 1996, S. 184) sowie die damit verbundene Grenzmarkierung der jeweiligen Systeme gezählt werden. Diese Eigenschaften sind wichtig für die Strukturierung und Integration der Gesellschaft. Öffentlichkeit ist aus diesen Perspektiven innerhalb der sich gegenseitig beobachtenden Funktionssysteme zu verorten. Mit der Einführung dieser Makro-Ebene hat Baecker Mitte der 1990er Jahre den systemtheoretischen Zugang zum Öffentlichkeitsbegriff erweitert (vgl. Baecker 1996).

Die Ausdifferenzierung der Funktionssysteme in der Moderne führt zum gesellschaftlichen Steuerungsverlust und zu „Inter-System-Konflikten zwischen Teilrationalitäten" (Bonacker 1997, S. 23). In der Öffentlichkeit werden zwischen den verschiedenen Rationalitäten der Systeme entstehenden Konflikte beobachtet und kommunikativ ausgetragen – Kommunikativ, denn „(s)oziale Systeme grenzen sich von einer Umwelt durch Kommunikation ab" (ebd., S. 68). Baecker zufolge kann Öffentlichkeit als eine bestimmte Sphäre bzw. als ein bestimmter Typus von *Kommunikation* bezeichnet werden, der die Innenseite der Systemgrenze für das Umweltsystem sichtbar macht. Kommunikation erfolgt dabei nicht nur auf verbaler Ebene, sondern auch auf der Ebene des Sinns, der die Bedeutungen in der Differenz zu anderen Bedeutungen festlegt. Durch kommunikative Beobachtung wird Sinn als unterschiedene Information produziert und zieht somit eine Grenze zu den anderen Systemen. „Im Fall der Reduktion von Komplexität in Situationen doppelter Kontingenz geschieht dies dadurch, daß soziale Systeme einen bestimmten Sinn aktualisieren, in dem sie ihn kommunizieren und so Erwartungen aufbauen. Mit sinnhafter Kommunikation schränken Systeme Möglichkeiten durch Selektion ein" (ebd., S. 69).

Kommunikation ist in dieser Hinsicht ein Verfahren der Beobachtung. Durch den Vorgang der Selbst- und Fremdbeobachtung bzw. Selbst- und Fremdbeschreibung wird Reflexion ermöglicht, was für die Selbstorganisation der jeweiligen sozialen Systeme unabdingbar ist. Die Öffentlichkeit der Gesellschaft unterstützt dieses kommunikative Verfahren: Wie Luhmann in der Ableitung der Funktion von Öffentlichkeit als *Spiegel* zeigt (vgl. Luhmann 1990, S. 181), wird außerhalb der Systemgrenze beobachtet, was innerhalb des Systems geschieht. Zugleich kann innerhalb des Systems beobachtet werden, wie das, was innerhalb geschieht, von außen beobachtet wird (vgl. Baecker 1996, S. 95; Rohmberg 2008, S. 47). D. h., „erst im Umgang mit dieser Selbsterfahrung im Spiegel der Öffentlichkeit gewinnt ein soziales System die interne Fähigkeit zur Variation und Selektion, zur differentiellen Reproduktion, die sie in einer alle Außenseiten laufend verändernden Gesellschaft braucht – und die die Gesellschaft braucht, um sich als Differenzierungsprinzip sozialer Systeme zu erhalten, die ebenso indifferent wie sensitiv auf das reagieren, was sich in ihrer Öffentlichkeit abspielt" (vgl. Baecker 1996, S. 96f.).[114] Durch Beobachtung zweiter Ordnung wird den jeweiligen Systemen ermöglicht, Selbst- und Fremdreferenz zu unterscheiden und sich damit ein semantisches Einheitsbild von den Grenzen der eigenen Handlungsmöglichkeiten zu machen (vgl. Luhmann 1990, S. 181f.).

Öffentlichkeit ermöglicht den Funktionssystemen durch Selbst- und Fremdbeobachtung, Sachverhalte voneinander zu trennen und somit Grenzen zu ziehen. Die Öffentlichkeit erarbeitet „mit ihrem Markierungspotential von Grenzziehungen eine Selbstbeschreibung der Gesellschaft" (Baecker 1996, S. 99).[115] Die spezifischen, selbstreferenziellen und intransparenten Anforderungen der engeren (privaten) Systeme/Umwelt der Gesellschaft werden zugleich „im Hinblick auf Anderes" zugänglich gemacht und zueinander in Beziehung gesetzt. Öffentlichkeit kann angesichts dieses reflexiven, kommunikativen Vorgangs, der durch eine „Oszillation" innerhalb der Selbst- und Fremdreferenz geprägt ist (vgl. ebd., S. 100), als „eine Operation der »Öffnung«" (ebd., S. 95) bezeichnet werden. Denn Beobachtung bedeutet „eine Grenzüberschreitung" (ebd.). Die überschrittene Grenze wird jedoch nicht aufgelöst, „sondern „markiert – und zwar als etwas markiert, das das Interesse daran weckt, was »dahinter« liegt" (ebd.).[116] Durch die Grenzmarkierung werden einerseits Sachverhalte aus den einzelnen Systemen zum Thema gemacht und zur Erfahrung gebracht, andererseits können Beobachtungsformeln der Selbstbeschreibung sowie entsprechende Erwartungsstrukturen der modernen Gesellschaft ausgebildet werden. Als Form der Reflexion von Systemgrenzen kann Öffentlichkeit als „generalisierte innergesellschaftliche Umwelt" der Teilsysteme bezeichnet werden (Marcinkowski 1993, S. 93; Luhmann 1996, S. 184; Rohmberg 2008, S. 47). Dies bedeutet, dass Öffentlichkeit über die allgemeine Funktion der Neutralisierung systeminterner Angelegenheiten verfügt, welche einen zentralen Aspekt der modernen, funktional ausdifferenzierten Gesellschaft darstellt. Öffentlichkeit ermöglicht die Integrati-

---

114 Ein Beobachter der Öffentlichkeit sieht durch einen Spiegel nicht nur, wie er selbst in der öffentlichen Meinung abgebildet wird, sondern auch „die Konkurrenten, die quertreibenden Bestrebungen, die Möglichkeiten, die nicht für ihn, aber für andere attraktiv sein könnten" (Luhmann 1990 S. 181). Die Gesellschaft selbst spiegelt sich in der Medialen Kommunikation.

115 „Die Öffentlichkeit der Gesellschaft erweist sich somit als ein Formprinzip, das alle Entscheidungen, die mit Grenzziehungen verbunden sind, auf die Unentscheidbarkeit der Grenzziehung hin zu beobachten erlaubt." (ebd., S. 96). Diese Unentscheidbarkeit ist kein irgend objektiv oder subjektiv vorliegender Sachverhalt, „sondern das unvermeidbare Produkt einer Beobachtung aus dem Gesichtspunkt der Öffentlichkeit" (ebd.).

116 Mit anderen Worten: Operation Öffentlichkeit „liefert ein Verständnis dafür, daß das, was auf ihrer Innenseite geschieht, für ihre Außenseite von Interesse ist, weil auf der Außenseite sichtbar ist, daß die Ausdifferenzierung, die die Grenze leistet, *Sachverhalte voneinander trennt, die man auch als zusammengehörig betrachten kann*. Das wiederum ist auf der Innenseite von Interesse, weil dort laufend mitgeprüft wird, ob die Ausdifferenzierung noch Sinn macht und welche Auflösung und Rekombination des Sinns, den sie macht, sie mit veränderten Außenverhältnissen in Kontakt zu halten erlaubt. Die Markierung der Form der Grenze blickt auf beide Seiten der Grenze und entdeckt die Grenze als eine, die *so oder anders* gezogen werden kann" (ebd.).

on der stark differenzierten Gesellschaft, „durch Neutralisierung der besonderen Systemtraditionen, Normprojektionen, Bedürfnisse und Defensivinteressen der Teilsysteme der Gesellschaft" (Luhmann 1994 (1971), S. 21). Eine derart charakterisierte Öffentlichkeit besitzt nicht nur die Selektionsfunktion für das politische System. Vielmehr bilden alle sozialen Systeme der Gesellschaft ihre Formen von Öffentlichkeit aus.[117] Grenzziehung gehört zu allen sozialen Systemen, zu allen Ebenen der Systembildung – so der Interaktion, der Organisation und der Gesellschaft (vgl. Marcinkowski 1993, S. 92). Öffentlichkeit kann einerseits jeder Umwelt (Subsystem) angehören, „sei es ein Unternehmen oder eine Universität, sei es ein Altersheim oder ein Kindergarten, sei es eine politische Partei, eine Sekte oder ein Fußballverein" (vgl. Baecker 1996, S. 96). Andererseits lässt sich Öffentlichkeit innerhalb (oder am Rand) jedes funktionalen Teilsystems wie Rechts-, Wirtschafts-, Religions- Wissenschafts- oder Erziehungssystem einordnen, wie sich am Beispiel des politischen Systems zeigen lässt. Aus dieser Perspektive ergibt sich eine Vielzahl von Öffentlichkeiten in der Gesellschaft.

1.2.2.3 Öffentlichkeit aus systemtheoretischer und kommunikationswissenschaftlicher Perspektive – Die operative Ebene

Um die Funktion von Öffentlichkeit näher zu beschreiben, ist es sinnvoll, zusätzlich die Funktionsweise unterhalb der Systemebene zu betrachten. Die potentiale Funktion der Öffentlichkeit auf der operativen Ebene kann an der strukturellen Wechselbewegung zwischen Komplexitätserhöhung und dem Versuch der Komplexitätsreduzierung der Themen gezeigt werden. Vor allem in den Kommunikationswissenschaften werden in diesem Kontext zwei Aspekte der konkreten Erscheinungen/Funktionsweise gezeigt: Die drei Ebenen der Kommunikationsstrukturen der Öffentlichkeit können historisch gegliedert und nach ihrer Erscheinungsform unterschieden werden – Interaktionsöffentlichkeit („Encounters"), Themen- oder Versammlungsöffentlichkeit sowie massenmediale Öffentlichkeit (vgl. Gerhards/Neidhardt 1993, S. 63ff.; Gerhards 1994, S. 83f.; Donges/ Imhof 2001, S. 106ff.). Die letztere wird vor allem von der öffentlichen Meinung getragen, die als strukturelle Kopplung des jeweiligen Teilsystems und der Massenmedien fungiert (i). Andererseits hat die jeweilige Rolle der einzelnen Beteiligten an den Kommunikationen Bedeutung für die Ein- und Auswirkung auf die

---

117 Nach einer früheren Schrift von Luhmann zwingt die Entstehung der funktional differenzierten Systeme dazu, „den Begriff der Öffentlichkeit von ihrer Funktion her neu zu interpretieren und ihn so in die Teilsysteme, hier in das politische System der Gesellschaft, zu übertragen" (ebd.). Wie sich jedoch hier mit Baecker zeigen lässt, kann man davon ausgehen, dass Öffentlichkeit nicht nur im politischen, sondern auch in den anderen Systemen eingeordnet wird und sich insofern als plurale Öffentlichkeiten darstellt.

Selektion komplexer Themen über öffentliche Meinung – als Publikum (Zuhörer), Vermittler oder Sprecher (ii).

(i) In den Kommunikationswissenschaften werden in Anlehnung an die Systemtheorie Öffentlichkeiten der verschiedenen sozialen Systeme nach operativer Unterscheidung in drei Ebenen von Kommunikationsstrukturen gegliedert.

Erstens die *Interaktionsöffentlichkeit („Encounters")* als ein vergleichsweise einfaches Interaktionssystem, das räumlich, zeitlich und sozial beschränkt ist. Die Interaktion findet z. B. auf der Straße, auf den Märkten, in Kneipen oder Kaffeehäusern statt. Sie ist einerseits durch fließende Übergänge zwischen privater Kommunikation und wechselseitigen Publikumsbezügen, durch große Offenheit und Umweltsensibilität gekennzeichnet. Sie funktioniert ohne Differenzierung in Leitungs- oder Publikumsrolle (vgl. Gerhards/Neidhardt 1993, S. 66). Andererseits ist sie zerbrechlich und relativ strukturlos. Sie hat „Episodencharakter" (ebd., S. 64; Marcinkowski S.97), d. h. unbestimmt in der Entstehung und mit vorübergehenden und nebensächlichen Eigenschaften. Zu gebündelter Informationsverarbeitung wie -anwendung und somit zur Herstellung von Kontinuität in der Themenführung ist sie nicht fähig (vgl. Gerhards/Neidhardt 1993, S. 64).

Die zweite Stufe, die *Themen- oder Versammlungsöffentlichkeit* ist nicht nur öffentlich, sondern auch eine thematisch zentrierte Interaktionsebene. Ort, Thema, Referent und die Einladung eines Publikums müssen durch bestimmte Veranstalter – Personen, Gruppen oder Organisationen – organisiert und somit vorselektiert werden. Sie ist sozial voraussetzungsvoller als Encounters. „Das drückt sich auch darin aus, daß sich hier in Gestalt von Referenten und Diskussionsleitern Leitungsrollen innerhalb des Öffentlichkeitssystems ausdifferenzieren. Diese geben Beschreibungen des Themas und Meinungen zum Thema vor und strukturieren damit den Lauf der Kommunikation in erheblichem Maße. Komplementär dazu (sic) entwickeln sich Publikumsrollen. Deren Äußerungsmöglichkeiten sind beschränkter. Ein großer Teil verharrt im Schweigen; (...) Melden sich Teilnehmer in Form von Diskussionsbeiträgen zu Wort, dann müssen sie sich allerdings an den Vorgaben des Referenten abarbeiten und darauf Bezug nehmen" (ebd., S. 65). Diese Öffentlichkeitsform ermöglicht eine größere innere Stabilität, um allgemeine Aufmerksamkeit zu erlangen als die von Salons, Lesegesellschaften, politischen Veranstaltungen und Demonstrationen. Durch die Selektion bzw. Festlegung des Themas erhöhen sich die Chancen für die Synthetisierung von Meinungsinhalten und die Herstellung einer öffentlichen Meinung (ebd.).

Drittens bildet sich öffentliche Kommunikation in der Moderne zunehmend als Massenkommunikation heraus (vgl. Rohmberg 2008, S. 50). *Massenmediale Öffentlichkeit* wird vor allem durch die Entwicklung der technischen Infrastruktur ermöglicht, durch die Professionalisierung von Leistungsrollen (Journalisten) sowie die Veränderung der Publikumsrolle als abstrakter Adressat (vgl. Abschn. 5.1.1). Mithilfe der Beobachtung der medial hergestellten Gesellschaft kann

81

einerseits die Grenze zwischen den funktional ausdifferenzierten, gesellschaftlichen Systemen markiert und zugleich integriert werden,[118] wie im vorangegangenen Abschnitt thematisiert. Andererseits wird die Teilhabe der Einzelne an der Gesellschaft insgesamt ermöglicht (vgl. Gerhards 1994, S. 88). Massenmedien tragen zu einer weit verbreiteten und offen zugänglichen Realitätskonstruktion bei. Sie überführen die Selbstbeobachtung der Gesellschaftssysteme und aller ihrer Teile in den reflexiven Modus des Beobachtens von Beobachtern (vgl. Rohmberg 2008, S. 46), „die dann als operative Fiktion sich aufzwingt und zur Realität wird" (Luhmann 1981, S. 320). Dadurch sichert massenmediale Öffentlichkeit die indirekte, aber relativ dauerhaft existierende Kommunikation.[119]

Die Typologisierung der drei Ebenen der Öffentlichkeit bietet die Möglichkeit, den historischen Entwicklungsprozess und die funktionale Unterscheidung zu synchronisieren und dadurch einen systematischen Blick auf die Öffentlichkeitsstrukturen zu richten.

Historisch betrachtet, tritt *Interaktionsöffentlichkeit* insbesondere in der vormodernen Zeit auf. In der Antike war Öffentlichkeit als Ort in einer Stadt im Sinne von Plätzen, Dingen, Themen und Anlässen strukturiert, die allen gemeinsam war und all das neutralisierte, was Sache der Häuser und Familien war (vgl. Luhmann 1981; 1994, S. 21). Öffentlichkeit zeigt in der griechischen Antike besonders den Übergang zum Typ der *Versammlungsöffentlichkeit*, denn die Öffentlichkeit (Polis), als getrennte Sphäre vom privat-häuslichen (Oikos), deutet auf die politisch-gesellschaftliche Organisationsform hin, in der „alle Angelegenheiten vermittels der Worte, die überzeugen können, geregelt werden und nicht durch Zwang oder Gewalt" (Arendt 2007 (1958), S. 35). Diese Form spiegelt sich in Habermas' Modell der Frühmoderne, der literarischen und liberal-bürgerlichen Öffentlichkeit wider. Erst später mit der Industrialisierung

---

118   Als eklatantestes Beispiel zeigt massenmediale Öffentlichkeit eine strukturelle Kopplung mit der Politik – das politische System und die Massenmedien sind in der Moderne strukturell gekoppelt. Selbst- und Fremdreferenz der Politik werden in Form von öffentlicher Meinung ausgetragen. „Von dieser strukturellen Kopplung erwartet das politische System Auskunft darüber, wie es [von den anderen sozialen Systemen; T. K.] beobachtet wird" (vgl. Rohmberg 2008, S. 27).

119   Öffentlichkeit ist jedoch nicht mit den Massenmedien gleichzusetzen, denn die Gesellschaft bildet zum einen selbst, wie alle ihre sozialen Systeme, weiterhin Formen der Öffentlichkeit aus, die nicht mit dem zur Deckung zu bringen sind, was Massenmedien über diese Systeme berichten. „Die Kommunikation der Massenmedien ist keine zum System ausdifferenzierte Öffentlichkeit." (Baecker 1996, S. 101). Zum anderen unterscheiden sich Öffentlichkeit und Massenmedien darin, dass die Öffentlichkeit der Massenmedien demselben Kontingenzverdikt ausgesetzt ist wie alle anderen Systeme. Das Funktionssystem der Massenmedien ist ebenso auf Öffentlichkeit angewiesen, „um seine eigenen Grenzziehungen einschließlich der produzierten Objekte *auf Unentscheidbarkeit und Entscheidung hin* beobachten und kontingent setzen zu können" (ebd., S. 102). Umgekehrt: Die Öffentlichkeit kann keine Objekte erzeugen, sie schafft lediglich den Raum für die Erzeugung von Objekten. „In diesem Punkt ist sie [die Öffentlichkeit; T. K.] auf Hilfestellung durch die Massenmedien angewiesen. (...) Sie ist darauf beschränkt, irritieren zu können (...). Die Selbstirritation ist das Movens ihrer Oszillation zwischen Beobachtung und Diskreditierung der Beobachtung." (ebd.)

und Inklusion der Masse der Bevölkerung durch die sozialstaatliche Politik entsteht *massenmediale Öffentlichkeit* so, wie sie von Arendt und Habermas kulturkritisch dargestellt wird. Diese Entwicklung entspricht der Realitätskonstruktion, welche in der Öffentlichkeit durch die massenmediale Beobachtung erzeugt und in den jeweiligen sozialen Systemen fortgeführt wird. Aktuell ist diese Art der Kommunikationsstruktur so fortgeschritten, dass Öffentlichkeit nur noch von medialer Kommunikation geprägt zu sein scheint.

Auf der anderen Seite können diese drei Ebenen als nebeneinander existierende, horizontale Erscheinungsfiguren von Öffentlichkeiten betrachtet werden. So lässt sich z. B. auch im medial geprägten Zeitalter *Interaktionsöffentlichkeit* oder *Versammlungsöffentlichkeit* stets in unterschiedlichen Facetten in der Gesellschaft finden. Diese drei Aspekte können auch als unterschiedliche Ausdrucksweisen der Öffentlichkeiten der jeweiligen sozialen Systeme verstanden werden. Die Kommunikationsstrukturen von Öffentlichkeit können, je nach System, in eigentümlicher, teilweise etwas abweichender Form in jeder dieser drei Ebenen erscheinen. Wie die Systemtheorie, insbesondere bei Baecker, zeigt, hat die *massenmediale Öffentlichkeit* auf der Makro-Ebene vor allem eine ‚Scharnierfunktion' zur Fremd- und Selbstbeobachtung, zur Grenzziehung der jeweiligen Systeme und Reduktion der Themenkomplexe in der demokratischen Gesellschaft.

(ii) Anhand des Spiegelmodels der Öffentlichkeit der Systemtheorie können die drei bisher erwähnten, unterschiedlichen Ebenen der Öffentlichkeit mit folgenden konkreten Funktionsbestimmungen in Einklang gebracht werden: Grundsätzlich gilt, dass Öffentlichkeit erstens offen für alle gesellschaftlichen Systeme, Gruppen sowie für alle Themen und Meinungen ist (*Transparenzfunktion*). Zweitens findet dabei, mithilfe der Fremd- und Selbstreferenz, zwischen den Akteuren eine diskursive Aushandlung von Themen und Meinungen statt und die Inhalte werden selektiert bzw. gegebenenfalls revidiert (*Validierungsfunktion*). Die so erzeugten, öffentlichen Meinungen werden drittens vom Publikum als überzeugend wahrgenommen und akzeptiert (*Orientierungsfunktion*) (vgl. Neidhardt 1994, S. 8f.; Donges/Imhof 2001, S. 110f.). Im Prinzip zirkulieren diese Funktionsweisen innerhalb der Kommunikationen, die in der Interaktionsöffentlichkeit, der Versammlungsöffentlichkeit sowie der massenmedialen Öffentlichkeit erzeugt und bearbeitet werden. Konkret drücken sich diese in den folgenden Operationen der Öffentlichkeit aus, wobei „Themen und Meinungen gesammelt (Input), verarbeitet (Throughput) und weitergegeben (Output) werden" (ebd.; ebd.). Hier lässt sich nach verschiedenen Akteursgruppen und Rolleninhabern differenzieren. Einerseits spielen im Allgemeinen *Sprecher*, *Vermittler* und *Publikum (Zuhörer)*, als die einzelnen beteiligten Akteure, in den Kommunikationen eine wichtige Rolle für die operativen Prozeduren wie Ein- und

Auswirkung auf Selektion über öffentliche Meinung.[120] Andererseits können im Speziellen, z. B. die Parteien, Organisationen des (politischen) Publikums, Interessengruppe sowie soziale Bewegungen als direktes Kommunikationssystem „die Lenkung von Aufmerksamkeit (Input, Throughput) und damit die Kreation und Auswahl von Themen für die Entscheidungstätigkeit (Output)" (Marcinkowski 2003, S. 87) in der Politik strukturieren. Besonders in der politischen Kommunikation ist für Sprecher und Vermittler die Aufmerksamkeit sowie die Zustimmung des Publikums unabdingbarer Bestandteil. „Erst durch die Anwesenheit eines Publikums wird Öffentlichkeit konstituiert. Die Präsenz des Publikums und seine Zusammensetzung schwankt in Abhängigkeit von Themen, Meinungen, Sprechern und Medien, die in der Öffentlichkeit verhandelt werden" (Donges/Imhof 2001, S. 110). Je wichtiger diese Konstellation für die Innenseiten der Systemgrenzen wird, desto mehr gewinnt die, die Grenze markierende und zugleich die Grenze überschreitende, Handlung – in Form von *Öffentlichkeitsarbeit (Public Relations)* – an Bedeutung (vgl. Marcinkowski 1993, S. 93). D. h., während alle sozialen Systeme der Gesellschaft (nicht nur das Politiksystem) ihre Formen von Öffentlichkeit ausbilden und dadurch die Innenseiten der Systemgrenzen für die Umweltsysteme sichtbar werden, kann die Öffentlichkeitsarbeit als bestimmte Form der Grenzmarkierung und Selbstwerbung diesen Prozess übernehmen. Die Themen werden dabei von den Sprechern und Vermittlern der Funktionssysteme ausgewählt und über die eigenen Systemgrenzen hinaus zur Verfügung gestellt. Massenmedien pflegen dann die vorselektierten Themen dem Publikum zu repräsentieren. „Die Massenmedien ,handeln' gewissermaßen mit einer ,Zweitversion' systemspezifischer Öffentlichkeiten" (Baecker 1996, S 101).

---

120   *Sprecher* melden sich in der Öffentlichkeit als Angehörige kollektiver oder korporativer Akteure zu bestimmten Themen zu Wort (Input). Insbesondere in der medial vermittelten Öffentlichkeit übernehmen sie zumeist die Rolle der Advokaten, Experten, Intellektuellen oder Kommentatoren. Als *Vermittler* oder Kommunikateure können vor allem in der massenmedialen Öffentlichkeit die Journalisten eine große Rolle spielen. Sie wirken zumeist anhand eines redaktionellen und publizistischen Programms über die Organisation der Medienunternehmen. Sie beobachten die soziale Entwicklung in der Öffentlichkeit, wenden sich an Sprecher, greifen Themen auf und kommentieren diese (Throughput). Das *Publikum* (Zuhörer) wird Adressat der so entstandenen Äußerungen von Sprechern und Vermittlern (Output).

2. Zur Systematisierung des Wechselverhältnisses von Erziehung und Öffentlichkeit

Öffentlichkeit gilt in allen Theorieströmungen grundsätzlich als ein notwendiger Bestandteil in der Umsetzung moderner Demokratie. Diese abstrakte, vielfältig interpretierbare Formulierung kennzeichnet die Sichtweisen der modernen Wissenschaften, die ein Verständnis von Öffentlichkeit in unterschiedlicher Weise und in verschiedene Richtungen entfalten. So wird im vorangehenden Kapitel gezeigt, dass Habermas in seinem *Diskursmodell* Öffentlichkeit als eine liberale Vernunftinstanz des (kritisch) räsonierenden Publikums konzipiert (vgl. Habermas 1990 (1962); Peters 2007), während Luhmann in seinem *Spiegelmodell* Öffentlichkeit mit einer medialen Repräsentationsinstanz verbindet (vgl. Luhmann 1990, S. 181; Neidhardt 1994, S. 9; Baecker 1996, S. 96ff.).[121] Das Habermas'sche Diskursmodell entspricht der normativen Herangehensweise, die sich aus der ideal-emphatischen Perspektive ableitet. Dem gegenüber versucht das Luhmann'schen Spiegelmodell, die gesellschaftliche Konstellation deskriptiv darzustellen (vgl. Roesler 1997, S. 173; Nolda 2002, S. 35). Es ist nicht verwunderlich, dass sich, wenn man die verschiedenen Zugangsweisen und Perspektiven berücksichtigt, das Verhältnis von Erziehung und Öffentlichkeit nicht nur unter einem Aspekt beschreiben lässt. Je nach Ansatz kann die Formulierung unterschiedlich und teilweise unklar ausfallen, vor allem, wenn es um die Bezeichnung von „öffentlicher Erziehung" und „öffentlicher Schule" geht.

Im erziehungswissenschaftlichen Kontext blieb und bleibt vor allem die pädagogische Frage zumeist mit der normativen Sinnfrage nach menschlicher Erziehung konfrontiert. So spielen die Versuche von Arendt und Habermas, Öffentlichkeit als ideales Bild des Austritts aus der Unmündigkeit in die Mündigkeit zu erklären, eine wichtige Rolle für die Idee der modernen Erziehung (vgl. Oelkers 1992). Allein mit der normativen Herangehensweise in der Erziehung läuft man jedoch Gefahr, dass der Beschreibungsversuch lediglich der Ideeoder Programmebene verhaftet bleibt und die realen gesellschaftlichen Verhältnisse aus dem Blick geraten. Untersucht man die Konstellation von Erziehung und Öffentlichkeit im Hinblick auf den Strukturwandel, ist es notwendig, sich den Gegenständen aus einer erweiterten Perspektive zu nähern. Will man die Unzulänglichkeiten des liberal-normativen Ansatzes kompensieren, und das

---

121   Gerhardts und Neidhardt vergleichen diese beiden Ansätze mit der Bezeichnung vom Seminarmodell von Habermas einerseits und Episodenmodell von Luhmann andererseits (vgl. Gerhardts/Neidhardt 1993, S. 66).

Verhältnis von Erziehung und Öffentlichkeit bzw. die (semantische) Struktur öffentlich institutionalisierter (öffentlich-staatliche/private) Erziehung adäquat beschreiben, erhält die systemtheoretische Auffassung von der Ordnungsvorstellung einer sozialen Konstruktion besondere Bedeutung. Die Bezugnahme auf die synchrone Systematisierung in 1.2.2 dieser Arbeit kann insbesondere dazu dienen, sich einer möglichen Rekonstruktion des Verhältnisses von Erziehung und Öffentlichkeit strukturell anzunähern.

Trotz der Neuorientierung ist jedoch zu berücksichtigen, dass bei diesem funktionalistischen Beobachtungsverfahren die Behandlung normativer Konzepte nicht komplett aus der allgemeinen Debatte ausgeblendet werden kann. „(E)mpirisch-analytische Verwendungszusammenhänge enthalten meist normative Elemente, denn normative Vorstellungen können vom Begriff der Öffentlichkeit nicht getrennt werden, sondern liegen ihm meist implizit auch in wissenschaftlichen Studien zugrunde" (Donges/Imhof 2001, S. 104). Dies betrifft besonders den Bereich der Erziehung, denn die Normativität lässt sich aus den Theorien zur menschlichen Erziehung nicht ganz ausschließen. Um die veränderte Öffentlichkeitsstruktur herauszuarbeiten, ist weiterhin, neben der empirisch-analytischen Vorgehensweise der sozialwissenschaftlichen Debatte, ebenso die Übernahme der normativen Konzepte der politisch-philosophischen Debatten unabdingbar. Diese Arbeit versucht, diese beiden – normative wie deskriptive Theorieinstrumente – möglichst ins Gleichgewicht zu bringen.

Da die Ausgangsfrage der vorliegenden Arbeit die nach dem Strukturwandel der öffentlich institutionalisierten Erziehung ist, unter dem Aspekt des Strukturwandels der Öffentlichkeit, kann auf einen Vergleich der diachronen Aspekte von Habermas nicht verzichtet werden. Zugleich bedarf es anderer Instrumente, um die Konstellation von Erziehung und Öffentlichkeit zu beschreiben. Mithilfe der im ersten Kapitel behandelten Systematisierung von Öffentlichkeit können die Zusammenhänge zwischen den beiden Bereichen Erziehung und Öffentlichkeit sowohl in ihrer historischen Entwicklung dargestellt werden als auch aus den unterschiedlich geprägten, politisch-sozialwissenschaftlichen Ansätzen hergeleitet werden. Im Folgenden wird das Verhältnis von Erziehung und Öffentlichkeit jeweils aus zwei unterschiedlichen Perspektiven diskutiert – aus der ideal-normativen Perspektive (2.1) und aus der system-funktionalistischen Perspektive (2.2). Versucht wird, einen klareren Bedeutungsinhalt und die Struktur der Öffentlichkeit von Erziehung herauszuarbeiten und so die dargestellten Aspekte als Instrumente für die weiteren Studien in dieser Arbeit nutzbar zu machen.

2.1 Erziehung und Öffentlichkeit aus ideal-normativer Perspektive

2.1.1 Bezugspunkte für den öffentlichen Charakter der Erziehung – Aufklärung, Staatlichkeit und kapitalistisches Wirtschaften

Der normativ-emphatische Akzent der Idee moderner Erziehung ist bis heute mit dem okzidentalen Bild von der Bewusstseinsänderung im ausgehenden Mittelalter und der beginnenden Neuzeit verbunden. Der Begriff der Öffentlichkeit, mit dem Bedeutungsinhalt moderner, *öffentlicher* Erziehung, wird im Allgemeinen aus drei unterschiedlichen Bezügen hergeleitet: Bezug zur Aufklärung, Bezug zur Staatlichkeit, und Bezug zur (kapitalistischen) Wirtschaft.

Die moderne Erziehung, die außerhalb der privat-familialen Sphäre organisiert wird, ist erstens auf die (okzidentale) Aufklärung zurückzuführen. Ausgangpunkt ist die Überlegung, dass für die Verwirklichung einer funktionierenden Gesellschaft die Erziehung von Menschen unabdingbar ist, wenn es keine absolute Macht gibt. Die Selbstorganisationskräfte der modernen Gesellschaft sollen durch die autonomen, mündigen Individuen – gefördert und gefordert durch Erziehung und Bildung – entfaltet werden. „Der pädagogische Programmatiken und Praktiken weithin prägende Impetus der Aufklärung sieht das Ziel pädagogischer Bemühungen in der Teilhabe möglichst vieler Menschen an der nach den Prinzipien der Vernunft und des verbalen Austauschs geregelten Öffentlichkeit" (Kade/Nolda 2002, S. 30). Diese Zielsetzung der modernen Erziehung ist mit der idealen, egalitären Denkweise verknüpft, dass die Vernunft[122] und somit die Fähigkeit der Teilnahme an der öffentlichen Kommunikation dem Menschen im Prinzip nicht länger mit Geburt und Herkunft gegeben sei, sondern vielmehr Ergebnis eines Lern- und Bildungsprozesses sein soll. Hier erfolgt implizit und explizit die Ausweitung der Adressaten pädagogischer Einwirkung, um einerseits Chancengleichheit für alle gesellschaftlichen Teilnehmer und andererseits die Legitimität der demokratischen Gesellschaft durch quasi offene Teilnahmemöglichkeit am öffentlichen Diskurs zu schaffen. Erziehung ist in diesem Kontext nicht nur der Privatheit zugehörig, sondern stets mit dem Öffentlichen verbunden (vgl. Horio 1998, S. 355ff.). Die moderne Schule wird als öffentliche Institution konzipiert, die allen Heranwachsenden das Recht auf Wissensaneignung sichert und eine erste Bekanntschaft mit der (öffentlichen) Welt ermöglicht.[123] Sie ist „die Institution, die wir speziell für die Heranwach-

---

122 Dieser Abschnitt handelt von der grundsätzlichen Erscheinung der Erziehung in der Moderne und hat vorbereitenden Charakter für das dritte Kapitel. Was Vernunft im Kontext der Aufklärung und in Bezug auf Kant ausmacht, wird in 1.1.3.3 und 3.3 behandelt.

123 Das durch den Erziehungsprozess erreichte Wissen und Können des Einzelnen ist innerhalb seines sozialen Kontextes sinnvoll und mächtig. Die Aufklärung hat das Wissen veröffentlicht. Seitdem ist der Mensch zwar Herr seiner selbst und des Wissens, aber die Gesellschaft kann erst durch die mündigen, souveränen Individuen und das auf ihrem Wissen basierende Verhalten gebildet werden.

senden zwischen die Privatsphäre des Elternhauses und die wirkliche Welt schieben, um den Übergang von Familie zur Welt überhaupt möglich zu machen" (Arendt 1958, S. 18; 1994, S. 269; Hellekamps 2006, S. 419).[124] Erziehung als Form der modernen, öffentlichen Institution ist in beide Modi verwickelt, private und öffentliche bzw. individuelle und gesellschaftliche. Die veränderten Schwerpunkte beider Formen von Erziehung, vor allem in den Ideen der öffentlich institutionalisierten Erziehung, können demnach mit dem Strukturwandel der Öffentlichkeit, d. h. der Veränderung in der Sphäre von öffentlich-staatlich und privat, nach Habermas, in Beziehung gebracht werden. Das Charakteristische der modernen Erziehung ist ihre Öffentlichkeit, die vom Strukturwandel abhängt.

Die egalitäre Vorstellung der öffentlichen Erziehung zeigt angesichts der realen Verhältnisse in der Gesellschaft per se ihre Schwäche. Hingewiesen wird hier „auf den utopischen Charakter dieser Vorstellung oder die nie oder aber nur für eine kurze Zeit mit einer begrenzten (elitären) Gruppe verwirklichte Konstruktion einer gebildeten Öffentlichkeit" (Kade/Nolda 2002, S. 30). Es muss zwar berücksichtigt werden, dass der erziehungswissenschaftliche und vor allem pädagogische und bildungspolitische Diskurs bis in die heutige Zeit durch die aufklärerische Vorstellung von der Teilhabe aller am öffentlichen Gebrauch der Vernunft beeinflusst wird, „gerade auch dann, wenn sie [die Ideen der Teilhabe am öffentlichen Gebrauch der Vernunft; T. K.] nicht mehr explizit oder gar emphatisch geäußert und begründet, sondern formelhaft von Bildungspolitikern und Bildungspraktikern verwendet (werden)" (ebd.).[125] Es ist auch erforderlich, die Ideen und die Struktur der öffentlichen Erziehung mit den Möglichkeiten zur Verwirklichung moderner (liberal-bürgerlicher) Gesellschaftsideen sowie mit der tatsächlichen gesellschaftlich-demographischen Entwicklung ins Verhältnis zu setzen. Damit sich der Erziehungs- und Bildungsprozess innerhalb des öffentlichen Interesses verorten und sich das Konzept der allgemein-öffentlichen Erziehung vor allem im massendemokratischen Zeitalter prinzipiell für alle Heranwachsende verwirklichen lässt, braucht es die Gewährleistung einer dritten Kraft. In der Moderne ist das der Staat. Ohne den Staat als neutralen Dritten konnten (und können bis heute) die qualitativen und quantitativen Forderungen der Aufklärung an die Erziehung praktisch nicht erfüllt werden. Daher ist Staatlichkeit ein weiterer wichtiger Aspekt der Öffentlichkeit von Erziehung. Wie in 1.1.2 in dieser Arbeit dargestellt, verschiebt sich im ausgehenden 17. Jh. die Bedeutung des Öffentlichen von einer feudalistisch-höfischen Repräsentanz hin zur

---

124 Es ist hier zu erwähnen, dass für Arendt sowohl die Familie als auch die Schule grundsätzlich im präpolitischen Raum anzusiedeln sind und diese beiden somit als nicht als öffentlich, sondern als privat gelten. Damit zieht sie eine klare Grenze zwischen Erwachsenen und Heranwachsenden einerseits und Öffentlich-Politischem und Pädagogischem andererseits.

125 So wie sich diese Tendenz in der pädagogischen und bildungspolitischen Praxis beobachten lässt, kann man sie ebenso in den Erziehungswissenschaften, insbesondere in den Strömungen der Reformpädagogik und der Geisteswissenschaftlichen Pädagogik finden.

öffentlichen Verfügungsmacht staatlicher Gebilde. Der Anfang der modernen Erziehung ist eng an die Entstehung des am Einheitsbild der Nation orientierten Nationalstaates gekoppelt. Das moderne Erziehungswesen wird unter der Obhut eines modernen, zentralistischen Staates institutionalisiert, weil die Idee der modernen Staatsbildung – dem Überbau der Gesellschaftsbildung – von der Erziehung ihrer Mitglieder abhängt. Die Entstehung der öffentlich-staatlich institutionalisierten Erziehung ist Teil eines politischen Prozesses mit der Zielsetzung, in ökonomischer wie sozialpolitischer Hinsicht, möglichst eine einheitliche Sozialisation der Bevölkerung zu erreichen (vgl. Wenning 1996; Anderson 1996). Erziehung wird als politische Aufgabe im Namen des Staates ausgetragen. Erst mit der staatlich garantierten Form erhält die Erziehung den unzweideutigen Charakter als öffentliche Institution.[126] Konkret lässt sich die vom Staat initiierte Institutionalisierung der Erziehung, neben der Einführung der allgemeinen Schulpflicht, an der organisatorischen Veränderung erkennen: die Reform des staatlichen Lehrplans, des Kanons und des Curriculums, Professionalisierung der Lehrerschaft und der Neuorientierung in der Unterrichtsmethode (vgl. Oelkers 1988, S. 582).[127]

Diese Konstruktion der öffentlich institutionalisierten Erziehung innerhalb eines Nationalstaates ist jedoch abhängig vom Herrschaftsdiskurs. Das Schulsystem besitzt grundsätzlich einen starken, nationalstaatlichen Charakter, was verdeutlicht, dass Erziehung durch zentralisierte Staatsgewalt instrumentalisiert werden kann (vgl. Wenning 1996, S. 76; S. 96).[128] Erziehung dient nicht nur der

---

126 Oelkers zufolge können öffentlich institutionalisierte Schulen dadurch definiert werden, dass sie Erziehungsangebote „oberhalb der alltäglichen Erfahrung machen, die auf eine didaktische Initiation des Wissens und Könnens bezogen sind; zugleich sorgen sie institutionell für eine Kontinuität des Lernens, die im Alltag einer Medienkultur immer weniger gegeben ist. Damit dienen Schulen nicht einfach ‚dem Leben', sondern dem Aufbau eines anspruchsvollen Verstehenshorizonts" (Oelkers 1988, S. 588). Diese Angebote sind durch die staatliche Verfügungsmacht sicherzustellen. Dabei muss erwähnt werden, dass zu dieser Art öffentlich institutionalisierter Schule sowohl die direkt vom Staat institutionalisierte Schule als auch die staatlich anerkannte Privatschule zählt.

127 (i) Die Reform des Curriculums beinhaltet die Vermittlung elementarer Bildung für jedermann unter dem Schutz der staatlichen Schulpflicht. Das Niveau der elementaren Bildung soll, beginnend mit der allgemeinen Alphabetisierung, allmählich steigen. Damit verbunden ist die Legitimation der ‚sozialen Karrieren' bzw. des Bildungsgrades. Auch die Elitenbildung, grundsätzlich vom Privileg auf Leistung umgestellt, wird durch einen staatlichen Abschluss legitimiert. Dies entspricht der Nachfrage des neuen Wirtschaftssystems. (ii) Institutionalisierung schafft berufliche Professionalität. Die Lehrerschaft wird durch spezialisierte Ausbildung und materielle Absicherung professionalisiert. (iii) Außerdem findet in den Unterrichtsmethoden professioneller Lehrer eine Neuorientierung statt. Die didaktischen Reformen, von Johann Amos Comenius im 17. Jh. z. B., zeigen bereits einen Gesamtplan für ein Einheitsschulsystem. Die Didaktik der unterschiedlichen Schulfächer wird neu strukturiert (vgl. ebd., S. 585ff.; Blankertz 1992, S.37).

128 Das Verhältnis von Erziehung und Staat mit Blick auf die „Erziehungsstaaten", die auf staatlich-obrigkeitliche Formen der öffentlichen Erziehung im Allgemeinen und auf die den Erziehungsprozessen als solche innewohnenden Herrschafts- und Beherrschungsformen von

freien Entfaltung des Einzelnen, sondern gleichzeitig der Notwendigkeit der Aneignung gesellschaftlicher Normen im Allgemeinen. Während Erziehung mit den Zielen und Aufgaben betraut wird, vernünftig handelnde, die bürgerliche Gesellschaft bildende Subjekte hervorzubringen und zugleich zum Wohl einer starken nationalstaatlichen Einheit beizutragen, sind die Wirkungen und Folgen staatlich institutionalisierter, öffentlicher Erziehung nicht absehbar: Die öffentliche Erziehung kann durch die Dominanz der staatlichen Steuerung und Kontrolle lediglich als Ordnungshüter eines einheitlichen Gesellschaftsgebildes dienen. Ebenso wird das Wissen, das über die öffentliche Erziehung erreicht wird, trotz der staatlichen Garantie von Neutralität und Gleichheit, nicht gerecht verteilt, sondern bleibt abhängig von der Herrschaftsstruktur der modernen Gesellschaft (vgl. Foucault 1978; Saitô 1988, S. 74; S. 97). Die auf die bürgerliche Gesellschaft sowie auf die nationalstaatliche Gemeinschaft bezogenen Herrschaftsdiskurse sind häufig vermischt und stellen sich als Gesamtbild dar. Dies kann weiter zur Reproduktion sozialer Ungleichheit führen. Die Idee der Aufklärung einerseits und ihre Umsetzung durch den Staat andererseits kann hier eine Unvereinbarkeit darstellen.

Seit der Entstehung der modernen Erziehung bestehen vielfältige Konflikte in Bezug auf die Zielsetzung der Erziehung. Dies ist darauf zurückzuführen, dass die Öffentlichkeit der Erziehung neben der Aufklärung und Staatlichkeit ebenso stark mit der Logik der privat-kapitalistischen Wirtschaft zusammenhängt.

Für die Entstehung der modernen, liberalen Gesellschaft spielt das private Interesse an der freien kapitalistischen Wirtschaft eine bedeutende Rolle. Das Handeln kapitalistischer Wirtschaft ist grundsätzlich mit den privaten Freiheitsrechten verbunden und bleibt außerhalb staatlicher Verfügungsmacht (vgl. Smith 1993 (1776/1789)).[129] Die frühmoderne Vorstellung vom Staat als Nachtwächterstaat zeigt beispielhaft und prägnant die Betonung privater eigennütziger Handlungsweisen im Wirtschaftsleben. Wie die wirtschaftlichen Tätigkeiten ist zudem Erziehung, nach Arendt, ursprünglich Teil der privaten Sphären (vgl. Arendt 2007 (1958); vgl. Abschn. 3.1). Im Hinblick darauf kann Erziehung von Grund auf als *privates Gut* gekennzeichnet werden. Erziehung ist dem persönlichen Bereich zugehörig und dient der individuellen Entfaltung. Im ökonomischen Zusammenhang kann sie darauf zielen, die individuellen Überlebenschancen im späteren Arbeitsleben zu steigern. Hier kann Erziehung in der an Profit orientierten (kapitalistischen) Wirtschaftsstruktur verankert sein. In diesem Kontext ist es möglich, die institutionalisierte Erziehung mit Phänomenen wie Autonomie, Deregulierung, Privatisierung der schulischen Erziehung, Freiheit von (Schul-)Auswahl, Ökonomisierung der Erziehung, Gewinnmaximierungsgedanken in der Erziehung, Reduktion von öffentlichen Gelder usw. in Beziehung

---

Bewusstsein im Speziellen hinweisen, wird seit den 1990er Jahren vor allem im Rückblick auf die historischen Ereignissen behandelt. Vgl. dazu Herrmann (1993); Tenorth (1998).

129 Vgl. dazu Abschn. 1.1.3.3, Fußnote 45.

zu sehen. Die beiden Sphäre, Erziehung und Wirtschaft, können, aufgrund der Freiheitsideale, auf dem privaten Kalkül und dem Interesse Einzelner basieren. Dem gegenüber ist darauf hinzuweisen, dass der öffentliche Erziehungsprozess, Teil des modernen, demokratischen Gesellschaftskonzepts, mit dem privatkapitalistischen Wirtschaftsprinzip grundsätzlich nicht vereinbar sein kann. Vor dem Hintergrund der ungleichen Verteilung gesellschaftlicher Ressourcen und im Hinblick auf ein stabiles gesellschaftliches Zusammenleben wird nach der optimalen Struktur von Privatwirtschaft einerseits und Erziehungsprozess andrerseits gesucht, um die demokratische Teilhabe möglichst aller zu ermöglichen. Während die Möglichkeit von Warentausch sowie das Einsetzen der Arbeitskraft in dieser Hinsicht allmählich ins öffentliche Interesse gerät und ein Teil der privaten Freiheit in der Wirtschaftstätigkeit durch den Staat kontrolliert zu werden bzw. sich innerhalb der öffentlichen Sphäre zu situieren beginnt (vgl. Abschn. 1.1.4), wird die Erziehung als Möglichkeit des sozialen Ausgleichs immer mehr kontextualisiert. Die Institutionalisierung der Erziehung soll für möglichst viele Mitglieder der Gesellschaft zu materieller Sicherheit, zur Entfaltung der Kultur und zu einer gerechteren Verteilung wirtschaftlichen Gewinns, was zu einem erfüllten Leben führt, beitragen (vgl. Bowoles/Gintis 1978, S. 130). Das Interesse an der Anhebung der ökonomisch-gesellschaftlichen Stellung des Einzelnen ist somit mit dem Ziel der staatlich institutionalisierten Erziehung hin zu gesamtgesellschaftlicher Integration und nationalökonomischem Wohlergehen verbunden. Die öffentlich institutionalisierte Erziehung kann dem gesellschaftlichen Aufstieg dienen.[130] Auf der Grundlage der, bereits erwähnten, zwei unterschiedlichen Perspektiven der öffentlichen Erziehung – Aufklärung und bürgerliche Gesellschaftsbildung einerseits und Staatlichkeit andererseits – sowie auf der ökonomisch-gesellschaftlicher Bedingungen entsteht hier das Verständnis des Erziehungs- und Bildungsprozesses als *öffentliches Gut*. Auch im (kapitalistischen) Wirtschaftssystem können sowohl liberale Freiheitsidee und privater Zweck als auch öffentliches Interesse und gesellschaftliche Notwendigkeit als Aspekte der Öffentlichkeit von Erziehung nebeneinander existieren.

Das Verhältnis von Erziehung und Öffentlichkeit wird anhand der strukturellen Gegebenheiten und den Anfangsüberlegungen der Moderne deutlich, die mit der Aufklärung, Staatlichkeit und moderner kapitalistischer Gesellschaft eng verknüpft sind. Bezüglich dieser drei Perspektiven kann das Verhältnis zwischen Erziehung und Öffentlichkeit normativ wie folgt beschrieben werden: Aus aufklärerischer Sicht dient Erziehung der Bildung mündiger Subjekte. Zugleich trägt die Erziehung durch Vorbereitung auf die Teilnahme an öffentlichen Angelegenheiten zum Funktionieren der Gesellschaftssysteme (z. B. staatliche

---

130   Vor allem haben Unternehmer, Arbeitgeber und gesellschaftliche Eliten das Interesse, sich die Erziehungsinstitution für die Legitimierung der (Chancen-)Gleichheit, durch vorgeblich meritokratische und rationale Mechanismen der Zuordnung von Individuen zu ökonomischen Positionen, zunutze zu machen (ebd.).

Politik, Wirtschaft) und somit zum gesamtgesellschaftlichen Entwicklungsprozess bei. Dies wird unter der Obhut des Staates sichergestellt. Die aus der Konstellation Aufklärung, Staatlichkeit und kapitalistische Wirtschaft entstehenden Widersprüchlichkeiten innerhalb des Konzepts der öffentlich institutionalisierten Erziehung ist auf die Strukturprobleme der (früh-) modernen, bürgerlichen Öffentlichkeit zurückzuführen, auf die in Kapitel 3.3 näher eingegangen wird. Trotz des konfliktbeladenen, kontroversen Verhältnisses ist hier festzuhalten, dass der öffentliche Erziehungsprozess, sowohl organisatorisch als auch vom Wesen her, den beiden Sphären, dem Privaten und dem Öffentlichen zugehörig sein kann (vgl. Horio 1998 S. 342ff.).

2.1.2 Ansätze aus politisch-philosophischer Sicht – Pädagogik des Liberalismus, des Kommunitarismus und der deliberativen Demokratie

Die im vorherigen Abschnitt skizzierten Bezugspunkte des öffentlichen Charakters der Erziehung zeigen die wesentlichen Problemfelder und Diskussionsgrundlagen in den unterschiedlichen Auffassungen über die Öffentlichkeit der Erziehung. Nach der politisch-philosophischen, normativen Bestimmung der Öffentlichkeit (vgl. Abschn. 1.2.1) können drei Ansätze herangezogen werden, die das Verhältnis der Erziehung zur Öffentlichkeit innerhalb der demokratischen Staatsordnung zu beschreiben bzw. die zum Vorschein kommenden Probleme zu lösen versuchen – „nämlich die Pädagogik des Liberalismus, des Kommunitarismus und der deliberativen Demokratie" (Oelkers 2009, S. 255).[131]

Das Konzept der öffentlichen Erziehung in der liberalen Demokratie basiert auf dem liberalen Gesellschaftskonstrukt des Rechtsstaates in Verbindung mit einer freien Marktwirtschaft.[132] John Stuart Mill, der einflussreiche Befürworter des modernen Liberalismus, argumentiert, dass individuelle Freiheit Erziehung voraussetzt, für die der Staat zuständig sei (ebd.). Die Idee der Verstaatlichung der Erziehung bleibt aber stark mit der Aufklärung im 17./18. Jh. verbunden: Damals hat „nicht der Staat für die Verbreitung von Wissen gesorgt, sondern die »spontane Kooperation« derer, die daran interessiert waren" (ebd.).[133] Freiheit in der Erziehung ist ein wesentliches Anliegen dieses Modells. So entwickelt sich

---

131 Für einen systematischen Überblick über die drei normativen Modelle der Demokratie siehe Ottmann 2006, S. 317.

132 Der Staat wird um der Rechte der einzelnen Individuen willen konstruiert. So sind die Grundforderungen des Liberalismus „a) die Freiheit der Person von geistigem, politischem und sozialem Zwang; b) die Zuteilung der sozialen Chancen nach den Prinzipien der Gleichheit und des freien Leistungswettbewerbes anstelle ständischer Ordnung; c) Demokratie anstelle von Alleinherrschaft oder oligarcher Gruppenmacht; d) Schutz des Privateigentums" (Hillmann 1994, S. 490).

133 Zit. n.: Spencer, Herbert: Specialized Administration. In: ders.: The man Versus the State. With Six Essays on Government, Society, and Freedom. Indianapolis: Liberty Fund 1982 (1871), S. 435-486, davon S. 477.

in England beispielsweise ein öffentliches Schulwesen, das zwar vom Staat organisiert, jedoch mit einer starken lokalen Verwaltung ausgestattet ist (ebd.). „Der spontane Zusammenschluss der Eltern soll die Marktkräfte bewegen, der Staat legt allenfalls den Rahmen fest" (ebd., S. 256). Überwiegend an der Freiheit der Individuen orientiert, grenzt sich das liberale Konzept jedoch selbst vom Gemeinwesen und somit vom demokratischen Prinzip der (Chancen-)Gleichheit ab. Dies zeigt sich in der Organisation der öffentlichen Erziehung, die gesellschaftliche Selektions- und Reproduktionsmechanismen beibehält. Die Berufung auf die Freiheit „unterläuft (...) das Bestreben nach Integration und läuft Gefahr, die soziale Segregation zu vergrößern" (ebd.).

Es entsteht ein Demokratiemodell, das sich am Modell der republikanischen Demokratie orientiert, um die Unzulänglichkeiten des liberalen Modells – z. B. die fehlende Solidarität, fehlende Teilhabe der Bürger am Gemeinwesen, die nicht aus Diskursen sondern aus ökonomischen Erfordernissen hervorgehenden politischen Entscheidungen – auszugleichen (vgl. Ottmann 2006, S. 318). Der zunehmend seit den 1980er Jahren rezipierte Ansatz des Kommunitarismus basiert hauptsächlich auf dem Gedanken der ,Gemeinschaft'[134] als ,Communities', die örtlich organisierte, Normen vermittelnde soziale Netzwerke darstellen (vgl. Oelkers 2009, S. 256; vgl. Abschn. 1.2.1.1). Die in der plural differenzierten Gesellschaft verkehrenden Individuen können sich nur als Bürger zusammenschließen, wenn sie über eine gemeinsame Moralvorstellung (Tugend) verfügen. Dies wird möglich, wenn die Heranwachsenden zu den Werten erzogen werden, die mit den anderen Mitgliedern der Gesellschaft geteilt werden. Damit wird eine gemeinsame Schule für alle vorausgesetzt (ebd.). Erziehung ist jedoch nicht Sozialisation durch die tradierten Milieus, sondern stellt eine aktive Aufgabe für das demokratische Verfahren und das sittliche Leben in der gesamten (Zivil-)Gesellschaft dar. Dieser Ansatz ist ebenso kritikwürdig, weil eine öffentliche Erziehung zur sittlichen Tugend (auch in Form von Moralerziehung) keine Antwort auf die generell wachsende Diversität der Gesellschaft bereit stellt. „(A)uch der Versuch, gemeinsame Tugenden herauszubilden, überwindet nicht den Dissens verschiedener Gruppen in ein und derselben Gesellschaft. Die dabei vorausgesetzte soziale Übereinstimmung ist nur lokal und auch dann nur beschränkt möglich" (ebd., S. 257).

Beide Demokratietypen, Liberalismus und Kommunitarismus, sind, Habermas zufolge, mit Mängeln behaftet (vgl. Habermas 1999). In Bezug auf Öffentlichkeit der Erziehung kann die Anlehnung an das liberale Konzept zu fehlender Solidarität sowie zu verflachter, zu Werbung verkommener Kommunikation

---

134 Gemeinschaft im Sinne des Kommunitarismus versteht sich nicht als Gegensatz zur Gesellschaft, wie es Ferdinand Tönnies in *Gesellschaft und Gemeinschaft* darstellt (vgl. Oelkers 2009, S. 256). Tönnies unterscheidet Gemeinschaft als wesentlich verbunden bleibend trotz aller Trennungen, von der Gesellschaft als getrennt bleiben trotz aller Verbundenheiten (vgl. Tönnies 2005, S. 34). Gemeinschaft im Sinne des Kommunitarismus entsteht vielmehr innerhalb der plural differenzierten (Zivil-)Gesellschaft.

innerhalb und außerhalb der Schule führen, während die pädagogische Anlehnung an das kommunitaristische Konzept zu viel Tugendforderung und Homogenitätsanspruch voraussetzt und somit zu wenig Raum für Pluralismus lässt (vgl. Ottmann 2006, S. 318; vgl. Abschn. 1.2.1.2, Fußnote 95; 97). Der deliberative Ansatz verspricht Vorteile durch die gleichwertige Berücksichtigung beider Orientierungen, Freiheit und Pluralismus einerseits und Solidarität und gemeinsame Kommunikation andererseits. Dies soll ermöglicht werden durch einen dauernden Verständigungsprozess zwischen verschiedenen Gruppen. Öffentliche Erziehung wird nach dem deliberativen Ansatz weitgehend mit einem ununterbrochenen Prozess des Aushandelns gleichgesetzt. Dabei wird keine Sittlichkeit vorausgesetzt, an die Heranwachsende herangeführt werden sollen. Prinzipiell ist auf jegliche Form von Repression zu verzichten und zugleich wird die Integration aller Gruppen der Gesellschaft vorausgesetzt, von denen keine zugunsten einer anderen benachteiligt werden darf (vgl. Oelkers 2009, S. 257). Dies zeigt sich im Nachdruck, mit dem die Teilnahme an deliberativen Prozessen in der öffentlich institutionalisierten Erziehung vermittelt wird. In diesem Modell „behält Erziehung ihre politische und gesellschaftliche Relevanz, die seit der Aufklärung besteht. Auch das Prinzip der Deliberation kommt in einige Verlegenheit, wenn Akteursgruppen sich nur formal auf das Prinzip beziehen, d. h. sich nicht an die Regel der Achtung halten und andere Meinungen repressiv bekämpfen" (ebd.). Dieses Problem kann vor allem in der öffentlichen schulischen Erziehung auftreten, die im Prinzip durch die nicht verhandelbare Konstellation (der Organisation) sowie durch nicht verhandelbare Inhalte strukturiert ist (vgl. Helsper 1990; 1995; 1996; 2004). Die Zuordnungen der hier erwähnten Ansätze sind heterogen. Sie haben alle Vorteile und Nachteile, die selbst unvereinbar miteinander sind.

Für die Erziehung in öffentlicher Form wird stets eine Legitimationsgrundlage gesucht. Aufgrund der grundlegend unterschiedlichen Bezugnahme der modernen öffentlichen Erziehung, auf die Aufklärung, das kapitalistische Wirtschaften und die Staatlichkeit, kann die Öffentlichkeit der Erziehung anhand der unterschiedlich ausgeprägten Orientierung an den Gesellschaftskonstellationen gemessen werden – hier anhand der Orientierung an den drei normativen Modellen der Demokratie – Liberalismus, Kommunitarismus und Deliberation. Sie enthalten jedoch jeweils Unzulänglichkeiten, weil sie einen normativen Anspruch stellen und u. a. von einer Trennung Staat/Gesellschaft oder staatlich/privat ausgehen, die sich nicht koordinieren lassen. Um einen erweiterten Blick auf das Thema zu eröffnen, ist es daher erforderlich, anstelle der normativen Kategorisierung einen anderen Zugang zum Thema Öffentlichkeit der Erziehung zu schaffen.

2.2 Erziehung und Öffentlichkeit aus differenzierungstheoretischer Perspektive

2.2.1 Das Verhältnis zwischen dem Erziehungssystem, der Öffentlichkeit und anderen Funktionssystemen

Wie die politische Philosophie der Moderne lange Zeit wesentlich von der ideal-emphatischen Perspektive ausging, so blieben die Erziehungswissenschaften – im deutschsprachigen Raum besonders von der Geisteswissenschaftlichen Pädagogik geprägt – ebenso der Sichtweise verhaftet, „die aus klassischen Vorstellungen über Aufklärung im Sinne einer Vernunftsteuerung der Gesellschaft resultiert" (Kade/Nolda 2002, S. 29). Etwa seit den 1970er Jahren entsteht in den Erziehungswissenschaften eine andere Herangehensweise. Diese kann bei der Thematisierung des Verhältnisses von Erziehung und Öffentlichkeit reflektiert werden. Entstanden ist der neue theoretische Ansatz „als Ergebnis einer umfassenden Vergesellschaftung und Institutionalisierung pädagogischen Handelns, einer seit den (19)60er Jahren stattgefundenen Versozialwissenschaftlichung und Empirisierung der Erziehungswissenschaft und nicht zuletzt der Veränderungen politisch-sozialer Verhältnisse sowie der neuen technologischen Möglichkeiten digitalisierter Datenübermittlung und Datenspeicherung" (ebd.). Gegenüber der klassisch-normativen Perspektive, welche antike wie moderne liberal-bürgerliche Öffentlichkeit und deren Erziehungsideal als ideales Modell festhält und zugleich die spätere (aktuelle) Erscheinung der Öffentlichkeitsstruktur kritisch in Frage stellt, wird nun im Wesentlichen der (nüchterne) Blick auf die funktionalen Zusammenhänge von Erziehung und Öffentlichkeit gerichtet. Es wird versucht, die „Relationsmuster" (ebd.) der beiden Bereiche Erziehung und Öffentlichkeit zu beschreiben.

Diese sozialwissenschaftliche Herangehensweise, von den Erziehungswissenschaften übernommen, begann mit dem Versuch, „die ideologischen Streitigkeiten über Verteilungsfragen zurückzustellen" und statt dessen danach zu fragen, „wie soziale Strukturen im Durchlauf der Generationen relativ stabil gehalten und soziale Erfahrungen in Form gebracht und auf den Nachwuchs übertragen werden können" (Luhmann 1987c, S. 173). Diese Problematisierung ist desto stärker in den Mittelpunkt gerückt, je komplexer und ausdifferenzierter die moderne Gesellschaft geworden ist. Für die Individuen entsteht die Möglichkeit, mobiler an einer Vielzahl sozialer Systeme teilzunehmen als je zuvor in der feudalen Gesellschaftsstruktur. Wie in 1.2.2.2 in dieser Arbeit behandelt, leistet die moderne Öffentlichkeit nach der Systemtheorie eine Koordinations- bzw. Scharnierfunktion für jeweils funktional ausdifferenzierte, operativ geschlossene Gesellschaftssysteme. Die Öffentlichkeit ermöglicht den Funktionssystemen wie dem politischen System, Wirtschaftssystem oder Rechtssystem die Reduktion der Themenkomplexität (vgl. Luhmann 1994 (1971), S. 13; Donges/Imhof 2001; Marcinkowski 2002). Außerdem erhalten die Funktionssysteme die Möglichkeit, sich durch Beobachtung selbst zu reflektieren, Selbst- und Fremdreferenz zu unterscheiden (vgl. Luhmann 1990, S. 181; vgl. Baecker 1996, S. 100), „die Innenseite der Systemgrenze für Umweltsysteme" (Marcinkowski 2002, S. 92) sichtbar zu machen und somit „eine Grenzüberschreitung" (vgl. Baecker 1996, S. 95) zu vollziehen. Mit der Transparenz- bzw. Validierungsfunktion einerseits und der Orientierungsfunktion andererseits (vgl. Neidhardt 1994, S. 8f.) wird der Öffentlichkeit überhaupt erst ermöglicht, als „ein intermediäres System" (Gerhards/Neidhardt 1993, S. 58) in der Gesellschaft zu fungieren.

Anhand der systemtheoretischen Perspektive können das Erziehungssystem ebenso wie die anderen gesellschaftlichen Systeme als ein operativ geschlossenes, funktionales Teilsystem verstanden werden. Die Frage nach dem Verhältnis von Erziehung und Öffentlichkeit stellt sich erst, wenn die Erziehung im Zusammenhang mit den anderen gesellschaftlichen Teilsystemen innerhalb des gesamten Gesellschaftssystems verankert und dies beobachtbar wird. Anders formuliert: Nach systemtheoretischer Sicht kann das Erziehungssystem erst über die Beziehungen der Erziehung zur Öffentlichkeit mit den anderen gesellschaftlichen Teilsystemen in Berührung kommen. In diesem Kontext kann man sich an die Abhandlung von Jochen Kade und Sigrid Nolda anschließen. Sie bezeichnen das Verhältnis von Erziehung und Öffentlichkeit auf drei unterschiedliche Arten. Demzufolge lässt sich die Konstellation Erziehung und Öffentlichkeit als (i) Voraussetzungs-, (ii) Kommentierungs- bzw. Instrumentalisierungs-, und (iii) Mischungsverhältnisse beschreiben (vgl. Kade/Nolda 2002; Nolda 2002). [135] Kurz gefasst: Die Erziehung schafft u. a. „die Voraussetzung zur Teilhabe an Öffentlichkeit, kommentiert aber auch die Behandlung von bestimmten Themen in der Öffentlichkeit, ist in ihrer institutionellen Form selbst Teil von Öffentlichkeit und instrumentalisiert Öffentlichkeit als Kunden ihrer Dienstleistungen" (Nolda 2002, S. 29).

(i) In der modernen demokratischen Gesellschaft besteht die Möglichkeit der Teilhabe jedes Einzelnen am gesellschaftlichen Leben. Die zukünftige Lebensgestaltung ist grundsätzlich nicht mehr abhängig von der Herkunft, sondern wird erst durch den Erziehungs- und Bildungsprozess bestimmt (ebd.). Unter dieser Voraussetzung kann Erziehung das Ziel auf offene Teilhabe am öffentlichen Leben beinhalten. Um dies zu gewährleisten, wird Erziehung nicht mehr nur dem Privat-Häuslichen überlassen. „Die Vermittlung von Kulturtechniken und die Einübung von nicht-privaten Verhaltens- und Kommunikationsformen dient der Befähigung zum Verständnis öffentlicher Prozesse, zur Mitwirkung und auch zu ihrer Umgestaltung" (ebd.). Das Erziehungssystem trägt *zum einen* zur Herstellung von Öffentlichkeit in der Weise bei, dass das öffentliche Leben in der Gesellschaft erst durch öffentliche Erziehung strukturiert und möglich wird. Dies

---

135 Diese Sichtweisen des Verhältnisses der Erziehung zur Öffentlichkeit werden auch als Identitätsmodelle, Differenzmodelle, Nutzungsmodelle und Mischmodelle bezeichnet (vgl. Kade/Nolda 2002, S. 34f.).

beruht auf dem mit dem normativen Idealtypus der Aufklärung und Demokratie verbundenen Erziehungs- und Öffentlichkeitsbegriff. Die Erziehung stellt, in Anlehnung an den Impetus der Aufklärung – der Idee der Ermöglichung von Teilhabe am öffentlichen Gebrauch der Vernunft – die Öffentlichkeit erst her und macht sie funktionsfähig. Erziehung kann demnach als Voraussetzung für die Bildung und Entwicklung einer funktionierenden Öffentlichkeit bezeichnet werden (vgl. ebd.; Kade/Nolda 2002, S. 30). Dem gegenüber fungiert *zum anderen* Öffentlichkeit als eine Voraussetzung für eine vernünftige Erziehung. Das Erziehungssystem setzt die Öffentlichkeit in der Weise voraus, dass, hinsichtlich des demokratischen Kerns, die Teilhabe aller an der institutionalisierten Erziehung der öffentlichen Kontrolle unterliegt und der öffentlichen (finanziellen) Förderung bedarf (vgl. Kade/Nolda 2002, S. 30ff.). Dies lässt sich insbesondere an der Form der staatlichen Reglementierung institutionalisierter Erziehung erkennen, welche als öffentlich und damit als transparent begriffen wird.

Während die öffentlich institutionalisierte Erziehung im Allgemeinen auf den (späteren) Eintritt in den Bereich der öffentlichen Angelegenheiten vorbereitet (vgl. Nolda 2002, S. 31), vermittelt sie dort im Speziellen das Wissen und die Fähigkeiten, die von öffentlichem Nutzen sind (vgl. Kade/Nolda 2002, S. 30). In der Moderne wird das Wissen im Prinzip öffentlich zugänglich und kann somit als öffentliches Gut bezeichnet werden (vgl. ebd., S. 31; Horio 1998, S. 366f.).[136] „Die allgemeine Distribution von Wissen wurde als dem Gemeinwohl förderlich eingestuft" (Kade/Nolda 2002, S. 31). Dadurch, dass die öffentliche Erziehung das Wissen vermittelt, bietet Erziehung die Voraussetzung, damit Wissen sich weiter öffentlich entfaltet. Zugleich bedient die institutionalisierte Erziehung das öffentlich gestellte Wissen und bleibt diesem verhaftet. Das *Voraussetzungsverhältnis* zwischen Erziehung und Öffentlichkeit zeigt sich in diesem Zusammenhang ebenso klar.

(ii) Während Erziehung und Öffentlichkeit in ihrem Voraussetzungsverhältnis als identisch verstanden werden können, werden diese bezüglich des *Kommentierungsverhältnisses* voneinander getrennt. Im Spiegel der Öffentlichkeit kann das Erziehungssystem die anderen Funktionssysteme beobachten, sich selbst reflektieren und mit der Selbsterfahrung konfrontiert werden. D. h., die strukturelle Kopplung des Erziehungssystems mit den anderen Funktionssystemen wird durch die Fremd- und Selbstreferenz im Spiegel der Öffentlichkeit ermöglicht. Die Öffentlichkeit ist in diesem Zusammenhang als (massen-) mediale Öffentlichkeit zu verstehen. Das Erziehungssystem setzt sich mit der medial vermittelten Öffentlichkeit auseinander und erfährt das Selbstbild über diese, sodass sich die Fremdreferenz aus den anderen sozialen Funktionssystemen widerspiegelt. Dadurch ergeben sich neue Impulse und Irritationen für das

---

136 „Eingeschlossen ist darüber hinaus aber auch die Möglichkeit, bisher öffentlich Unbefragtes und Nichtbeachtetes von den Betroffenen zur Sprache zu bringen und damit zur Erweiterung von Öffentlichkeit beizutragen." (Kade/Nolda 2002, S. 30).

Selbstverständnis des Erziehungssystems. Die Reflexion über Öffentlichkeit „zeigt sich beispielsweise an den Frustrationsbekundungen, die von Vertretern der Pädagogik angesichts der mangelnden Würdigung ihrer Arbeit durch die Öffentlichkeit abgegeben werden" (Kade/Nolda 2002, S. 31). Das Erziehungssystem versucht, von der Öffentlichkeit und den anderen Funktionssystemen eine möglichst positive Resonanz auf seine pädagogische Arbeit zu erhalten und ein gutes Image zu erreichen (vgl. ebd., S. 32). Zugleich kann das Erziehungssystem über die Öffentlichkeit die anderen gesellschaftlichen Teilsysteme ebenso aktiv kommentieren und beeinflussen. So verfolgen die unterschiedlichen Bildungsprogramme z. B. die Absicht, die gesellschaftlichen oder ökonomischen Zusammenhänge durch geeignete pädagogische Maßnahmen zu verbessern. Erziehung reagiert auf die gesellschaftliche Ausdifferenzierung über die Öffentlichkeit und versucht so, über Generationen hinweg, die soziale Struktur stabil zu halten. D. h., Erziehung schafft im Hinblick auf die jeweils zeitlich und lokal unterschiedlich ausgeprägten Bedürfnisse der anderen gesellschaftlichen Funktionssystemen, wie das politische System, das Wirtschaftssystem oder das Rechtssystem, die Voraussetzung für die Mitwirkung in diesen Funktionssystemen (vgl. Luhmann 1987c, S. 178). An diesem Vorgehen wird die Legitimationsgrundlage der öffentlich institutionalisierten Erziehung sichtbar. Die Legitimation schulischer Erziehung als bildungspolitische Strategie erfolgt aufgrund der jeweiligen Interessenlagen und Machtverhältnisse zwischen unterschiedlichen Teilsystemen. So werden gesellschaftliche Problemfelder oft in pädagogische Handlungsfelder transformiert, in der Hoffnung, dass diese pädagogisch gelöst werden.

In diesem Kontext neigt die öffentlich institutionalisierte Erziehung im gesellschaftlichen Wandel (durch neue Anforderungen der politischen, wirtschaftlichen Systeme usw.) dazu, im Spiegel der Öffentlichkeit als Instrument anderer Funktionssystemen zu dienen. Dies zeigt sich im *Instrumentalisierungsverhältnis* von Erziehung und Öffentlichkeit, in dem z. B. „Öffentlichkeit als Adressat von Selbstdarstellungsaktivitäten und als Kunde" (vgl. Nolda 2002, S. 32) gesehen wird und das Erziehungssystem sich – beispielsweise in Form von Öffentlichkeitsarbeit – dessen lediglich zu bedienen beginnt. Diese Tendenz zeichnet sich besonders deutlich im massenmedialen Zeitalter ab. Nach diesem Schema kann das Erziehungssystem über die Öffentlichkeit leicht den anderen Funktionssystemen unterworfen werden und in die Selbstverlorenheit geraten.[137]

Nicht nur, dass sich Erziehung über Öffentlichkeit auf andere Funktionssysteme bezieht, macht sie angreifbar, die Erscheinungsform der durch Medien hergestellten Öffentlichkeit an sich kann als gefährdend angesehen werden. Im Vergleich zur Öffentlichkeit im Sinne der Aufklärung, die als Voraussetzung für

---

137 Das Erziehungssystem kann in Gefahr geraten, als Herrschaftsinstrument zu fungieren bzw. für politische Zwecke missbraucht zu werden. Zudem neigt das Erziehungssystem der Moderne verstärkt dazu, den Interessen der kapitalistischen Gesellschaft und den in ihr mächtigen Gesellschaftsgruppen zu dienen (vgl. Fend 2008, S. 35; vgl. Abschn. 2.1).

Erziehung verstanden wird und somit als realer und sozial beanspruchter Ort für die Einlösung des Erziehungsziels gilt, kann Öffentlichkeit unter den Bedingungen ihrer Mediatisierung und Kommerzialisierung zu einem Ort „pädagogischer Sorge" werden. „Sie wird thematisiert als Problemfeld, das die Verwirklichung pädagogischer Zielsetzungen und Aspirationen gefährdet (...). In diesem Sinne gehört es zum genuinen Selbstverständnis der Pädagogik, gesellschaftlichen Tendenzen der Gefährdung des Humanen entgegenzuwirken und sie zu bekämpfen" (Kade/Nolda 2002, S. 32).

(iii) Wie bereits erwähnt, kann sich die (massen-)medial strukturierte Öffentlichkeit für das Erziehungssystem einerseits als „pädagogische Sorge" darstellen. Andererseits gibt die Öffentlichkeit jedoch nicht nur Anlass zur Sorge für die Erziehung, sondern ist „vielmehr selbst in hohem Maße (bereits) pädagogisch strukturiert" (Kade/Nolda 2002, S. 36). Die Öffentlichkeit kann auf Denk- und Handlungsmuster innerhalb des Erziehungssystems zurückgreifen, die ursprünglich in explizit pädagogischen Handlungszusammenhängen entwickelt und erprobt wurden. So greift die Kommunikation der (medialen) Öffentlichkeit die erzieherisch wirkenden Inhalte auf und lehrt Verhaltensmuster unmittelbar oder ergreift pädagogische Maßnahmen. Dies kann als „Pädagogisierung der massenmedialen öffentlichen Kommunikation" (ebd., S. 37) bezeichnet werden. Dabei wird Öffentlichkeit durch die Wissens- und Wertevermittlungsabsicht des Erziehungssystems strukturiert und funktioniert wie ein Teil des Erziehungssystems. Diese von Kade und Nolda als *Mischungsverhältnis* bezeichnete Erscheinung kann z. B. in den öffentlichen Kontroversen und Reflexionen auftreten, wenn es „um die (latente) Frage geht, welche Variante von Pädagogik gesellschaftlich zu präferieren ist; die der moralischen Argumentation durch ein pädagogisches Handlungssubjekt oder die der »pädagogischen Installation«, in der ein Pädagoge als Medium gesellschaftlicher Problemlagen auftritt" (ebd.). Das Mischungsverhältnis kann über die Öffentlichkeit hinaus konkret in die anderen Funktionssysteme transformiert werden. So können z. B. im politischen System oder im Wirtschaftssystem Erziehungs- und Bildungskomponenten auftreten und umgekehrt die Merkmale der anderen Funktionssysteme im Erziehungssystem. Durch Öffentlichkeit wird die Transformation (Switching) koordiniert und gerechtfertigt, so dass die Grenze zu den jeweiligen Funktionssystemen tendenziell wage wird.

2.2.2 Die Funktion der öffentlichen Erziehung in Bezug auf die Öffentlichkeit und andere Funktionssysteme

Die sozialen Systeme in der Moderne weisen neben ihrer operativen Geschlossenheit grundsätzlich „die mit dem Begriff des Öffentlichen verbundene Eigenschaft der Offenheit" auf (Nolda 2002, S. 29). Innerhalb des Erziehungssystems drückt sich dies in der Entstehung der öffentlichen Erziehung aus, als eine private Erziehung für bestimmte, gesellschaftliche Anforderungen und Zwecke nicht mehr ausreichte (vgl. Merkens 2006, S. 92ff.). Im Gegensatz zur privat-häuslichen Erziehung zeichnet sich öffentliche Erziehung dadurch aus, dass sie institutionalisiert ist. Institutionen im Allgemeinen verweisen nicht auf Orte oder materielle Gebilde wie z. B. Gebäude, sondern implizieren vielmehr feste Ver-haltensmuster, Routinen oder Zeichensysteme in der Gesellschaft, welche räumlich und zeitlich gebunden sind. Erziehungsinstitution im Speziellen kann als formal institutionalisierte Organisation gekennzeichnet werden, wenn sie u. a. die folgenden Eigenschaften erfüllt:

- Die institutionalisierte Erziehung legt Ziele und Aufgaben fest, welche sich „auf die dauerhafte Bewältigung von Kernaufgaben einer Gesell-schaft" (Fend 2008, S. 28) richten.
- Sie verfügt über institutionelle Techniken bzw. spezialisierte Kompeten-zen, die die Erfüllung dieser Aufgaben ermöglichen.[138]
- Eine Institution als formale Organisation besitzt eine formale Struktur, die sich in konkreten Stellen und Positionen manifestiert und unabhängig von den jeweiligen Personen oder Stelleninhabern existiert. Sie muss „Ele-mente enthalten, die helfen, die eigene Struktur zu sichern, z. B. administ-rative Vorgänge, Ressourcenzuweisungen, Personalrekrutierungsverfah-ren nach Qualifikation und Leistung usw." (ebd.).
- Schließlich braucht die Institution Mechanismen der „Binnen-Integration", welche durch Werte, Normen und gemeinsame Deutungsmuster gesichert werden. Konformität mit festgelegten organisatorischen Anforderungen ist Bedingung für die Mitgliedschaft. Das Handeln der Mitglieder wird habitualisiert und stabilisiert, um das Auseinanderfallen des Gebildes zu vermeiden (vgl. ebd.;[139] Lange 2005, S. 133).

Man kann diese institutionellen Bedingungen mit dem in 2.2.1 gezeigten Relati-onsmuster, das das Verhältnis der Erziehung zur Öffentlichkeit und somit zu den anderen gesellschaftlichen Teilsystemen erklärt, in Verbindung setzen, um die Funktion der öffentlich institutionalisierten Erziehung innerhalb des gesellschaft-lichen Kontextes konkret sichtbar zu machen.

---

138 „Der Begriff der ‚Technologie' bezieht sich auf die operative Ebene eines Systems, also auf die Ebene, auf der die Arbeit geleistet wird, auf der das ‚Material' durch geordnete Arbeitspro-zesse in Richtung auf determinierte Ziele verändert wird. Die Technologie eines Systems ist die Gesamtheit der Regeln, nach denen sich dieser Veränderungsprozess vollzieht – zum Bei-spiel Schüler das lernen, was ihnen vermittelt wird. Anhand dieses Begriffs lassen sich Organi-sationen auf verschiedene Weise vergleichen: im Hinblick auf das Ausmaß an Routinisierbar-keit der Arbeit, an Vorhersehbarkeit der Ereignisse, an Regelbestimmtheit, oder umgekehrt, das Ausmaß an Unsicherheit, Instabilität und Variabilität der Umstände, die den Ablauf des Arbeitsprozesses bestimmen" (Vanderstraeten 2006, S. 105).
139 Hier bezieht sich Fend auf die Abhandlung von Parsons. Vgl. dazu Parsons, Talcott: Sociolog-ical theory and modern society. New York, The Free Press 1967.

Hinsichtlich des Voraussetzungsverhältnisses zur Öffentlichkeit (i) können die Ziele und Aufgaben der öffentlichen Erziehung *erstens* auf die „Internalisierung von kulturellen Grundüberzeugungen und auf die Weitergabe von Wissen und Fertigkeiten" (Fend 2008, S. 29) festgelegt werden. Dadurch wird die Reproduktion und Weiterentwicklung der öffentlichen (Kultur-)Güter ermöglicht und somit das Fortbestehen der Gesellschaft, über Generation hinweg, sichergestellt.

Das ‚Kommentierungs-' sowie Instrumentalisierungsverhältnis (ii) basiert *zweitens* auf der Struktur, nach der – systemtheoretisch – öffentliche Erziehung durch Institutionalisierung mit anderen Institutionen der Funktionssysteme strukturell gekoppelt wird (vgl. Feldmann 2005, S. 178f.). Die Erziehungsinstitution setzt sich mit der Öffentlichkeit auseinander, reflektiert sich selbst und kommt so mit den anderen Institutionen der Funktionssysteme in Berührung. Dieser Vorgang ist nur möglich, wenn die Form der Erziehung einen administrativ festen Bestandteil besitzt, die Aufgabenbereiche mit Rücksicht auf die anderen Systeme festgelegt werden und von professionellen Personen vertreten und geleitet werden. Im „Interdependenzgeflecht" (Schimank 2003, S. 42) stellen die übrigen Funktionssysteme Anforderungen an das Erziehungssystem und umgekehrt.[140] Als Ausdruck der Erwartung der anderen Funktionssysteme und zur Mitwirkung in den anderen Funktionssystemen kann die organisatorische, technische Form der öffentlichen Erziehung in unterschiedlicher Weise strukturiert sein. Dies kann im „Zusammenhang zwischen der Absicht zur Erziehung, der Selektion ihrer Themen und der Übertragbarkeit ihrer Resultate" (Luhmann 1987c, S. 178) erfolgen.

Drittens können die institutionellen Mechanismen der Binnen-Integration des Erziehungssystems aus der Sicht des Mischungsverhältnisses (iii) auf die (insbesondere medial vermittelte) öffentliche Kommunikation übertragen werden und sich somit als ein öffentlich verbreitetes Deutungsmuster des Erziehungssystems zu erkennen geben. Die Werte, Normen sowie der habituelle Verhaltenskodex, welche sich aus dem Rollenverhältnis der Mitglieder des Erziehungssystems ergeben, basieren auf der (pädagogischen) Konstruktion stabilen Fortbestehens der Gesellschaft und können zugleich für die Öffentlichkeit von Interesse sein. Durch die Übernahme eines Deutungsmusters des Erziehungssystems in die öffentliche Kommunikation lässt sich dieses ebenso in den anderen Funktionssystemen wiederfinden.

Die Relationsmuster von Erziehung und Öffentlichkeit kann eindrücklich an den spezifischen gesellschaftlichen Aufgaben der öffentlich institutionalisierten Erziehung dargestellt werden. Fend zufolge erhält das öffentliche Bildungswesen

---

140 Das aufeinander Bezogensein von Teilsystemen kann sich aber auch in Disfunktionalität äußern, wenn man davon ausgeht, dass alle funktional differenzierten Teilsysteme eigene systemspezifische Logiken besitzen (Vgl. dazu Luhmann 2002a, S. 22f.; Scheunpflug 2004, S. 71). Das Bildungssystem kann in der Regel weder eine übergeordnete, allgemeine Funktion erfüllen noch in die Logik der einzelnen Systeme eingreifen.

gesellschaftliche Funktionen wie *Qualifikations-, Allokations-, Enkulturations-* und *Integrationsfunktion* (vgl. Fend 1980, S. 19f.; 2008, S. 49ff.). Die konkreten inhaltlichen Richtungen dieser Funktionen bzw. Aufgaben des Erziehungssystems werden im Wesentlichen durch die Austauschprozesse mit den anderen Teilsystemen bestimmt.

Das *Wirtschaftssystem* verlangt in quantitativ ausreichendem Maße junge Menschen mit allgemeiner und fachlicher Qualifikation. Darauf wird im Allgemeinen durch Prüfungen und Ausstellung von Zertifikaten des Erziehungssystems reagiert. Hinter dieser Anforderung steht die ökonomische Bedeutung des Menschen als Humankapital, das in öffentlich-institutionellen Zusammenhängen erzeugt und in der Einschätzung den Qualifikationsprofilen angepasst ist, welche für ein optimales Funktionieren des Wirtschaftssystems erforderlich sind (vgl. Bröckling, 2003; Fend 2008, S. 37). Das Voraussetzungsverhältnis mit der Qualifikationsfunktion des Erziehungssystems ist zugleich mit der Selektions- und Allokationsfunktion verbunden. Durch Qualifikationen und Abschlüsse trägt das Erziehungssystem in der Gesellschaft dazu bei, Personen in bestimmte Positionen, Stellen und Lebensumstände zu sortieren. Dem gegenüber erbringt das Wirtschaftsystem dem Erziehungssystem bestimmte Leistungen. So wird ein Teil der institutionellen Form im Erziehungssystem gesichert, wie sich beispielsweise am dualen System der beruflichen Bildung in Deutschland zeigen lässt (vgl. Lange 2005, S. 72). Ferner wird die materielle Grundlage des Erziehungssystems vom Wirtschaftssystem durch finanzielle Mittel (direkt oder indirekt über Steuerzahlung) gesichert.

Das *politische System* erwartet im Gegenzug die politische Sozialisation von Heranwachsenden in der Weise, dass sie die herrschenden politischen Norm- und Werthaltungen verinnerlichen und zu entsprechenden Verhaltensweisen fähig werden. Um die Gesellschaftsordnung aufrechtzuerhalten, wird daher im Erziehungssystem im Allgemeinen die Reproduktion kultureller Sinnsysteme institutionalisiert. D. h., öffentlich institutionalisierte Erziehung zielt auf die Beherrschung grundlegender Symbolsysteme wie Sprache und Schrift sowie die Internalisierung grundlegender Werte (vgl. Fend 2008, S. 49). Im Speziellen kann den Heranwachsenden durch die öffentliche Erziehung normative Loyalität gegenüber der nationalstaatlichen Gemeinschaft und somit ihre (zukünftige) Rolle in der Staatsbürgerschaft vermittelt werden. So gewährleistet das Erziehungssystem die Möglichkeit, die Heranwachsenden das herrschende politische System tragen und weiter entwickeln zu lassen. Im Hinblick auf die generationsübergreifenden Werte im Kontext der eigenen Nationalgeschichte kann dies z. B. unmittelbar in Form von politischer Bildung geschehen. In diesem Zusammenhang wird durch öffentliche Erziehung die Legitimität der modernen Leitideen wie Demokratie, das leistungsorientierte, meritokratische Allokationsprinzip der Gesellschaft festgeschrieben. Während das Erziehungssystem in dieser Weise eine Enkulturations- und Integrationsfunktion hat, macht das politische System umgekehrt dem Erziehungssystem eine Vorgabe rechtlicher, inhaltlicher und methodisch-didaktischer Normen in Form von Gesetzen, Verordnungen und Richtlinien (vgl. Lange 2005, S. 114). Das Verhältnis verweist hinsichtlich der Interessen der anderen gesellschaftlichen Teilsysteme, welche sich im Spiegel der Öffentlichkeit herauskristallisieren, mittelbar auf die Reflektionen des politischen Systems, denn das politische System fungiert in der konkreten Situation als übergeordnetes System, „das Entscheidungsprozesse organisiert und Rahmenbedingungen für andere Subsysteme setzt" (Fend 2008, S. 35).

2.2.3 Die Öffentlichkeit der Erziehung auf der operativen Ebene

Die Erziehung fängt zwar in der privaten Sphäre der Familie an. Sie bleibt aber, wie bisher erwähnt, nicht nur innerhalb des intimen Bereichs, sondern ist stets in Berührung mit der Außenwelt. So sammeln die Heranwachsende außerhalb der Familie Erfahrungen im Kontakt mit anderen Menschen. Diese außerhäusliche Sozialisation kann sich ebenso erzieherisch auswirken. Anhand der in 1.2.2.3 in dieser Arbeit behandelten, drei Ebene der Öffentlichkeit zeigt sich, dass die alltägliche, einfache Interaktion der Erziehung mit der *Interaktionsöffentlichkeit (,,Encounters")* vergleichbar ist.

Wenn die Erziehung weiter fortschreitet und der Heranwachsende in die (öffentliche) Institution aufgenommen wird, welche für die moderne Gesellschaft charakteristisch ist, ändert sich die Kommunikationsstruktur. Interaktionsart, -form und -inhalt werden durch Gesetz und Organisation im Allgemeinen und durch professionelle Pädagogen im Speziellen festgelegt. Erziehung findet in abgeschlossenen Räumen statt und ist zumeist geprägt von der Rollendifferenz zwischen dem Lehrer als professionellem Erzieher einerseits und dem Schüler als Adressaten andererseits. Die hier abgebildete Kommunikationsstruktur ähnelt der *Themen- oder Versammlungsöffentlichkeit.* Man muss hier den besonderen Charakter von Erziehung im Unterschied zur normalen (öffentlichen) Kommunikation berücksichtigen. Erziehung ist z. B. das beabsichtigte Handeln mit dem Ziel, auf den anderen (Heranwachsenden) einzuwirken bzw. diesen zu ändern. Das unterscheidet sie beispielsweise von einer politischen Veranstaltung, welche eine gemeinsame Meinungsbildung usw. beabsichtigt. Zugleich ist die Teilnahmebedingung für die moderne, institutionalisierte Erziehung durch das Schulgesetz und die Schulpflicht fester (und teilweise zwingender) angelegt als die allgemeine öffentliche Kommunikation. Ferner sind die zu behandelnden Themen in der öffentlich institutionalisierten Erziehung mit festen Absichten verbunden und verweisen somit auf eine andere Bedeutung als bei konventionellen Versammlungsöffentlichkeiten.

Betrachtet man das Erziehungssystem in einer *(massen-)medialen Öffentlichkeit* im gesellschaftlichen Zusammenhang, so muss man feststellen, dass das Erziehungssystem neben der realistischen Tendenz der Mediatisierung des Erziehungsprozesses stets mit dem Legitimationsproblem konfrontiert ist.

Systemtheoretisch lässt sich zeigen, dass sich das Erziehungssystem im Allgemeinen von den anderen sozialen Funktionssystemen dadurch abgrenzen lässt, dass es durch das Beobachten von Beobachtern der anderen Systeme, durch Beobachtung der Resonanz in der Öffentlichkeit (der öffentlichen Meinungen), sich selbst reflektiert und eine bestimmte Realitätskonstruktion übernimmt. Durch die funktionale Ausdifferenzierung der Gesellschaft muss das Erziehungssystem mit der Schwierigkeit zurechtkommen, auf die Anforderung der jeweiligen Innensysteme passend zu reagieren. Der Umgang mit der (Themen-)Komplexität der modernen Gesellschaft wird in der Öffentlichkeit der Erziehung demnach durch den Umgang mit Paradoxien zu lösen versucht. Auf die gleichzeitige Komplexitätserhöhung und -reduktion antwortet die Öffentlichkeit mit dem Zulassen und Meistern derselben. [141] So wird in der Öffentlichkeit des Erziehungssystems z. B. das Problem der Spezialisierung/Generalisierung bzw. der Selektion/Inklusion innerhalb des Wirtschaftssystems thematisiert. Ebenso werden in der Öffentlichkeit des Erziehungssystems weitere Probleme ausgetragen, z. B. bezüglich der Wahrheit/Zukunftsoffenheit des Wissenschaftssystems, oder bezüglich Heteronomie/Autonomie, Abhängigkeit/Unabhängigkeit, Einheit/Differenz bzw. Freiheit/Gleichheit des politischen Systems. Solche, einander gegenüberstehenden, Bedingungen zeigen sich vor allem an der Koordinationsstelle der strukturellen Kopplung, d. h. in der Öffentlichkeit der Erziehung. Die Paradoxien sind Merkmale des modernen, funktional ausdifferenzierten Erziehungssystems, weil sich das Erziehungssystem, um sich durch die Kommunikation mit den anderen Teilsystemen in die Gesellschaft zu integrieren, den anderen gegenüber stets legitimieren muss. Der inhaltliche Schwerpunkt der Orientierung kann sich, je nach den zeitlichen und gesellschaftlichen Strukturbedingungen, verschieben. Öffentlichkeit der Erziehung stellt sich in dieser Hinsicht neben ihrer koordinierenden Funktion ebenso als Zusammensetzung und -wirkung der paradoxen Bedeutungsinhalte der modernen Gesellschaft dar.

---

141 Die Komplexität der Differenz zwischen Fremd- und Selbstreferenz in der Öffentlichkeit entsteht einerseits durch Selektions- wie Reduktionsmechanismen einer bestimmten Themen- und Erwartungsstruktur, andererseits bleibt die hohe Komplexität durch die strukturelle Unvereinbarkeit mit den anderen sozialen Systemen erhalten.

3. Die Erziehung im Wandel der Öffentlichkeit

3.1 Erziehung und antike Öffentlichkeit

3.1.1 Die Entstehung der öffentlich institutionalisierten Erziehung

Eine öffentlich institutionalisierte Form der Erziehung wird grundsätzlich als ein modernes Phänomen angesehen.[142] Blickt man aber auf die griechisch-römische Welt als Ursprung der okzidentalen Gesellschaftsordnung, so kann man sehen, dass der Ursprung der öffentlichen Erziehung als spezifisch okzidentales Kulturgut bereits in antiker Zeit existierte (vgl. Tenorth 2000, S. 40f.). „Dass die Existenz eines öffentlichen Raumes und seine erzieherische Bedeutung zum Bewusstsein kommt, ist in Europa zum ersten Mal für das klassische Griechenland festzustellen." (Brüggen 2004, S. 724). Es scheint daher möglich, die Erziehungssituation der griechischen Antike anhand der Systematisierung der (modernen) Institutionalisierung (vgl. 2. Kapitel) zu rekonstruieren und ihre Zusammenhänge bzw. Wechselverhältnisse zur antiken Öffentlichkeit hervorzuheben.[143]

Die Thematisierung der klassisch-griechischen Erziehung kann zunächst nach der normativen Ideengeschichte einerseits und dem realen Gesellschaftsbild andererseits differenziert werden. Erstere findet man in den Schriften bekannter Philosophen, u. a. Platon und Aristoteles. In Bezug auf die öffentliche Erziehung

---

142 Merkens zufolge verdankt „(d)ie Schule (...) in der Moderne ihre Entstehung der Tatsache, dass die jüngere Generation Fertigkeiten und ein Wissen erwerben musste, über das die jeweiligen Eltern und der nähere Umkreis ihrer Umgebung nicht verfügten" (Merkens 2006, S. 21).

143 Die Schwierigkeit liegt jedoch nicht nur darin, dass moderne Ansichten in ein anderes Zeitalter transformiert werden müssen. Es entstehen hinsichtlich des Zugangs zur realen Welt der Antike vielmehr praktische Schwierigkeiten. Die Geschichte der antiken Erziehung wird ausschließlich aus Inschriften rekonstruiert, deren epigraphische Quellen häufig nur eine einseitige Perspektive zulassen. Dies kann zur Folge haben, dass viele Aspekte nur unzureichend oder überhaupt nicht dargestellt werden können. Man ist zudem gezwungen, in vielen Detailfragen auf zeitlich und geographisch disparate Texte zurückzugreifen, obwohl die regionalen Variationen beachtet werden müssen und die Untersuchung eigentlich auf der Ebene der einzelnen Polis ansetzen sollte (vgl. Schuler 2004, S. 163). Mit einer verallgemeinernden Beschreibung *der* antiken Erziehung kann lediglich die Oberfläche der Diversität dargestellt werden. Trotz solcher Probleme wird im Folgenden versucht, den Zusammenhang zwischen Erziehung und Öffentlichkeit in der griechischen Antike darzustellen. Die folgende Abhandlung basiert nicht auf den Originaltexten der antiken Zeit. Vielmehr werden als Ausgangspunkt aufbereitete Materialien aus verschiedenen wissenschaftlichen Fachrichtungen verwendet.

betonen die beiden Philosophen die „Disparität zwischen der öffentlichen Bedeutung von Erziehung und Bildung einerseits und ihrer privaten Veranstaltung andererseits" (Brüggen 2004, S. 725). Aristoteles sieht ein Vorbild in Sparta, wo keine private familiäre Verantwortung für Kinder und Jugendliche existierte und die Erziehung komplett durch die staatliche Hand organisiert war.[144] Anhand der „ontologisch-teleologischen Auffassung des Menschen als einem von seiner Bestimmung her politischen (sic) Lebewesen" (ebd., S. 725f.) befürwortet Aristoteles, dass die Erziehung öffentlich gesetzlich geregelt werden soll. Weil „das Ziel des Staates eines ist, so muß auch die Erziehung für alle eine und die selbe sein, und die Fürsorge dafür muß staatlich und nicht privat geregelt werden und nicht so wie jetzt, wo ein jeder privat sich um seine Kinder kümmert und ihnen privat eben das beibringt, was er will. Denn gemeinsame Tätigkeiten sollen auch gemeinsam eingeübt werden. Man darf nicht meinen, daß irgendeiner der Bürger sich selbst angehöre, sondern alle gehören dem Staate; jeder ist ja ein Teil des Staates, und die Fürsorge für den einzelnen Teil geschieht im Hinblick auf die Fürsorge für das Ganze" (Aristoteles 1955, S. 307). Hinsichtlich der Notwendigkeit des Lesens und Schreibens orientiert sich Platon ebenso an der Form der spartanischen Erziehung und verlangt die Einführung eines Gesetzes zur Schulpflicht. „Und zwar soll es nicht vom Belieben des Vaters abhängen, ob ein Knabe die Schule besuche und ihren Bildungsgang durchmache oder nicht, sondern Kind und Kegel, wie man zu sagen pflegt, soll, wenn irgend möglich, gehalten sein die Schulen zu besuchen, da sie alle mehr dem Staat als den Eltern angehören. Und dasselbe wird mein Gesetz auch dem weiblichen Geschlecht vorschreiben: alles, was das männliche erlernt, muß in gleicher Weise auch dieses sich aneignen." (Platon 1993, S. 288). Des Weiteren soll eine Verlängerung oder Verkürzung der Lernzeit „weder auf Wunsch des Vaters noch des Zöglings selbst (...) gewährt werden, da jede solche Verlängerung und Verkürzung wider das Gesetz verstößt" (ebd., S. 295). Die Forderungen nach allgemeiner Schulpflicht, als gesetzlich festgeschriebene, gemeinsame Erziehung aller Bürger, und deren öffentlicher Finanzierung basiert auf der normativen Idee der klassischen griechischen Philosophie, welche die Einheit von Mensch, Bürger und politischer Gemeinschaft voraussetzt. Diese, der klassisch-politischen Idee von Öffentlichkeit entsprechende Erziehung in staatlich organisierter Form, wie sie Platon und Aristoteles formulierten, hat jedoch in der griechischen Antike in Wirklichkeit nicht stattgefunden (vgl. Brüggen 2004, S. 726).

---

144 Hier ist jedoch in Erwägung zu ziehen, dass das weitgehend staatlich gelenkte Ausbildungssystem in Sparta – anders als die Vorstellungen von Platon und Aristoteles – sich vorwiegend auf die militärisch-körperliche Aufzucht konzentrierte und keinen großen Wert auf den Unterricht im Schreiben und Lesen legte. Die Öffentlichkeit in Sparta war von Oralität geprägt und so wurden keine geistig Ausgebildeten wie nennenswerte Schriftsteller hervorgebracht. Die geistige Ausbildung war dort der Privatinitiative überlassen (vgl. Christes et al. 2006, S. 94).

Betrachtet man die institutionalisierte Form der Erziehung in den realen Verhältnissen der klassisch-griechischen Gesellschaft, so stellt man fest, dass von der privaten Sphäre getrennte, in gewisser Hinsicht öffentliche Erziehungsinstitutionen vorhanden waren. Die Erziehungsinstitutionen entwickelten sich entlang der Demokratisierung der (athenischen) Polis und der dadurch entstandenen Trennung von der Privatsphäre des Hauses (Oikos) und dem politischen Raum (Polis). Wie bereits in 1.1.1 in dieser Arbeit erwähnt, ist die Wirkungsweise im öffentlich-politischen Leben der Polis, d. h., auf dem Marktplatz, in der Agora, den öffentlichen Versammlungen oder vor Gericht vom ausgezeichneten Einsatz der Rhetorik und der Fähigkeit sinnhafte Entscheidungen zu treffen, charakterisiert (vgl. Treml 2005, S. 48). Ewiger Ruhm in der Öffentlichkeit wurde durch überzeugende wörtliche Darstellung vor Publikum erreicht. So besaß das Beherrschen der Kunst der Rede und die Beredsamkeit große Attraktivität, so dass die Nachfrage nach Bildung und Wissen stieg (vgl. Brüggen 2004, S. 725). Außerdem ging die Institutionalisierung der Erziehung einher mit einer neuen Lebensphilosophie der Polisbürger, „Erziehung als kollektive Aufgabe zu begreifen und für die Sozialisation der nachwachsenden Generation bestimmte Einrichtungen stärker zu instrumentalisieren" (Dreyer 2004, S. 217).

Trotz der neuen Bedeutung der Erziehung als generationsübergreifende Aufgabe der Gesellschaft wurde die Erziehung der (Bürger-)Kinder im klassischen Griechenland keine unmittelbare Angelegenheit der Politik der Polis. Erziehung wurde hauptsächlich als Privatangelegenheit betrachtet. Die Mehrzahl der unterschiedlichen Erziehungsinstitutionen entstanden zwar im klassischen Griechenland, insbesondere in Athen,[145] aber die Institutionalisierung der Erziehung wurde weitgehend privat organisiert und veranstaltet (vgl. Marrou 1957, S. 167ff.; Brüggen 2004, S. 725). Es gibt zwar Belege, nach denen der organisierte Elementarunterricht allen, auch ärmeren Bürgern, zugänglich gewesen zu sein scheint (vgl. Scholz 2004, S. 106, Fußnote), aber die Elementarerziehung stand zumeist nur den Kindern offen, deren Väter den Status des freien Bürgers hatten, da sie grundsätzlich privat organisiert und finanziert war. Dies änderte sich spätestens ab dem 3. Jh. v. Chr., im hellenistischen Zeitalter, als Erziehung nicht nur privater Unternehmung überlassen, sondern gewöhnlich zum Gegenstand gesetzlicher Regelung wurde und sich somit eine öffentlich und kommunal kontrollierte Form der Erziehungsinstitution herausbildete (vgl. Brüggen 2004, S. 725; Christes et al. 2006, S. 91). Die Bürgerschaft der Polis begann, sich in die Erziehung einzumischen, wenn es um die Festlegung der äußeren Rahmenbedingungen wie den Unterrichtsbeginn, dessen Dauer, die Klassenstärke, die Alters-

---

145 Hier sind die folgenden Erziehungsinstitutionen als Beispiele zu nennen: Für den Elementarbereich Palästra (sportlich-körperliche Ausbildungsstätte), Didaskaleion (Musikunterricht), Grammatik- und Rhetorikunterricht. Für die Oberstufe Ephebie (Erziehungsanstalt der militärischen Dienstzeit), Gymnasion (sportlich-körperliche Ausbildungsstätte), Rhetorikschule von Isokrates, Philosophenschule (Akademie von Platon, Peripatos/Lykeion von Aristoteles, Stoa von Zenon und Kepos ‚Gartenschule' von Epikur).

stufen oder die Regeln der Schulaufsicht ging (vgl. Marrou 1957, S. 153; Scholz 2004, S. 106f.). Öffentliche Erziehung war besonders charakteristisch für ‚aristokratische' Städte, weil die öffentliche Erziehung hauptsächlich durch spendenfreudige Könige, später dann hauptsächlich durch reiche, großzügige Bürger finanziert wurde (vgl. Ameling 2004, S. 138). Das geschah besonders in Form von Stiftungen für öffentliche Wohltaten.[146] Es ist jedoch festzuhalten, dass die öffentliche Hand die Erziehung nicht auf allen Stufen in einheitlicher Art und Weise und im selben Maße organisiert hat. Als amtliche, öffentliche Erziehungsanstalten können die höheren, körperlichen Ausbildungsstätten, Ephebie und Gymnasion, genannt werden (vgl. Marrou 1957, S. 155). Die geistig-intellektuelle Erziehung wurde in der frühen Antike eher der privaten Erziehung überlassen. Gerade die Jugendlichen vornehmer Herkunft erhielten, parallel zur öffentlich institutionalisierten Erziehung, private Erziehung, beispielsweise durch Hauslehrer im familiären Umfeld (vgl. Scholz 2004, S. 103). Die (teilweise) öffentlich finanzierten Erziehungsinstitutionen existierten neben einer Vielzahl privat organisierten Unterrichts. Vermutlich hat ein Kind täglich sowohl öffentlich als auch privat organisierten Unterricht erhalten.

Die frühkindliche Erziehung geschah im privat-häuslichen Bereich (Oikosdespot) durch die Mutter.[147] Der Vater hatte dafür zu sorgen, dass ein Kind männlichen Geschlechts als künftiger Hausherr rechtzeitig in die verschiedenen Organisationsebenen der Polisgemeinschaft eingeführt wurde. Diese Einführung wurde von verschiedenen Riten strukturiert (vgl. Christes et al. 2006, S. 32). Die Teilnahme an den verschiedenen, den gesellschaftlichen Rahmenbedingungen angepassten Festen und Initiationsriten zusammen mit dem Vater bedeuteten für das Kind die Aufnahme in die (religiöse) Gemeinschaft und somit in die Öffentlichkeit – der erste Schritt in die Polis- und Kulturgemeinschaft (vgl. ebd., S. 33).[148] Dieser Prozess diente dazu, das Kind frühzeitig mit den Normen und Werten der Gesellschaft vertraut zu machen (vgl. ebd., S. 35). Zugleich wurde die sukzessive Einbindung des (männlichen) Jugendlichen in die beiden Lebens-

---

146   Für die hellenistische Zeit wird von vier Stiftungen berichtet, deren Finanzierung allen freigeborenen Kindern den Besuch des Elementarunterrichts oder des Gymnasions ermöglichte – die Stiftungen des *Eudemos in Milet*, des *Polythrus in Teos* sowie der *pergamenischen Könige in Delphie* und *Rhodos* (vgl. Scholz 2004, S. 107). Für den öffentlichen Elementarunterricht gilt die Stiftung des *Eudemos in Milet* als das früheste Stiftungsmodell. Nach diesem Modell wurden die Lehrkräfte durch Wahl in der Volksversammlung bestimmt. Sie mussten sich alljährlich einer öffentlichen Prüfung unterziehen (vgl. ebd., S. 108f.).

147   Bezugsperson des Kleinkindes war neben der Mutter eine Stillamme, bei der es sich um eine Sklavin oder eine freigeborene Frau aus der ärmeren Schicht handelte. Aufgrund der intensiven Fürsorge baute das Kind trotz des Standesunterschieds ein emotionales Nahverhältnis zur Stillamme auf (vgl. Christes et al. 2006, S. 33f.).

148   Der erste Schritt dazu war die Aufnahme in die Phratrie. Bei Phratrie handelte sich um Unterstrukturen des Polisverbandes, welche als künstliche Verwandtschaftsstrukturen geschaffen worden waren. Dort waren alle Oikoi beispielsweise durch Zurückführung auf einen gemeinsamen, legendären Stammvater verbunden. Das Kind wurde dabei als Nachkomme legitimiert und erhielt die Vollbürgerschaft (vgl. ebd., S. 32; S. 66).

bereiche, den Oikos und die Polis, begleitet und symbolisiert. Dem gegenüber hatte das Kind weiblichen Geschlechts keine Möglichkeit, an öffentlichen Festen teilzunehmen und die Bürgerrechte zu erhalten. Der Vater stellte es erst später bei seiner Heirat der Öffentlichkeit vor (vgl. ebd., S. 32).

Im Alter von ca. sieben Jahren wurden für die Kinder Lehrer (grammatikos, paidotribe) für den Elementarunterricht beauftragt (vgl. Marrou 1957, S. 151; Scholz 2004, S. 104). Über das Lehrpersonal und den Ort des Unterrichts entschieden die Eltern (zumeist der Vater), weil sie die Erziehung eigenständig organisierten und finanzierten. Es gab keinen festen institutionellen Ort für den Elementarunterricht.[149] Er fand häufig in öffentlichen Gebäuden, etwa in ruhigeren Ecken von Säulenhallen einer Palästra, des Gymnasions oder auch im Freien statt (vgl. Christes et al. 2006, S. 93). In dieser Zeit wurde die weibliche Kinderwärterin (Stillamme) durch einen männlichen Unfreien (Paidagogós, Knabenführer) ersetzt, um die Kinder der außerhäuslichen Erziehung, ohne väterliche Begleitung, zu unterziehen.[150] In der Elementarerziehung wurde dem Kind einerseits das Lesen und Schreiben und andererseits ein sittlich-moralisch angemessenes, bürgerliches Verhalten beigebracht (vgl. Scholz 2004, S. 105, Fußnote). Die Elementarerziehung diente als Grundbaustein für die spätere, wichtigere Ausbildung, die zur Teilnahme an der Bürgerschaft in der Öffentlichkeit führen sollte. Im Alter von etwa zwölf Jahren übte sich das Kind in fortgeschrittenem Leseunterricht, in Grammatik- und Rhetorikunterricht und vertiefte die Lektüre epischer und lyrischer Dichtung sowie die Kunst der Rezitation/Deklamation (vgl. ebd., S. 106).

Gegenüber der literarisch-geistigen Erziehung war das Leitbild der Erziehung in der frühen klassischen Zeit hauptsächlich von der spezifisch griechischen Adelskultur geprägt. Seit dem 8. Jh. v. Chr. verlieh insbesondere die Etablierung großer Wettspiele (Agone) der Adelskultur überregional Bedeutung (vgl. Christes et al. 2006, S. 62). So basierte das Ziel der Erziehung auf der Vorstellung vom *adligen Einzelkämpfer*, der sich in erster Linie um seinen persönlichen Ruhm bemühte und dabei Tüchtigkeit beweisen sollte. Zudem waren der *Krieg* und der *Sport*, d. h. die Waffenkämpfe Mann gegen Mann und die *Jagd* im Sinne eines Kampfes gegen Tiere, wesentliche Gegenstände der Erziehung (vgl. ebd., S. 61). Zur Realisierung dieses Leitbildes der adligen Bürgerschaft diente das sportliche körperliche Training. Das zeigt sich besonders daran, dass die private Erziehung des Heranwachsenden spätestens im Alter von 18 Jahren in die

---

149   Ursprünglich wird mit dem Wort *Schule*, ein Lehnwort aus dem Griechischen *schole*, nicht eine Ausbildungsstätte bezeichnet. Es bezeichnet vielmehr jenen Zeitabschnitt im Tagesablauf, der frei ist von den primitiven, auf die Sicherung des Lebensunterhalts ausgerichteten Tätigkeiten – also „Muße, Freizeit" (vgl. Christes et al. 2006, S. 89). Das lateinische Lehnwort *schola* dient ab dem 1. Jh. v. Chr. zur Bezeichnung des Ausbildungsortes (ebd.).

150   Der Paidagogós, das ursprüngliche Wort für den modernen Pädagogen, begleitete die Kinder auf den Wegen außerhalb des Oikos zur Erziehungsstätte und wartete im Hintergrund auf das Ende des Unterrichts (vgl. Christes et al. 2006, S. 35).

Ephebie mündete, in der die Heranwachsenden (Epheben) mit der Eintragung in die Bürgerlisten eine staatlich organisierte Militärdienstzeit abzuleisten hatten (vgl. ebd., S. 67).[151] Hier wurden ihnen militärische Disziplin, Gehorsam und die Achtung vor den Gesetzen und Einrichtungen der Polis beigebracht (ebd.). Die Ephebie war eine Art staatsbürgerliche Probezeit – eine auf militärisch-körperliches Training angelegte, sittliche und religiöse Vorbereitung auf die volle Ausübung der Rechte und Pflichten des Bürgers der Gemeinschaft (vgl. Marrou 1957, S. 156). Der Schwerpunkt dieser Erziehung änderte sich jedoch ab dem Ende des 4. Jh. v. Chr. sukzessive von der ursprünglich militärischen Ausrichtung aufgrund drohender Kriege hin zu geistiger Schulung.[152] Das ursprüngliche Lernziel des körperlichen Agons wurde in der Friedenszeit herge-leitet aus dem veränderten Prinzip der Polis – dem geistig-literarischen Agon der Öffentlichkeit (vgl. Christes et al. 2006, S. 68; S. 95).

3.1.2 Das Gymnasion – Schnittstelle zwischen Erziehung und Öffentlichkeit

Im Zusammenhang mit der körperlich-sportlichen Erziehung in der Ephebie ist eine andere Erziehungsinstitution, das Gymnasion, zu nennen. Das Gymnasion fungierte als Übungs- und Wettkampfanlage für Athleten.[153] Die ursprüngliche Funktion der Institution Gymnasion bestand darin, die Wehrkräfte der Polis-Armee für das Überleben der Polis auszubilden (vgl. Kobes 2004, S. 237). Architektonisch war es durch Säulenhallen, Bäder und Höfe gekennzeichnet, die die körperliche Ertüchtigung der Heranwachsenden ermöglichten (vgl. Duden. Das Fremdwörterbuch. 2001; Marrou 1957). Später, in hellenistischer Zeit, war das Gymnasion darüber hinaus der Ort, an dem Rhetorik und Philosophie gelehrt wurden. Die Bedeutung des Gymnasions verschiebt sich also – wie bei der Ephebie – von der ursprünglich prämilitärisch-körperlichen Übung mit geistig-wissenschaftlicher Zusatzausbildung hin zur geistig-wissenschaftlichen Hauptbe-schäftigung mit sportlich-paramilitärischen Akzenten (vgl. Kobes 2004, S. 237f.). Diese Veränderung ist auf die gesellschaftliche Entwicklung zurückzuführen, im Zuge derer, im Laufe des 4. Jh. v. Chr., einerseits eine stabile Friedenszeit erreicht wurde und andererseits die Kommunikation und Reiselust innerhalb der

---

151 Die Länge dieser Militärausbildungszeit änderte sich im Lauf der Zeit. Während sie anfänglich (im 4. Jh. v. Chr.) auf 2 Jahre ausgelegt war, wurde sie in Athen (nach dem Sturz des Demetrios von Phaleron) auf ein Jahr begrenzt (vgl. Scholz 2004, S. 111).

152 „Im Gegensatz zu Athen blieb freilich der traditionell militärische Charakter der Ephebie in vielen anderen Städten auch im 2. und 1. Jh. v. Chr. erhalten, und nur wenige Gymnasiarchen fanden sich bereit, die Epheben neben den sportlichen und militärischen Übungen (...) auch in den Genuß eines intellektuellen Unterrichts kommen zu lassen." (Scholz 2004, S. 112).

153 ‚Gymnasion' heißt altgriechisch ‚nackt'. Hintergrund ist die Tatsache, dass die Athleten sich vorher in Umkleideräumen auszogen und nackt trainierten. Außerdem rieben sie ihren Körper mit Öl ein, das ein wichtiges Material für das Gymnasion war. Zum genauen Kanon der körperlichen Erziehung siehe Marrou 1957, S. 171ff.

griechischen Welt sprunghaft zunahm (ebd.). So rückten in dieser Zeit das Lesen, Schreiben, das Beherrschen der Rhetorik und die Aneignung philosophischer Kenntnisse, wegen ihrer Nützlichkeit und Verwendbarkeit im öffentlichen Leben, ins Zentrum des öffentlichen Interesses.[154] Das Erwerben umfangreichen Wissens wurde demzufolge in den Vordergrund der Erziehung gerückt und der Wissenseifer im Gymnasion nahm zu (vgl. Scholz 2004, S. 110).

Das Gymnasion war eine Erziehungsinstitution, die seit dem Hellenismus offiziell als öffentliche Erziehungsstätte galt. Obwohl die Erziehung in der Antike – beginnend mit der väterlichen Erziehung durch die Teilnahme an öffentlichen Riten und Festen über den außerhäuslichen Elementarunterricht bis hin zu den höheren Unterrichtsformen – insgesamt eine gewisse Verbindung zur damaligen Öffentlichkeitsstruktur hatte, drückt sich die Verbundenheit der Erziehung mit der Identität der Öffentlichkeit am deutlichsten im Gymnasion aus. Anzumerken ist, dass über das Gymnasion, im Vergleich zu den übrigen Formen der Erziehung, zahlreiche wissenschaftliche Materialien vorhanden sind. Das Verhältnis zwischen Erziehung und Öffentlichkeit in der griechischen Antike kann daher besonders dort gut veranschaulicht werden, wo die institutionalisierte Form der Erziehung des Gymnasions sichtbar wird. Im Folgenden wird versucht, die Konstellation der antiken Erziehung anhand der institutionellen Vorbestimmungen der Moderne und der Öffentlichkeit zu rekonstruieren. Skizziert wird sie anhand der vier wesentlichen institutionellen Bestimmungen des Gymnasions: institutionelle Aufgabe (i), Funktionen der Institution (ii), formale Struktur der administrativen Vorgänge, Ressourcenzuweisungen, Personalrekrutierungsverfahren usw. (iii), sowie Rituale, Normen und Deutungsmuster (iv) (vgl. Gehrke 2004; Fend 2008, S. 416; vgl. Abschn. 2.2.2). Die institutionellen Eigenschaften werden stets in ihrer Wechselbeziehung und in Verbindung mit der Öffentlichkeit gesehen.

(i) Institutionelle Aufgabe: Zwar unterschieden sich die Kernziele des Gymnasions je nach Zeit und Ort. Doch im Allgemeinen wurde die kompetitive Komponente der Erziehung besonders betont. Die kompetitive Komponente hatte nicht nur einen konkreten militärischen Zweck, sondern war vielmehr fester Bestandteil und Vorbedingung aristokratisch-bürgerlichen Lebensstils – eine Ausbildung des Habitus einer geistigen Aristokratie im Hinblick auf das öffentliche Leben (vgl. Gehrke 2004, S. 414; vgl. Kobes 2004, S. 237, Fußnote). Durch die sowohl körperliche wie auch geistig-intellektuelle Erziehung mit wettkämpferischen Elementen bereiteten sich die Heranwachsenden unmittelbar auf die Zugehörigkeit zu einer bevorrechteten Klasse der Bevölkerung und somit auf die spätere Teilnahme an der Öffentlichkeit als Polisbürger vor. Die Folge war, die

---

154   In der hellenistischen Zeit bekam die literarische Bildung einen hohen Stellenwert, denn sie wurde „Bestandteil des vielfältigen und hochkomplexen Zeichensystems der Polis, zu den Riten und bildende Kunst gleichermaßen beitrugen. Literatur hatte so einen ‚Sitz im Leben' aller Polisbürger" (Christes et al. 2006, S. 96f.; vgl. Scholz 2004, S. 106).

111

Gleichheit vor dem Gesetz und die Möglichkeit für die Bürger, über Erziehung und Bildung ihren Status im öffentlichen Leben zu erhöhen. Das Ergebnis des gymnasialen Lernprozesses bzw. die im Rahmen der Erziehungsinstitution Gymnasion erbrachten (Lehr-)Leistungen bedeuteten sowohl für die zu Erziehenden als auch für die Lehrenden und Organisierenden den Grundbaustein für Auszeichnung und Anerkennung in der (politischen) Öffentlichkeit.

Das Gymnasion galt ferner als „Bildungszentrum" oder „Kulturzentrum" des öffentlichen Lebens (vgl. Scholz 2004, S. 103). Das Gymnasion ist, bis in 2. Jh. v. Chr., als „Raum der Gemeinschaftsbildung der Polis", als „Repräsentationsinstanz der Gemeinschaft" und zugleich als deutliches Indiz für die „Lebendigkeit der Polis" zu bezeichnen (vgl. Gehrke 2004, S. 416). Das Gymnasion leistet damit einen wesentlichen Beitrag zur komplexen Kulturpolitik des klassischen Griechenland. Insbesondere für die Paideia[155] war das Gymnasion die zentrale Instanz. Es diente wesentlich der Hellenisierung einer nicht-griechischen Bevölkerung (vgl. Kobes 2004, S. 237). Die Zugehörigkeit zum Gymnasion war der Inbegriff des „Griechen-Werdens und -Seins". Ein wichtiger Teil im Leben der Polisbürger wurde im Gymnasion geformt. Deshalb war eine Stadt ohne Gymnasion kaum denkbar. Das Gymnasion war ohnehin ein Ort der „Kristallisationspunkte" (Christes et al. 2006, S. 98) des öffentlichen Lebens der Antike, wie in (ii) konkreter ausgeführt wird.

(ii) Funktionen der Institution: Die Darstellung der Funktionen des Gymnasions in der Gesellschaft (Polis) ermöglicht, seine Zusammenhänge mit der Öffentlichkeit zu beleuchten. Hier sind vier charakteristische Funktionen des Gymnasions hervorzuheben. Darüber hinaus werden teilweise auch institutionelle Techniken beschrieben, die wesentliche Instrumente zur Erfüllung dieser Funktionen darstellen.

Allokationsfunktion: Als Hintergrund ist festzuhalten, dass das Gymnasion durch private Initiative, durch gemeinschaftliche Bemühungen der an einem Ort ansässigen griechischen Bürger oder durch die Freigebigkeit eines hochherzigen Griechen gegründet wurde (vgl. Ameling 2004, S. 149, Fußnote). In der hellenistischen Zeit war im Gymnasion zwar eine gewisse Form staatlich repräsentierter Erziehungsinstitute zu finden, diese waren jedoch zumeist auf private Finanzie-

---

155 Paideia impliziert die Einheit der philosophischen, politischen, sozialen und ideologischen Fragen. Als „Lebensform und Lebenssinn" (Tenorth 2000, S. 43) umfasst der Begriff der Paideia „den Lebens- und Wirkungsbereich der Menschen in seiner Gesamtheit. Er bündelt die Ideale, an denen dieses Leben gemessen wird, und er bezeichnet die Einheit, in der sich dieses Leben formt" (ebd., S. 42f.). Inhaltlich lehnt sich Paideia an das humanistische Ideal an, in dem sich das „Verhältnis des Menschen zu Gesellschaft und Staat, Natur und Tradition", nach dem Anspruch der menschlichen Identität und Bestimmung als Individuum richtet (vgl. ebd., S. 43). Insbesondere mit der Formulierung „die Griechen als Paideia" meint sie eine Form der attischen „Polis als Bildungsform" (ebd., S. 42). Das ist insofern bemerkenswert, als die Antike keine übergreifende politische Struktur in Form eines Nationalstaats besaß, aber mit der Paideia über Polis-, und Meeresgrenzen hinweg die Mehrheit der Nicht-Griechen verband – als „Weltbürger" (vgl. Marrou 1957, S. 145ff.; Christes et al. 2006, S. 97ff.).

rung in Form von Schulgeld angewiesen.[156] Die Tatsache, dass das Gymnasion grundsätzlich nicht staatlich finanziert war, genügt als Begründung dafür, dass von dieser Erziehung – trotz der niedrigen, offiziellen Schranken für die Teilnahme am Gymnasion – nicht alle Heranwachsenden aus allen Bevölkerungsschichten profitieren konnten (vgl. ebd., S. 158). Dies entspricht der Situation der klassisch-griechischen Demokratie. Die Vorgaben für die Zugangsberechtigung zur politischen Öffentlichkeit im Allgemeinen und zur Erziehungsinstitution Gymnasion im Speziellen waren beinahe identisch. Die Voraussetzungen wurden „von denen bestimmt, die sich als zur Teilnahme berechtigt ansahen, andere ausschlossen und so politische, kulturelle oder soziale Unterschiede instrumentalisierten" (Kobes 2004, S. 238). Die Kinder von Tagelöhnern, Bettlern und Erwerbslosen kamen z. B. für eine Erziehung im Gymnasion und somit für die spätere Teilnahme am öffentlichen Leben der Polis nicht in Frage (vgl. ebd., S. 243).[157] Der Zugang zur Öffentlichkeit und generell die gesellschaftliche Stellung wurde in der antiken Gesellschaft über die Erziehung im Gymnasion erreicht.

Qualifikations- und Integrationsfunktion: Hier sind Leitidee und Inhalt der Erziehung, das agonale Prinzip einerseits und die Paideia andererseits, zu nennen. Beide waren ein wichtiges Mittel für die Identitätsbildung und Qualifizierung als Polisbürger und somit Mittel für die Grenzziehung zwischen Integration und Ausschluss der Bevölkerung von der antiken Öffentlichkeit.

Der Inhalt der Übung und Ausbildung im Gymnasion war im Wesentlichen vom agonalen Prinzip bestimmt. Die Heranwachsenden wurden hier regelmäßig Prüfungen, in Form von (öffentlichen) Wettbewerben in verschiedenen Unterrichtsgebieten, unterzogen.[158] Für die „agonistischen Siege" (Ameling 2004, S.

---

156 Es fehlen in der Tat Belege über die Höhe des Budgets und die Herkunft der Mittel. In der Regel scheint eine Mischfinanzierung stattgefunden zu haben, deren Umfang jedoch unklar bleibt. Sie setzte sich in wechselnden Konstellationen aus Zuschüssen öffentlicher Kassen, Einkünften aus Stiftungsvermögen, Beiträgen der Benutzer und Spenden von Gymnasiarchen zusammen (vgl. ebd., S. 148; Schuler 2004, S. 179; S. 184).

157 Z. B. lassen sich im *Gymnasiarchengesetz von Beroia in Makedonien,* aus dem 2. Jh. v. Chr., Bestimmungen zur Zugangsbeschränkung finden. Hier werden folgende Personengruppen ausdrücklich als Ausgeschlossene aus dem Gymnasion bezeichnet: Sklaven, Freigelassene, in der Palästra Ungeschulte (verfügen nicht über körperliche Fähigkeiten), Prostituierte, Betreiber von Marktgeschäften (Handwerker und kleine Händler), Betrunkene und Unzurechnungsfähige (nicht Handlungsfähige) (ebd.). Umgekehrt war folgenden Personengruppen der Besuch des Gymnasions erlaubt: Bürgersöhne, Metoiken, Bürger fremder Städte und religiöse bzw. soziale Gruppen (vgl. ebd., S. 240). Frauen waren von einer sportlichen Ausbildung grundsätzlich ausgeschlossen. Jedoch gibt es Belege, dass junge Mädchen bis zum Erreichen der Pubertät bzw. zum heiratsfähigen Alter (ca. 12 Jahre) eingeschult waren und bestimmte sportliche Aktivitäten ausgeübt haben (vgl. ebd., S. 244). Über *die Schulstiftung des Polythrus in Teos* wird z. B. berichtet, dass das Ziel der Stiftung die (gemeinsame) Ausbildung von Jungen und Mädchen im Gymnasion sei (ebd.).

158 Konkret haben Agone in Kalligraphie und Lesen, im monologischen oder dialogischen Deklamieren von Stellen aus Dichtung, Komödie und Tragödie, auch in Arithmetik und

155) von Epheben und Neoi[159] wurden Preise ausgesetzt. Dieser Prozess diente zur direkten Vorbereitung der Heranwachsenden auf und Integration in die öffentlichen Versammlungen auf der Agora. Die Prüfungen fanden zwar meistens innerhalb des Gymnasions statt, wurden jedoch häufig öffentlich vor den Augen der gesamten Bürgerschaft durchgeführt. So wird das Gymnasion neben der Polis als ‚zweite Agora' bezeichnet. Das agonale Prinzip des Gymnasion diente als *Qualifikationsmaßstab* für das öffentliche Leben.

Auf der anderen Seite weist die Idee der Paideia, in hellenistischer Zeit, auf einen fundamentalen Bezugspunkt zum Gymnasion. Der Rhetorikunterricht fand seit Beginn des 4. Jh. v. Chr., aufgrund seiner praktischen Verwendbarkeit, in der Öffentlichkeit breite Anerkennung, und der Philosophieunterricht wurde im Laufe des 3. Jh. v. Chr. immer mehr Teil des allgemeinen Erziehungskanons (vgl. Scholz 2004, S. 116). Die philosophische Paideia förderte die Kommunikation mit Wandergelehrten und Bildungsreisenden aus allen Teilen der antiken Welt. Die hier tätigen Gelehrten und Sophisten hatten entweder in ihrer Polis eigene Schulen gegründet, oder waren im Gymnasion tätig (vgl. ebd., S. 115).[160] Das Gymnasion war für die Paideia eine zentrale Institution für Kommunikation und Lehre. Nicht nur für Griechen, sondern vor allem auch für Nicht-Griechen bedeutete der Eintritt in die griechische Paideia und die griechische Öffentlichkeit einen sozialen Aufstieg. Daher erkaufte sich die Oberschicht vielerorts „durch einen Akt der kulturellen Selbsthellenisierung den Zugang zum Gymnasion und damit zu den Kreisen der griechischen Eliten" (Christes et al. 2006, S. 98). Als zentrale Instanz der Paideia leistete das Gymnasion eine wichtige Integrationsfunktion in der griechischen Öffentlichkeit.

Enkultrationsfunktion: Im Allgemeinen war das Gymnasion ein wichtiger Ort der gesellschaftlichen Kommunikation, der gemeinschaftsstiftend wirkte. Die Handlungen und Praktiken der Gemeinschaft wie z. B. öffentliche Feste, Opferungen und Mahlzeiten wurden häufig vom Gymnasion initiiert und organisiert. Die gymnasiale Schülerschaft war dabei immer als essentieller Teil der Öffentlichkeit präsent. Die Epheben, Knaben und Neoi aus dem Gymnasion traten bei

---

schließlich in sogenannten Wissensfächern und in der Polymathie bzw. Philomathie stattgefunden (vgl. Scholz 2004, S. 108f.).

159 Epheben, ephéboi, bedeutet gewöhnlich ‚einer der die Pubertät erreicht hat'. Das sind nach der allgemeinen Meinung der Griechen die Jungen im 15. Lebensjahr. Dem gegenüber wird das griechische Wort hoi neoi üblicherweise als neutrales Wort mit ‚junge Leute' übersetzt (vgl. Nilsson 1955, S. 34).

160 In der frühen Phase der Antike erfüllten die Sophisten als erste professionelle Pädagogen das entstandene Bedürfnis nach Verbesserung individueller Leistung. Sie lehrten gegen Bezahlung praktisch wirksames Wissen, das dem Individuum im bevorstehenden Polis-Leben nützlich war. Später etabliert sich die Sophistik im Zusammenhang mit der gymnasialen Erziehung zu einer kanonisierten Lehre. Es wird ein Lehrkanon mit den sieben freien Künsten (septem artes liberales) eingeführt, der aus einem mathematischen Quadrivium (Arithmetik, Geometrie, Astronomie, Musik) und einem sprachlichen Trivium (Grammatik, Rhetorik, Dialektik) besteht (vgl. Treml 2005, S. 50).

öffentlichen Anlässen im Rahmen von Polisfesten (z. B. Prozessionen oder Ehrenbegräbnisse) als geschlossenes Korps auf (vgl. Gehrke 2004, S. 416). Einerseits leistete das Gymnasion dadurch einen Beitrag zur unmittelbaren Sozialisierung und Integration der Heranwachsenden in die Öffentlichkeit. Andererseits war das Gymnasion als Institution der zentrale Ausrichter von Festlichkeiten der griechischen Öffentlichkeit. Man könnte sagen, dass durch das und im Gymnasion das öffentliche Leben bestritten und organisiert wurde. Nach einer Äußerung von Pausanias über die phokische Polis Panopeus galt das Gymnasion genauso selbstverständlich als Bestandteil einer Polis wie Amtsgebäude, Theater, Markt oder ein Brunnen (vgl. Ameling 2004, S. 131). Das Gymnasion war demzufolge ein Ort, der eine untrennbare Einheit mit der Öffentlichkeitsstruktur der Polis darstellte und die Stadt und die Öffentlichkeit direkt repräsentierte (vgl. ebd., S. 135).

(iii) Formale Struktur der administrativen Vorgänge: Für die organisatorischen Vorgänge im Gymnasion spielte die Position des Gymnasiarchen eine wichtige Rolle. Der Titel ‚Gymnasiarch' bedeutet ‚Leiter des Gymnasions' und findet seit dem 3. Jh. v. Chr. Anwendung. Im klassischen Athen stellte der Gymnasiarch eine kostspielige Position dar, während er in hellenistischer Zeit vielmehr als Amtsinhaber mit dem Status eines Polis-Magistraten fungierte (vgl. Schuler 2004, S. 163). Bei letzterem besetzte der Gymnasiarch ein öffentliches Amt in der Polis, in das er in der Volksversammlung offiziell gewählt wurde. Die Festlegung seiner Aufgaben erfolgte durch Gesetze und Dekrete der Polis (vgl. ebd., S. 167).[161]

Zu den Aufgaben des Gymnasiarchen gehörten umfangreiche administrative, kultische und gesellschaftlich-repräsentative Verpflichtungen (vgl. ebd., S. 171). Über die Aufsicht über die Führung der Epheben und Neoi, die Verantwortung für die Ordnung und die Instandhaltung des Gymnasions sowie die Einstellung der Lehrkräfte hinaus war er auch außerhalb des Gymnasions eine wichtige Persönlichkeit. So organisierte er bei öffentlichen Prüfungen die zugehörigen Rituale in Form von Agonen. Die Wettkämpfe fanden stets im Rahmen der Kultgemeinschaft statt. Im religiösen Leben der Stadt stand ihnen der Gymnasiarch, in seiner Rolle als oberster Kultfunktionär, vor. Vor den Kämpfen wurde denjenigen Göttern geopfert, die mit dem jeweiligen Gymnasion in Verbindung gebracht und von den Besuchern verehrt wurden. Er besorgte die Opfertiere und veranstaltete die daran anschließenden Bankette. Er besorgte die Preise für die Sieger der Agone. Darüber hinaus war der Gymnasiarch als Gastgeber für die ganze durch ihre Institutionen repräsentierte Stadt bereit, durch seine Freigebigkeit die öffentlichen Feiern zu finanzieren. Der Gymnasiarch war in der Tat ein

---

161 Das *Gymnasiarchengesetz von Beroia in Makedonien* z. B. zeigt, dass die Stelle des Gymnasiarchen in eine Magistratur der Polis umgewandelt wurde: „Die Gymnasiarchen von Beroia erhielten ihr Mandat künftig durch Wahl in der Volksversammlung, bei Amtsantritt schworen sie einen Eid, und am Ende ihres Amtsjahres hatten sie wie alle anderen öffentlichen Amtsträger Rechenschaft über ihre Arbeit abzulegen" (ebd.).

quasi-institutioneller Wohltäter, dessen Wohltätigkeit bezüglich Inhalt und Ausmaß nur formell freiwillig und spontan war. Häufig finanzierte er den Bau des Gymnasions durch Privatspenden und zahlte das Honorar für gute Philosophen und Gelehrte aus eigenen Mitteln (vgl. Scholz 2004, S. 118; Christes et al. 2006, S. 91). Die kostspielige Wohltäterschaft der Gymnasiarchen blieb auch erhalten, als ihre Position ausdrücklich zu einem öffentlichen Amt erhoben wurde.

Die Übernahme des Amtes des Gymnasiarchen war überhaupt nur renommierten, führenden Polisbürgern möglich. Ihr Prestige erhöhte sich darüber hinaus durch den Einsatz privater Gelder für ‚sinnvolle' Tätigkeiten (vgl. Schuler 2004, S. 189). In diesem Zusammenhang ist hier vor allem die Verknüpfung der Funktion des Gymnasiarchen mit ihrer Bedeutung in der Öffentlichkeit hervorzuheben. Die Übernahme der Rolle des Gymnasiarchen war dadurch motiviert, dass die Anerkennung in der Öffentlichkeit durch die Verleihung dieser ehrenvollen Auszeichnung, zeitlich und räumlich, ewig dauernden Ruhm bedeutete, was als wichtiges Ziel aller Polisbürgern galt. Insbesondere die Verlagerung des Gymnasions in das Innere der Städte sowie der sich seit dem 2. Jh. v. Chr. ändernde Wertekanon, nach dem Ehre und Ruhm nicht mehr durch kriegerischen Erfolg, sondern mehr und mehr durch glanzvolle Großzügigkeit errungen wurde, steigerte das Interesse und die Erwartungen der Öffentlichkeit an die Erziehungsinstitution Gymnasion. Dies führte dazu, dass das Engagement für das Gymnasion unmittelbar als großes Engagement für die Öffentlichkeit verstanden wurde (vgl. Ameling 2004, S. 130; S. 134). Die kultische Verehrung, die dem Gymnasiarchen für seine herausragenden Wohltaten für das Gymnasion meist entgegengebracht wurde, offenbart einen besonderen Anerkennungsgrad (vgl. ebd., S. 130). Für die gute Amtsführung als Gymnasiarch wurde ihm am Ende des Jahres im Gymnasion eine Herme gewidmet (vgl. ebd., S. 140f.). Der Ruhm als besonders guter Gymnasiarch blieb so über seinen Tod hinaus im Gedächtnis der Öffentlichkeit (vgl. ebd., S. 159).[162] Das Streben nach allerhöchstem Ruhm, durch einen wertvollen Beitrag als Gymnasiarch, war deutlich mit dem agonalen Prinzip der Erziehungsinstitution und dem ebenso agonalen Prinzip der Öffentlichkeit verknüpft (vgl. Schuler 2004, S. 188).

---

162 Als Beispiel eines renommierten Gymnasiarchen kann hier *Diodoros* genannt werden: Diodoros, dessen Vater und Großvater prominente Bürger in der Zeit nach den Königen waren, war neben seinen herausragenden politischen Verdiensten auch Gymnasiarch wie es sein Vater zweimal gewesen war (ebd., S. 142). „Die Ehren für die Gymnasiarchen Diodoros, der sein Amt großzügig ausübte, sind nur ein Teil der Ehren, die ihm im Laufe seines Lebens zuerkannt wurden. Seine Tätigkeit als Gymnasiarch war eingebettet in eine langjährige, erfolgreiche politische Tätigkeit, deren Ergebnisse für die Stadt wichtiger waren als alle seine materiellen Zuwendungen." (ebd., S. 143f.). Die Ehre aufgrund des Verdienstes des Diodoros und die dazu passende Dankbarkeit des Volkes wird den Kindern der Kinder über Generationen hinweg überliefert. Wie allen Wohltätern, so ging es auch ihm darum, die Spur seiner Erdentage nicht untergehen zu lassen. Die von der Stadt erteilten Ehrungen waren die Hilfsmittel der Erinnerung (ebd., S. 159).

Darüber hinaus ist das Verhältnis der Lehrkräfte (Gelehrten sowie Sophisten) zur Öffentlichkeit zu erwähnen. In der hellenistischen Zeit stellte die öffentliche Agora einen wichtigen Ort für die (Wander-)Gelehrten und Sophisten dar, weil „sich darin gewissermaßen die Paideia der Stadt dokumentierte" (Scholz 2004, S. 125). Durch das Aufgreifen aktueller Debatten, die Inszenierung eines imaginären Agons mit Vertretern konkurrierender Ansichten, die eindrückliche Demonstration der eigenen Ansicht usw. grenzten sich die (Wander-)Gelehrten und Sophisten gegenüber Konkurrenten ab und versuchten, sich selbst in der Öffentlichkeit hervorzuheben. Die effektvolle Inszenierung ihrer Vorstellung vor großem Publikum diente, neben der Schaffung und Steigerung der eigenen Anerkennung und des eigenen Ruhms, in praktischer Weise der Anwerbung zahlungskräftiger Schüler (vgl. ebd., S. 122). Oder „(r)eiche ‚gebildete' Bürger fanden sich aufgrund ihrer Vorbildung dazu bereit, als Gymnasiarchen den Aufenthalt von Wandergelehrten im örtlichen Gymnasion zu bezahlen" (ebd., S. 125). Im Zusammenhang damit sind die Unterrichtsformen der (Wander-)Gelehrten und Philosophen zu nennen: Neben den regelmäßigen Unterrichtskursen in kleinen Gruppen, die bezüglich Ort und Art nicht öffentlich und zumeist kostenpflichtig waren (vgl. ebd., S. 121), schienen die Vortragsarten der Wandergelehrten eine direkte Verbindung zur Öffentlichkeit zu haben. Die Vorträge der (Wander-)Gelehrten und Philosophen waren als einmalige Vorführung der eigenen Kunst in Form von Lehrvorträgen, Stegreifreden, Gedichtrezitationen und musikalischen oder gesanglichen Darbietungen gestaltet. Sie waren an ein breites Publikum gerichtet, das, neben den Epheben und Neoi als reguläre Besucher des Gymnasions, ebenso die übrigen gebildeten Bürger umfasste. Die Vorträge der (Wander-) Gelehrten und Philosophen im Rahmen ihrer Lehrtätigkeit für das Gymnasion richteten sich letztlich an eine gesamtgriechische Öffentlichkeit. Die jeweiligen Darbietungen konnten und sollten nicht nur an einem bestimmten Ort, sondern in allen Städten bzw. Gymnasien der griechischen Welt präsentiert werden (ebd.). Das Auftreten und die Tätigkeiten der Gelehrten und Sophisten dienten als eine Art Bindeglied zwischen Erziehung und Öffentlichkeit.

(iv) Rituale, Normen und Deutungsmuster: Um als Erziehungsinstitution an sich integrativ zu wirken und ebenso um der Erwartung der äußeren Welt gerecht zu werden, spielten im Gymnasion bestimmte qualitative Verhaltensweisen wie Tugend oder Wettkampfgeist eine besondere Rolle. Als Polisbürger diszipliniert und angemessen aufzutreten, war das Ziel der Erziehung im Gymnasion. Das Gymnasion war daher eine wichtige Erziehungsinstanz und ein wichtiges Element der Sozialisation für den zukünftigen Polisbürger. Hier wurde einerseits auf eine Anpassung an das Polisleben und andererseits auf den individuellen Ehrgeiz in der Agora der Öffentlichkeit gezielt (vgl. Gehrke 2004, S. 415). Wie bereits in (ii) erwähnt, wurde dies zum einen durch das agonale Prinzip mit einer schwerpunktmäßig körperlich-sportlichen Erziehung und durch geistige Bildung erreicht. Zum anderen trugen die meist öffentlich durchgeführten, festlichen Riten zur Initiation in das öffentlichen Leben bei. Hans-Joachim Gehrke weist hier, anhand des Ansatzes von Pierre Bourdieu, darauf hin, dass die formalen Erziehungselemente im Gymnasion der Formung eines ganz bestimmten Habitus dienten. Sie prägten die nach außen sichtbaren Verhaltensweisen, insbesondere den Stil im Auftreten und den der Reden, durch die die Zugehörigkeit zu einem bestimmten Stand und somit zur Öffentlichkeit der Polis signalisiert wurden (ebd.). Die institutionalisierten Deutungsmuster und die Konformität im Gymnasion waren unabdingbar, sowohl für die Stabilität der Institution als auch für den Zusammenhalt der Polis.

3.1.3 Die Öffentlichkeit der Erziehung in der Antike

Arendt bezeichnet die Öffentlichkeitsstruktur in der griechischen Antike als ideales Modell (vgl. Arendt 2007 (1958)). Danach spielt sich das *Handeln* des Menschen nur in der Öffentlichkeit ab, während das *Arbeiten* und *Herstellen* zum privaten Oikos gehören. „Alle menschlichen Tätigkeiten sind bedingt durch die Tatsache, daß Menschen zusammenleben, aber nur das Handeln ist nicht einmal vorstellbar außerhalb der Menschengesellschaft." (ebd., S. 33). In Bezug auf die Erziehung in der Antike lässt sich hier eine ebenso strikte Trennung finden – die Trennung zwischen einer privat-häuslichen Erziehung einerseits und einer öffentlich institutionalisierten Erziehung andererseits. Letztere stellt einen integralen Bestandteil der Öffentlichkeit dar, wie das Beispiel des Gymnasions zeigt. Aus dem Ansatz von Arendt kann man folgern, dass die Heranwachsenden durch die öffentlich institutionalisierte Erziehung die Kunst des (verbalen) Handelns erlernten, die nur in der Öffentlichkeit von Nutzen war. Diese ist strikt von der privaten Erziehung unterschieden, die lediglich auf die ‚Arbeit' und das ‚Herstellen' für das Lebensnotwendige vorbereitete.

Betrachtet man die antike Gesellschaft und Erziehung aus der modernen demokratischen Perspektive, erkennt man die Grenzen ihrer Modelle und Realitäten. Das Lebensmodell der Antike war generell kulturzentristisch angelegt und orientierte sich an bestimmten Idealmustern. Öffentlichkeit und öffentlich institutionalisierte Erziehung waren lediglich einer kleinen Gruppe der Elite männlichen Geschlechts zugänglich. Insgesamt lässt sich hier ein Unterschied zum modernen Verständnis des Öffentlichen erkennen, welches durch Massenkommunikation geprägt ist und grundsätzlich auf Zugänglichkeit und Offenheit für alle basiert. Dennoch ist darauf hinzuweisen, dass die Öffentlichkeit der Polis durch die Idee der Freiheit und Gleichheit gekennzeichnet war, auch wenn sich die griechische Antike, makrosoziologisch gesehen, als eine hierarchisch geordnete Gesellschaft darstellt. Herkunft und Zugehörigkeit der einzelnen Bürger spielten keine Rolle für den Aufstieg in der Öffentlichkeit. Durch die öffentliche Erziehung war es möglich, das Ansehen der Bürger nach Leistung und Ergebnis des Lernprozesses zu beurteilen. Denn das Gelehrt-Sein durch Erziehung war hier, aufgrund der Gleichheitsidee der Öffentlichkeit, die einzige Möglichkeit, sich von anderen Mitbürgern zu unterscheiden und ein sozial hohes Ansehen zu erlangen. Die Erziehung in der griechischen Antike musste aus dem privaten Bereich heraustreten, weil die Identitätsbildung der Bürger nur in der Öffentlichkeit, und zwar nur durch den Sozialisierungsprozess in der öffentlichen Erziehung, möglich war.

Die Öffentlichkeit in der griechischen Antike stellt sich als geschlossene Gesellschaft dar – als einzige Sphäre, in der die Bürger zusammentreffen und interagieren, die sich aber weder als offene Sphäre darstellt noch – im modernen Sinne nach Luhmann – als Scharnier unterschiedlicher Funktionssysteme. Die institutionalisierte Erziehung ist ein integraler Bestandteil der Öffentlichkeit, die bereits ein wesentlicher Teil des öffentlichen Lebens ist. Für die Öffentlichkeit der Erziehung in der Antike – vor allem am Beispiel des Gymnasions – lässt sich zeigen, dass die öffentliche Erziehung von der Privatsphäre klar getrennt ist und ausschließlich repräsentiert, was das erstrebenswerte Leben in der Öffentlichkeit ausmacht.

3.2 Erziehung im Übergang zur Neuzeit – Die repräsentative Öffentlichkeit des Absolutismus

3.2.1 Ein kurzer Überblick über die Erziehung im Mittelalter

Im Mittelalter herrscht das Ideal christlicher Lebensführung. Das öffentliche Leben im antiken Sinne wie die Idee der Erziehung im Zusammenhang mit der Teilnahmemöglichkeit an der Öffentlichkeit existiert hier nicht. Mit dem Übergang von der Spätantike zum Frühmittelalter verlor die öffentliche Sphäre an Bedeutung, was unter anderem zur Schließung der athener Philosophenschule sowie zum allmählichen Aussterben der Gymnasion, Grammatik- und Rhetorikschule (vgl. Abschn. 3.1.1, Fußnote 145) führte. Das Erziehungswesen in institutionalisierter Form blieb das ganze Mittelalter hindurch grundsätzlich ohne Einfluss von Staat und Öffentlichkeit.

Die christliche Religion ist die herrschende Instanz des Mittelalters, die die Menschen in der häuslichen und außerhäuslichen Welt verbindet. Es etablierte sich eine Erziehung im Kloster, die einen typisch christlichen Habitus des asketischen Zusammenlebens nach festen Regeln der Enthaltsamkeit hervorbringt. Die *Klosterschulen* entstehen sukzessive nach dem 10. Jh. als „schulmäßige Organisation der Klerikerbildung" (Tenorth 2000, S. 53). Der religiöse Aneignungsprozess in dieser Erziehungsorganisation führt zu einer Ablehnung der rationalen Wissensvermittlung und intellektueller Bildung in der Erziehungstätigkeit. Wissen und Glauben werden eins und bleiben innerhalb des geschlossenen Kreises auf die (geistigen) Eliten der christlich feudalen Obrigkeit beschränkt (vgl. Nieser 1978, S. 35ff.; Tenorth 2000, S. 57). So ist die Wissensaneignung, insbesondere die Lese- und Schreibfähigkeit im heiligen Latein, außerhalb der Reichweite des größten Teils der Bevölkerung. „Gegenüber der Antike ist ein ständiger Verfall der Schreib- und Lesefähigkeit der gesamten Bevölkerung zu verzeichnen. Weder die regierenden Fürsten noch der Adel, weder die Ritter noch die Kaufmannschaft waren bis zu 13. Jahrhundert in nennenswerten Ausmaß des Schreibens und Lesens kundig." (Tenorth 2000, S. 54). Dies deutet darauf hin, dass das Alltagsleben im Mittelalter durch die christliche und feudalistisch starre Ordnung ohne große Bedürfnisse nach intellektuellen Auseinandersetzungen abläuft. Insbesondere die überwältigende Mehrheit der Kinder der Landbevölkerung befand sich in keinem planmäßigen Erziehungsprozess. „Denn die gesellschaftlich-beruflichen Funktionen der ländlich-bäuerlichen Bevölkerung, die in den seit alters überlieferten Formen der Landbestellung bestanden, wurden reflexionslos erlernt durch Hineinwachsen und Mittun." (Blankertz 1992, S. 18). Die alltägliche Erziehung findet zumeist in der privaten Form der Sozialisation innerhalb der familial-notwendigen Lebenswelt statt, und zwar in Anlehnung an Liturgie und Brauchtum der christlichen Glaubenswahrheiten. Anstelle geistiger Bildung wird die Volkskultur in schriftloser Tradition in Sagen und Märchen festgehalten und unreflektiert überliefert (vgl. Tenorth 2000, S. 55). Der Versuch, Erziehung mit Arendts' Unterscheidung vom ‚Handeln' als öffentlich und ‚Arbeiten' und ‚Herstellen' als dem Privaten zugehörige Tätigkeit in Verbindung zu bringen, scheitert hier. Das gesamte Leben der meisten Menschen bleibt in privaten Sphären, im „Dunkel des Alltäglichen" (Arendt 2007 (1958), S. 44). Ein Zusammenhang zwischen (institutionalisierter) Erziehung und Öffentlichkeit im Sinne von Arendt oder auch Habermas lässt sich hier nicht finden, wegen seiner Geschlossenheit auch nicht in der Erziehungsinstitution Kloster.[163]

3.2.2 Erziehung und repräsentative Öffentlichkeit des Absolutismus (Ancien Régime) – Anfänge von Öffentlichkeit der Erziehung im Zuge der Formierung öffentlich-staatlicher Gewalt

Im 14.-16. Jh. erfährt die Gesellschaft durch allmähliche Säkularisierung und frühkapitalistischen Merkantilismus den Anfang einer Ausdifferenzierung der Funktionsbereiche anstelle der mittelalterlichen, feudal-ständischen Struktur. Öffentlichkeit zeigt zwar in dieser Zeit noch keine klare Erscheinung wie in der Moderne, nach Luhmann – eine koordinations- bzw. Scharnierfunktion für jeweils funktional ausdifferenzierte, operativ geschlossene Gesellschaftssysteme

---

163 Während die Klostererziehung im christlichen Gedankengut fest verankert bleibt, schaffen die feudalen Herrscher wie die Königshöfe jedoch später nach eigenen Bedürfnissen eine andere Form der Erziehungsinstitution. So wird Erziehung, neben der in den Klosterschulen, in Form von *Kathedral-* oder *Domschulen* institutionalisiert, „die an allen Bischofssitzen entstanden und die, infolge ihres vermehrten Kontakts zur Welt, säkularen Interessen offener gegenübertraten als die Klosterschulen" (Nieser 1978, S. 37).

(vgl. Baecker 1996; Luhmann 1990). Aber die jeweils unterschiedlichen Systeme beginnen, sich überhaupt als eigene zu entwickeln, sich zu reflektieren, mit anderen Systemen in Kontakt zu treten und „eine Grenzüberschreitung" (vgl. Baecker 1996, S. 95) zu schaffen. Diese neue Entwicklung in der Neuzeit zeigt sich zuerst im städtischen Milieu. Mit dem Prozess des allmählichen miteinander In-Berührung-Kommens der gesellschaftlichen Teilsysteme bildet sich auch das Erziehungssystem als solches. Aufgrund der Wünsche und Notwendigkeiten der anderen Systeme wie des politischen oder des Wirtschaftssystems legt die Erziehung Wert auf technisch-praktisches Vorgehen und damit auf die Übertragbarkeit ihrer Resultate. Institutionalisiert wird Erziehung daher abhängig von den anderen Funktionssystemen. So bilden sich in dieser Zeit – mit dem Selbstbewusstsein des neu entstehenden Bürgertums in der Renaissance[164] – die *Stadtschulwesen* unter der Devise ‚Stadtluft macht frei' (vgl. Scheuerl 1985, S. 50). Während im französischsprachigen Gebiet in den *kleinen Schulen (les petites écoles)* beispielsweise der Unterricht des Schreibens stattfindet, werden im deutschsprachigen Gebiet deutsche Schreib- Lese- und Rechenschulen unter der Bezeichnung *Lateinschule, Gymnasium* oder *Gelehrtenschule* ausgebaut, um den Erfordernissen der kaufmännischen Berufsausbildung gerecht zu werden.

Blickt man auf die sich bildende repräsentative Öffentlichkeit in der Übergangszeit zur Neuzeit, die die semantische Veränderung des Wortes ‚öffentlich' als Synonym für die (staatliche) Obrigkeit zur Folge hat, lässt sich hier zugleich die weitere Entwicklung im Verhältnis von Erziehung und Öffentlichkeit erkennen. Aus den drei zentralen Merkmalen des Modells von Kade und Nolda lässt sich der Zusammenhang von Erziehung und Öffentlichkeit in dieser Zeit herleiten und nachzeichnen (vgl. Kade/Nolda 2002; Nolda 2002). Während in der Zeit der repräsentativen Öffentlichkeit die Öffentlichkeit der Erziehung teilweise als Mischung aus bürgerlicher und höfischer Kultur zu finden ist (Mischungsverhältnis) (i), beginnt unter absolutistischer Herrschaft die Gründung landesfürstlicher, staatlicher Universitäten und Schulen, die die Erziehung im Zusammenhang mit der repräsentativen Öffentlichkeit nach außen hin bedienen und instrumentalisieren (Instrumentalisierungsverhältnis) (ii). Zugleich wird die institutionalisierte Erziehung eines Territoriums in die aufkommende öffentlich-staatliche Verfügungsmacht verwickelt und ihr unterworfen. Erziehung

---

164 In der Renaissance beginnen sich zuerst der städtische Adel und die Bürger, in Anlehnung an die republikanischen Ideenmuster, über die Erziehung und Bildung als freie Künste für Gemeinsinn (sensus communis), Menschlichkeit (humanitas) und Tugend (virtus) zu verständigen (vgl. Brüggen, 2004, S. 735). Die Erziehung innerhalb der civitas bzw. res publica diente in der Renaissance zur Mitwirkung an den Leitfiguren dieser Zeit, der „Reichtum ihrer Kultur, die Offenheit ihrer Geselligkeit und die intensiven Möglichkeiten der Selbstverwirklichung des Menschen in Kunst und Literatur, Politik und öffentlichen Lebens" (Tenorth 2000, S. 59). Im Vergleich zur Erziehung im Kloster, das hauptsächlich ‚Kirchenlatein' vermittelt, orientieren sich die Humanisten am ‚ciceronianischen Latein' des klassischen Humanismus (vgl. Blankertz 1992, S. 19) und beziehen sich auf Ciceros Vereinigung von Sachwissen und philosophischem Orientierungswissen.

setzt, damit sie funktionsfähig bleibt, eine absolutistische Staatsverwaltung voraus, und umgekehrt die Staatsverwaltung für ihr Fortbestehen die Erziehung (Voraussetzungsverhältnis) (iii).

(i) In der Übergangszeit vom späteren Mittelalter zur Neuzeit wird die Öffentlichkeit der Erziehung vor allem im Austausch und in einer Mischung aus adeliger Hofkultur und aufkommendem, städtisch bürgerlichem Humanismus beobachtbar. Der Hofadel war bis dahin grundsätzlich auf den Erhalt persönlicher Vorteile bedacht und hatte im Gegensatz zum städtischen Bürgertum kein gemeinschaftliches Bewusstsein ausgebildet. Sein kulturelles Niveau war überhaupt sehr niedrig einzuschätzen (vgl. Nieser 1978, S. 75). Der Charakter der höfisch aristokratischen Welt ändert sich jedoch allmählich durch Berührung mit dem städtisch bürgerlichen Milieu. „Gerade in der Assimilation der mit dem Humanismus schon beginnenden bürgerlichen Kultur bewährt sie [die repräsentative Hofkultur; T. K.] (...) ihre Kraft: die humanistische Bildungswelt wird zunächst in das höfische (sic) Leben integriert. Im Gefolge der frühen Fürstenerzieher, schon um 1400, dient der Humanismus, der ja erst im Laufe des 16. Jahrhunderts die Künste philologischer Kritik entfaltet, einer Umstilisierung des Hoflebens selbst." (Habermas 1990 (1962), S. 63). Mit der geistigen Entfaltung des Hofadels erhält das aristokratische Leben Glanz.[165] Denn das Gebildetsein und die sprachliche Kommunikationsfähigkeit tragen besonders dazu bei, ihr Ansehen in der Bevölkerung zu heben. Umgekehrt ist durch diesen Prozess eine Verbreitung der höfischen Kultur im Bürgertum zu beobachten.

Die Vermischung von adeliger Hofkultur und bürgerlichem Humanismus, vor allem die Verschiebung der republikanisch geprägten, bürgerlich humanistischen Stadtsphäre in der Renaissance hin zur höfisch geprägten repräsentativen Öffentlichkeit, spiegelt sich in der Struktur des universitären Erziehungs- und Bildungsprozesses wider.[166] Die Gründung von Universitäten, die bereits im 12. Jh. mit Bologna und Paris beginnt, ist ursprünglich stark mit der Stadtkultur verbunden. Die Universitäten strebten nach der ‚universitas Litterarum', „der Allseitigkeit und Vollständigkeit der Wissenschaft, was im text- und autoritätsgläubigen Mittelalter vor allem die Gesamtheit des kanonischen Wissens bedeutete" (Scheuerl 1985, S. 51). Der Begriff ‚universitas' bezieht sich hier nicht nur auf das Fachliche, sondern bezeichnet ebenso die Gesamtheit der Lehrenden und Lernenden als „Korporations-Charakter", was dem Zunftwesen entstammt (vgl. Nieser 1978, S. 42; Scheuerl 1985, S. 51). Nach demokratischen Prinzipien bilden Lehrer und Schüler innerhalb der universitären Ordnung gemeinsam eine Selbstverwaltung ohne hierarchische Gliederung. Diese soziale Struktur der

---

165 Der Provinzadel zeichnet sich zwar noch durch Ungebildetheit und Rauheit seiner Sitten aus (vgl. Nieser 1978, S. 75) und dies ändert sich auch nicht vollständig, aber der städtische Adel eignet sich allmählich die kultivierten Umgangsformen an.

166 Weil die Universität bereits im Mittelalter entsteht und anders als in der Gegenwart ebenso die Erziehung der Mittel- und Oberstufe umfasst, ist es möglich, die Institutionalisierung des Erziehungswesens hier im Allgemeinen zu betrachten (vgl. Nieser 1978, S. 41).

ursprünglichen Universität wird jedoch im Lauf der Zeit durch die Einflussnahme der repräsentativen Öffentlichkeit umgestaltet: Sowohl Lehrerschaft als auch Lernende entwickeln sich immer mehr zu einer privilegierten Schicht der Gesellschaft. Das Studium des Rechts, aber auch das anderer, längerer Studiengänge wie Medizin oder Theologie wird in dem Maße zum Privileg einer Schicht, als es zunehmend der Schaffung eines neuen Status, des Amtsadels dient (vgl. Nieser 1978, S. 94; Scheuerl 1985, S. 52).[167] „Nach dem Ausschluß unterer sozialer Schichten nahm die Aristokratisierung der Universität zu, die Lehrer und Professoren strebten an ihren Spitzen nach Rang und Ehre und übernahmen adligen Habitus. Die Vorlesungen fanden jetzt in luxuriösem Rahmen statt, wobei der Professor vor den Studenten thronte und seinen Diskurs in rhetorischer Vollkommenheit unterbreitete." (Nieser 1978, S. 94). Die Erziehungs- und Bildungsprozesse in der Universität sind nicht länger aus uneigennützigem Wissensdurst mit der Wissenschaft verbunden, wie das in ihrer Entstehungszeit der Fall war. Vielmehr dienen sie immer mehr lediglich der Sicherstellung des eigenen sozialen Status und somit dem Gewinn von Besitz und Macht. Zugleich konzentrieren sich die „besten Kräfte an den Fürstenhöfen, wo in der Stille der Kabinette oder königlicher Akademien gearbeitet wurde" (ebd., S. 94f.). Hier lässt sich strukturell ein *Mischungsverhältnis* von repräsentativer Öffentlichkeit und Erziehungsinstitution beobachten. Der Charakter des Repräsentierens in der Bevölkerung wird in das Erziehungssystem, hier im Speziellen die Universität, übernommen und beginnt, ihre institutionellen Techniken zu prägen.

(ii) Die Entwicklung hin zur Aristokratisierung der öffentlichen Sphäre im Allgemeinen und der Aristokratisierung des höheren Erziehungswesens im Besonderen lassen sich im Anschluss an die Entstehung der Monarchie bzw. des Absolutismus finden. Wie Ulrich Herrmann das absolutistische Herrschaftssystem als „Untertanenverbandsstaat" bezeichnet (Herrmann 1993), rührte die repräsentative Öffentlichkeit grundsätzlich an der mittelalterlichen, einheitlichen Religiosität und an der strikt vertikalen Ständegesellschaftsform. Die Herausbildung der repräsentativen Öffentlichkeit ist jedoch zugleich mit einer Veränderung des territorialen Bewusstseins verbunden. Im Prozess einer neuen territorialen Bewusstseinsbildung beginnen die Landesfürsten, als Mäzene der Wissenschaften und des Erziehungswesens aufzutreten. Dass die Fürsten und Könige die Grundherren der guten, renommierten Erziehungs- und Bildungsinstitutionen

---

167 Die Universität vergibt verschiedene Grade, deren Herkunft in der Hierarchie von Baccalauréat, Meisterschaft und Doktorat zum Ausdruck kommen (vgl. Nieser 1978, S. 48). In der Artistenfakultät werden die septem artes liberales, die sieben freien Künsten, als Grundlage jeder späteren Fachausbildung vermittelt. Sie haben Durchgangscharakter für das weitere Studium der Theologie, des Rechts oder der Medizin mit höherem Grad. Durch die Umgestaltung werden die Schüler aus ärmeren Verhältnissen nur noch zu Randexistenzen und wenn überhaupt nur zu den kurzen Studiengängen der Artistenfakultät zugelassen. Die einst egalitär und demokratisch verfasste, korporative Organisationsform, die sich bis in die Schülerschaft hinein fortsetzte, verschwindet so.

sind, deutet auf die zunehmende Bedeutung von Repräsentation und Prestige für den Machtinhaber. Diese Tendenz schlägt sich unmittelbar auf die Institutionalisierung der Erziehung in öffentlicher Form nieder. Dies drückt sich vor allem in der Neugründung von Universitäten und staatlichen Schulen aus.

Die Universität wird unter Aufgabe ihrer korporativen Freiheit in der Stadt und ihrer Privilegien in der Kirche vor allem „Objekt fürstlicher Politik und ‚berufsbildendes Zentrum' im Staatsdienst" (Nieser 1978, S. 94). Nach der ersten Generation selbstverwalteter Universitäten werden bereits im 14. Jh. die landesfürstlich geprägten Universitäten gegründet. Im Kaiserreich (des Heiligen Römischen Reiches), „das bisher auf deutschem Boden keine Universität besitzt und dessen Studenten in Paris und Bologna studieren, erhält Prag die erste Universität, der Wien, Heidelberg, Erfurt und Köln folgen" (ebd., S. 43; 56). In dem Maße, wie die Universität landesfürstlich gegründet, durch regionalen und später staatlichen Charakter geprägt und zugleich aristokratisiert wird, kann man die Beziehung wichtiger Teile des Erziehungssystems und der repräsentativen Öffentlichkeit innerhalb des funktionalen *Instrumentalisierungsverhältnisses* einordnen. Das Erziehungswesen beginnt, sich der repräsentativen Öffentlichkeit nach innen zu bedienen und nach außen der anderen Länder. Es wird so selbst zum Instrument der repräsentativen Macht.

Zu diesem Zweck gründen die Landherren, neben den bestehenden kirchlichen und städtischen Schulen im niederen Erziehungswesen, eigene staatliche Schulen – sogenannte Fürsten- oder Landesschulen – um das eigene Volk beruflich auszubilden bzw. es zum Landesvolk zu erziehen (vgl. Scheuerl 1985, S. 62ff.). In den katholischen wie den protestantischen Ländern werden weiterhin religiös definierte Erziehungsinstitutionen eingerichtet wie die *Jesuitenschulen* in den katholischen Regionen. Besonders als Eliteschulen für die gehobene Beamtenschaft erfüllen Universitäten den Zweck, das Renommee ihres Landesherrn vor dem Volk und sogar vor aller Welt zu steigern. In diesem Zusammenhang ist zu erwähnen, dass die Landesgrenze die Freizügigkeit der Teilnehmer am öffentlichen Leben und ebenso die des Erziehungswesens einzuschränken beginnt. So richtet sich die institutionalisierte Erziehung nun primär an die Heranwachsenden aus dem eigenen Land.[168] Dies hat zur Folge, dass sich das Erziehungswesen auf die funktionale Ausbildung der Bevölkerung für den späteren Dienst in den Kirchen und Staatsverwaltungen sowie für wirtschaftliche Tätigkeiten des jeweiligen Landes beschränkt.

(iii) In diesem Prozess wandelt sich die Struktur des institutionalisierten Erziehungswesens allmählich „von der autonomen, zwischen Kirche und Welt angesiedelten zur Staatsinstitution" (Nieser 1978, S. 41). Dies hängt mit der Entwicklung der neuen öffentlichen Gewalt – dem bürokratischen Verwaltungsstaat – zusammen. Durch die allmähliche Verlagerung gesellschaftlichen Einflusses

---

168 Das sich frei im Raum bewegende Wanderlehrer- und -scholarentum wird ebenso eingeschränkt (vgl. Scheuerl 1985, S. 62ff.).

von der Religion hin zur weltlichen Politik bildet sich im Übergang zur Neuzeit ein starker, zentralistischer Staat, der versucht, eine einheitliche Gesellschaft unter staatlichem Reglement zu verwirklichen (vgl. ebd., S. 59). Die Hauptanliegen des neuen Staates sind „vertikale(n) Gliederung der Gesellschaft, (...) politische(n) Durchdringung der ganzen Gesellschaft und (...) Unterordnung aller gesellschaftlichen Instanzen unter den politischen Primat" (ebd., S. 79). Um das Territorium zentral verwalten zu können, werden „die überlieferten Korporationsrechte des Adels" nun auf „ein mit Geld entlohntes Söldnerheer und eine Berufsbeamtenschaft" (Blankertz 1992, S. 19) übertragen.[169] Der Verwaltungsstaat weist nun dem Adel und dem gebildeten Bürgerstand privilegierte Funktionen im Bereich von Hof-, Militär- und Administrationsdiensten zu. Das hat Folgen für die Entwicklung eines neuen Bildungsideals (ebd.), wobei das *Voraussetzungsverhältnis* zwischen der Erziehung und der neu entstandenen öffentlichen Gewalt langsam sichtbar wird. Weil das zentralistische Regierungssystem des absolutistischen Staates nun durch die Rekrutierung eines entlohnten Söldnerheeres und einer Berufsbeamtenschaft zusammengehalten wird, ist für die Stabilität des Staates vor allem eine höhere (Aus)Bildung mit Abschluss- und Qualifizierungsfunktion des Erziehungssystems Voraussetzung. Die Hauptaufgabe der Universität wird nun „die Herausbildung weltlicher und geistiger Bürokratien und ihre Funktionalisierung zur Reproduktion der neuen Schicht des Amtsadels" (Nieser 1978, S. 95). Der absolutistische Staat beginnt, die Institutionalisierung der Erziehung als Förderung und Voraussetzung für die Stabilität seiner Innenpolitik zu sehen. Mit fortschreitender Säkularisierung setzt die Institutionalisierung der Erziehung zu ihrer Orientierung und Rechtfertigung umgekehrt einen neuen Verwaltungsstaat voraus. Der bürokratische Verwaltungsstaat wird zur Voraussetzung für die Zielorientierung institutionalisierter Erziehung. Dies ist vor allem damit verbunden, dass das staatliche Regierungssystem den Abgängern öffentlicher Erziehungsinstitutionen – hier vor allem dem niederen Adel und dem Bürgertum – die Möglichkeit eröffnet, eine Position in der höheren Beamtenschaft und damit ein Privileg zu erhalten. Mit den Qualifikations- und Allokationsfunktionen erfüllt die öffentlich institutionalisierte Erziehung, vor allem die universitäre Bildung, nun eine wichtige Rolle für die repräsentative Öffentlichkeit. Die Öffentlichkeit der Erziehung macht hier deutlich, dass Erziehung einer öffentlichen höheren Gewalt unterworfen ist und als Grundlage stabiler Herrschaftsautorität dem Funktionieren der öffentlichen Verwaltungsorgane dient.

---

169 Anfänglich verfügt der Monarch noch über keinen festgefügten Regierungsapparat. Er orientiert sich an der vom jeweiligen König geprägten Regierungsform, „die von einer Kollegialregierung über ein Regierungskabinett mit Staatssekretären bis hin zu einer Persönlichkeitsregierung des Königs mit abhängigen Ministern reichen kann" (Nieser 1978, S. 87). Dies ändert sich sukzessive, hin zur Herausbildung der staatlichen Verwaltungsorganisation.

3.2.3 Die Öffentlichkeit der Erziehung als Element institutioneller Techniken des absolutistischen Staates – Disziplinarmaßnahmen

Das Voraussetzungsverhältnis von Erziehung und öffentlicher Gewalt schlägt sich konkret in den institutionellen Techniken der Erziehungspraxis nieder. Die Festlegung der repräsentativen Öffentlichkeit und somit die des absolutistischen Staates äußert sich im Verlust des von Autonomie und Freiheit geprägten Raumes des bürgerlichen Humanismus und dem Verlust der kooperativ demokratischen Sphäre der öffentlichen Erziehung – hier vor allem der Universität. Dies wird, wie bereits erwähnt, zum Teil noch durch die Annährung der intellektuellen Stadtbürger an die Adelskultur und den darauf folgenden Verlust der geistigen Integrität und des intellektuellen Niveaus verstärkt. Die humanistisch geprägten Sphären ordnen sich ohne Widerstand allmählich dem neu entstehenden, absolutistischen Staat unter (vgl. Nieser 1978, S. 56). Die repräsentative Öffentlichkeit mit dem absolutistischen Staatsapparat versucht, ein starkes öffentliches Regierungssystem durch „Schaffung einer einheitlichen, straff von oben gelenkten, möglichst leistungsfähigen und rationalen Staats- und Sozialordnung" (Leschinsky/Roeder 1983, S. 36) aufzubauen. Im Vordergrund steht der absolutistische Staat „mit seiner Fundierung von Herrschaft auf Wissen sowie der Vermittlung von Herrschaft durch systematische Belehrung" (Herrmann 1993, S. 570). „Herrschaftswissen intendierte Beherrschbarkeit des Untertanenverbandes durch *Disziplinierung* (...), zunächst allerdings weniger im Sinne von Beherrschung als Unterdrückung, sondern zunächst und vor allem im Sinne einer ‚guten Policey'" (ebd.; vgl. Dreßen 1982) zu verstehen. Die Institutionalisierung der Erziehung soll der stabilen Regierungsform der ‚guten Policey' dienen. Privatheit wie Familie werden allmählich zum Adressaten geordneter Erziehungsvorstellungen (vgl. Tenorth 2000, S. 68).

Diese Entwicklung stimmt beispielsweise mit der Entwicklung des *Collège* im Allgemeinen und des *Jesuitencollège* im Besonderen überein. Der Begriff Collège geht auf das lateinische Wort collegium zurück. Diese Erziehungsinstitution entsteht in Frankreich ursprünglich in der Absicht, arme Schüler aus der mittelalterlichen Universität auszusondern und mögliche Unruhen in den Universitätsstädten durch strikte, disziplinarische Unterwerfung zu beseitigen (vgl. Nieser 1978, S. 52). Mit der Umgestaltung der Universität wird ein Großteil des Unterrichts ins Innere des Collège verlagert. Ab Mitte des 15. Jh. wird Schülern wie Lehrern vorgeschrieben, ihr Domizil innerhalb des Collège einzurichten. So ist das pädagogische Wirken an einen Ort gebunden (vgl. ebd., S. 93). Das Collège setzte sich das Ziel, die Schüler durch stufenweise Vervollkommnung und ein kontinuierliches Programm zum Wissen zu führen. So wird einerseits nach der neuen Erkenntnis von der stufenweisen Entwicklung des Kindes zum Erwachsenen ein stufen- und altersbezogener Lehrplan für das Collège aufgenommen.[170] Andererseits dient diese Erziehungsinstitution neben dem Schutz der Kindheit vor allem der Sorge um höfliche und vernünftige Gebräuche der Kinder zur Überwindung des gefährlichen Lebensstadiums des Jugendlichen. Schüler werden hier bis zu einem Alter von 15 Jahren oder eventuell auch länger einem strengen Reglement unterworfen (vgl. ebd., S. 96f.).[171] Das Collège hat streng disziplinierenden Charakter, der mit den Regierungsabsichten, -zielen und -techniken des neu entstandenen Absolutismus übereinstimmt.

Hinsichtlich der institutionellen Techniken der Öffentlichkeit der Erziehung kann hier außerdem das *Jesuitencollège* als Beispiel genannt werden, das sich vor dem Hintergrund der Gegenreformation in katholischen Regionen, vor allem in Frankreich, unter staatlicher Obhut etabliert. Neben der humanistischen Erziehungsidee zielt das Jesuitencollège ebenso auf Nützlichkeit und schnellen Erfolg in der sich wandelnden Gesellschaft. Sein öffentlich bekanntes Ziel, ein ,Mehr an Wissenschaft und Eifer beim Studium' stimmt mit dem Erziehungseifer des städtischen Bürgertums überein und mit der Hoffnung auf einen späteren Eintritt in die Magistratur (vgl. ebd., S. 101ff.). Abgesehen von dieser praktischen Zielsetzung praktizierte das Jesuitencollège ganz eigene Erziehungsmaßnahmen – ständige Kontrolle und Individualisierung des Unterrichts. Die Leistungen jedes Schülers bestimmten seinen Platz in der schulischen Hierarchie. Er wurde „vom Lehrer zur gemeinsamen Fehlerkorrektur von schriftlichen Arbeiten aufgerufen. Die große Anzahl von Übungen (...) und deren individuelle Korrektur gaben dem Lehrer einen guten Überblick über Stand und Fähigkeiten einzelner Schüler. Der Klassenwechsel wurde dem Wissenstand entsprechend vorgenommen" (ebd., S. 105). Die lückenlose pädagogische Überwachung ermöglichte es dem Lehrer einerseits, „genaue Kenntnisse über die verschiedenen Charaktere der Schüler zu gewinnen, auf jeden einzelnen besser eingehen und ihm bei Schwierigkeiten helfen zu können" (ebd., S. 105f.). Andererseits entsprachen diese disziplinierenden pädagogischen Aufgaben dem Konzept des absolutistisch-merkantilistischen Staatsgefüges. Die öffentlich staatliche Reglementierung des Merkantilismus, die die Wirksamkeit jedes einzelnen durch ein System von Belohnungen und Auszeichnungen aber auch von Strafe steigert, wird mit der Idee dieser Erziehungsinstitution verbunden. „(G)ute Arbeiten wurden öffentlich vorgeführt, jährliche Preisverleihungen für gute Schüler wurden zu feierlichen

---

170 Existierte im Mittelalter noch kein Bewusstsein vom besonderen Charakter der Kindheit, gab es erste Reflexionen darüber in den oberen Schichten der Bevölkerung, besonders im Klerus und im Amtsadel. Dies führte zur parallelen Entwicklung von Kindheit und Schule. Das Collège kann als Träger dieser Reflexionen bezeichnet werden. „Mit der neuen Sicht der Kindheit der Abschließung und ständigen Kontrolle gingen Überlegungen einher, Schwierigkeiten aus dem Weg des Lernens zu räumen und vom Einfachen zum Komplizierten aufzusteigen, eine Problematik, die für die Scholastik noch undenkbar war." (ebd., S. 97).

171 Obwohl es als wohltätige Stiftung für die Armen gegründet wird, steht es formal allen Schichten und Klassen der Bevölkerung offen. Im 17. Jhd. tritt eine Veränderung bei der Rekrutierung seiner Schüler auf. So beginnen ebenso die Söhne des Adels und des Bürgertums und Söhne abhängiger Bauern das Collège zu besuchen (vgl. ebd., S. 127).

Höhepunkten in Schule und Öffentlichkeit und nicht selten wurden neben Büchern und Geschenken sogar Geldsummen als Preise verteilt." (ebd., S. 106). Die Isolierung der Schüler von der Umwelt, ihre ständige Überwachung und ihr ununterbrochenes Streben nach persönlicher Ehre und Ruhm sind zwar bereits in der frühen Phase der Erziehungsinstitution Collège entwickelt, die Besonderheit des Jesuitencollège jedoch besteht vor allem in der Nutzung „dieser einzelnen Elemente, ihrer Systematisierung und in der Entschlossenheit ihrer einheitlichen Realisierung" (ebd.). Der Strukturwandel der sich im Absolutismus entwickelnden Öffentlichkeit wird gerade in der formalen Struktur des Jesuitencollège deutlich.[172]

Eine ähnliche Tendenz institutionalisierter Erziehung unter absolutistischer Staatsgewalt kann man auch im elementaren Schulwesen beobachteten. Als Beispiel kann man hier die *Erziehungsstätte von J.-B. de la Salle* nennen. Es erfolgt eine Neugestaltung des Unterrichtsraums: „Durch die Zuweisung eines festen Platzes für alle Schüler wurde die Kontrolle jedes Einzelnen vom Lehrerpult und damit der Simultanunterricht möglich. Der Schulraum wurde wie eine große Lernmaschine organisiert, die das gleichzeitige Lernen aller, ihre ständige Überwachung und eine Hierarchisierung unter den Schülern erlaubte. Die Ökonomie der Lernzeit wurde entdeckt, die den Unterricht zu effektivieren half, den Gehorsam der Schüler garantierte und zugleich wesentlich größere Schüleranzahlen als bisher zu unterrichten ermöglichte" (Nieser 1978, S. 114; vgl. Foucault 1994c, S. 189). Die Organisation eines seriellen Raumes, die Ökonomisierung der Lernzeit, Überwachung und Hierarchisierung sind die großen technischen Veränderungen im Elementarunterricht, die das traditionelle System abgelöst haben, wobei ein Schüler einige Minuten lang mit dem Lehrer arbeitet, während die ungeordnete Masse der anderen ohne Aufsicht müßig ist und wartet (vgl. Foucault 1994c, S. 188). Waren diese organisatorischen Merkmale einst lediglich in der Klostererziehung zu finden, verbreiten sie sich im 17. Jh. überall, um größere Menschenansammlungen rationell zu organisieren. „Voraussetzung dieses maschinell anmutenden Unterrichtsablaufs war die Zerlegung des Lernvorgangs in einzelne Lernschritte und die genaue Festlegung der dafür benötigten Zeit, wobei auf die Ausnützung jeder Minute geachtet und ein Leerlauf des einzelnen Schülers verhindert wurde" (Nieser 1978, S. 115; vgl. Foucault 1994c). Die öffentliche Gewalt über die Bevölkerung spiegelt sich hier in der pädagogischen Form wider. In den Erziehungsinstitutionen wird über die Schüler eine lückenlose Macht eingeübt. Die Erziehungstechnik stimmt mit der Regierungstechnik des neuen Staates in ganz besonderer Weise überein, so dass die bürgerlichen Individuen zu Eigenantrieb bei gleichzeitiger Unterordnung unter vorgegebene Ziele erzogen werden (vgl. ebd., S. 107; ebd.). Die Öffentlichkeit

---

172 „Bis zu Ende des Ancien Régime sind fast alle bedeutenden Franzosen, darunter Descartes, Montesquiu, Corneille, Molière, Voltaire und andere, durch ein Jesuitencollège gegangen." (ebd., S. 102f.).

der Erziehung zeigt sich hier als Voraussetzung für öffentlich-staatliche Gewalt. Die öffentlich-institutionalisierte Erziehung dient als ‚Pastoralmacht‘ (vgl. Foucault 1994b, S. 67; Lemke 2001, S. 85)[173] der absolutistischen Herrschaft für eine flächendeckende Kontrolle über die Bevölkerung.

Die öffentliche Erziehung innerhalb der repräsentativen Öffentlichkeit wird vorerst von der absolutistischen Obrigkeit instrumentalisiert. Erziehung in dieser Zeit beginnt, die eindeutige Außensteuerung durch kirchliche und ständische Führung zu zersetzen und wird stattdessen zur Vermittlungsinstanz zwischen der herrschenden Obrigkeit und dem privaten Leben der Untertanen. Im Prozess der Herausbildung disziplinärer Logik dient die öffentlich-institutionalisierte Erziehung als Bindeglied zwischen dem Öffentlichen (Staatlichkeit) und dem Privaten (Intimität, Körper). Öffentlichkeit der Erziehung kann demnach mit dem „Erziehungsstaat" (Herrmann 1993) in Verbindung gebracht werden. Die Heranwachsenden werden dabei zu adressierten Objekten des Staates und internalisieren die Fremdbestimmung durch „organisierte Sozialdisziplinierung" (ebd., S. 574). Diese führt später in der Moderne zur Herausbildung der auf Vernunft basierenden, privat-persönlichen Selbstkontrolle und Selbststeuerung des fähigen Subjekts. Die Verdoppelung dieser Wirkungsweise durch die öffentlich institutionalisierte Erziehung – Fremdbestimmung und Selbstbestimmung bzw. Fremdkontrolle und Selbstkontrolle/-disziplinierung/-motivierung – gewinnt in der folgenden Zeit da immer mehr an Bedeutung, wo die Öffentlichkeit der Erziehung – nach systemtheoretischer Sichtweise – immer deutlicher an die ‚Scharnierstelle‘ zwischen den sich funktional ausdifferenzierenden Gesellschaftssystemen gesetzt wird und so mit den verschiedenen Bereichen der Gesellschaft in Kontakt kommt: Die zweifachen Fähigkeiten, Wirkungs- und Steuerungsweise, werden in der fortgeschrittenen Moderne unabdingbar für die Selbst- und Fremdreferenz, für das reflexive Zusammenwirken und Fortbestehen des Subjekts wie der Interaktions- und Funktionssysteme, welche sich stets in der Öffentlichkeit abspielen und zur gesellschaftlichen Integration führt.

---

173 Pastoralmacht bezeichnet eine christlich religiöse Konzeption der Beziehung zwischen Hirt und Herde, in deren Mittelpunkt die „Regierung der Seelen", d. h. „die Führung der Einzelexistenzen im Hinblick auf ein jenseitiges Heil" steht (Lemke 2001, S. 85). Die Rolle des Pastors besteht „in stetigem Sichern, Unterstützen und Verbessern des Lebens eines jeden einzelnen" (Masschelein 2003, S. 134; Foucault 1994b S. 75). Hier kann man den Ursprung moderner Machtformen beobachten, „die auf Individuen zielen und diese auf stetige und beständige Weise lenken sollen" (Foucault 1994b, S. 67). Der Pastor kennt hier – so wie der Hirt sich zu seiner Herde verhält – nicht nur seine Gemeinschaft als Ganzes, sondern auch jedes einzelne Mitglied und schenkt ihm individuelle Aufmerksamkeit. Eigenart dieses christlichen Pastorats ist die Entwicklung einer Reihe von Analysemethoden, Reflexions- und Führungstechniken – Errungenschaften einer historisch einmaligen Praktik, welche die Kenntnis von der „inneren Wahrheit" der Individuen sicherstellt: Selbstprüfung und Gewissenslenkung durch das umfassende und dauerhafte Geständnis (vgl. Lemke 2001, S. 85). Nach Auffassung von Foucault soll die Pastoralmacht einen wesentlichen Beitrag zur späteren Entwicklung der eigentümlichen, okzidentalen Machttechniken geleistet haben.

3.3 Erziehung in Bezug zur (liberal-)bürgerlichen Öffentlichkeit

3.3.1 Die Öffentlichkeit der Erziehung der ‚Privatperson'

Seit dem 15. Jh. wird der humanistische Erziehungs- und Bildungsprozess im Gefolge der früheren Fürstenerzieher (Hofmeister, Hauslehrer) in das höfische Leben integriert. Wie im vorangegangenen Abschnitt erörtert, bewirkt die humanistische Strömung eine Umgestaltung des höfischen Lebens. Die höfisch-repräsentative Öffentlichkeit mischt sich allmählich mit der städtisch-bürgerlichen Kultur. Zugleich entsteht eine neue Sphäre im städtischen Milieu, die durch humanistische Bildung und die Kunst philologischer Kritik geprägt ist (vgl. Habermas 1990 (1962), S. 63; Elias 1997; vgl. Abschn. 1.1.2). Inzwischen vollzieht sich eine grundsätzliche Änderung der im Mittelalter herrschenden Anschauungs- und Denkweise, die auf der Ordnung des Kosmos, dem Einheits-bild der christlichen Religion einerseits und der feudalen Herrschaft andererseits, basierte. Wissen ist nicht mehr nur eine Geheimlehre für die geistige Elite, sondern drängt – insbesondere aufgrund der Reproduzierbarkeit von Wissen und durch die Frühform kapitalistischen Unternehmertums – auf den riesigen Markt der einsprachigen Massen (vgl. Anderson 1996, S. 24ff.). Auf dem Höhepunkt der Aufklärung im 17. und 18. Jh. färbt die von städtischen Adligen getragene Sphäre der Öffentlichkeit auf die breite Gesellschaft ab.[174] Diese Tendenz wird verstärkt durch die Erfahrung mit dem absolutistischen Staatsgebilde. Vor diesem Hintergrund entsteht ein neues Welt- und Menschenbild mit Auswirkungen auf die Erziehung.

Die Vorstellung von der Gestaltbarkeit und Befähigung des Menschen durch Erziehung und Bildung ist die Folge der weltanschaulichen Umordnung.[175] Der Mensch als Subjekt wird in den Mittelpunkt der kontinuierlich sich fortentwi-ckelnden Gesellschaft gestellt. Das Weltbild, bislang ausschließlich religiösen Ursprungs, wird allmählich von den empirischen Erkenntnissen, u. a. der Physik und Mathematik, bestimmt. Die Erziehung löst sich von den kirchlichen Vorstel-lungen, in die sie bis dahin selbstverständlich eingebunden war.[176] Der Mensch

---

174 Seit der zweiten Hälfte des 18. Jh. schwindet der Einfluss des Adels auf die hegemonialen oder ideologischen Staatsapparate zunehmend. Diese verlieren ihre strategische Bedeutung oder werden wie die Akademien, literarischen und wissenschaftlichen Gesellschaften, Theater, Bib-liotheken und die Presse von einem neuen bürgerlichen Geist der Aufklärung durchdrungen (vgl. Nieser 1978, S. 91).

175 Die Unterscheidung der Begriffe Erziehung und Bildung ist ein spezifisch deutsches Phäno-men. Siehe Abschn. 3.3.3.3, Fußnote 204.

176 Dies bedeutet nicht, dass der Einfluss der Kirche auf die Erziehung in dieser Zeit konsequent überwunden wurde. Erziehung war teilweise noch auf religiöse Überzeugung angelegt. Aber „(d)iese Emanzipation, die auch von den pädagogischen Richtungen im Zeitalter der Aufklä-rung befördert wurde, (...) bewirkte, daß die Schule immer mehr vor der Kirche abrückte und schließlich den Anspruch auf Autonomie erhob" (Blankertz 1992, S. 30). In Deutschland wird das Säkularisierungsprinzip der öffentlichen Schule erstmals durch die Weimarer Reichsver-

der neuen Weltordnung lässt sich nun als ein, auf sich selbst zu beziehendes (Selbstbewusstsein), sich selbst vernünftig bestimmendes (Freiheit), die es umgebende Welt frei gestaltendes (Autonomie), und gegenseitig anerkennendes (Würde) Wesen verstehen. Diese konstitutiven Merkmale neuzeitlicher Subjektivität (vgl. Ricken 1999, S. 29) der privaten Person werden konstituiert durch ein geradliniges, machbares Fortschrittsdenken. Gerade diese Privatperson, ein unabhängiges, selbständiges und durch Erziehung und Bildung zur Mündigkeit fähiges Subjekt, soll die Öffentlichkeit bilden. Was seit der Aufklärung als Voraussetzung für die (aktive) Teilnahme am öffentlichen Leben gilt, sind im Wesentlichen Fähigkeiten wie „verhandeln, vorschlagen oder auch vorschreiben" (Nolda 2002, S. 30) und diese verstehen oder auch ausführen (ebd.). Dies entspricht der Arendt'schen These von der *vita aktiva*, dem öffentlichen Leben als menschlichem Handeln und zugleich dem Konzept der bürgerlichen Öffentlichkeit von Habermas, welches er, im Gegensatz zur repräsentativen Öffentlichkeit, als Idealtypus beschreibt. Es geht hier im Wesentlichen „um einen Austausch auf der Basis von Ebenbürtigkeit, um eine keinen Bereich ausschließende Problematisierung und um die prinzipielle Unabgeschlossenheit des Publikums. Öffentlichkeit umfasst (…) eine politische und eine kulturelle Inhaltsdimension. Sowohl in der politischen als auch in der literarischen Öffentlichkeit wird das Räsonnement bzw. der kritische Diskurs gepflegt – eine Kommunikationsform, auf die [durch Erziehungs- und Bildungsprozess; T. K.] vorbereitet werden muss und die sich andererseits nur durch Praxis erwerben lässt" (ebd., S. 31). Das neue Postulat der aus Publikum als auch aus Publizisten bestehenden Öffentlichkeit schlägt sich im Prinzip der demokratischen Gesellschaftsordnung nieder. „Jeder ist zum ‚Publizisten' berufen, der ‚durch Schriften zum eigentlichen Publikum, nämlich der Welt' spricht" (Habermas 1990 (1962), S. 182).[177]

Die normativen emphatischen Konzepte der Erziehung sind Ausdruck der philosophischen Fragestellung nach dem Menschen- und Weltbild, welches in der bürgerlichen Öffentlichkeit zunehmend in den Mittelpunkt des herrschenden Diskurses rückt. Der Zusammenhang zwischen dem neuen Menschenbild und der Frage der Erziehung lässt sich konkret dem Ansatz von Kant entnehmen, den er 1784 in der folgenden Betrachtung zum Ausdruck bringt: „Aufklärung ist der Ausgang des Menschen aus seiner selbstverschuldeten Unmündigkeit. Unmündigkeit ist das Unvermögen, sich seines Verstandes ohne Leitung eines andern zu bedienen. Selbstverschuldet ist diese Unmündigkeit, wenn die Ursache derselben nicht am Mangel des Verstandes, sondern der Entschließung und des Mutes liegt,

---

fassung von 1919 offiziell in der Form der Gemeinschaftsschule festgeschrieben. Als Ausnahme existiert auf Elternantrag die Regelschule mit obligatorischem Religionsunterricht und die Konfessionsschule (vgl. Richter 2006, S. 34), wobei dies Kompromisscharakter besitzt.

177 Diese Gesellschaft wird von der herrschende (Ober-)Schicht bestimmt und kann daher nicht als gesamtgesellschaftliches Phänomen verstanden werden. In dieser Arbeit wird trotzdem hauptsächlich auf diese Sphäre Bezug genommen, da die dort geführten Diskurse für diese Zeit von großem Einfluss sind.

sich seiner ohne Leitung eines andern zu bedienen" (Kant 1964 (1784), S. 53). Vernunft wird erst öffentlich, wenn sie sich an das Publikum wendet – eine lesende und argumentierende Öffentlichkeit. Streit und Verständigung innerhalb der Öffentlichkeit basieren für Kant auf dem öffentlichen Vernunftgebrauch. Kant knüpft hier „den öffentlichen Gebrauch der Vernunft an Bildung oder gar an Gelehrsamkeit, denn vor ein politisches Publikum kann nur treten, wer der Macht der Argumente gewachsen ist und seinerseits für Aufklärung sorgen kann" (Oelkers 1988, S. 583; vgl. Kant 1964 (1784), S. 55). Der Vernunftgebrauch des mündigen Menschen ist einzig auf den Erziehungs- und Bildungsprozess angewiesen (vgl. Brüggen 2004, S. 742). Das Konzept von Kant wird zum Kern der Leitmotive der Moderne – Aufklärung, Mündigkeit, Emanzipation, Toleranz, Kritik, Fortschritt usw. (vgl. Tenorth 2000, S. 81), welche als die „unüberhörbar normative(n) Implikationen" (Langewand 1996, S. 94) der okzidentalen Gesellschaft und zugleich der Erziehungsziele gekennzeichnet sind.

Die Privatperson wird zum Subjekt der politischen und gesellschaftlichen Neustrukturierung der Moderne. Sie ist außerdem Akteur für die Aufstellung der normativen Modelle, Ansätze bzw. Programme der neuen Erziehung. Das Erziehungsmodell der okzidentalen Moderne, welches mit der Aufklärung im Wesentlichen auf die Person bezogen wird, erweitert sich später im Zuge der Französischen Revolution. Dafür wird häufig die Grundaussage der Menschenrechte zitiert. Erziehung wird hier erstens verbunden mit dem Recht des Heranwachsenden auf Lernen und Erzogenwerden. Dies bedeutet eine Aufforderung der neuen Generation an die ältere Generation (vgl. Horio 1992, S. 181). Erziehung beruht zweitens auf der modernen Idee des Naturrechts der Eltern. Die Eltern haben das Recht, als erste und absolute Person, die Pflicht gegenüber ihren Kindern auszuüben. Drittens verweist Erziehung im Sinne der klassischen Menschenrechte auf natürliche, allgemeingültige Ideen: Alle Menschen haben das Recht, durch Erziehung und (Aus-)Bildung Allgemeinwissen zu erlangen, um an den gesellschaftlichen Angelegenheiten teilhaben zu können. Die freie Entfaltung des individuellen Geistes wie die Idee der Privatperson soll grundsätzlich nach dem Prinzip der Neutralität, Unabhängigkeit und Selbstständigkeit der Erziehung sichergestellt werden (vgl. ebd.; 1998 S. 342ff.). Mit der Entdeckung der Kindheit als einer besonders sensiblen und folgenreichen Entwicklungsphase werden diese Ideen von den Philantropen und Aufklärern des 18. Jh. unterstützt.[178] Der Ansatz, Erziehung mit Menschenrechten zu verbinden, kann

---

178 Daraus wird vor allem im bürgerlichen Diskurs ein Konzept primärer Sozialisation entwickelt. Die bürgerliche Lebensweise ist mit der „Stabilität und Identifikation eines Rückzugs- und Distanzbereichs, lange müßige Verweildauer in einer arbeitsfreien Sphäre (besonders für Jugendliche, zum Teil auch für Frauen, die von Dienstboten entlastet werden)" (Tennstedt 1981, S. 63) gekennzeichnet. „Für die (nach aristokratischem Vorbild ausdifferenzierte) bürgerliche Familie wurde eine spezifische Kindheitsphase als Zeit der Freiheit vom direkten Arbeitsverwertungsprozeß ebenso konstitutiv wie eine auf diese Kleinkinder bezogene Mütterlichkeit, d. h. eine genuine erzieherische Potenz der (Ehe- und Haus-)Frau, deren natürlicher

in der Realität scheitern, wenn die Erziehung lediglich den familiär-häuslichen Sphären überlassen bleibt. Um dem entgegen zu wirken, entsteht das Konzept des öffentlich institutionalisierten Erziehungswesens. Es funktioniert als Verlängerung der familialen Erziehung bzw. soll das vermitteln, was die private Erziehung hinsichtlich moderner Menschenrechte nicht leisten kann. Es ist jedoch zu betonen, dass die frühmoderne Idee der Erziehung grundsätzlich auf dem Prinzip der Privatheit der Erziehung basiert. Die Erziehung wird zunächst als private Angelegenheit angesehen. Erziehung bedeutet individuelle Führung und hat entweder durch die Eltern oder durch den Hauslehrer in der privat-häuslichen Sphäre stattzufinden (ebd., S. 9).[179]

In diesem Zusammenhang stellt Rousseau einen fiktiven Entwurf einer Erziehung vor, dessen Idee auf den Menschenrechten und auf den Rechten des Kindes basiert. Ihm zufolge gilt Privatheit als komplementäre Erscheinungsform der Öffentlichkeit, civitas bzw. res publica, wie sie in den Gesellschaftsideen der Antike und der Renaissance zu finden sind. Private Erziehung in der Familie (u. a. Fürstenerziehung) wird hier als ein Komplement zur öffentliche Erziehung verstanden (vgl. Brüggen 2004, S. 737) und dient der Vorbereitung auf öffentlich-politisches Leben. Es besteht hier eine grundsätzliche Übereinstimmung darin, dass ein Teil der nachwachsenden Generation zum Bürgersein und zur Übernahme öffentlicher Aufgaben befähigt werden soll, und zwar durch die familiale bzw. öffentliche Erziehung. Private Erziehung wird dabei nicht als Gegensatz zum öffentlichen Leben verstanden, sondern vielmehr als dessen integraler Bestandteil (vgl. Brüggen 2004, S. 735). Grundsätzlich wird Erziehung dem Kind nur dann gerecht, wenn sie von professionellen Hauslehrern oder den Eltern ausgeübt wird (ebd., S. 300).[180] In Rousseaus *Émil* werden Menschener-

---

Entfaltungsraum der Privat- und Intimbereich der Familie war (sic). Die bürgerliche Familie emanzipierte sich, jedenfalls was Kind und Frau betrifft, somit von der Erwerbsarbeit, wenngleich sie sich Erwerbsarbeit von nichtbürgerlichen Frauen und Mädchen – von der Amme bis zum Kindermädchen – dienstbar machte." (ebd., S. 55).

179 Dass private Erziehung und Bildung mit Öffentlichkeit verbunden werden kann, ist keine Erkenntnis der Aufklärung. Entsprechende Forderungen sind bereits in der Antike zu beobachten (vgl. Abschn. 3.1). In einem anderen Kontext beschreibt Arendt den Ursprung der Erziehung als privat-familiale Tätigkeit. Bei den Humanisten – so z. B. Albertis Della Famiglia, die Theorie des Hauswesens im Quattrocento, entstanden zwischen 1434 und 1441 – wird auch die Rolle der Erziehung im Hause für die Vorbereitung auf das ‚bürgerliche Leben' – also auf das öffentliche Leben – betont (vgl. Oelkers 1997, S. 30). Wie beim römisch-republikanischen Vorbild erfolgt Erziehung im Bürgerhumanismus der Renaissance auch hauptsächlich innerhalb der privaten Sphären (vgl. Brüggen 2004, S. 740ff.). So sind die Lehrer der humanistischen Schulen und Kollegien in der Tat ans Hauswesen (an große Häuser und Höfe) gebunden.

180 Das Prinzip der Privatheit der Erziehung wird bereits bei John Locke sichtbar. Erziehung „dient wohl der Ausrüstung für das öffentliche Leben einer Klasse (...), bleibt selbst aber privat" – schreibt Locke hinsichtlich der Bildung des Gentleman (vgl. Oelkers 1988, S. 581). Für ihn stellt die schulische Erziehung zunächst keinen Wert für die Erziehung dar. Stattdessen konzentriert er sich auf die Menschen- (Gentleman-)Bildung in der privaten Sphäre (vgl. Horio 1992, S. 298f.). Erziehung kann durch die auf Hauslehrer gestützte, kostspielige, private Erziehung geschehen (vgl. Locke 2007 (1693), S. 96ff.). Im Gegensatz zu Rousseau, der vom

ziehung einerseits und Erziehung des Staatsbürgers (Citoyen) andererseits strikt getrennt, wobei öffentliche Erziehung als Erziehung zum Staatsbürger negiert wird. Die Schaffung des *konkreten* Mensch-Seins in der Gesellschaft ist das Erziehungsziel (vgl. Rousseau 1995 (1762), S. 12f.). Der Zusammenhang zwischen der Idee des Mensch-Seins und der modernen Gesellschaft ist zweidimensional: einerseits eine aus den aktiv handelnden, privaten Menschen bestehende, konkrete (Zivil-)Gesellschaft, und andererseits ein aus passiven Staatsbürgern (Citoyens) bestehender, abstrakter Staat. Damit unterscheidet Rousseau strikt zwischen dem sich zur liberal-bürgerlichen Öffentlichkeit sammelnden, aktiv räsonierenden Publikum (Subjekt) und einer vom Staat beherrschten Massenbevölkerung (Untertan/Objekt). Diese Ansicht veranschaulicht die Bedeutsamkeit der Erziehung in Form von Privaterziehung für den natürlichen (höheren) Stand einerseits und die staatliche Erziehung für die Masse andererseits, wobei für Rousseau die erste als genuin und erstrebenswert gilt.[181]

Eine neue Richtung, die Etablierung einer öffentlich institutionalisierten Erziehung, lässt sich aus dem Konzept von Condorcet herleiten. Das Recht auf Erziehung und Bildung wird, wie bereits erwähnt, insbesondere nach der Französischen Revolution als wichtiger Bestandteil der Menschenrechte und Bürgerrechte verankert, denn Erziehung, Bildung und Wissenserwerb gelten für jeden als Voraussetzung für eine wirksame Teilnahme an den öffentlichen Angelegenheiten und für das Funktionieren der Gesellschaft.

Wenn die neue Gesellschaftsordnung und das öffentliche Wohl nicht mehr an Religion oder an die Fürsorge eines fürstlichen Souveräns, sondern an den subjektiven Glauben, das Gewissen oder den Instinkt gebunden sein sollen, stellt sich die Frage, wie diese Gesellschaftsordnung überhaupt aussehen soll. Während Locke das öffentliche Leben von gebildeten Bürgerlichen[182] und Rousseau durch Instinkt und Natur des Menschen geregelt sieht, leitet Condorcet die Gesellschaftsordnung aus der kritischen Vernunft und der auf ihren Prinzipien gründenden Moral jedes Einzelnen her (vgl. Hofer 1998, S. 31). Hier wird die

---

Recht des Kindes überzeugt war, besteht Öffentlichkeit der Erziehung bei Locke in der Bildung des bereits in der Gesellschaft etablierten Bourgeois (Gentleman). Öffentliche Erziehung bedeutet für ihn Selbsterziehung durch Selbstbildung des Bourgeois, die der Privatheit angehört. Sein Anliegen ist es, die Erziehung als Selbstbildung generell aus dem Machtbereich der traditionellen Erziehungsinstitutionen – u. a. der Grammar-School – zu befreien und die innere Erziehung des Menschen zu Moral und Lebensweisheit als private Angelegenheit zu betonen (vgl. Horio 1992, S. 299ff.).

181 Auf deutschem Gebiet lässt sich als praktisches Beispiel eines öffentlichen Erziehungsansatzes der Versuch Johann Bernhard Basedows anführen. Sein Konzept zeigt prägnant die Unvereinbarkeit der Erziehung mit staatlicher Erziehungspolitik: 1774 gründete er ,Philanthropin', Anstalt der Menschenfreude, die bewusst als die „staatsfreie(n), realistische(n), nach der Natur des Kindes bis in Kleidung und Lebensweise in der Einheit von geistiger und körperlicher Erziehung bestimmte(n) Schule" (Tenorth 2000, S. 91) konzipiert wurde. Dies wurde jedoch in der Öffentlichkeit von der Mehrheit des bürgerlichen Publikums nicht angenommen und blieb buchstäblich eine private Veranstaltung.

182 Vgl. dazu siehe Fußnote 180.

Gemeinsamkeit zu Kants Ansatz ersichtlich. „Vernunft wird von Condorcet nicht als primär innerlich angelegte Fähigkeit, sondern als etwas sich in der aktiven Auseinandersetzung mit der Umwelt aufbauendes betrachtet. Sie entsteht durch Wissen um die Dinge ebenso, wie durch das Wissen um eigene Werkzeuge und Methoden zur Erfassung und Analyse derselben." (ebd., S. 31f.). Vernunft steht somit stets in Bezug zu Objekten und Erkenntnisgewinn, wobei Wissen notwendig auf Kommunikation und ungehinderte Verbreitung angewiesen ist. In *Cinq mémoires sur l'instruction publique (1791)* betont Condorcet, „daß Wissen nur als geteiltes Wissen seine volle Wirksamkeit entfalten kann. Deshalb haben sich die Inhalte desselben der öffentlichen Evaluation zu stellen, haben individuelle Errungenschaften in kollektives Wissensgut einzufließen, um dieses als stets aktuelle Ausgangsbasis weiterer Erfahrungsgewinne zu befestigen" (Condorcet 1994, S. 64, zit. n. Hofer 1998, S. 33).

Öffentliche Erziehung habe die Aufgabe, eine immer größere Zahl von Menschen mit weitreichenden, ausgleichenden Angeboten der Wissensaneignung zur Erfüllung der für die Gesellschaft notwendigen Funktion zu befähigen, damit „die ständig wachsenden Fortschritte der Erkenntnisse eine unerschöpfliche Quelle erschließen" (vgl. Condorcet 1993 (1792), S. 84). „Weil es für Condorcet kein Teilen der Macht ohne Teilen des Wissens gibt", ist außerdem eines seiner grundsätzlichen Anliegen, „Wissen und Erkenntnis zu demokratisieren und für alle zugänglich zu machen" (Hofer 1998, S. 35). An der Verbreitung des Wissens sollen alle teilhaben, denn Mitglieder aller Gesellschaftsschichten haben das Recht auf Zugang zu Funktionen der Bürgerschaft. Es darf zu keiner Wissenskonzentration auf einige Wenige kommen, weil die daraus folgende Machtkonzentration Voraussetzung für Monopole und für Unfreiheit derjenigen ist, welche als Nichtwissende automatisch in die Abhängigkeit der Wissenden geraten (vgl. ebd., S.33f.). Das politische Ideal einer Republik von Condorcet ist daher „gekoppelt mit der Vorstellung der politischen Existenz aller Menschen, welche aber nicht denkbar ist ohne zumindest elementare Bildung" (ebd., S. 35). Hier stellt Erziehung ein Recht aller Menschen dar, das mit dem unbeschränkten Zugang zu Bildung für alle begründet wird. Die ständischen Unterschiede im Zugang zur Schule müssen beseitigt werden. Denn „(e)ine aufgeklärte Gesellschaft kann (...) gerade nicht auf ein Gelehrtenideal setzen, kann keine Formierung einer Elite erfolgreicher und isolierter Einzelkämpfer anstreben. Der Stand der Aufklärung darf sich nicht an der Vernunft einzelner bemessen, sondern an deren Verbreitung" (Condorcet 1994, S. 91; 203ff., zit. n. Hofer 1998, S. 33). Damit wird eine allgemeine Erziehungsinstitution konzipiert, die von Anfang an von allen benutzt werden kann und die keine getrennten Wege zu frühzeitiger Aufteilung und Zuweisung vorsieht (vgl. Hofer 1998, S. 38).

Vor diesem ideellen Hintergrund wird 1792 in Frankreich eine Verordnung für die allgemeine Organisation des öffentlichen Unterrichtswesens entworfen.[183] Der Entwurf bestimmt, dass Schule die Pflicht hat, alle Bürger zum freien Gebrauch der Vernunft und zur individuellen Selbstverwirklichung zu befähigen. Öffentliche Erziehung bedeutet hier Manifestation einer Pflicht der Gesellschaft. Öffentliche Erziehung gilt zwar grundsätzlich als verlängerte Institution der privaten Erziehung und somit Institutionalisierung der Privatheit. Da die Einhaltung des natürlichen Rechts in den privaten Sphären aber nicht für alle gewährleistet werden könne, sei es notwendig, die Elternpflicht in puncto Erziehung teilweise zu vergemeinschaftlichen. Gemäß seiner liberalen Staatsvorstellung verteidigt Condorcet jedoch die öffentliche Erziehung gegen jede Instrumentalisierung für Ziele und Zwecke der Staatsmacht. Er vertritt die Überzeugung, „daß Bildung nicht nur nützlich zu sein hat, daß sie überdies einen Wert in sich für jedes Individuum besitzt, daß sie durchaus auch Vergnügen bereiten soll" (Condorcet 1994, S. 179, zit. n. Hofer 1998, S. 34). Er betrachtet eine gesetzlich verankerte Unabhängigkeit der öffentlichen Erziehung als Teil der Menschenrechte wider die Gefahr einer totalitären Erziehung in der Hand des Staates. Die Kosten der öffentlichen Erziehung werden zwar vom Staat übernommen, aber Erziehung soll nicht zur Pflicht und nicht aufgezwungen werden. So entwirft er ein Konzept für eine von der staatlichen Verwaltungsmacht unabhängigen, staatlichen Erziehungsstätte (vgl. Condorcet 1993 (1792), S. 85f.): Er plädiert für die Trennung zwischen den *l'éducation* und *l'instruction*. *L'éducation* ist für die Erziehung der inneren menschlichen Angelegenheit wie der Moral zuständig und soll der privat-häuslichen Erziehung überlassen bleiben, da dieser Bereich, wenn er direkt unter staatlicher Kontrolle steht, leicht durch politische Strömungen, Schwankungen, staatliche Willkür und Manipulation beeinflusst werden kann. Dem gegenüber soll die öffentliche Erziehung, *l'instruction publique*, auf die Wissensvermittlung begrenzt sein. Dieses Wissen ist technisch-empirisches Wissen, das auf nachweisbarer, objektiver Erkenntnis basiert und im Dienste eines allgemeinen und möglichst umfassenden Gebrauchs der Vernunft größtmöglich verbreitet und wirksam werden soll (vgl. Hofer 1998, S. 32ff.). Dieser Teil der Erziehung, Wissensvermittlung für gesellschaftliche Vernunftentwicklung, kann der institutionalisierten Erziehung in öffentlichem Unterricht übertragen werden.[184] L'instruction publique stellt das Instrument zur individuellen Emanzipation der Privatperson dar. Sie basiert auf der Möglichkeit der wissensbasierten Selbstkontrolle und nicht auf staatlicher Kontrolle wie sie in der durch

---

183 Original: *Rapport et projet de décret sur l'organisation générale de l'instruction publique (1792).*

184 Unterricht in diesem Sinne wird, ausgehend vom Objekt, vom Gegenstand des Lernens, durch dessen gute Strukturierung und Vereinfachung konzipiert, damit ein umfassendes Verstehen ermöglicht werden kann. Didaktik bei Condorcet heißt in diesem Sinne Fachdidaktik. Wissenschaftliche Erkenntnis hat in die umfassende und methodisch durchdachte Arbeit ihrer Erklärung und Verbreitung einzumünden (ebd.).

absolutistische Staatsobrigkeit beherrschten, repräsentativen Öffentlichkeit üblich war. „Menschen nicht zur Bewunderung von Gesetz und Verfassung erziehen, sondern sie befähigen, diese kritisch beurteilen und allenfalls korrigieren zu können – dies ist die Absicht." (Condorcets 1993 (1792)). Gegenstand der instruction publique dürfen deshalb zu keiner Zeit Gesinnungen, Meinungen oder Glaubenssätze sein, sondern Kenntnisse, Wissen und Methoden zur optimalen Aneignung und kritischen Überprüfung derselben. „Diese müssen Grundlage dafür abgeben, daß Gesetze das Ergebnis eines rationalen Prozesses, eingebettet in umfassenden öffentlichen Austausch, darstellen." (Hofer 1998, S. 35). In der Forderung, dass öffentliche Erziehung sich lediglich auf l'instruction konzentrieren soll, zeigt sich ein Grundzug des modernen laizistischen Prinzips, nach dem öffentliche Erziehung sowohl von Religiosität, als auch vom moralischen Einheitsbild des Staates frei bleibt. Die Idee der Privatheit der Erziehung wird mit der Privatheit der l'éducation verbunden, die zusammen mit der Öffentlichkeit der l'instruction als einheitliches Gebilde den Aufbau von Vernunft und Moral jedes Einzelnen ermöglicht (vgl. Horio 1992, S. 12ff.; S. 201; S. 216).

Die Gemeinsamkeiten von (Locke), Rousseau und Condorcet bestehen darin, dass sie von der Einflussnahme der Erziehung auf die Öffentlichkeit gerade dort absehen, wo sie im Gegensatz zu der einer staatlichen Macht unterworfenen Erziehung steht. Genau an diesem Aspekt lässt sich der Zusammenhang mit Erziehung als Instrument der liberal-bürgerlichen Öffentlichkeit erkennen: Den wesentlichen Beitrag liefert die privat-häusliche Erziehung (bei Locke und Rousseau) bzw. der Schutz des intimen, mentalen Bereichs der Privatperson vor staatlicher Macht (bei Condorcet) – Erziehung zur mündigen Person. Dies bedeutet, dass die auf dem liberalen Prinzip basierende Erziehung als Handeln aufgrund menschlicher Innerlichkeit beruht und nicht von einer außen stehenden Macht beeinflusst wird. Es geht um „das Vermindern und möglichst weitgehende Ausschalten von Gefahrenquellen der gesellschaftlichen Einvernahme, Funktionalisierung oder Bevormundung des Menschen, sei dies durch Unterordnung unter staatliche und kirchliche Machtinstanzen, oder durch unreflektierte Übernahme der Meinungen populistischer Führerpersonen" (Hofer 1998, S. 30). Das Grundrecht der Erziehung verbleibt bei den Eltern im privaten Bereich. Was die private Erziehung nicht leisten kann – z. B. die Auseinandersetzung mit dem zu erwerbenden Wissen aus der Umwelt oder der Erwerb weiter entwickelter technischer Methoden –, liegt in der Hand öffentlich institutionalisierter Erziehung, wobei der Staat bei der Erziehung grundsätzlich nicht zu intervenieren hat (vgl. Horio 1992, S. 301). Öffentlichkeit der Erziehung zeigt sich darin, dass die privaten Personen durch Erziehung und Bildung innerhalb einer staatsfreien, auf Vernunft basierenden (öffentlichen) Sphäre gebildet werden, um später vor allem durch Räsonnieren der liberal-bürgerlichen Öffentlichkeit und damit dem Zusammenhalt der demokratischen Gesellschaft dienlich zu werden.

3.3.2 Die Öffentlichkeit der Erziehung des ‚homo oeconomicus'

Die liberal-bürgerliche Öffentlichkeit basiert, wie ihre Bezeichnung bereits andeutet, auf dem Staatskonzept mit modernen liberalen Ideen. Die Entstehung der liberal-bürgerlichen Öffentlichkeit hängt hier stark mit der kapitalistischen Wirtschaft zusammen. Um die Freiheit der privaten Unternehmungen im Kapitalismus zu gewährleisten, war dies anfänglich mit dem Konzept des Nachtwächterstaates verbunden. Nach dem Prinzip der negativen Rechte sollten private Angelegenheiten, vor allem kapitalistisch organisierte, marktwirtschaftliche Tätigkeiten, grundsätzlich vom Staat als solche geschützt werden (vgl. Abschn. 1.1.4.1). In diesem Zusammenhang war (öffentliche) Erziehung als Mittel zur individuellen (Weiter-)Entwicklung der Privatperson konzipiert. Erziehung verstand sich als Zugangsmöglichkeit und -voraussetzung für das zukünftige Erwerbsleben zum ökonomischen Wohl der einzelnen Privatperson.

Parallel zu diesem an der privaten Person orientierten Konzept muss die Wirklichkeit der allgemeinen Erziehungssituation im 17./18. Jh. berücksichtigt werden. Während sich Adel und Bürgerliche an dem ‚Gentilhomme' und die öffentlichen Diskurse über Erziehung an der neuzeitlich aufgeklärten Vernunft orientieren, stellt sich die übrige Gesellschaft mit ihren Bedürfnissen anders dar. Im Prozess der fortdauernden merkantilistischen Wirtschaftsentwicklung entstand innerhalb des liberal-bürgerlichen und privat-kapitalistischen Ideals ein neues Leitbild vom Menschen – der ‚homo oeconomicus'[185]. Damit verbunden war die Orientierung des Erziehungsprozesses an der ‚Industriösität', welche diejenigen menschlichen Qualitäten meint, die, emsig und erfinderisch, produktive Erwerbstätigkeiten hervorzubringen versprechen (vgl. Blankertz 1992, S. 57). Alle Bevölkerungsteile können/sollen anhand der Bildung ihres naturhaft rational-ökonomischen Verhaltens zur gesellschaftlichen Entwicklung beitragen. Der öffentliche Diskurs über die Erziehung des niederen Volkes wird vor allem von den, vom ‚homo oeconomicus' ausgehenden, pädagogischen Ambitionen beherrscht.[186] Die Bevölkerung auf dem Lande soll umfassend aufgeklärt, vom

---

185 ‚Homo oeconomicus' ist ein relativ junger Begriff. Erstmals findet man ihn 1888 auf Englisch als ‚economic man' in John Kells Ingrams „A History of Political Economy". Es ist festzuhalten, dass es sich bei diesem in der Geschichte der Pädagogik oft benutzten Begriff um eine spätere Beobachtung und Beschreibung handelt.

186 Die Modernisierung der Gesellschaftsstruktur, d. h. die Rationalisierungsprozesse durch die horizontal-funktionalistische Ausdifferenzierung der Gesellschaft, schreitet angesichts der politisch demokratischen Gesellschaftsordnung und der Herausbildung der neuen (kapitalistischen) Produktionsweise voran. In diesem Prozess dehnt sich der größte Teil der wirtschaftlichen Tätigkeit allmählich aus der familialen Privatsphäre auf die außerhäuslichen Produktionsstellen wie industrielle Fabriken aus. Die nun für das neue wirtschaftliche und gesellschaftliche Leben erforderlichen Leistungen lassen sich nicht mehr mit dem Lernen und Aneignen in der alltäglich privaten Lebenswelt erfüllen, wie das in der modernen Zeit noch möglich war (vgl. Oelkers 1988, S. 587). Diese Tendenz hin zu einem außerhäuslichen, öffentlichen (Arbeits-)Leben gilt nicht nur für das „Großstadtpublikum" (Oelkers 1988, S. 589), sondern beginnt, sich ebenso auf den breiten Massen der Bevölkerung bemerkbar zu machen.

Aberglauben wie von ihrer Faulheit und Trägheit befreit werden, „damit sie, ausgestattet mit gemeinnützigen Kenntnissen durch organisierte Erziehung, in industriöser Gesinnung aus eigenen Kräften gegen Hunger und Armut arbeiten und in der ökonomisch geplanten Bestellung des Landes den Missernten vorbauen (kann)" (Tenorth 2000, S. 93f.). Ist das liberale Bürgertum Subjekt der philosophischen Aufklärung der neuen Welt und der pädagogischen Bemühungen, so kann das einfache Volk in diesem Zusammenhang eher als ein Objekt der Reformprojekte der Moderne betrachtet werden. Dieses Menschenbild ist nicht nur durch das private Wirtschaftssystem entstanden, sondern wurde auch von den Aufklärungspädagogen und Philanthropen unterstützt[187] und von der Staatspolitik befürwortet. Die merkantilistische Staatsform stützte sich nicht länger auf die Willkürherrschaft des Absolutismus und auf die repräsentative Öffentlichkeit, sondern versuchte, eigene Möglichkeiten sozialer Nutzbarkeit zu entwickeln, um die Staatsökonomie zu fördern. Anders als im Programm der auf das einzelne Subjekt bezogenen Aufklärung werden die Menschen hier als die Gesamtheit des Territoriums, als ökonomische Einheit betrachtet (vgl. Blankertz 1992, S. 42; vgl. Abschn. 3.2.2). Der Staatszweck präsentiert sich in einem planwirtschaftlichen Gesamtkonzept, welches die vernünftige Gestaltung der gesellschaftlichen Ordnung zum Wohle aller ausdrücken soll. Öffentlichkeit der Erziehung hängt mit solchen wirtschaftspolitischen Überlegungen zusammen. Erziehungspolitik bezieht sich auf allgemeine Wohlfahrt, wobei sie versucht, die wirtschaftlichen Interessen der gesamten Bevölkerung zu verwalten und zugleich von jedem einzelnen Untertan optimale Leistungsfähigkeit in der jeweiligen Berufsaufgabe zu fordern (vgl. ebd., S. 43; S. 45). Nützlichkeit und Verwertbarkeit der Erziehung werden an der ökonomischen und technischen Weiterentwicklung der Gesamtgesellschaft gemessen. Öffentliche Erziehung lässt sich hier einerseits mit der scheinbaren *Orientierung am Wohle aller* legitimieren und andererseits ebenso wirksam mit der *Brauchbarkeit des Einzelnen wie der Gesellschaft* überhaupt rechtfertigen. In diesem Sinne kann nur die staatliche Schule auf das spätere Leben vorbereiten, „weil sie die institutionelle Garantie für die Vermittlung desjenigen Wissens und Könnens übernehmen kann, das für die Zukunft der Gesellschaft als notwendig erachtet wird" (Oelkers 1988, S. 586f.). Erziehung und Bildung der Bevölkerung hin zum ‚homo oeconomicus' soll der Gesamtökonomie und -gesellschaft zum Wohlstand verhelfen.

Der Zeitgeist der Industriösität zeigt am staatlichen Konzept einer besonderen, beruflich-realistischen Erziehung der Gesamtbevölkerung mit Bezug auf die Aufklärungspädagogik eine Form von „Industrieschulkonzept" (Blankertz 1992, S. 60ff.). Für das niedere Volk sind die *Industrieschulen* und *Bauernschulen*

---

187 Angesichts dieser gesellschaftlichen Bedürfnisse stellen die damaligen als Aufklärungspädago-gik zu bezeichnenden pädagogischen Bewegungen das zwiespältige Verhältnis von Mensch-lichkeit und Nutzbarkeit dar. Diese utilitaristische Art der Menschenbildung Zweck gesell-schaftlich-ökonomischen Wohlbefindens wurde insbesondere von Pietisten und Philanthropen befürwortet.

konzipiert, in der „die Kinder frühzeitig in der pädagogisch gestifteten Verbindung von Arbeit und Lernen sowie durch die Ausbildung ‚industriöser‘ Tugenden – des Fleißes, der Arbeitsamkeit, Sparsamkeit (etc.) – zur Sicherung des eigenen Lebensunterhalts erzogen werden" (Tenorth 2000, S. 92).[188] Das Erziehungskonzept für die Masse der ärmeren Bevölkerungsschichten entspricht zwar dem der Aufklärung verpflichteten Programm einer lückenlos durchzusetzenden Schulpflicht (vgl. Blankertz 1992, S. 61). Die allgemeine Schulpflicht findet in dieser Zeit in Wirklichkeit jedoch nicht lückenlos statt. Da die Erziehungsinstitution auf dem Lande nicht unmittelbar unter staatlicher Obrigkeit, sondern weiterhin in der Hand des ländlichen Gutsherrn lag, verzögerte sich der Ausbau dieses Schultypus. Vor allem aus finanziellen Gründen war die Anpassung der institutionellen Bedingungen wie Schulstruktur und Lehrpersonal nicht ausreichend möglich. Die Intention der Aufklärungspädagogen blieb hier außer Acht.

Während die Erziehung des gemeinen Volkes tendenziell im Hintergrund bleibt, entstehen für die Erziehung und Bildung der Bürger zum ‚homo oeconomicus‘ neue Konzepte. „In die epochentypischen Versuche der pädagogisch geplanten Ausbreitung einer gemeinnützigen, ‚industriösen‘ Mentalität gehören also nicht nur Volksbildungspläne, auch nicht nur die zugleich in sozialpädagogischer und disziplinierender Absicht eingerichteten ‚Industrieschulen‘, sondern auch erste wissenschaftlich ausgerichtete, qualifikationsorientierte Schulen" (Tenorth 2000, S. 98). Die für die Arbeitsteilung der Gesellschaft notwendige Selektion durch Abschluss und Qualifikation wird nicht nur in den Lernprozessen an den Universitäten und den staatsabhängigen Professionen gefordert, sondern setzt sich nun schwerpunktmäßig besonders in der beruflichen Qualifizierung der (privaten) Wirtschaft durch. So kann auf deutschem Gebiet – neben den Ausbildungsbemühungen des Handwerks und den Versuchen einer Neuordnung des Lehrlingswesens – die Gründung von *Fachschulen* als Beispiel genannt werden. Die Fachschulen, die Vorläufer technischer Lehranstalten und Hochschulen,[189] organisieren „die merkantilistische Ökonomie, u. a. den Prozeß der Transformation technischen Wissens und der Erneuerung von Produktionsweisen" (ebd., S. 97ff.). Zugleich wird Mitte des 18. Jh. die *Realschule* als Teil eines umfassenden Schulsystems gegründet. Im Unterschied zu dem sich am Zugang

---

188 Obwohl Industrieschulen seit Ende der 1770er Jahre bis zum ausgehenden 18. Jh. in Böhmen, Göttingen und Würzburg große Verbreitung fanden (vgl. Marquardt 1975, S. 43f.), kann diese Art der Erziehungsinstitution nicht unbedingt als vorbildliches Muster der Volksbildung bezeichnet werden. Industrieschulen überlebten nach 19. Jh. nicht, weil die pädagogischen Erwartungen einerseits stark auf die ‚protoindustriellen Produktionsweisen‘ fixiert waren und andererseits dem ständisch organisierten Lernprozess verhaftet blieben. Die Bauernschulen als allgemeine Volksschule waren in dieser Zeit mit der Armenfürsorge vergleichbar und betrafen nicht nur Kinder, sondern auch Erwachsene (vgl. Leschinsky/Roeder 1983, S. 283ff.; Blankertz 1992, S. 57ff.; Treiber/Steinert 2005, S. 47f.).

189 Hier einige Fachschulgründung zu nennen: Die Bauschulen 1767 in Hamburg, Bergschulen 1765 in Freiberg i. Sachsen, Handelsschulen 1768 in Hamburg usw. Vgl. dazu Blankertz 1992, S. 65.

zur Universität orientierenden Gymnasium orientiert sie sich verstärkt an berufs-
verwertbaren Qualifikationsangeboten wie der Mathematik und naturwissen-
schaftlich fundierten Kenntnissen, die sowohl für Technologien wie ökonomische Fragen von Bedeutung sind (vgl. Abschn. 3.3.3.3).

Die kapitalistisch organisierte Produktionsweise, auf die sich das frühmoderne, liberal- demokratische Gesellschaftsmodell stützt, basiert zwar grundsätzlich
auf dem privaten, unantastbaren Bereich der Gesellschaft. Es lassen sich jedoch
auch die Grenzen der betrieblichen Möglichkeiten erkennen. Es werden gut
ausgebildete Arbeitskräfte benötigt, um mit der wirtschaftlich-technische Entwicklung mitzuhalten. Als ‚homo oeconomicus' hat der Mensch nicht nur eine
eigene berufliche Qualifikation zu erlangen, sondern muss auch als Privatperson
ein rational ökonomisch handelndes Subjekt werden. Die Industriösität verlangt
den Erziehungsprozess des Einzelnen zum Werkzeug und Instrument für die
Entwicklung des Gesamtstaates. Die öffentliche Erziehung ist so konzipiert, dass
sie dem gesamtgesellschaftlichen Vorteil und dem (ökonomischen) Wohl des
gesamten Landes gerecht wird. In der Öffentlichkeit der Erziehung grenzt sich
das Bild vom ‚homo oeconomicus' von dem des ‚homo sociologicus'[190] ab und
verwandelt sich zugleich zu letzterem, was im Folgenden näher behandelt wird.

3.3.3 Die widersprüchlichen Anforderungen der Öffentlichkeit der Erziehung

3.3.3.1 Gesellschaftlicher und pädagogischer Anspruch – Freiheit oder
(kontrollierte) Gleichheit?

Die Idee der Erziehung in ihren Grundsätzen, sowie die reale Situation der
Erziehung spiegeln sich im Diskurs der liberal-bürgerlichen Öffentlichkeit wider.
Sie werden stark durch die Aufklärung und durch die klassisch-liberale Philosophie bestimmt. ‚Öffentlich' wird hier grundsätzlich nicht als Synonym für
‚staatlich' benutzt, wie es im juristischen Sprachgebrauch des 17. Jh. üblich war.
„,Öffentlichkeit' gilt fortan als diskursives Medium, in welchem sich politische
oder sonstige Meinungen bilden können, ohne staatlicher Beaufsichtigung zu
unterliegen" (Oelkers 1988, S. 584). Öffentlichkeit kann als Bindeglied zwischen
den privaten Interessen, den Anforderungen aus den unterschiedlichen Funktionssystemen sowie der gesellschaftlich staatlichen Umsetzung dieser Interessen
dienen. Im klassischen Liberalismus wird die Freiheit als unabdingbares Recht
der Privatperson verstanden. Dieses liberale Organisationsprinzip der Gesellschaft entspricht der Idee der Erziehung in der liberal-bürgerlichen Öffentlich-

---

190   Dahrendorf zufolge ist „(f)ür Gesellschaft und Soziologie (...) der Prozeß der Sozialisierung
        stets ein Prozeß der Entpersönlichung, in dem die absolute Individualität und Freiheit des
        Einzelnen in der Kontrolle und Allgemeinheit sozialer Rollen aufgehoben wird. Der zum *homo*
        sociologicus gewordene Mensch ist den Gesetzen der Gesellschaft und den Hypothesen der
        Soziologie schutzlos ausgeliefert" (Dahrendorf 2010 (1958) S. 58).

keit: Privat-häusliche Erziehung bleibt innerhalb der Kategorie der autonomen Freiheitsrechte grundsätzlich unantastbar (vgl. Abschn. 3.3.1). Im gesellschaftlichen Zusammenhang ist das Freiheitsrecht jedoch mit einem hohen Anspruch verbunden. So beschreibt Oelkers mit Kant: ‚öffentlich' bedeute, „den zwanglosen, aber an Niveau gebundenen Austausch von Argumenten in allen den Angelegenheiten (zu) begründen, die die Vernunft in öffentlichem Gebrauch erfordern" (ebd.; vgl. Kant 1964 (1784), S. 55). Diese Logik der Verknüpfung der Freiheitsrechte mit dem öffentlichen Gebrauch der Vernunft stellt die Konzeption der privat-häuslichen Erziehung nach Locke und Rousseau zunächst als Sache der gebildeten, bürgerlichen Schicht dar. Der der Öffentlichkeit Zugehörige, als Subjekt des bürgerlichen Rechtsstaates und zugleich die moderne, vernünftig handelnde, moralische Person sind *die Bürgerlichen,* deren Bewusstsein in der Intimsphäre der patriarchalischen Kleinfamilie gewachsen ist (vgl. Habermas 1990 (1962), S. 156). Der Zugang zum Wissen und somit die Teilhabe am Publikum wird in der Moderne zwar prinzipiell nicht mehr durch die ständische Gesellschaftsordnung gestützt, aber nun wohl durch „sachliche und private Qualifikationen" wie „religiöses Bekenntnis, Lesefähigkeit, Geschmack und Takt" geregelt (Hölscher 1979, S. 79). Die Bürgerlichen bilden im Rahmen eines Bewusstwerdungsprozesses die liberale Öffentlichkeit als besondere gesellschaftliche Schicht mit eigenem intellektuellen Niveau und eigener Moral und Kultur (vgl. Nieser 1978, S. 75ff.; S. 90).[191] „Bildung ist das eine Zulassungskriterium – der Besitz das andere. Faktisch decken beide Kriterien weithin den gleichen Personenkreis; denn (...) [gebildet zu sein; T. K.] ist eher Folge als Voraussetzung eines gesellschaftlichen Status, der seinerseits primär durch Eigentumstitel bestimmt ist. Die gebildeten Stände sind auch die besitzenden" (Habermas 1990 (1962), S. 157).[192] D. h., die öffentlichen Institutionen der Meinungs- und Diskursbildung sind nur für denjenigen öffentlich, der über ausreichend Geld, Besitz und Bildung verfügt. So ist die bürgerliche Öffentlichkeit wie die daraus folgende Bedingung für die öffentliche Erziehung und Bildung durch schichtenspezifische Einschränkung markiert. Diese besondere Schicht betreibt den Diskurs des 18. Jh. über Erziehung in einem „ihr eigenen Arkanbereich geistiger Autonomie, dessen Entfaltung sie in neuen privaten Geselligkeitsformen wie den französischen Salons, den englischen Klubs und den geheimen Logen der international verbreiteten Freimaurerorden, aber auch in der gelehrten

---

191   Die Bürgerlichen als Akteure der liberal-bürgerlichen Öffentlichkeit treten insofern in der Moderne neu auf, als sie „(d)as Bewusstsein des eigenen sozialen Aufstiegs, die Betonung der eigenen Leistung sowie die Erfahrung der Nützlichkeit einer guten Ausbildung" besitzen und wissen, dass „nicht das Blut entscheidend für den sozialen Rang ist, sondern erworbenes Vermögen und Bildung" (ebd., S. 75f.).

192   „Die einstmals Bürger, Stadtbürger, par excellence waren, Einzelhändler und Handwerker, werden von den »Bürgerlichen« nicht mehr zur Bourgeoisie gerechnet. Deren Kriterium ist die Bildung; die Bürgerlichen gehören zu den gebildeten Ständen – Geschäftsleute und Akademiker (Gelehrte, Geistliche, Beamte, Ärzte, Juristen, Lehrer usw.)" (ebd., S. 139).

Buch- und der privaten Briefkorrespondenz gegen die öffentliche Kontrolle des Staates zu sichern versucht" (Hölscher 1984, S. 1136). Die Erziehungsprogramme werden demzufolge im den Diskurs erzeugenden, bürgerlichen Kreis hergestellt. Das öffentliche Erziehungskonzept im Zeitalter der liberal-bürgerlichen Öffentlichkeit ist demnach stark dem ständischen Bewusstsein und der ständisch organisierten Lebensweise verhaftet.

Dem steht die gesellschaftliche Wirklichkeit gegenüber, in der die liberal bürgerliche Erziehung, der Privatheit zugeordnet, lediglich eine der normativ-ideellen Lösungen der demokratischen Gesellschaftsordnung darstellt und in der die realen Lebensverhältnisse, objektiv betrachtet, nicht so viel Gewicht erhalten. Das ausschließliche Durchsetzen des liberalen Freiheitsmodells stößt in der Realisierung einer gerechten, nach modernen, aufklärerischen Prinzipien ausgerichteten Demokratie an ihre Grenzen. „Die bürgerliche Öffentlichkeit steht und fällt mit dem Prinzip des allgemeinen Zugangs. Denn eine Öffentlichkeit, von der angebbare Gruppen eo ipso ausgeschlossen wären, ist nicht etwa nur unvollständig, sie ist vielmehr gar keine Öffentlichkeit." (Habermas 1990 (1962), S. 156f.). Neben der Realisierbarkeit der autonomen Freiheit der einzelnen Privatperson als auch der Marktwirtschaft stellt sich die Frage nach der Realisierung der (Chancen-)Gleichheit in einer demokratisch organisierten Gesellschaft. Diese zwei Prinzipien – die auf die Privatperson bezogene *Freiheit* einerseits und die auf die Gesellschaft bezogene *Gleichheit/Gerechtigkeit* andererseits – können nicht ohne Widerspruch koexistieren, obwohl die neu gebildete, bürgerliche Öffentlichkeit und die daraus folgenden Erziehungskonzepte sich maßgeblich auf diese beiden Prinzipien berufen (vgl. Hofer 1998, S. 36).

Im Prozess der allmählichen Auflösung der ständischen Struktur des Mittelalters entsteht nun, auf theoretischer Ebene, eine horizontale Gesellschaftsordnung, die im Prinzip den allgemeinen Zugang zu Wissen und Öffentlichkeit gewährleisten soll. Dementsprechend entwickelt sich, im Prozess des Wandels unter den Bürgerlichen, die Öffentlichkeit von einer literarischen hin zu einer politischen, mit der Frage nach dem sozialen Zusammenleben, den Anforderung an die (Chancen-)Gleichheit und der daraus erwachsenden Notwendigkeit gemeinsamer Vorkehrungen zum Wohle aller. Damit entsteht das Menschenbild vom ‚homo sociologicus'. Die Hauptfrage betrifft die neue Zuordnung der Menschen zu verschiedenen sozialen Rollen: Wie kann unter den neuen Gesellschaftsbedingungen die Verteilung von Berufspositionen und Lebenschancen geregelt und legitimiert werden? Eine allgemeine, zunehmend gleiche Erziehung der Bevölkerung tritt in diese Funktionslücke der modernen Gesellschaft. Vor allem die Alphabetisierung der Massen ist hier die Grundvoraussetzung, die jedem Einzelnen in egalitärer Weise den Zugang zu allen Positionen und Rollen in der Öffentlichkeit eröffnet (vgl. Herrlitz et al. 2005, S. 49). Denn die „Politik war die Welt des gedruckten Wortes, und nur über gedruckte Nachrichten konnte man den Stand der Dinge verfolgen: ein (...) Motiv, das gemeine Volk (...) lesen zu lehren. Alphabetisierung (bedeutet) Zugang zu Zeitungen und Bibeltraktaten" (Swaan

1993, S. 69)[193] – d. h. Zugang zur Öffentlichkeit. Dieser folgt „dem Prinzip der diskursiven Auseinandersetzung (...); jede öffentliche Auseinandersetzung ist auf den Austausch von Gründen bezogen, für die Wissen und Kompetenz reklamiert werden müssen" (Oelkers 1988, S. 579). Neben der Alphabetisierung lässt sich die Vermittlung von weiterem Wissen und Können zu den (politischen) Aufgaben der öffentlichen Erziehung zählen. Aufgrund der Menschenrechte haben alle Menschen im Prinzip das Recht, sich zu entfalten und zugleich durch den Erwerb von Wissen und Können an der öffentlichen Kommunikation teilzunehmen (vgl. Abschn. 2.1.1; 3.3.1). Wie im Konzept des politischen Liberalismus die Freiheit durch den Staat geschützt wird, muss auch die Einhaltung des Gleichheitsprinzips vom Staat gewährleistet werden. In Bezug auf die aufklärerischen Ansprüche von Öffentlichkeit und Erziehung ist die (staatlich organisierte) öffentliche Erziehung einerseits Voraussetzung für die Ermöglichung der Freiheit des Menschen und der Gesellschaft, weil die die Öffentlichkeit bildenden Privatpersonen nur durch Erziehung und Bildung zu freien mündigen Subjekten werden. Andererseits ist die allgemein zugängliche, öffentliche Erziehung Voraussetzung für die Schaffung der öffentlichen (Chancen-)Gleichheit, auch wenn die Erziehungsmotive Teil des herrschaftlichen Kalküls sind. Anders formuliert: Öffentlichkeit der Erziehung setzt die aufklärerischen Ideen von Freiheit und Gleichheit (Gerechtigkeit) voraus. Erziehung ist ein Teil des Integrationsprozesses eines modernen Staates/einer Gesellschaft, wobei die verschiedenen Funktionssysteme in Anlehnung an die beiden Themen, Freiheit und Gleichheit, (re)integriert werden. Die Frage ist hier, wie jedermann, ohne Einschränkung aufgrund von Geburt oder Geschlecht, praktisch die Möglichkeit zur Selbstentfaltung und -ermöglichung erhalten und „an das allgemeine Wissen der Zeit herangeführt und auf das politische Gemeinwesen vorbereitet werden kann" (ebd.). Öffentlichkeit der Erziehung ist mit den Forderungen nach „*gesellschaftlicher Verantwortung des Einzelnen* und *gesellschaftlicher Verantwortung für den Einzelnen*" (Lohmann 2002c, S. 3; vgl. Amos/Meseth/Proske 2011, S. 11) verbunden, auch wenn die Wirkungsweise dabei sowohl freientfaltend als auch zwanghaft und totalitär ausfallen kann.

Die Diskussion über die widersprüchlichen Forderungen und Folgen der Freiheit vs. Gleichheit kann am Beispiel des preußischen Staates verdeutlicht werden – der bildungspolitische Versuch, eine auf Gleichheit beruhende Schulpolitik nach den Prinzipien der neuhumanistischen Bildungstheorie zu betrei-

---

193 Vor allem nach der Reformation wird in den protestantischen Gebieten vehement eine allgemeine Erziehung für alle Bevölkerungsgruppen gefordert. Gerade die Bibellektüre war eine wichtige Bekehrungsstrategie der Reformation, mit der verstreute Gemeinden den neuen Glauben verbreiten und festigen sollten. So wird damals eine Elementarschulausbildung der unteren Schichten aufgebaut, um die Bibel in der Landessprache lesen können. Überall, wo der Protestantismus auftrat, stieß er auf religiöse Konkurrenz, was dazu anspornte, die Erziehung zu verbessern (vgl. ebd., S. 71ff.).

ben.[194] So basiert der *Entwurf eines allgemeinen Gesetztes über die Verfassung des Schulwesens im preußischen Staate (1817-1819)* von Johann Wilhelm Süvern im preußischen Kultusministerium auf dem Grundgedanken, dass alle natürlichen Ungleichheiten als Verschiedenheit von Geschlecht, Alter, Kräften, Neigungen, Talenten und vor allem des ungleich ausgeteilten Besitzes durch das künstliche Gleiche, den Erziehungsprozess, ausgeglichen werden können. Die öffentliche Erziehung und Bildung ermöglicht es dem Einzelnen, seine Laufbahn durch Wetteifer selbst zu bestimmen. Durch eine allgemeine, gleiche Erziehung und Bildung, die im Prinzip jedem Einzelnen den Zugang zu allen Positionen und Rollen eröffnet, könne die Verteilung von Berufspositionen und Lebenschancen geregelt und legitimiert werden.[195] Dem gegenüber vertritt Ludolph von Beckedorff, Pädagoge und Ministerialbeamter, eine andere Sichtweise. Er erkennt zwar ebenso, das mit der allmählichen Auflösung der ständischen Gesellschaft die Zuordnung von Personen und sozialen Rollen problematisch geworden ist. In seinem Gutachten des Süvernschen Verfassungsentwurfs des Schulwesens kritisiert er aber dessen Programm grundsätzlich: Eine allgemeine, künstlich gleiche Bildung für alle gefährde dauerhaft die gesellschaftliche Stabilität, weil diese in der Gemeinschaft der Menschen „Neid, Eifersucht, Feindschaft, Hader und ewige(n) Kampf" hervorrufe und folglich „eine unaufhörliche Quelle von Mißtrauen und wahrem inneren Kriege" (Beckedorff 1819/1822, Text bei Berthold/Schepp 1993, S. 115) sei. Der Erziehung kommt es darauf an, „daß ein jeder zu dem Stande oder Berufe, wozu er durch Geburt oder elterlichen Willen oder eigene Entschließung bestimmt worden ist, auch mit allem Ernste von früher Kindheit auf gründlich und vollständig auferzogen und vorgebildet werde" (ebd., S. 116). Die Aufgabe der Schule, so Beckedorff, liegt wie die der Kirche in einer Lösung des Problems durch Integration der in soziale Klassen getrennten Menschen, und zwar in der Weise „dass die sozial Ungleichen von einer alle umfassenden höheren Einheit der Gesinnung zusammenge-

---

194 Das von den Neuhumanisten aufgestellte Postulat der allgemeinen Menschenbildung stammt aus der Grundhaltung der Freisetzungspolitik und der Selbstmobilisierung der Kräfte des Volkes, die gegen die französische Besatzungsmacht gerichtet war. So plädiert Humboldt im Jahre 1809 für eine „durchgängige Einheit der Bildungsorganisation vom Elementarunterricht bis zum Universitätsstudium, eine notwendige gemeinsame Bildung für alle Staatsbürger als Medium vernünftiger sozialer Integration, Vorrang der selbstbewussten formalen Bildung" (Herrlitz et al. 2005, S. 30), was unter den konkreten gesellschaftlichen Bedingungen nicht verwirklicht wurde.

195 Die preußische Bildungsreform ist mit einer umfassenden staatlichen Modernisierungsstrategie verbunden, vor allem in Bezug auf das neue Beamtencorps. Der neue Typus von „Staatsbeamten, die im Prinzip ohne Ansehen ihrer religiösen, sozialen und regionalen Herkunft ausgewählt werden und später in ihrer Amtsausübung ohne Rücksicht auf partikulare Interessen nur das allgemeine Wohl im Auge haben sollen, können nicht in ständisch, konfessionell oder regional unterschiedlich gestalteten Schulen ausgebildet werden" (Zymek 1986, S. 77). Süverns Verfassungsentwurf des Schulwesens erlangte jedoch keine Gesetzeskraft. Er scheiterte am Widerstand der wiedererwachenden restaurativen Kräfte (vgl. Berthold/Schepp 1993, S. 109).

halten werden" (Titze, 1973, S. 141; vgl. Herrlitz et al. 2005, S. 49). Gesellschaftliche Stabilität durch standesgemäße Bildungsbeschränkung ist für Beckedorff wesentlich, um das Problem der Freiheit und Gleichheit zu lösen.[196]

Neben den bereits erwähnten Menschenbildern der ‚Privatperson' und des ‚homo oeconomicus' ist in diesem Zusammenhang die Entstehung zweier neuer Bürgertypen zu erwähnen – ‚Citoyen (Staatsbürger)' und ‚Bourgeois (Wirtschaftsbürger)' (vgl. Abschn. 1.1.3.4). Insbesondere mit Citoyen ist jeder einzelne der (Staats-)Bevölkerung gemeint, mit qualitativer und quantitativer Erweiterung von Rechten. Eine wichtige Funktion der öffentlichen Erziehung existiert mit Blick auf eine Erziehung des Menschen zum Citoyen. Erziehung wird in diesem Kontext weniger als ein Mittel zur individuellen Weiterentwicklung und des persönlichen Glücks, sondern vielmehr als ein Mittel des Fortschritts der Gesamtgesellschaft und des kollektiven Glücks verstanden (vgl. Oelkers 1988, S. 581). Die Kluft, entstanden durch die unterschiedliche Gewichtung des Verständnisses von Öffentlichkeit der Erziehung – einerseits als die auf den Differenzen von Argumenten und Persönlichkeiten basierende, freiheitversprechende Idee, und andererseits als die am Wohle der gesamten Bevölkerung orientierten Gleichheitsidee (vgl. ebd., S. 591) – wird mit der Institutionalisierung der Erziehung nicht beseitigt. Diese widersprüchliche Konstellation ist gerade ein unabdingbarer Bestandteil der öffentlich institutionalisierten Erziehung, solange sie sich mit den Ideen moderner Aufklärung in gegenseitig vorausgesetztem Abhängigkeitsverhältnis befindet.

3.3.3.2 Die Öffentlichkeit der Erziehung als funktionale Koppelung von Erziehung und Staatsgewalt

Während sich die klassische Theorie der Erziehung, die sich bei Locke oder Rousseau eher an einer Ermöglichung liberal-ästhetischer Selbstformung, unabhängig von einer staatlich institutionalisierten Schule, orientiert (vgl. Abschn. 3.3.1), lassen sich die Motive, Erziehung an die staatspolitische Öffentlichkeit als eine allgemein gültige, gemeinsame Aufgabe zu binden, ebenso in der bürgerlichen Öffentlichkeit finden. „Das Konzept der Staatlichkeit ist bildungshistorisch mit den in der Aufklärung und Revolution dominanten Gleichheits- und Gerechtigkeitsvorstellungen verbunden und zunächst als Spiegel bürgerlich emanzipatorischer Bestrebungen zu verstehen. Bildung soll nicht mehr nur Werk der Barmherzigkeit durch die Kirche oder Betätigung einer geistigen Oberschicht (...) sein" (Röseberg 1992, S. 26). Daraus folgt, Erziehung als politische Aufgabe innerhalb der staatlichen Verfügungsmacht zu definieren und diese entsprechend zu organisieren. Der historische Befund zeigt, dass sich gerade im Prozess der

---

196   Zu der Süvern-Beckedorff-Kontroverse siehe Herrlitz et al. 2005, S. 45ff: Tenorth 2000, S. 153f.

Freisetzung der ökonomischen und kulturellen Kräfte und der Abgrenzung/Universalisierung vom absolutistischen „Erziehungsstaat" (Herrmann 1993) (paradoxerweise) die Kompetenz des Staates auf dem Gebiet der Erziehung und Ausbildung intensivierte (vgl. ebd., S. 572f.).[197] Um dem Ansinnen der neu entstandenen Öffentlichkeit zu begegnen, dass Erziehung als Mittel zur Selbstentwicklung und zugleich als Instrument ihrer Zielsetzung dient, wird sie, anders als unter der absolutistischen Kontrollgewalt, unter die Aufsicht des (liberalen und ‚demokratischen') Staates gestellt, reguliert und garantiert. Diskutiert wird, in welchem Verhältnis Staat und öffentliche Erziehung zueinander stehen und welche widersprüchlichen Konstellationen sich dadurch in der öffentlichen Erziehung ergeben. Hier entsteht das Problem, dass sich Erziehung nach dem liberal-bürgerlichen Modell als individuelle Selbstformung nicht einfach mit staatlicher Institutionalisierung vereinbaren lässt (vgl. Oelkers 1988, S. 592).

Die Problemlage der Öffentlichkeit der Erziehung in Bezug auf das politische System und den Staatsapparat wurde bereits von verschiedenen Autoren dieser Zeit angesprochen und unterschiedlich thematisiert. So haben Ende des 18. Jh. Philanthropen im Allgemeinen versucht, die Erziehung mit den Bedürfnissen des modernen merkantilistischen Staates zu verbinden. In diesem Zusammenhang wird von einigen Autoren das Verhältnis zwischen der Erziehung und der staatlichen Absicht thematisiert. Philanthropen zufolge können die Berufsstände mithilfe der durch den Staat organisierten, öffentlichen Erziehung einander angenähert und so der Unterschied zwischen den Ständen verringert werden. Ernst Christian Trapp konstatiert, dass der Staat die Schulen zwar unterhält und eine Verantwortung für die Alphabetisierung der niederen Stände trägt, jedoch nur die formale Aufsicht ausüben und den Schulen ihre pädagogische Freiheit lassen soll. Bezüglich der Frage, worauf sich die Entwürfe der öffentlichen Erziehung zu beziehen haben, auf den Staat oder auf die Öffentlichkeit, definiert er, dass „öffentlich (...) oft weiter nichts (bedeute), als woran jeder teilnehmen darf. Öffentliche Schulen in dieser Bedeutung wären also diejenigen, zu welchen jedem, der das lernen wollte, was da gelehrt würde, der Zutritt offenstünde" (Trapp 1792, Text bei Berg 1980, S. 23). Er versteht öffentliche Schule, egal ob sie staatlich oder privat organisiert ist, aus der Definition von ‚öffentlich' als jedermann offen. Nach seinem Konzept ist auch Privatunterricht im Rahmen der öffentlichen Erziehung gestattet (vgl. ebd., S. 31). Er fordert „sogar freie Konkurrenz im Bildungsbereich, also eine entschiedene *Nicht*-Etatisierung der öffentlichen Bildung" (Oelkers 1988, S. 582f.). Dem gegenüber befürwortet Johann Bernhard Basedow beispielsweise, dass die Verwaltung der Erziehung nach dem laizistischen Prinzip zu verstaatlichen sei, weil die Erzie-

---

197 Herrmann zufolge führte diese Entwicklung „vom *Erziehungsstaat* des Absolutismus zur *Staatserziehung* des Konstitutionalismus" (ebd.). Oelkers beschreibt diese Tendenz als „Professionsstrategie": „‚Autonom' sind öffentliche Schulen dann, wenn der Staat sie komplett unterhält, mit exklusiven Privilegien versieht, sie nach den Forderungen der Schule ausbaut und dabei möglichst unbehelligt lässt." (Oelkers 2003, S. 54).

hung ein unabdingbares Mittel für die Menschenbildung und für die Verwirklichung des Wohlfahrtsstaates sei (vgl. Blankertz 1992, S. 79f.; Tanaka 1992, S. 102). Überhaupt kannten Philanthropen aus den Erfahrungen der Französischen Revolution die Streitigkeiten bezüglich der Gleichsetzung von staatlich und öffentlich. So versuchten sie im Allgemeinen die Realisierung einer Schule, die *im Staat*, aber nicht *durch den Staat* sondern *öffentlich* erfolgt.

Heinrich Stephani definiert 1797 in *Grundriß der Staatserziehungs-Wissenschaft* mit Kant, dass öffentliche Erziehung grundsätzlich zur Vervollkommnung des Menschen beiträgt. In öffentlicher Erziehung seien jedoch Staatsanstalten inbegriffen, „um den Menschen, die zu ihrer Bestimmung nöthigen Kenntnisse und Fertigkeiten zu verschaffen" (Stephani 1797, S. 29, zit. n. Oelkers 1988, S. 585). Er nennt die Förderung von Sittlichkeit innerhalb der Bürgerschaft als Staatsaufgabe (vgl. Herrmann 1993, S. 576). 1813 formuliert er, dass öffentliche Erziehung vom Zweck der Menschheit her zu verstehen sei. „(D)ieser Zweck besteht im vernünftigen Zusammenspiel von ‚Sittlichkeit und Glückseligkeit' aller Menschen" (Stephani 1813, S. 7, zit. n. Oelkers 1988, S. 593). Hinsichtlich öffentlicher Erziehung habe der Staat nur darum ein Recht, „die positiven Bedingungen des Menschheitszwecks zu erfüllen. (...) Denn das ‚Wollen' in Bezug auf den Menschheitszweck liegt ‚innerhalb des gemeinschaftlichen Rechtsgebietes' und ‚so ist auch jeder Staat befugt, die Erziehung zu einer öffentlichen Angelegenheit zu machen" (Stephani 1813, S. 39ff., zit. n. Oelkers 1988, S. 593).

Auch Wilhelm von Humboldt bringt in seinem Bildungskonzept eine klare Vorstellung der Zuständigkeit öffentlich institutionalisierter Erziehung zum Ausdruck: Die öffentlich institutionalisierte Erziehung und Bildung solle zu allen Ausbildungsgängen und auch zum Besuch der Universität den Grund legen. „Einen solchen Unterricht zu gewährleisten, ist (...) nicht die Aufgabe des Staats, sondern die Aufgabe der Kommunen, deren Selbstverwaltung in den preußischen Reformen eingeführt wurde. (...) Es sind die gesellschaftlichen Akteure, die für die öffentliche Organisation des Schulwesens verantwortlich sind. Die ‚Sache' des allgemeinen Unterrichts ist eine ‚Sache' der Bürger, heißt es im Bericht der Sektion [des Kultus und Unterrichts an den König; T. K.], ‚die mehr Bürgersinn gewinnen, wenn sie Schulverbesserung als ihr Werk ansehen, mehr Interesse am Unterricht selbst nehmen, die gewiss bessere öffentliche Erziehung der Privat-Erziehung vorziehen, wenn ihre öffentlichen Schulen ihnen selbst einige, wenn gleich mässige, Kosten machen, und endlich moralischer werden, wenn sie für die Moralität ihrer Kinder mit einiger Aufopferung Sorge tragen'" (Humboldt 1964 (1809)b, S. 220f.; Musolff/Hellekamps 2006, S. 86f.). Humboldt verbindet die Verantwortung der Bürger gegenüber den Angelegenheiten des öffentlichen Unterrichts mit den Auswirkungen auf sie selbst. Darum hält er die Übertragung dieser Verantwortung an den Staat für unzulässig. „Der Staat ist lediglich für den äußeren Rahmen des öffentlichen Schulwesens verantwortlich. Insbesondere erstreckt sich seine Wirksamkeit nicht auf die Fixierung verbindlich vorgegebener Bildungsinhalte" (Musolff/Hellekamps 2006, S. 86f.). In diesem Zusammenhang ist die Formulierung von Friedrich Schleiermacher in seiner Abhandlung *Über den Beruf des Staates zur Erziehung* 1814 bedeutsam: „Dieses also ist meine Antwort auf die Frage: wie kommt der Staat rechtmäßigerweise dazu, einen tätigen Anteil an der Erziehung des Volkes zu nehmen? Dann nämlich und nur dann, wenn es darauf ankommt, eine höhere Potenz der Gemeinschaft und des Bewusstseins derselben zu stiften. Alle anderen Motive sind entweder verderblich (...) oder sie sind unhaltbar." (Schleiermacher 1994 (1814), S. 28; Benner 2001, S. 170f.). Bezüglich des Verhältnisses von (öffentlicher) Erziehung und (staatlicher) Politik darf sich der Staat ihm zufolge weder „zum Erziehungsstaat hypostasieren und stellvertretend für die Gesellschaft Zukunft antizipieren, noch darf er sich zum Nachtwächterstaat reduzieren und den Fortschritt allein dem freien Spiel bürgerlicher Aktivitäten überlassen. Ebenso darf sich die Pädagogik nicht in den Dienst staatlicher Antizipationen als ‚Exekutive' des ‚Politischen' stellen, noch kann sie beanspruchen, geschichtlichen Fortschritt aus eigener Kraft einzuleiten" (Benner 2001, S. 170f.).

Im Hinblick auf diese widersprüchliche Konstellation in der Erziehung, zwischen Privatheit, Öffentlichkeit und Staatlichkeit, ist auch die Konzeption von Le Peletier de Saint-Fageau zu nennen, die als Gegenentwurf zum Konzept Condorcets gilt. Während Condorcet zwischen l'éducation und l'instruction unterscheidet und sich die staatlich institutionalisierte, öffentliche Erziehung als instruction publique auf eine bestimmte Wissensvermittlung beschränkt (vgl. Abschn. 3.3.1), vertritt Le Peletier im Gegensatz dazu eine *éducation nationale*. Éducation nationale „sucht eine soziale Integration zu erzielen, bei der das Kind sich die moralischen und intellektuellen Haltungen anzueignen hat, welche als nützlich und demzufolge wünschenswert für die Nation angesehen werden" (Hofer 1998, S. 36ff.). Sein Plan für eine Nationalerziehung besteht darin, „eine Erziehung zu gründen, die wahrhaft national, republikanisch, in Form und Wirkung gemein für alle und allein imstande ist, das Menschengeschlecht zu regenerieren, sowohl am Leibe wie an der Seele" (LePeletier 1993 (1794), S. 88). Le Peletiers Entwurf einer *éducation nationale* fordert eine radikal-egalitäre Schulpolitik, die durch eine obligatorische, staatlich absolut gelenkte, für alle gemeinsame Erziehung, die die durch die Erziehung in der Familie entstandene Differenz ausgleichen soll (vgl. Hofer 1998, S. 37). Er verlangt daher, „daß vom fünften bis zwölften Jahre für die Knaben, vom fünften bis elften für die Mädchen, alle Kinder, ohne Unterschied und Ausnahme, gemeinschaftlich erzogen werden sollen auf Kosten der Republik und daß alle unter dem heiligen Gesetz der Gleichheit dieselbe Kleidung, dieselbe Nahrung, denselben Unterricht, dieselbe Sorgfalt erhalten" (LePeletier 1993 (1794), S. 88). Die Erziehung durch öffentlichen Unterricht, mit Betonung der Tugend und körperlicher Stärke gegenüber reiner Wissensvermittlung, soll den Fortbestand der Republik sichern (vgl. Hofer 1998, S. 37).[198] In diesem Konzept ist die Gleichheit der Bürger nur über die staatliche Gleichheit der Erziehung zu erreichen.

Ein Beispiel für die Erwartungen der bürgerlichen Öffentlichkeit und die des Staates als Einheit ist die Kultur- und Bildungspolitik in Preußen, vor allem mit der Entwicklung eines neuhumanistischen Kanons. Süvern bringt diese liberalen Prinzipien der neuhumanistischen Bildungstheorie im Verfassungsentwurf des Schulwesens zu politischer Geltung. Staatlich festgelegt werden dort in §1. diejenigen ‚öffentlichen' und ‚allgemeinen' Schulen und Erziehungsanstalten, „welche die allgemeine Bildung des Menschen an sich, und nicht seine unmittelbare Vorbereitung zu besonderen einzelnen Berufsarten bezwecken" (Süvern 1817/1819, Text bei Berthold/Schepp 1993, S. 109). Ihre Aufgabe ist es nach §2. „(d)ie Erziehung der Jugend für ihre bürgerliche Bestimmung auf ihre möglichste allgemein-menschliche Ausbildung zu gründen, sie dadurch zum Eintritt in die Staatsgemeinschaft zweckmäßig vorzubereiten" (ebd.). Deshalb sollte das öffentliche, allgemeinbildende Schulwesen nicht aus getrennten, berufsständisch ordnenden Schularten bestehen, sondern als ein integriertes System organisiert sein, das nach §3. in „drei wesentliche(n) Stufen" durchgeführt wird (ebd.; vgl. Herrlitz et al. 2005, S. 45) – durch die allgemeine Elementarschule, allgemeine Stadtschulen und Gymnasien. Vor allem in der letzten höheren, gelehrten Bildung, dem *humanistischen Gymnasium*, wird die wechselseitige Verschränkung von Erziehung und Staatlichkeit deutlich. Diese wird mit der Einführung der Staatsprüfung in Form des Abiturientenexamens (Edikt vom 23. Dezember 1788) zur Voraussetzung für das universitäre Studium einerseits und andererseits zum Bindeglied zwischen universitären Studiengängen, Abschlussqualifikationen und staatlicher Dienstbefähigung.[199] Die staatsfunktionale Koppelung der höheren Bildung mit dem höheren Beamtenstand[200] verweist in der Tat auf ein durch den Staat initiiertes, auf Demokratie und Gleichheitsdenken beruhendes Konzept. Der Staat versucht einerseits, den privilegierten Zugang der altständischen Adligen in höchste Ämter gesetzlich abzuschaffen und andererseits den Aufstiegswillen der Jünglinge aus den sogenannten niederen Ständen formal aufzufangen. Die soziale Integration als legitimes Ordnungsschema soll also durch den Prozess öffentlicher Erziehung und Bildung hergestellt werden. Die

---

198 Dem gegenüber „ist bei Condorcet Gleichheit nicht Ziel, sondern Ausgangsposition bildungspolitischer Anliegen. Es besteht bezüglich Bildung und gesellschaftlicher Teilhabe keine ‚Pflicht zu', wohl aber ein bedingungslos gefordertes ‚Recht auf' und zwar für alle" (ebd., S. 38). Dazu gehört „das Recht aller auf Bildung, welche kostenlos zu sein hat; dies sicher zustellen ist Pflicht des Staates. Mit dieser Forderung leitet Condorcet seine ‚Mémoires sur l'insruction publique' ein (Condorcet 1994, S. 61ff.)" (ebd.).

199 Nachdem 1788 bereits vom Oberschulkollegium erstmals die wichtige Selektionsfunktion des Abiturs für den Hochschulzugang bestimmt wurde, wenn auch erst 1832 durchgesetzt, wird 1816 ein Lehrplan als Muster entworfen und vorgegeben, durch den das Gymnasium zur ‚Schule des Staates und der Gebildeten' wird.

200 Vor allem für den Zugang in den Justizdienst, höheren Verwaltungsdienst ist dies wesentlich (vgl. Herrlitz et al. 2005, S. 33).

Verbindung von allgemeiner Bildung und Staatsdienstbefähigung ist Ausdruck der modernen gesellschaftlichen Funktion, die allein Erziehung und Bildung, unabhängig von der Herkunft, zur Grundlage für die individuelle berufliche Laufbahn und Position in der Gesellschaft macht.

Die Öffentlichkeit der Erziehung unter staatlicher Regulierung wird, wie sich am Beispiel Preußens zeigen lässt, gerade dadurch legitimiert, dass mithilfe der staatlichen Intervention die Widersprüchlichkeit des (kapitalistischen) Wirtschaftssystems, z. B. das gesellschaftliche Klassensystem, (teilweise) überwunden werden kann/soll. Die öffentliche Erziehung, die ein erweitertes Publikum verpflichtend einbezieht, zielt zwar darauf, die Widersprüchlichkeit der freien Entfaltung des Einzelnen einerseits und der Chancengleichheit andererseits aufzuheben, die Chancenungleichheit bleibt aber durch das neue Prinzip, *das meritokratische Prinzip,* latent aufrechterhalten. Der gesellschaftliche Aufstieg scheint im Prinzip für die gesamte Bevölkerung möglich. Mit dem Leistungsprinzip enthält das Erziehungssystem aber bereits selbst einen gesellschaftlichen Selektions- und Reproduktionsmechanismus. Der soziale Hintergrund und die individuellen Ressourcen spielen nach wie vor eine große Rolle für das Leistungsprinzip der allgemein zugänglichen öffentlichen Erziehung. Die meritokratischen Implikationen der Moderne lassen sich daher als „Ungleichheiten neuer Qualität" (Herrlitz et al. 2005, S. 36) kennzeichnen.[201] Öffentlichkeit der Erziehung kann gerade in diesem Sinne zu sozialer Reproduktion beitragen. Diese staatlich organisierte Selektionsfunktion und Ungleichheit wird im frühen 19. Jh. in Preußen gleich zweifach bekräftigt: *erstens* bleibt die höhere Bildung, trotz der rechtlich egalitären Konnotation, in der Tat nach Standort und ökonomischen Zugangsvoraussetzungen, nach Anspruchslage und Selbstverständnis seiner Förderer, auch wegen ihrer Schwerpunktsetzung auf den altsprachlichen Unterricht, lediglich für die höheren Schichten zugänglich. Gymnasium und Universität als öffentliche Erziehungs- und Bildungsinstitutionen tragen somit in legitimer Weise zur Reproduktion und Weiterentwicklung sozialer Strukturen bei (ebd.). Damit ist *zweitens* die scharfe institutionelle Absonderung des höheren vom niederen Schulwesen verbunden. Gymnasium und Universität gelten als absolut höchste Erziehungsinstitutionen. Hier wird „die künftige Elite geschult und gesinnungsmäßig durchgeformt (...), in exklusiver Distanz zur gesellschaftlichen Wirklichkeit, zum Arbeitszwang und zur Lebensnot des einfachen Volkes" (ebd., S. 38). Der „Ethos des Staatsdienstes" (Tenorth 2000, S. 164) mit dem Führungsanspruch der gebildeten Beamtenschaft mit gymnasialem Berech-

---

201 Insbesondere hinsichtlich nach der Logik des Wirtschaftssystems deutet die grundsätzliche Öffnung des Schulsystems für alle notwendigerweise auf Wettbewerb und Selektion zwischen den Heranwachsenden hin. Die sekundäre Erziehung erhält demnach die Aufgabe, die Bildungschancen für die gesamte Bevölkerung zu erweitern, dieser die brauchbaren, technischen Fähigkeiten zu vermitteln und zugleich die zukünftigen Eliten bzw. die tonangebenden Persönlichkeiten nach dem meritokratischen Prinzip zu selektieren (vgl. Horio 1992, S. 101f.).

tigungsmonopol ist daher im Vormärz mit der altklassischen Bildung verbunden. Die vom Staat gewährleistete Öffnung der Sekundärstufe impliziert schließlich ein Instrument zur Aufrechterhaltung der hierarchischen Gesellschaftsordnung (vgl. Horio 1992, S. 114).

3.3.3.3 Die inhaltliche Erwartung an die Öffentlichkeit der Erziehung – allgemeine vs. realistische Erziehung

Im Anschluss an die in den vorangehenden Abschnitten behandelten, widersprüchlichen Forderungen nach Freiheit und Gleichheit sowie die kontroversen Ansichten über öffentlich institutionalisierte Erziehung im Hinblick auf Staatlichkeit wird eine inhaltliche Doppeldeutigkeit der Öffentlichkeit der Erziehung behandelt – ‚allgemeine' und ‚realistische' Erziehung. Diese kann auch als Problematik ‚formaler' und ‚materialer' Bildungstheorie angesehen werden.[202] Eine konkrete, inhaltlich widersprüchliche Forderung des öffentlichen Erziehungsprozesses kann hier abermals anhand des Beispiels Preußen dargestellt werden, wo (öffentliche) Erziehung und Staatlichkeit stark miteinander verschränkt waren.

Das bildungspolitische Programm des neuhumanistischen Liberalismus in Preußen bezieht sich in der Reformphase der ersten Hälfte des 19. Jh. im Grundsatz auf das Prinzip der *allgemeinen Menschenbildung*.[203] Allgemein gebildet zu werden, bzw. sich zu bilden, ist eine wichtige Voraussetzung der Idee der bürgerlichen Öffentlichkeit, vor allem im Sinne der Entfaltung der Individualität sowie der Teilnahme am öffentlichen Leben. Die Allgemeinheit besteht hier in zwei unterschiedlichen Kategorien: Zum einen soll die *allgemeine Erziehung* der Bevölkerung die Grundlage der gesellschaftlichen und ökonomischen Fertigkeiten vermitteln. Auch die *Volkserziehung* bekräftigt, die Bedingungen für den allgemeinen Zugang zu öffentlichen Angelegenheiten zu institutionalisieren (vgl. Abschn. 3.4.1). Zum anderen – und dies gilt im Wesentlichen auch für das neu-

---

202 Die ‚formale' Bildung orientiert sich an einer optimalen, individuell-subjektiven Kraftentfaltung. Dem gegenüber richtet die ‚materiale' Bildung ihren Blick auf den technisch-objektiven Zusammenhang. Sie sieht in den sich bildenden Subjekten lediglich Träger gesellschaftlich wünschenswerter Eigenschaften und Qualifikationen (vgl. Blankertz 1992, S. 84; Benner 2001, S. 150f.).

203 Der Grund, warum Preußen den Neuhumanismus zum Grundkurs seiner bildungspolitischen Reform bestimmte, lag an der damaligen historischen Entwicklung. So sah die preußische Führung nach der Niederlage gegen Napoleon in den Jahren 1806/07, mit den darauf folgenden, militärischen und moralischen Zusammenbrüchen, die einzige Möglichkeit zur Errichtung eines Staates darin, „die tatkräftige und intellektuell vergleichsweise selbständige Leistung seiner Bürger" (Musolff/Hellekamps 2006, S. 79) wieder herzustellen. Dabei wurde der Selbstzweckcharakter der Bildung in den Vordergrund gestellt. Das starke Interesse des Staates „an mündigen Bürgern begünstigte die Initiativen, die als *preußische Reformen* bekanntgeworden sind und die eine Kommunal- und Städtereform ebenso einschlossen wie die sogenannte Bauernbefreiung und die Bildungsreform" (ebd.; vgl. Abschn. 3.4.1).

humanistische Konzept der öffentlichen Erziehung – findet man für die Institution der bürgerlichen Öffentlichkeit ein Programm *allgemeiner Bildung*. Bildung
gilt, vor allem in der Sekundarstufe, „ausschließlich als geistige Bildung, Kulti-
vierung geistiger Fähigkeiten (die Begriffe éducation und culture werden in
diesem Sinne vielfach synonym verwandt), was in den philosophischen Prämissen einer Menschen- und Kulturkonzeption begründet ist, die bis in die Antike
zurückreicht. Ihr Kern besteht in der Auffassung vom Individuum als unabhän-
giger Person, vom Menschen als vorwiegend bzw. ausschließlich denkendem,
mit Vernunft, Geist und Sprache begabtem Wesen. Ziel individueller Entwicklung ist es danach, sich in Übereinstimmung mit der Vernunft zu bringen, sich
beständig selbst zu kontrollieren" (Röseberg 1992, S. 30f.; vgl. Bollenbeck
1996).[204] Allgemeine Bildung wird somit unabhängig von ökonomisch-utilitären
Verwendungszusammenhängen konzipiert, an der sich die Aufklärungspädago-
gik wie die Philanthropen noch im ausgehenden 18. Jh. orientierten. Das ideale
Menschenbild ist der liberal-bürgerliche Typus, ‚Privatpersonen'. „Als Selbstformung ist Bildung ein innerer, gleichsam privater Vorgang, aber das darf nicht
nur psychologisch verstanden werden. Von Bildung lässt sich vollständig nur
sprechen, wenn die andere Seite mitbedacht wird, die Initiation in öffentliche
Formen des Wissens und Könnens" (Oelkers 1988, S. 592). Die Einführung in
diese öffentlichen Formen des Wissens und Könnens lässt sich in der liberal-
bürgerlichen Öffentlichkeit verwirklichen. Durch allgemeine Bildung wird
überhaupt die bürgerliche Öffentlichkeit konstituiert, und umgekehrt setzt die
allgemeine Bildung die bürgerliche Öffentlichkeit voraus, um von der Vernunft
öffentlich Gebrauch zu machen. So ist sich Humboldt bewusst, dass die Individualität in vollständiger Unabhängigkeit nicht existieren kann und die Bildung
des Menschen sich auf die „Wechselwirkung seiner Empfänglichkeit mit seiner
Selbsttätigkeit" und damit auf die Verknüpfung „unsres Ichs mit der Welt" bzw.
von Mensch und „NichtMensch" beziehen muss (Humboldt 1960 (1793), S. 235;
vgl. Meyer-Drawe 1998, S. 41). „Bildung bedeutet nicht einfach die Entfaltung
immanenter Kräfte. Vielmehr bedarf Bildung der Konfrontation mit anderen, mit
dem, was nicht Mensch, sondern Welt ist." (Musolff/Hellekamps 2006, S. 90).[205]
Zur Herausbildung eines öffentlichen (nationalen) Raumes des politischen

---

204 In anderen westeuropäischen Ländern wie Frankreich gehört der Begriff „Bildung" zur
„Kultur" und beide sind identisch. In Deutschland wird indessen mit Bildung eine Form
betont, in der die Individuen an der Kultur teilhaben, d. h. den Individuen Zugang zur Kultur
haben. Sie ist ein Prozess des Sich-Bildens und der Zustand des Gebildetseins, welcher nie
sein Ende erreicht. Diese Duplizität der Begriffe ist ein semantischer Sonderweg der
Deutschen (vgl. Fuhrmann 2002, S. 38f.). Zum Kultur- und Bildungsbegriff vgl. Bollenbeck
1994, S. 98.

205 Bildende Wechselwirkung von Mensch und Welt ist auf die „allgemeinste, regeste und freieste
Wechselwirkung" (Humboldt 1960 (1793), S. 235f.) ausgerichtet und stellt jeden Menschen
vor die nie endende Aufgabe, „von sich aus zu den Gegenständen ausser ihm überzugehen",
sich „in dieser Entfremdung nicht (...) (zu) verliere(n)" (ebd., S. 237), sondern aus ihr zu sich
selbst zurückzukehren (vgl. Benner 2001, S. 165).

Handelns weist Humboldt daher auf „eine Wechselwirkung zwischen differenten Persönlichkeiten, die einander als öffentliche Akteure gleich sind" hin (ebd., S. 81f.). „Die Genese differenter Persönlichkeiten *einerseits* erfordert vielfältige und anregende Situationen, in denen die Individuen ihre Kräfte erproben und bilden können. Die Interaktion der Individuen im öffentlichen Raum *andererseits* erfordert ein gleichermaßen hohes Niveau der allgemeinen Bildung, damit der wechselseitige Austausch fruchtbar und befriedigend ist." (ebd.).

Allgemeine Bildung in Bezug auf die Öffentlichkeit kann aus dieser Perspektive *einerseits* Lern- und Kommunikationsprozesse *außerhalb* der pädagogischen Institutionen heißen. Öffentlich bedeutet in diesem Sinne „Erzeugung von Transparenz, das Unsichtbare – Natur und Seele – wurde sichtbar, nämlich für jedermann dargestellt *und* zugänglich" (Oelkers 1997, S. 45). Öffentliche Bildung bezieht sich nicht nur auf die schulische Bildung, sondern „ist zunächst und wesentlich die Etablierung eines lesenden und räsonierenden (sic) Publikums, das Themen (...) über eigene Medien kommuniziert(e). Journale (...) waren Träger ‚öffentlicher Bildung'" (ebd.). Für den Nachwuchs des gebildeten Publikums gibt es neben Zeitschriften und einer eigenen Literatur ebenso Anleitungen zum richtigen, wohlgefälligen Leben, Fabeln, Gedichte und Märchen (vgl. Tenorth 2000, S. 105). Hier entsteht die Kultur öffentlicher Bildung außerhalb der institutionalisierten Erziehungsform. (vgl. Oelkers 1997, S. 45).

Andererseits wird die bürgerliche Idee der allgemeinen Bildung ebenso *innerhalb* der öffentlich institutionalisierten Form ausgetragen. Dies wird in Preußen mit der Staatlichkeit in Verbindung gesetzt. Das Ziel der allgemeinen Bildung liegt im Wesentlichen – aufbauend auf der allgemeinen Erziehung – darin, dass nicht nur der (politische) Anspruch der Öffentlichkeit verfolgt wird, die Minderheitsinteressen unter dem Gesichtspunkt allgemeiner Vernunft öffentlich erörtern und entscheiden zu können, sondern dass vielmehr die öffentliche Angelegenheit bezüglich bürgerlicher und politischer Rechte in der breiten Bevölkerung erreicht wird. Daran kann die Legitimation der Verschiebung der Erziehung von der Privaterziehung durch die Eltern hin zur öffentlichen Erziehung an den Schulen verdeutlicht werden (vgl. Oelkers 1988, S. 582).[206] Die allgemeine Bildung in öffentlich institutionalisierter Form lässt sich zu Beginn des 19. Jh. in Preußen schwerpunktmäßig vor allem in der höheren Bildung finden. Das vorherrschende gesellschaftliche Bild von allgemeiner Menschenbildung wird zum wichtigen Ziel des humanistischen Gymnasiums und des daran anschließenden, universitären Studiums. In der staatlich beaufsichtigten Bildungsinstitution war die „Beachtung der klassischen Sprachen und der historisch-philologischen gegenüber den mathematisch-naturwissenschaftlichen Fä-

---

206 Oelkers konstatiert in diesem Zusammenhang, „(a)llgemeine Bildung kann offenbar nur vom Staat finanziert werden, der sich nicht wie eine liberale Öffentlichkeit handhaben lässt. Die Etatisierung der Schule schränkte ihre Freiheit ein, aber ohne staatlichen Mäzen wäre das Rechtsgut einer allgemeinen Bildung für jedermann nicht garantierbar gewesen." (Oelkers 1988, S. 580).

chern" (Tenorth 2000, S. 147) von besonderer Bedeutung, was sich in den Diskursen der bürgerlichen Öffentlichkeit widerspiegelte.[207]

Berücksichtigt man die gesellschaftliche Entwicklung dieser Zeit, das aufgrund des Aufkommens des Wirtschaftsbürgertums vorherrschende Menschenbild des ‚homo oeconomicus', so ist hier eine Kluft zwischen dem Herrschaftsanspruch des Bildungsbürgertums und dem Modernisierungsanspruch des aus den Massen stammenden Besitzbürgertums zu beobachten. „Während sich die im weiteren Sinne *öffentlichen Dienstleistungsberufe* in Staat und Kirche auf ein konsolidiertes Vorbildungssystem stützen konnten, musste die *Privatindustrie* ihren Nachwuchs für Führungspositionen unter den Abgängern der verschiedenartigsten Bildungseinrichtungen rekrutieren." (Herrlitz et al. 2005, S. 63). Die Auseinandersetzung mit der allgemeinen Bildung einerseits und der ‚realistischen' Bildung andererseits im Diskurs der öffentlichen Erziehung dauerte aufgrund der zunehmenden Verflechtung von Wirtschaft und Politik in Preußen das gesamte 19. Jh. an. Es stellt sich die Frage, wie sich die wirtschaftliche Entwicklung eines Landes angesichts des immer weiter voranschreitenden, technischen Fortschritts aufrechterhalten lässt. Die öffentlichen Diskurse der allgemeinen Bildung geben auf diese Frage hier keine konkrete Antwort. Humboldt plädiert zwar für die Trennung von allgemeiner und Berufsbildung, macht aber keine konkreten Angaben dazu, inwieweit ein Heranwachsender am allgemeinen Bildungsgang teilnehmen kann/soll (vgl. Musolff/Hellekamps 2006, S. 88). „Jede Rede über ‚Bildung an sich' oder Bildung als persönliche Ausstattung geht an der gesellschaftlichen Realität vorbei. Es gibt nur noch Bildung ohne, mit eingeschränktem oder mit höchstem Marktwert." (Zymek 1986, S. 77). So wird die zunehmende Tendenz unübersehbar, Erziehungs- und Bildungskonzepte sowie -inhalte unmittelbar aus materiellen gesellschaftlichen Anforderungen und nach standes- und berufsspezifischer Utilität auszurichten (Benner 2001, S. 152ff.). Die ‚realistische' Erziehung versteht sich als eine teleologische Verhältnisbestimmung zwischen den gesellschaftlichen Anforderungen und der pädagogischen Praxis und weist der öffentlichen Erziehung die Aufgabe zu, aufgrund vorgegebener gesellschaftlicher (wirtschaftlicher) Anforderungen ein handlungsfähiges Objekt der demokratischen und zugleich kapitalistischen Gesellschaft zu schaffen (vgl. ebd., S. 154.). Während Kant ein idealistisches Erziehungsmodell (transzendentale Menschheit/Weltbürger) konzipiert hat, tritt nun eine pragmatisch-realistische Vorstellung in den Vordergrund. Aufklärung ist hier nicht nur aus dem abstrakten, philosophischen Zusammenhang von Mensch und Welt zu

---

207 Der Neuhumanismus bevorzugte statt römisches Latein, das in den anderen okzidentalen Ländern als Amtssprache galt, das Griechische, eine Sprache, die nicht als Regelsystem, sondern als Ausdruck eines historischen Phänomens sowie einer eigentümlichen Sicht der Welt gesehen wurde. Das Griechenbild stimmte im Wesentlichen mit dem Humanitätsideal der Weimarer Klassik überein, so dass sie eine ideale Gegenwelt zur Wirklichkeit und damit zu ihrem wichtigsten Studienobjekt werden konnte. Vgl. dazu Blankertz 1992, S. 92; Fuhrmann 2002, S. 29.

verstehen, sondern hat ihre Bedeutung vielmehr in der Möglichkeit naturwissen-
schaftlichen bzw. technischen Fortschritts. Das zwiespältige Verständnis öffent-
licher Erziehung und Bildung, inhaltlich in der Auseinandersetzung der ,forma-
len' und ,materialen' Erziehung ausgetragen, drückt sich in der öffentlichen
Diskussion formell und institutionell in der Auseinandersetzungen zwischen
Gymnasium und *Realschule* aus. Auch wenn die Realschulen 1832 eine erste
Anerkennung durch die staatliche Bürokratie erreichten und später in den 1860er
Jahren einen Aufschwung an Zahl und Bedeutung erfuhren, blieb die strukturelle
Disparität des höheren Schulwesens doch weiterhin erhalten.[208] Ebenso hatten
die *technischen Hochschulen*, die sich in 1870er Jahren entwickelten,[209] aufgrund der Auseinandersetzungen in der politischen Öffentlichkeit und der wirtschaftlichen Anforderungen Anpassungsprobleme. Ähnlich wie die Realschulen
gegenüber dem Gymnasium führten sie langwierige Kämpfe um die Gleichbe-
rechtigung mit den Universitäten. Die Ungleichstellung wird jedoch aufgrund
des Demokratisierungszwangs, des Abiturientendefizits sowie der geringen Zahl
akademischer Karrieren in den 1860-70er Jahren allmählich ausgeglichen und so
das Angebot an höheren Bildungseinrichtungen erweitert (vgl. Herrlitz et al.
2005, S. 67f.). Besonders gut zu beobachten ist dies im Verfassungswandel des
preußischen Staates seit Ende der 1870er Jahre. Während zuvor „sich die hoheit-
liche Verwaltungsbürokratie problemlos durch eine ,praxisferne' humanistische
Allgemeinbildung schulen (lasse), so fordert(e) die nun entstehende, in die
gesellschaftliche Praxis konkret eingreifende *Leistungsverwaltung* den realistisch
gebildeten, an den modernen Erfahrungswissenschaften methodisch geschulten
Fachbeamten" (ebd., S. 78). Wegen der „laufbahnrechtliche(n) Verkettung von
Diplomabschlüssen" (ebd.) mit Praxis orientierten Fächern werden technische,
wirtschafts- und sozialwissenschaftliche Studiengänge an der Universität in das
öffentlich-staatliche Beschäftigungssystem eingebunden.[210] Sie knüpfen an die

---

208 „Die vorläufige Instruktion für die an den höheren Bürger- und Realschulen anzuordnenden
     Entlassungsprüfungen" von 1832 baute die Realschulen in das bereits etablierte Berechti-
     gungswesen ein. Mit der 1859 erlassenen „Unterrichts- und Prüfungsordnung für die Real- und
     höheren Bürgerschulen" werden Realschulen neunjährig ausgebaut und erhalten Fächer-
     schwerpunkte in Latein und Mathematik. Damit sind sie als ,modernes' Gymnasium zu
     bezeichnen und werden seit 1882 offiziell Realgymnasium genannt (vgl. Herrlitz et al. 2005,
     S. 63f.). Die formale Gleichstellung von Gymnasium, Realgymnasium und Oberrealschule
     wird jedoch erst im 20. Jh. realisiert (vgl. ebd., S. 103).
209 Ursprünglich ist die Gründung der technischen Hochschule auf die Gewerbeschulen und
     polytechnischen Schulen Anfang des 19. Jh. (u. a. in Berlin 1821, Karlsruhe 1825, München
     1827, Hannover 1831) zurückzuführen, welche wiederum von der Gründung der École
     polytechnique 1794 in Paris beeinflusst waren.
210 1899 werden die Technischen Hochschulen mit den Universitäten, 1900 die Realgymnasien
     und Oberrealschulen mit den humanistischen Gymnasien (schrittweise realisiert bis 1907)
     gleichgestellt. Die Diplomprüfung für den Staatsdienst im Baufach wird eingeführt und erhält
     so den Charakter einer ersten Staatsprüfung. Ebenso erhält der Diplomingenieur als Regie-
     rungsbauführer den gleichen Status wie der Rechtsreferendar im höheren Staatsdienst. Mit der
     Einbeziehung technischer Fächer in Bereiche des Staatsdienstes ist der erste Schritt für eine
     technische Laufbahn in der modernen Leistungsverwaltung gemacht (vgl. ebd., S. 78ff.).

bereits bestehende, staatliche Zugangsberechtigung und die Qualifikationsanforderungen des Erziehungs- und Bildungssystems an und werden zugleich für die privatwirtschaftlichen Beschäftigungsverhältnisse systembildend.[211]
Wie in diesen Abschnitten dargestellt, erzeugt die Öffentlichkeit der Erziehung im Spiegel der liberal-bürgerlichen Öffentlichkeit mit ihrer modernen, aufklärerischen, demokratischen Logik verschiedene Widersprüchlichkeiten. Die widersprüchlichen Konstellationen von Freiheit vs. (kontrollierte) Gleichheit, Freiheit vs. Staatsgewalt sowie ‚allgemeine' vs. ‚realistische' Erziehung sind innerhalb der Öffentlichkeit der Erziehung eng miteinander verbunden. Diese drei Aspekte gewinnen durch die bereits erwähnten Antriebsquellen – die menschenrechtliche Sicht der Aufklärung und die ökonomische Verwertbarkeit – sowie durch die staatliche Machtpolitik in dieser Zeit an Bedeutung (vgl. Abschn. 2.1).[212] Öffentlichkeit der Erziehung ist Bestandteil des widersprüchlichen Diskurses der (liberal-)bürgerlichen Öffentlichkeit. Hier kollidieren zwar die privaten und öffentlich-staatlichen Interessen, dennoch stehen Privatheit, Öffentlichkeit und Staatlichkeit stets in unabdingbarer Beziehung zueinander. Alle Aspekte sind Bestandteil der modernen Öffentlichkeit der Erziehung und strukturieren dieselbe.

3.4 Erziehung und sozialstaatliche (wohlfahrtsstaatliche) Öffentlichkeit

3.4.1 Die verschiedenen Faktoren des Strukturwandels der Öffentlichkeit der Erziehung – Herausbildung der allgemeinen (Elementar-)Erziehung als Volkserziehung

Die Erziehungswirklichkeit spiegelt die widersprüchliche Struktur der modernen, kapitalistischen Gesellschaft wider. Während sich die höhere Bildung für einen kleinen Teil der (gehobenen) Bevölkerungsschichten in entsprechenden öffentlichen Institutionen entwickelt (vgl. Abschn. 3.3.3.3), geht die Erziehung des

---

211 Die Bildungschancen wurden damit einerseits erweitert, in Bezug auf die gesellschaftliche Integration führt diese Entwicklung mit der Neueinteilung der Erziehungsinstitutionen andererseits zur Begrenzung. Durch den Ausbau der lateinlosen Realschulen entsteht eine Auffangstätte für das gewerbliche und beamtete Kleinbürgertum, die lediglich ein mittleres Berechtigungsniveau ohne weitere Aufstiegsperspektiven zu bieten hat. Auch wegen der steigenden Zahl der Absolventen des höheren Schulwesens entsteht hier in wirtschaftlich schwieriger Lage das „akademische Proletariat". Das Gymnasium behält dem gegenüber weiterhin den Charakter einer herausgehobenen, besonderen Anstalt. Es geht hier um einen differenzierten und kanalisierten Bildungsprozess der öffentlich institutionalisierten Erziehung (vgl. Zymek 1986, S. 83f.; Tenorth 2000, S. 247; vgl. Abschn. 3.3.3.2).
212 Je nach zeitlichem und gesellschaftlichem Kontext enthält die Öffentlichkeit der Erziehung seit der Moderne diese Aspekte – teilweise als Konflikte – mit unterschiedlichem Gewicht, mal verschmelzend, aber auch konkurrierend. Siehe Abschn. 2.1.

‚niederen Volkes', vor allem die der Landbevölkerung, unter den öffentlich-staatlichen Rahmenbedingungen nur langsam voran.

Die Vorgeschichte der Konzeptualisierung einer allgemeinen Elementarer-ziehung als Volkserziehung ist lang: Bereits im 16. Jh. wird die Forderung nach Schulpflicht laut. So fordert z. B. Martin Luther im Jahr 1517, dass die Erzie-hung für die gesamte Bevölkerung zugänglich und die Schulpflicht eingeführt werden soll. U. a. werden in Sachsen (1528), in Braunschweig (1528), in Ham-burg (1529) und in Württemberg (1559/1649) Schulreformen mit der Einführung der Schulpflicht durchgeführt. Diese Reformen gingen jedoch grundsätzlich auf kirchliche Initiative zurück und der Effekt dieser Schulordnungen war gering.[213] Im Jahr 1642 gab es dann in Gotha den ersten Versuch „einer vom Staat ausge-henden Wendung von der religiösen Elementarschule als reiner Lese-Schule zu einer Schule des Volkes" (Blankertz 1992, S. 39). Herzog Ernst der Fromme zu Gotha beabsichtigte eine Verbesserung der Lage seines Landes durch die Erzie-hung des Volkes und initiierte dafür eine systematische Entwicklung des Unter-richtswesens (vgl. ebd., S. 38). Das Beispiel Gotha veranschaulicht die nach dem Dreißigjährigen Krieg unter den Landesfürsten auftretende allmähliche Verbrei-tung der Idee einer allgemeinen Elementarerziehung. Öffentliche Erziehung wird nun zunehmend landesspezifisch organisiert. In Preußen wird die allgemeine Schulpflicht durch das Edikt von 1717 eingeführt. Das Generallandschulregle-ment folgt 1763.[214] Schulen werden eingerichtet, Lehrkräfte ausgebildet und Schulbücher festgelegt. Schulische Erziehung fungiert allmählich als öffentliche Erziehung bzw. wird als öffentlich verstanden. Jedoch bleibt den lokalen (staat-lich-öffentlichen) Gewalten ein großer Spielraum eigener Entscheidung. In der Realität ist die allgemeinen Schulpflicht von einer flächendeckenden Durchset-zung weit entfernt (vgl. Tenorth 2000, S. 86).[215] Erwähnenswert ist die Diskre-panz zwischen den Motiven der traditionellen allgemeinen Elementarerziehung einerseits und der Volkserziehung andererseits. Schon bevor die Schulen für die Masse der Arbeiter- und Bauernkinder ausgebaut wurden, gab es in verschiede-nen Regionen eine allgemeine Elementarerziehung für die Söhne der ländlichen und städtischen Eliten in Gymnasien, Realschulen, lycées und collèges, académies, Latein- und Privatschulen usw. Allgemeine Elementarerziehung ist,

---

213 In der württembergischen Großen Kirchenordnung von 1559 wird die Schulpflicht festgelegt, jedoch gilt dies nur für den männlichen Teil der Bevölkerung. Die allgemeine Schulpflicht wird erst 1649 eingeführt.

214 In diesem Reglement wird die Schulpflicht von Heranwachsenden konkreter geregelt. So wird die Schulzeit für das 5. bis 13. Lebensjahr vorgeschrieben. Außerdem werden die Höhe des Unterrichtsgelds, die Ausbildung der Lehrpersonen sowie die Aufsicht des Staates festgelegt (vgl. Itô 1988, S. 34).

215 „Friedrich II. von Preußen regte eine ganze Reihe von Reformvorschlägen an und berief sogar eine »Mittwochsgesellschaft« aufgeklärter Intellektueller ein, um die Aussichten einer massen-haften Erziehung der Bauern und Knechte zu erörtern. Diese Gespräche brachten aber kaum handfeste Ergebnisse hervor, und wenn einmal ein Gesetz verabschiedet wurde, blieb es fast folgenlos." (Swaan 1993, S. 72).

wie das Beispiel Preußens zeigt, vorerst überwiegend im Sinne einer allgemeinen Menschenbildung konzipiert (vgl. Abschn. 3.3.3.3). So dienen im 19. Jh. die meisten Elementarklassen allein der Vorbereitung auf Eliteanstalten für Oberschichtkinder. Dem gegenüber sind Volksschulen ausschließlich für die niedere Bevölkerung vorgesehen. Der Ausbau der Schulform Volksschule wird vernachlässigt. Die Volksschule bietet kaum Möglichkeiten für eine weitere Laufbahn in einer höheren Schule (vgl. Swaan 1993, S. 100).

Die Forderung nach flächendeckender, allgemeiner Elementarerziehung als Volkserziehung der Massen wird angesichts der fortschreitenden gesellschaftlichen Entwicklung jedoch immer stärker. Diese Entwicklung lässt sich anhand zweier gesellschaftlicher Faktoren zeigen: sozialkulturelle und politische Implikationen im Allgemeinen (i), sowie kapitalistische Produktionsweise im Speziellen (ii).

(i) Die zu Beginn des Abschnitts 1.1.3.1 erwähnten kommunikativen Netze in der modernen Gesellschaft breiten sich seit der Erfindung des Buchdrucks und der Reformation aus. Die Durchsetzung der Landessprache sowie die Herausbildung eines Gemeinschaftsbewusstseins, gar eine „vorgestellte politische Gemeinschaft" (vgl. Anderson 1996, S. 15), wird zunächst nur von den höheren Ständen, wie beispielsweise den Bürgerlichen, getragen. Während eine einheitliche Hochsprache lediglich im Zentrum der bürgerlichen Öffentlichkeit gesprochen wird, verwendet das an der Peripherie der Gesellschaft lebende, den größten Teil der Gesamtbevölkerung bildende, niedere Volk – beispielsweise die einfachen Manufaktur-, Heim-, Fabrikarbeiter und Bauern – weiterhin unterschiedliche Sprachen bzw. Dialekte. Dem niederen Volk angehörende Menschen können grundsätzlich weder lesen noch schreiben. Unwissenheit sowie Analphabetismus wirken sich in der modernen, politischen Öffentlichkeit überhaupt defizitär aus. Umgekehrt ermöglicht die Alphabetisierung bzw. Wissensvermittlung der Bevölkerung den Zugang zu bzw. die Teilnahme an öffentlichen Angelegenheiten.[216] Lesen und Schreiben der Standardsprache bedeutete, „dass man sich unmittelbar ins nationale Netz schriftlicher Kommunikation einschalten konnte, aber in vielen Ländern mussten Kinder, die Dialekte oder sonstige Idiome sprachen, erst einmal die Hochsprache erlernen: nur damit fanden sie unmittelbaren Zugang zum nationalen Netz der mündlichen Kommunikation" (Swaan 1993, S. 78). Beherrschen sie weder Lesen noch Schreiben, sind sie ganz auf die lokale, auf mündlicher Kommunikation basierende Gemeinschaft angewiesen und vom kulturellen und politischen Leben der Außenwelt und somit

---

216 Politisch gesehen ist die öffentlich institutionalisierte Erziehung der gesamten Bevölkerung mit der Durchsetzung des Wahlrechts verbunden. „Dem Wähler wird zugemutet, daß er, mit einem gewissen Grad von Urteilsfähigkeit und Kenntnissen, interessiert an öffentlichen Diskussionen teilnimmt, um, in rationaler Form und am allgemeinen Interesse orientiert, das Richtige und Rechte als verbindlichen Maßstab für das politische Handeln finden zu helfen." (Habermas 1990 (1962), S. 313). Dafür ist die Alphabetisierung bzw. Wissensaneignung der Bevölkerung ein wichtiger Bestandteil.

der allgemeinen Öffentlichkeit abgeschnitten. Die Dorfgemeinschaften, aber auch die größeren Gemeinschaften in Provinzstädten und deren Umland, bleiben im Vergleich zur bürgerlichen Öffentlichkeit im Zentrum der Städte auf ein relativ geschlossenes Netzwerk der Kommunikation und des (Waren-)Tauschs beschränkt. Solange die Landbevölkerung in einem abgegrenzten Territorium lebt, treten keine Konflikte auf. Aber im Verlauf der gesellschaftlichen Entwicklung in der frühen Moderne, insbesondere durch eine Freizügigkeit gewährende Gesetzgebung, sind Menschen nicht länger an örtliche oder regionale Gemeinschaften gebunden. Dies führt dazu, dass sich die Menschen konfliktbehafteter Unterschiede bewusst werden. Auch für die Regierung des Staates ist die flächendeckende allgemeine Erziehung der Massenbevölkerung von besonderer Bedeutung, weil die landesweite Verbreitung eines Zentralcodes (Hochsprache) den Beamten praktischerweise die direkte Ansprache der Bevölkerung ohne örtlichen Vermittler ermöglicht (vgl. ebd., S. 87). Vor diesem Hintergrund entsteht die Forderung nach Institutionalisierung der elementaren Erziehung als Volkserziehung, die „in erster Linie das Lernziel (verfolgt), die Standardsprache mündlich wie schriftlich zu beherrschen, um an den entsprechenden Kommunikationsnetzen teilhaben zu können" (ebd., S. 78). Damit verbunden ist die Erweiterung des Kommunikationsraums und somit der Öffentlichkeit. Volkserziehung kann aus dieser Perspektive als Maßnahme mit dem Ziel verstanden werden, die Spaltung zwischen dem Zentrum (bürgerlicher Öffentlichkeit) und der Peripherie oder der Bourgeoisie und dem einfachen Volk aufzuheben und eine gesellschaftliche Einheit herzustellen.

(ii) Die Freiheitsbewegungen der frühkapitalistischen Gesellschaft werden begleitet von der allmählichen Auflösung der ständischen Herrschafts- und Sozialordnung auf dem Lande. Dies vollzieht sich z. B. in Preußen in zweifacher Weise: In der Landwirtschaft beginnt diese Auflösung der ständischen Ordnung mit den liberalen Agrarreformen von 1807/10 (Bauernbefreiung). Auf die übrige Wirtschaft wirkt sich diese im Industrialisierungsprozess eingeführte Gewerbe- bzw. Handelsfreiheit auch aus. Damit verbundene Freizügigkeit, z. B. die der Existenzgründung und Heirat, beschleunigen sukzessive das Bevölkerungswachstum. Die Folgen sind ein Anstieg der Zahl der Landlosen und Fabrikarbeiter sowie eine regionale Verdichtung der ärmeren Lohnabhängigen (vgl. Abschn. 1.1.4.2). Insgesamt entsteht ein Überangebot an Arbeitskräften. Zu dieser Situation trägt die Arbeit von Frauen, Jugendlichen sowie Kindern aus dem niederen Volk in der großgewerblichen Massenproduktion bei.

Diese Entwicklung ist gekennzeichnet durch eine Umwandlung der Arbeitsorganisation in eine moderne, kapitalistische Produktionsweise – die Verschiebung der Arbeit und der Produktion von den privat-familialen in die öffentlichen Bereiche (vgl. Arendt 2007 (1958), S. 33; Habermas 1990 (1962), S. 238). Die Familie verliert für das Ausüben wirtschaftlicher Aufgaben ihre Bedeutung und wird zugleich immer mehr aus den unmittelbaren Zusammenhängen der (Re)Produktion der Gesellschaft ausgegliedert. Die Familie büßt ihre schützenden Funktionen ein. Die einzelnen Familienmitglieder werden in höherem Maße von außerfamilialen Instanzen sozialisiert (vgl. Habermas 1990 (1962), S. 238ff.).[217] Unter diesen Bedingungen kapitalistischer Produktionsweise wird es zu Beginn des 19. Jh. zur unausweichlichen Realität, dass mehr als die Hälfte der Bevölkerung an der Grenze zum Existenzminimum lebt. Die Menschen sind pauperisiert.[218]

Angesichts dieser Situation, vor allem mit vermehrter Kinderarbeit in Manufaktur, Heim oder Fabriken sowie pauperisierten Heranwachsenden, wird die Erziehung und (Aus-)Bildung dieser Gruppe in der Öffentlichkeit thematisiert.[219] Angesichts wirtschaftlichen und technischen Fortschritts beginnen kapitalistische Unternehmer wie beispielsweise Fabrikbesitzer die allgemeine Elementarerziehung außerdem als Investition zu sehen.[220] Für die funktionalen Erfordernisse des Industriekapitalismus, vor allem für die weitere Steigerung der wirtschaftlichen Produktivität, wird es als sinnvoll angesehen, die heranwachsenden Arbeitskräfte als humanes Potenzial zu begreifen und effizient auszubilden, anstatt an der Beschäftigung billiger, ungebildeter Heranwachsender in den Fabriken festzuhalten. Zunehmend wird die Notwendigkeit erkannt, (Fabrik-)Arbeiter an neue technische Entwicklungen heranzuführen. Aus dieser Einsicht heraus setzen sich auch Handwerker-, Arbeiterbildungs- und Gesellenvereine verstärkt für eine zweckorientierte Erziehung und Ausbildung ein. Dies gilt auch für manche qualifizierte Gesellen, „die Bildungszeit erübrigen können und sich wegen der wachsenden Konkurrenz um Fortbildung bemühen, damit sie nicht in die Fabrikarbeit absinken. (...) Die Vereine vermitteln fachliches Wissen (...), kulturelle Bildung und fördern die Geselligkeits- und Gesinnungspflege bis zur politischen Debatte" (vgl. Tennstedt 1981, S. 68).

Erst 1825 wird in Preußen gesetzlich verankert, dass jugendliche Fabrikarbeiter öffentlichen Schulunterricht erhalten (vgl. ebd., S. 56f.). Es ist jedoch kaum

---

217 Friedhart Hegner zufolge tritt diese Entwicklung für unterschiedliche Schichten zeitlich verschoben ein. So wird Arbeit in den gehobenen Ständen bereits früh auf Erwerbsarbeitskräfte (Kindermädchen, Köchin, Gärtner usw.) übertragen, während in den Unterschichten der Großteil der Hausarbeit weiterhin unentgeltlich innerhalb der Familie geleistet wird. Er differenziert in diesem Zusammenhang zwischen einer Haushaltsfamilie und einem Familienhaushalt (vgl. Hegner 1982, S. 42ff.).

218 Angesichts des wirtschaftlichen Aufschwungs entsteht der Pauperismus verstärkt, vor allem bei Jugendlichen. Dies hängt zum Teil damit zusammen, dass durch die technische Entwicklung Kinderarbeiter in den industriellen Fabriken immer weniger gebraucht werden (vgl. Horio 1992, S. 79) und somit die Probleme der nichtbeschäftigten Kinder und Jugendlichen in den öffentlichen Sphären sichtbar werden.

219 Bereits im 18. Jh. haben die Aufklärer und Philanthropen die Kindheit als eine primäre Sozialisations- und besonders sensible und folgenreiche Entwicklungsphase ausgemacht und entsprechende Erziehungskonzepte entwickelt (vgl. Abschn. 3.3.1). Die unterschiedlichen Konzepte gehen jedoch nicht über die normativen Forderungen hinaus, die aus ursprünglich religiösen, wohltätigen Motiven der Ausbreitung des Elementarunterrichts entstanden waren, und ermöglichen keine dauerhafte Institutionalisierung der Erziehung.

220 Neben der öffentlichen Erziehungsinstitution mit staatlicher Initiative bilden sich innerhalb einiger Fabriken auch eigene Erziehungsinstanzen heraus. Vgl. dazu Treiber/Steinert 2005.

absehbar, dass sich die aufgeklärte Hoffnung erfüllt, etwa „mit der Volksbildung einen »höheren moralischen Boden in der bürgerlichen Gesellschaft« (...) zu gewinnen" (ebd., S. 68). Das bürgerliche Konzept der Erziehung, die Orientierung an Bildung und Besitz sowie an „Emanzipation durch (staats-)bürgerliche und berufliche Qualifikationssteigerung" (ebd.), stößt mit der Einführung der Erziehung für die breite Masse an seine Grenzen. Hier prallt die bürgerliche Öffentlichkeit auf die durch die kapitalistische Industrialisierung der Moderne hervorgerufene gesellschaftliche Wirklichkeit. „Die Reformvorschläge zielten auf ein Schulsystem, das gestaffelt sein sollte wie die preußische Gesellschaft" (Swaan 1993, S. 104) – Volksschulen für Bauern und alle, die bloß zu körperlicher Arbeit tauglich erschienen, Realschulen für die Bürger und Gymnasium für Bürgerliche und Adelige. Das öffentliche Schulsystem spiegelt die Struktur der Gesellschaft wider.[221]

3.4.2 Die öffentlichen Auseinandersetzungen über Volkserziehung und höhere Bildung – Das Erscheinen öffentlicher Akteure innerhalb des Erziehungssystems als neue Dynamik in der Öffentlichkeit der Erziehung

Dass die Einführung der allgemeinen Elementarerziehung, insbesondere die Öffnung der institutionalisierten Erziehung für alle Bevölkerungsteile, in der Tat nur langsam realisiert wird, reflektiert die Widersprüchlichkeit der modernen kapitalistischen Gesellschaftsstruktur, denn sie enthält wegen der zugrundeliegenden Ideen selbst kontroverses Potential. Die allgemeine Elementarerziehung wird in der Öffentlichkeit mit unterschiedlichen Argumenten sowohl unterstützt als auch missbilligt. Die Konfrontation findet im Allgemeinen in zwei unterschiedlichen Interessenlagern statt: Auf der einen Seite die für die Verbreitung der Volkserziehung Stehenden – die (kapitalistisch-)industriellen Firmenbesitzer, die aufkommende, zentralstaatliche Bürokratie, die national und international Handel-Treibenden[222] sowie die Lehrerschaft der (Volks-)Erziehungsinstitutio-

---

221 Die Erlangung allgemeiner Bildung auf der Basis der allgemeinen Erziehung ist trotz des Versuchs der allgemeinen Zugänglichkeit und der dafür konzipierten, staatlich institutionalisierten Form der Erziehung auf bestimmte Bevölkerungsgruppen begrenzt. „(A)ls die Elementarschule auf Trab kam, grenzte man das elitäre Curriculum noch weiter vom Lehrplan für die Massen ab. An höheren Schulen wurde Latein sogar wieder Unterrichtssprache." (ebd., S. 100). Dies führte zur eindeutigen Trennung der Erziehungsverhältnisse nach gesellschaftlichen Bedingungen: „Gesellschaftliche Weiterbildung und intellektuelle Schulung entstehen zunächst im bürgerlichen Milieu, soziale Kontrolle und Disziplinierung werden in sozial-integrativ-kontrollierender Absicht für die Unterschichten geplant und realisiert." (Tenorth 2000, S. 168).

222 Diese Kategorie von Menschen wird von Abram de Swaan als „Metropolitaner" bezeichnet. Sie leben nicht vom Grundbesitz, sondern verdienen ihren Lebensunterhalt in der Staatsbürokratie oder mit dem Handel auf nationalen oder internationalen Märkten (vgl. Swaan 1993, S. 74).

nen. Auf der anderen Seite die die Gegenpositionen Vertretenden – die regionalen Eliten, also der feudale Gutsherrenadel, die Notablen wie Anwälte und Notare in Kleinstädten und der örtliche Klerus als auch die Bürgerlichen im Zentrum der Öffentlichkeit.

Die erste Gruppe bewegte „sich in alphabetisierten Kreisen, wo alle die Hochsprache fließend beherrschten" (Swaan 1993, S. 74) und pflegte sich überwiegend an der mit dem Zentralstaat bzw. dem nationalen Markt verbundenen Öffentlichkeit zu orientieren. Für die Beteiligten am überregionalen Handel und seiner Geschäftsabwicklung sind nationale Kommunikationscodes wie die Standardsprache, Standardmaße und -währungen oder Grundrechenarten ungemein hilfreich (vgl. ebd., S. 87). Zugleich versprechen sie sich vom weiteren Aufbau der Kommunikationsnetze Vorteile, z. B. in Form höherer Gewinne (vgl. ebd., S. 74; S. 87). Daher setzen gerade sie sich tendenziell für landesweiten Unterricht ein, z. B. für das Erlernen der Standardsprache oder den Erwerb weiterer, ihnen opportun erscheinender, Grundkenntnisse. Auch Humboldt vertritt diese Position, wenn auch aus anderen Motiven als der bloßen Orientierung am einfachen Nutzen bzw. Vorteil der Erziehung. Ein unabdingbarer Bestandteil seiner Bildungsphilosophie ist, dass „(j)eder, auch der Aermste (...) eine vollständige Menschenbildung" erhalte, und „wo sie noch zu weiterer Entwicklung fortschreiten könnte, (...) jede intellectuelle Individualität fände ihr Recht und ihren Platz" (Humboldt 1964 (1809)a, S. 175).

Anders reagierte die zweite Gruppe, die der regionalen Eliten und der Bürgerlichen im Zentrum der Öffentlichkeit. Die regionalen Eliten besaßen bis in die Frühmoderne quasi das Monopol auf den kommunikativen Austausch zwischen der Mehrheit der Landbewohner und den Kommunikationsnetzen in den städtischen Zentren. Die meisten Menschen auf dem Lande waren grundsätzlich politisch isoliert und „handelten nie selber auf dem nationalen Markt, sondern stets über lokale Mittler (...). Schließlich erreichten diese Menschen kaum direkte Information aus anderen Gebieten" (Swaan 1993, S. 74; S. 91): Damit die industriellen Bürgerlichen und die zentralistischen Bürokraten die Bewohner von Randgebieten und umgekehrt die meist analphabetische Bevölkerung das nationale Kommunikationsnetz erreichen konnten, benötigten beide Parteien also einen regionalen Vermittler wie den Landadel, die Gutsherren oder die Pfarrer (vgl. ebd., S. 80; S. 91). Die Landbevölkerung durch Erziehung in den nationalen Kommunikationscode und somit in die Öffentlichkeit einzubinden, erschien jedoch als „der größte Angriff auf die Mittlermonopole der lokalen Eliten" (ebd., S. 102). Sie reagierten daher grundsätzlich negativ auf die schulische Erziehung der niederen Bevölkerung, auch weil sie deren Potential beunruhigte, „mit einer überwiegend feudalen, ländlichen Gesellschaftsordnung völlig unvereinbare Ansprüche zu wecken" (ebd., S. 103). Dazu bemerkt Friedrich II. gegenüber seinem für Erziehung zuständigen Staatsminister von Zedlitz: „Sonsten ist es auf dem platten Lande genug, wenn sie ein bisschen lesen und schreiben lernen. Wissen sie aber zu viel, so laufen sie in die Städte und wollen Secretärs oder so

163

was werden. Deshalb muß man auf dem platten Lande den Unterricht der jungen Leute so einrichten, daß sie das Nothwendigste, was zu ihrem Wissen nothwendig ist, lernen, aber auch in der Art, daß die Leute nicht aus den Dörfern weglaufen, sondern hübsch dableiben." (Heinemann 1974, S. 58f.; Swaan 1993, S. 103). So hielten es die Gegner der allgemeinen Schulpflicht für unnötig, wenn nicht gar schädlich, dass die Kinder der ‚Armen und Gemeinen' mehr als die Grundzüge der Heiligen Schrift und notfalls einige praktische Tugenden und Fertigkeiten lernen sollten (vgl. ebd., S. 68ff.). Nach Ansicht dieser Personengruppe sollte die Erziehung der Massenbevölkerung zwecks sozialer Ordnungsfunktion und (national)wirtschaftlichen Fortschritts lediglich nützliche Grundkenntnisse vermitteln. Eine ähnliche Tendenz zeigt sich bei den Bürgerlichen im Zentrum der Öffentlichkeit: Während die Elementarschulbewegung vor allem durch Aufklärungspädagogen vorangetrieben, durch „öffentliche Debatten und Propaganda" (ebd., S. 77) beeinflusst wird und zum Konflikt zwischen den unterschiedlichen Gesellschaftsgruppen in der Öffentlichkeit führt, steht das Interesse an der Erziehung der Landbevölkerung in der bürgerlichen Öffentlichkeit nicht unmittelbar zur Debatte. Die Vorstellung von Freiheit und Menschenrechten der kultivierten, aufgeklärten Geister dieser Zeit bezieht sich nicht direkt auch auf Arme und Bauern. Die öffentlichen Auseinandersetzungen und deren Inhalte bleiben grundsätzlich innerhalb derjenigen gesellschaftlichen Gruppen, die insgesamt zu den Privilegierten zählen (vgl. Tenorth 2000, S. 153).[223]

Zu erwähnen ist hier auch die Interessenlage der Landbevölkerung an sich. Den Bauern, Knechten und Armen liegt wenig daran, ihre Kinder erziehen zu lassen, denn diese werden von früh an bei der Arbeit gebraucht oder müssen hinzuverdienen. Die Eltern messen der Alphabetisierung nicht viel praktischen Nutzen bei. Der Gedanke, dass Erziehung zur Verbesserung der individuellen und somit der gesamtgesellschaftlichen Aussichten beitragen könnte, verbreitete sich daher in der Praxis nur zögernd.[224]

In diesem Zusammenhang lässt sich schließlich die wachsende Dynamik innerhalb des Erziehungssystems zeigen. Zum Thema Volkserziehung entsteht

---

223 Man kann hier von der „aufklärerischen Gelehrtenrepublik" sprechen. Die Gelehrtenrepublik besitzt eine ihr eigentümliche Form der Öffentlichkeit: diese „besteht im reziproken Austausch von Meinungen und Argumenten", die sich „durch Einsicht und Überzeugungskraft einander annähern", um sich schließlich zu einem vernünftig anzuerkennenden, „kollektiven Urteil zu verbinden, das dem Ideal einer absoluten Wahrheit und Schönheit mit der Zeit immer mehr entspricht". Als solche ist diese Öffentlichkeit „auf einen Kreis gebildeter, d. h. geistig autonomer Mitglieder beschränkt" (Hölscher 1979, S. 140ff.). Hier existiert ein Gefälle zwischen der idealen Form und der realen Welt der bürgerlichen Öffentlichkeit.

224 In der Realität setzt sich einerseits der Wille der (kapitalistischen) Unternehmer durch, Kinder und Jugendliche in den Fabriken einzusetzen. Andererseits sind nicht zuletzt die Eltern nach der Armut verstärkenden Geburts- und Säuglingsphase an der ökonomischen Verwertung der kindlichen Arbeitskraft interessiert. Sie versprechen sich nichts davon, wenn ihre Kinder die Regelsprache sprechen, lesen und schreiben lernen, denn sie identifizieren sich mit der alten Ordnung, mit Autorität und mit traditionellen lokalen Sitten und Gebräuchen. So sehen sie in der Erziehung und Ausbildung der Kinder keinerlei Vorteile (vgl. Swaan 1993, S. 97).

eine emanzipatorische Bewegung in der Öffentlichkeit, vor allem aus dem Lehrerstand des niederen Schulwesens. Sowohl die schlechte Situation der öffentlichen Volkserziehung als auch die schlechten Arbeitsbedingungen verbunden mit einem niedrigen sozialen Status und niedriger Besoldung veranlassen die Lehrerschaft, die Beseitigung dieser Unzulänglichkeiten als gemeinsame Aufgabe anzusehen. Werden zunächst auch nur lokal begrenzte Lehrerzirkel gegründet, so beginnt seit Ende der ersten Hälfte des 19. Jh. eine gewisse ‚Radikalisierung‘ der Lehrervereinsarbeit. „Die Beschäftigung mit pädagogischen und bildungspolitischen Fragen nahm zu; die Mitgliederbasis konnte erweitert, die Organisationsstruktur allmählich verbessert werden." (Herrlitz et al. 2005, S. 55). Zur Jahrhundertmitte häuften sich die Proteste von Lehrern gegen die staatlichen Behörden. Insbesondere brachte der März 1848 neuen Wind in die bildungspolitische Debatte. „Die revolutionären Ereignisse des März 1848 führten vorübergehend zu einer Verunsicherung der staatlichen Kontrollorgane und lösten in der Lehrerschaft eine begeisterte, hoffnungsvolle Betriebsamkeit aus, die sich in einer Welle spontaner Versammlungen, vor allem aber in einer Flut von Aufrufen, Flugblättern und Programmschriften niederschlug." (ebd., S. 56f.). Sie forderten mit Nachdruck volle Autonomie für die Schulen und bemühten sich zugleich – teilweise auch gegen den Willen der in den Dörfern stationierten Lehrer – um Anbindung an die großstädtischen Netzwerke (Vgl. Swaan 1993, S. 105). Zur verfassungsmäßigen Vorbereitung eines allgemeinen Schulgesetzes wurden in ganz Preußen Kreis- bzw. Provinziallehrerkonferenzen einberufen, auf denen die Lehrer die Bedürfnisse und Wünsche zur Reorganisation des Volksschulwesens debattierten.[225] So versammelten sich am 26.4.1848 mehr als 500 preußische Lehrer in Berlin zu einer ersten gesamtstaatlichen Zusammenkunft und verabschiedeten eine Petition, in der konkrete Forderungen zur Reform der öffentlichen Elementarerziehung, der Schulverwaltung und der Lehrerbildung enthalten waren (vgl. Meyer 1976, S. 30f.; Herrlitz et al. 2005, S. 57). Öffentliche Erziehung „soll einheitlich, unentgeltlich und weltlich organisiert sein, vom Staat kontrolliert und nicht nur den ‚Kastenunterschied‘ zwischen den Lehrern, sondern auch die Trennung von Eliten- und Massenbildung aufheben" (Tenorth 2000, S. 176f.). Die bildungspolitische Perspektive eines einheitlichen, staatlichen Schulsystems wurde vom 28.09.-30.09.1848 auf der Gründungsversammlung des Allgemeinen Deutschen Lehrervereins in Eisenach programmatisch zusammengefasst (Text bei Berthold/Schepp 1993, S. 159ff.).[226]

---

225 Siehe dazu: *Anträge der Provinziallehrerkonferenzen zur Reorganisation des Volksschulwesens* (1848). In: Berg 1980, S. 122-133.
226 In den *Forderungen der Gründungsversammlung des Allgemeinen Deutschen Lehrervereins zur Organisation der Volksschule und zum Grundrecht auf Bildung* (1848) wird festgehalten, dass „(d)ie einheitlich vom Kindergarten bis zur Hochschule aufwärts gegliederte, auf gemeinsamer menschlich-volkstümlicher Grundlage beruhende deutsche Volksschule (...) als eine mit den übrigen Staatsanstalten gleichberechtigte und gleichverpflichtete in den Gesamtorganismus des Staates ein(tritt)" (§ 1). Neben „(g)eeignete(r) Vorbildung und Prüfung, geregelte(r)

Neben der öffentlichen Thematisierung der Volkserziehung fällt in diese Zeit ebenso die Auseinandersetzung über die höhere Bildung mit der Frage nach allgemeiner vs. realistischer Bildung (vgl. Abschn. 3.3.3.3). Im Rahmen der Diskussionen um die Gleichstellung der realistischen mit der allgemeinen Bildung bilden sich allmählich neue Interessensträger, die für den öffentlichen Diskurs in gewissem Maß einen Beitrag zu mehr Eigendynamik innerhalb des Erziehungssystems leisten (vgl. Herrlitz et al. 2005, S. 61). So werden in den 1850er Jahren Reformbündnisse gegründet, u. a. der ‚Verein Deutscher Ingenieure (VDI)' und 1876 der ‚Allgemeine Deutsche Realschulmännerverein'. Sie fordern eine grundsätzliche strukturelle Neuordnung des Erziehungs- und Bildungswesens und insbesondere die Aufwertung und faktische Gleichstellung der lateinlosen, realistischen und technischen Bildung mit der gymnasialen Bildung, damit das höhere Schulwesen zur Förderung des sozialen Ausgleichs in der Gesellschaft beitragen kann (vgl. ebd., S. 69ff.). Unterstützt durch die Eigendynamik des Erziehungssystems als konkrete Gegenbewegung zur bürgerlichen Öffentlichkeit gelingt erst im Kaiserreich „der *historische Durchbruch zu einem neuen Niveau der Bildungsexpansion*" (ebd., S. 76).

Durch die Herausbildung System-interner Akteure und anhand bestimmter Themenschwerpunkte wird der Strukturwandel der Öffentlichkeit der Erziehung erkennbar: Dort, wo das Thema Erziehung im gesellschaftlichen Zusammenhang, nicht nur in anderen Teilsystemen wie unter den (externen) Bürgerlichen, eine Rolle spielt, sondern auch von Erziehungssystem-internen Initiativen bearbeitet wird, entsteht aus systemtheoretischer Perspektive sichtbar ein neuer gesellschaftlicher Integrationsversuch, wobei das Erziehungssystem selbst, durch selbstreferenzielles Agieren im Spiegel der Öffentlichkeit, eine unabdingbare Rolle übernimmt. Die gesellschaftliche Komplexität kann mithilfe der Selbstorganisation des (Erziehungs-)Systems weiter entfaltet werden, wenn das Erziehungssystem als operativ geschlossenes Gesellschaftssystem mit den anderen Funktionssystemen in der Öffentlichkeit Kontakt aufnimmt. Diese Kontaktaufnahme in der Öffentlichkeit, die Öffentlichkeit der Erziehung voraussetzt, bewirkt, dass sich Selbstreflexion und Eigenmotive des Erziehungssystems interner Kommunikation einerseits und die Reaktion des Systems externer Kommunikation andererseits gegenseitig beeinflussen (vgl. Baecker 1996, S. 9; vgl. Abschn. 1.2.2.2). Dies führt zu Reformprozessen in der Gesellschaft, die als gesellschaftlicher Integrationsversuch interpretiert werden können. Dabei spielt die (wohlfahrtsstaatliche) Politik die Rolle der Auffangstelle unterschiedlicher Interessen und vollzieht die entsprechenden Reformen. Die Eigendynamik der neuen Akteure des Erziehungssystems – Tenorth beschreibt dies als Verselbstän-

---

Anstellung und Beförderung, gleichmäßige(r) bürgerliche(r) Stellung und Berechtigung, ausreichende(r) Besoldung und Pensionierung der Lehrer" (§ 5.) wird zugleich gefordert, kein Schulgeld für Unterricht an den allgemeinen Schulen (Volksschule und niederen Gewerbeschule) zu erheben (§4; § 19) (ebd.).

digung des Bildungswesens (vgl. Tenorth 2000, S. 177) – trägt dazu bei, auf die Situation der Volkserziehung sowie der höheren Bildung in der Öffentlichkeit aufmerksam zu machen und so einen gewissen Druck auf die Regierung auszuüben. Eine die Gesellschaftsstruktur verändernde Kraft wird nun durch das Erziehungssystem selbst initiiert und trifft auf die (bürgerliche) Öffentlichkeit. Kade/Nolda zufolge ist Öffentlichkeit der Erziehung hier anhand des Differenzierungs- und Kommentierungsverhältnisses beschreibbar (vgl. Abschn. 2.2.1).

Die neue Dynamik der unterschiedlichen gesellschaftlichen Systeme im Allgemeinen und die Eigendynamik innerhalb des Erziehungssystems im Besonderen entfalten über die Jahrhundertwende hinaus ihre Kräfte als verändernde Akteure in der Öffentlichkeit. Die liberal-bürgerliche Öffentlichkeit mit ihren selbständigen, politischen Prinzipien verliert seit der Revolution in der zweiten Hälfte des 19. Jh. allmählich ihre Exklusivität und Monopolstellung. Aufbauend auf dem gemeinsamen Wirken unterschiedlicher Akteure – Bildungstheoretiker, Philosophen, Pädagogen, Arbeiterschaft, Vereine oder Organisationen – entstehen zahlreiche Sozialbewegungen, die sich den ‚neuen Menschen‘ und eine ‚neue Gesellschaft‘ als gemeinsames Ziel setzen (vgl. ebd., S. 213). Vor diesem Hintergrund entsteht Anfang des 20. Jh. in der Öffentlichkeit der Mythos Jugend, der die Hoffnung auf die junge Generation betont (vgl. ebd., S. 222). Dies führt zu „pädagogischen Volksbewegungen" (Jugendbewegung, Volkshochschulbewegung), zu „pädagogischen Reformbewegungen" (Kunsterziehungs- und Arbeitsschulbewegung, sittliche Selbsttätigkeit und die Schulverfassung, Landerziehungsheimbewegung) und schließlich zur „Einheitsschulbewegung" (vgl. Nohl, 1988 (1935); Tenorth 2000, S. 185). Zu den pädagogischen Reformbewegungen gehören vor allem innerschulische Reformversuche. Die zentralen Leitvorstellungen sind die Betonung der Gemeinschaft, die natürliche Entwicklung des Kindes sowie „Selbsttätigkeit und Selbstverwaltung", welche nicht nur durch Bildungstheoretiker sondern in der Praxis vor allem durch eine starke Lehrerbewegungen befördert werden (vgl. Tenorth 2000, S. 213). Neuer Akteur dieser Zeit ist außerdem die junge Generation – das eigentliche Objekt der Erziehung. Die zunehmende Verschulung der Kindheit und Jugendzeit, das Erscheinen neuer Medien mit einer jugendspezifischen Presse [227] sowie die Erfahrungen des ersten Weltkrieges geben den Jugendlichen Anlass zu kritischen Reaktionen, verbunden mit der Sehnsucht nach Einheit und Gemeinschaft. [228] Diese Jugendbewegungen, bis in die 1920er Jahre, führen dazu, dass etwa 40% aller Jugendlichen einem Verein oder Verband angehören (vgl. ebd., S. 220). Jugendliche werden selbst zu öffentlichen Akteuren, die die öffentliche Erziehung innerhalb und außerhalb der staatlich organisierten Schule formen. In diese

---

227 Hier ist die Entstehung der Jugendkultur mit Kindertheatern, Kinder-Literatur bis hin zu Kinderrepubliken zu nennen (vgl. ebd., S. 221).

228 In diesem Zusammenhang entfalten sich der ‚Wandervogel‘, Fahrten und Lager, Gesang und Geselligkeitsformen, Kleidung und Grußrituale usw. In diese Zeit fallen auch die reformpädagogischen Strömungen, die sich Gemeinschaft als volksgemeinschaftliches Leben vorstellen.

Zeit gehört auch die bürgerliche Frauenbewegung, die 1887/88, beispielsweise in der Gelben Broschüre, ihre bildungspolitischen Forderungen formuliert. Diese Entwicklung beeinflusst auch das Bildungswesen für Mädchen, so dass seit 1908 das Abitur an Mädchenschulen zum Universitätsstudium berechtigt. [229] Die Eigendynamik des Erziehungssystems trägt in Verbindung mit dem vermehrten Auftreten öffentlicher Akteure zum Strukturwandel der Öffentlichkeit der Erziehung bei.

3.4.3 Die Öffentlichkeit der Erziehung als Teil der sozial- und wohlfahrtsstaatlichen Bildungspolitik – Nationalerziehung

Auf der Grundlage preußischer Staatstradition wird die öffentliche Erziehung eng mit der Staatlichkeit und dem Nationalismus verknüpft. Vor allem in der Politik Bismarcks, nach der deutschen Einheit 1870, stellt die Institutionalisierung der öffentlichen Erziehung in Deutschland einen Prototyp des Verhältnisses zwischen Staat und Erziehung dar (vgl. Horio 1992, S. 135). Im Folgenden wird der Blick auf die weitere Entwicklung dieses Verhältnisses in der sich im Laufe des 19. Jh. herausbildenden, sozial- und wohlfahrtsstaatlichen Öffentlichkeit (vgl. Abschn. 1.1.4) gelenkt. Die zentralen Motive der Steuerungsmaßnamen, d. h. die Erscheinungsbilder der öffentlich institutionalisierten Erziehung, bleiben auch für die sich nach dem zweiten Weltkrieg in Deutschland entwickelnde sozial- und wohlfahrtsstaatliche Öffentlichkeit relevant. Zugleich zeigt sich im Verhältnis von Staat und Erziehung eine Dominanz der Nationalerziehung, deren Ideen bereits seit Anfang des 19. Jh. sukzessive an Bedeutung gewannen.

3.4.3.1 Die Öffentlichkeit der Erziehung – Bildungspolitik gegen den „sozialen Sprengstoff" sowie als sozial- und wohlfahrtsstaatliche Intervention in der „sozialen Frage"

Wie bereits im vorangehenden Abschnitt dargestellt, wird die Volkserziehung als Massenerziehung mit Blick auf den ökonomischen Nutzen gefördert. Aber das Thema Volkserziehung ist in der (bürgerlichen) Öffentlichkeit mit zahlreichen Ängsten und Befürchtungen verbunden – Ängste vor Überqualifikation und dem emanzipatorischen Potential des niederen Volkes sowie der Furcht vor dem „Gespenst einer unberechenbaren und diffus drohenden Masse" (Swaan 1993, S. 69). Die Ängste und die Befürchtungen der bürgerlichen Öffentlichkeit und der

---

229 Der Titel der Gelben Broschüre ist *Die höhere Mädchenschule und ihre Bestimmung.* Sie thematisiert die Mädchen- und Lehrerinnenbildung. Eine wichtige Forderung ist der Zugang zur akademischen Ausbildung. Sie gilt als Ausgangspunkt der Preußischen Mädchenschulreform 1908.

staatlichen Obrigkeit gegenüber der Ausweitung der allgemeinen Volkserziehung wurden schon im Laufe des 19. Jh. in Preußen zur Realität: Das sukzessive Einbeziehen der Massenbevölkerung in die Elementarerziehung, die zunehmende Alphabetisierung und die Vermittlung von Grundkenntnisse in Rechnen, Geschichte und Erdkunde führten zu „beginnende(r) Verschulung der Gesellschaft und (...) Verbreitung und Generalisierung neuer Kompetenzen" (Tenorth 2000, S. 168). Den niederen Ständen wird allmählich bewusst, dass ihre sozialen Aufstiegschancen durch die streng gegliederte Gesellschaftsstruktur und durch das gegliederte Schulsystem faktisch unmöglich sind. Es fehlt ihnen überhaupt die Möglichkeit, das nationale Netzwerk für eigene Zwecke zu nutzen. Innerhalb der ‚Subjekte' ständischer Armut – in ständiger Armut Lebende, Lohnabhängige bzw. industriell Beschäftigte – bildet sich ein politisches Bewusstsein heraus, das latent rebellische, politisch emanzipatorische Kräfte hervorbringt (vgl. Swaan 1993, S. 105f.). „(D)ie ‚Aufklärung' des gemeinen Mannes über seine eigene Stellung im gesellschaftlichen System konnte nicht ohne sozialpolitische Sprengkraft bleiben." (Blankertz 1992, S. 62). Die ländliche Massenbevölkerung geht zunehmend gegen die Zentralbehörden und gegen die kapitalistischen Unternehmer des nationalen Marktes vor. Diese Tendenz wird verstärkt durch die Hungerkrisen 1816/17 und 1846/47. Seit der zweiten Hälfte des 19. Jh. entsteht das Bewusstsein der Klasse des ‚Proletariats'.[230] Die dadurch aufkommenden neuen Akteure entfalten ihre eigene Dynamik und tragen dazu bei, dass sich die Voraussetzungen für Kommunikation gesellschaftsweit verändern. Seit Mitte des 19. Jh. entstehen im deutschsprachigen Raum neue Kräfte in der kommunizierenden Öffentlichkeit, begleitet vom Zusammenschluss unterschiedlicher Bevölkerungsgruppen sowie selbstbewusster Arbeiterbewegungen (vgl. Tenorth 2000, S. 168). Die neuen Akteure schließen sich Vereinen, Gewerkschaften, liberalen oder radikalen Parteien an (vgl. Swaan 1993, S. 107), um in Verbindung mit der Öffentlichkeit eine eigene politische Emanzipation zu organisieren. Sie stellen sich zunehmend als einheitlich organisiertes Volk, Volksgeist und Nation dar (vgl. Brüggen 2004, S. 747).

Auf die neue Situation, auch mit Rücksicht auf das revolutionsängstliche Bürgertum, reagiert der Deutsche Reichstag am 19.10.1878 mit der Verabschiedung des *Gesetzes gegen die gemeingefährlichen Bestrebungen der Sozialdemokratie* (das Sozialistengesetz). Dies ist eine staatliche Kampfansage gegen die sozialdemokratischen Bewegungen. Erziehung wird hier als „Vorbeugungsmittel gegen soziale Missstände" (Tennstedt 1981, S. 68) verstanden. Durch die politisch-ideologisch bedingte Angst vor dem Sozialismus wie durch die bürgerlich-defensive Reformrhetorik wird „Erziehung zum Medium, mit dem alle sozialen

---

230   Anhand der Arbeiten des Staatswissenschaftlers Johann G. Hoffmann (1844) definiert Tenorth die ‚Klasse der Proletarier' als eine Klasse der ungebildeten Eigentumslosen, des Gesindes, der Tagelöhner, der Lohnarbeiter in den Fabriken sowie der Handwerksgesellen (vgl. Tenorth 2000, S. 161).

Lager die Zukunft der Gesellschaft in ihrem Sinne bestimmen wollen" (Tenorth 2000, S. 184). Die Regierung Bismarcks legt in diesem Zusammenhang offiziell ein bildungspolitisches Programm vor, um den gesellschaftlichen Sprengstoff mit einer langfristig angelegten Integrationsstrategie zu bekämpfen. Die am 1.5.1889 veröffentlichte *Kabinettordre Kaiser Wilhelms II. zur Bekämpfung sozialistischer und kommunistischer Ideen durch die Schule* zeigt deutlich den Kurs dieser neuen Zeit: Es sei „die Schule in ihren einzelnen Abstufungen nutzbar zu machen, um der Ausbreitung sozialistischer und kommunistischer Ideen entgegenzuwirken. In erster Linie wird die Schule durch Pflege der Gottesfurcht und der Liebe zum Vaterlande die Grundlage für eine gesunde Auffassung auch der staatlichen und gesellschaftlichen Verhältnisse zu legen haben" (Text bei Berthold/Schepp 1993, S. 184; Berg 1980, S. 151f.). Die Öffentlichkeit der Erziehung gründet nicht länger auf den liberal-bürgerlichen Ideen der literarisch räsonierenden Öffentlichkeit und den privaten Initiativen bzw. der Dynamik der Öffentlichkeit, sondern ist deutlich in der hoheitlichen Staatsmacht verankert. Die Regulierung und Steuerung über das Erziehungssystem erfolgt grundsätzlich durch das politische Machtzentrum des Staates, und zwar im Spiegel der Öffentlichkeit nach den Interessen gesellschaftlicher Teilsysteme, um die Kommunikationsdifferenzen der Gesellschaft mit der zentralistischen Regierungsform zu überwinden und somit die gesellschaftliche Einheit zu fördern. Schul- und Bildungspolitik dienen nicht allein „dem Ausgleich von Angebot und Nachfrage auf dem staatlichen Arbeitsmarkt, sondern zugleich der gesellschaftlichen Integration der bürgerlichen Schichten und der Abwehr sozialdemokratischer Bestrebungen" (Tenorth 2000, S. 247). Sie werden „Teil einer innenpolitischen Gesamtstrategie der offensiven Bewahrung traditioneller Werte und der konservativen Einschmelzung des historisch neuen in ein obrigkeitlich-autoritäres System" (ebd., S. 246).

In diesem Zusammenhang zeigt sich zugleich der Wandel der Erziehungs- und Bildungspolitik des Staates in Richtung einer aktiv gestalterischen Haltung bis hin zur Daseinsvorsorge. Während die Armut der einfachen Menschen als ‚Pauperismus' und ‚soziale Frage' Gegenstand einer öffentlichen Diskussion wird (vgl. ebd., S. 161f.), hat das politische System des Staates Maßnahmen gegen den steigenden Pauperismus bzw. zur Lösung der sozialen Frage zu treffen, um der vom Zentrum der Politik wahrgenommenen, zunehmenden Gefährdung der Gesellschaft entgegenzutreten. So beginnt der Staat, in die entstehende „Sphäre des »Sozialen«" (Habermas 1990 (1962), S. 225) einzugreifen.[231]

---

231 Es entsteht die Nachfrage nach der Notwendigkeit von Ordnungsmaßnahmen gegen die nichtbeschäftigte, pauperisierte Bevölkerung. Die konkrete Sorge des Staates ist, dass der Staat wirtschaftspolitisch durch die Verarmung vieler seiner Untertanen geschwächt und damit durch Steuerausfall und erhöhte Fürsorgezahlung belastet wird. Darüber hinaus gibt es die militärpolitische Sorge, dass die bäuerlichen Untertanen wegen der Demoralisierung durch Unterernährung, Alkoholisierung oder Verwahrlosung nicht mehr für die Armee verwendbar sind (vgl. Blankertz 1992, S. 61). In Deutschland ist der Strukturwandel von der liberal-

Dabei beschränkt sich die Rolle des Staates nicht auf eine kontrollierend-abwehrende Funktion. Vielmehr greift der Staat mit Verordnungen und Überwachungsmaßnahmen aktiv und positiv gestaltend in die Regelungen der Generationsordnung ein (vgl. Tenorth 2000, S. 172).[232] Durch sozialpolitische Interventionsleistungen und wohlfahrtsstaatliche Programmatik erhält der Staat eine neue *Gestaltungsfunktion* (vgl. Habermas 1990 (1962), S. 232) und setzt sich mit der Frage der Entwicklung neuer, sozialer Sicherungen als Maßnahme gegen Arbeitslosigkeit, Krankheit und Alter auseinander (vgl. Abschn. 1.1.4.1). Im Rahmen der sozialen Sicherheitspolitik wird nach 1870 die öffentliche *Zwangserziehung* gesetzlich geregelt, um sie als eine Form der Daseinsvorsorge zu etablieren.[233] Außerfamiliale Einrichtungen wie Kindergärten und Warteschulen werden geschaffen, die den Müttern die Gelegenheit zur Arbeit sichern sollen. Wurde die Ausbreitung der öffentlich institutionalisierten Kleinkind- und Elementarerziehung zuvor noch häufig von Argumenten der Barmherzigkeit, Frömmigkeit und Wohltätigkeit begleitet, beispielsweise durch die Kirche, gerieten diese Motive nun in Konflikt mit den politischen Instanzen (vgl. Nieser 1978, S. 126). Stattdessen versucht der Staat offensichtlich, Volkserziehung als Maßnahme zugunsten einer stabilen Staatsordnung zu instrumentalisieren und starken staatlichen Einfluss auszuüben. So steht nach dem *Gesetz betr. die Beaufsichtigung des Unterrichts- und Erziehungswesens* (Schulaufsichtsgesetz) von 1872 „die Aufsicht über alle öffentlichen und Privat-Unterrichts- und Erziehungs-Anstalten dem Staate zu" (Text bei Berthold/Schepp 1993, S. 178).[234] Erziehung dient nun als Teil der vom Staat initiierten, allgemeinen Wohlfahrt dem öffentlichen Nutzen. Schule wird als die wichtigste Institution der Kulturvermittlung des Staates eingestuft.

Aufgrund der sozial- und wohlfahrtsstaatlichen Steuerung der Öffentlichkeit verschieben sich die Ziele öffentlich institutionalisierter Erziehung nun von der Bildung des Menschen für die liberal-bürgerliche Öffentlichkeit hin zur Bildung der Nation. Der Staat greift mittelbar oder unmittelbar in die Erziehungsverhältnisse und -prozesse ein und beschränkt damit die traditionell liberalen Freiheits-

---

bürgerlichen zur wohlfahrtsstaatlichen Öffentlichkeit im Vergleich zu anderen okzidentalen Ländern wie England und Frankreich nicht so prägnant, denn der zentralistisch nationalistische Charakter der Öffentlichkeit zieht sich von der aufklärerisch-absolutistischen Staatsbildung bis hin zur Weimarer Republik (vgl. Abschn. 1.1.4.2).

232 So werden in Preußen seit 1839 Regulative zur Kinderarbeit erlassen: 1839 Erlass des *Regulativ über die Beschäftigung jugendlicher Arbeiter in den Fabriken*, 1853 Heraufsetzung des Mindestalters für die Beschäftigung auf 12 Jahre (ebd.).

233 Es ist bekannt, dass die Einführung der allgemeinen Schulpflicht z. B. in England mit der Erweiterung des Fabrikgesetzes verbunden war (vgl. Horio 1992, S. 92).

234 Bis zum Erlass dieses Gesetzes lag die Aufsicht über die Schule im deutschen Gebiet überwiegend im kirchlichen Einflussbereich. Durch die staatliche Reglementierung sinkt die Lehrer-Schüler-Relation von etwa 100-150 Schüler auf 80 Schüler pro Lehrperson. Im Gesetz zur Erleichterung der Volksschullasten wird 1888 die Schulgebühr erstmals grundsätzlich abgeschafft.

rechte der Privatperson. Dies bedeutet Verzicht auf Teile der Privatheit: Die Familien verlieren aufgrund der ökonomischen Bedingungen nicht nur ihr materielles Fundament, sondern auch ihre historischen Rechte. „Mit den Funktionen der Kapitalbildung verliert nämlich die Familie zunehmend auch Funktionen der Aufzucht und der Erziehung, des Schutzes, der Betreuung und Anleitung, ja elementarer Tradition und Orientierung; sie verliert verhaltensprägende Kraft überhaupt in Bereichen, die in der bürgerlichen Familie als die innersten Höfe des Privaten galten. In gewisser Weise wird also auch die Familie, dieser private Rest, durch die öffentlichen Garantien ihres Status entprivatisiert." (Habermas 1990 (1962), S. 243).[235] Eine Reihe von Funktionen privater Verfügung wird durch öffentliche Garantien des Staates ersetzt, wodurch sich, durch das staatliche Eingreifen, der Charakter der Privatheit der Erziehung sukzessive ändert. Erziehung ist nicht mehr private Angelegenheit und die schulische Erziehung nicht mehr eine Ausnahme im liberal-bürgerlichen Konzept, sondern ein wichtiges, zweckmäßiges Element des nationalen Wohlfahrtsstaates (vgl. Schelsky 1967, S. 33ff.; Horio 1992, S. 91f.). Das klassisch-liberale Prinzip vom Recht der Kinder auf Bildung sowie der Verpflichtung der Eltern gegenüber den Kindern (vgl. Abschn. 3.3.1) wird umgeschrieben in die Schulpflicht der Kinder und die damit verbundene Verpflichtung der Eltern gegenüber dem Staat. Überhaupt entsteht die Schulpflicht erst vor dem Hintergrund der allgemeinen Massenerziehung. Öffentlich institutionalisierte Erziehung und Bildung gilt zwar als Lebenslauf und Karriere definierendes Instrument mit Qualifizierungsfunktion, nun wird sie jedoch, aufgrund der Kontrollabsichten des Staates, zunehmend zu einer universalisierten Instanz sozialer Disziplinierung (vgl. Tenorth 204, S. 204). „Tatsächlich weist das Schulregime des 19. Jahrhunderts gewisse unverkennbare Ähnlichkeiten mit dem (...) Fabriksystem auf: Standardisierung, Formalisierung, Durchsetzung von Pünktlichkeit und Disziplin spielten (...) eine überragende Rolle." (Swaan 1993, S. 76f.). Die sozial disziplinierende Funktion der öffentlich institutionalisierten Erziehung innerhalb der sozial- und wohlfahrtsstaatlichen Öffentlichkeit wird hier, verglichen mit ihrer Ursprungsform unter absolutistischer Herrschaft (vgl. Abschn. 3.2.3), vor allem im Bereich der Standardisierung des Selektions- und Reproduktionsmechanismus präzisiert. Die Regierungsabsicht öffentlicher Erziehung geht von sozialer Außenkontrolle in Selbstkontrolle über (vgl. Foucault 1993; 1994a; 2000). „Einstellungen und Mentalitäten müssen ‚umgebaut' werden, aber nicht nach dem illusionär-totalitären Muster der ‚Umschaffung' des Menschen oder der Erzeugung eines ‚neuen Menschen', sondern als selbstbestimmter und selbst-reflexiver Prozeß von Perso-

---

235   Die Familie bleibt zwar grundsätzlich eine private intime Sphäre (vgl. ebd., S. 238). Aber allmählich trennt sich die intime Sphäre von einem anderen Bereich der Privatheit, nach Arendt der Tätigkeit des Herstellens. Hier sei nur an eine jener explizit pädagogischen Funktionen erinnert, die die Familie formell an die Schule, informell an anonyme Kräfte außerhalb des Hauses abgeben musste.

nen und Gruppen" (Herrmann 1993, S. 579). Öffentlichkeit der Erziehung in der sozial- und wohlfahrtsstaatlichen Öffentlichkeit lässt sich anhand der öffentlichen Praktiken sozialer Kontrolle und Selbstdisziplinierung zeigen.

3.4.3.2 Die Öffentlichkeit der Erziehung als Nationalerziehung

Die eindeutig nationalstaatliche Tendenz der politisch organisierten Schulreform zeigt sich in Preußen bereits im 18. Jh. Öffentliche (Massen-)Erziehung hat von Anfang an das Ziel, die Menschen innerhalb der staatlichen Rahmenbedingungen beherrschbar zu machen. „(D)ie Staatstreue per Massenerziehung zu fördern" (Swaan 1993, S. 106) ist ein wichtiges Anliegen der preußischen Politik. Dahinter steht die Hoffnung, dass die Erziehung loyale und arbeitsame Bürger hervorbringt.[236] Diese Ausrichtung zeigt sich konkret an der erfahrenen Niederlage gegen Napoleon. Um den Deutschen eine neue Identität zu geben, verweist Johann Gottlieb Fichte in seinen *Reden an die deutsche Nation* (1807/08) auf „die Nation als die kollektive Einheit zur Gestaltung neuer Möglichkeiten" (Tenorth 2000, S. 132f.). Er betont dabei die Wichtigkeit der „Bildung der Nation": „Es bleibt (...) uns nichts übrig, als (...) die neue Bildung zu bringen, so daß dieselbe nicht Bildung eines besondern Standes, sondern daß sie Bildung der Nation schlechthin als solcher (...) werde, (...); und daß auf diese Weise unter uns, keinesweges Volkserziehung, sondern eigentümliche deutsche Nationalerziehung entstehe." (Fichte 2008, S. 24). Dabei grenzt er sich von der Volkserziehung ab und beharrt stattdessen auf einer „eigentümliche(n) deutsche(n) Nationalerziehung" (ebd.), die den Zögling zu reiner Sittlichkeit bilden soll (vgl. ebd., S. 44). Ebenso konstatiert Karl Heinrich Ludwig Pölitz, Historiker und Philosoph: „(D)ie Erziehung des Menschen und des Bürgers muß ineins zusammenfallen als Erziehung *zum Bürger*, Bürger und Mensch, Standes- und Berufserziehung dürfen keine Differenz bilden, ‚Patriotismus' und ‚Nationalbildung' müssen eine Einheit bilden im ‚Gemeingeist aller Bürger eines Staates'." (Pölitz 1806, 1. Th., S. 307f., zit. n. Herrmann 1993, S. 577). Hier wird der Übergang zum „‚patriotischen Nationalismus' – der Identifikation von ‚Volk' und ‚Nation' –, der sich pädagogisch instrumentiert als politisches Programm einer ‚National-Bildung' darstellt", beschrieben (Herrmann 1993, S. 577). Die Förderung der Nationalerziehung wird zugleich aus neuhumanistischem Bildungseifer angestrebt, u. a. um eine deutsche Standardsprache zu entwickeln. „Noch sei keine Nationalsprache vorhanden, und ohne dieses Werkzeug gäbe es keine Kunst und keine Kultur,

---

236   Vor allem angesichts der Französischen Revolution sieht sich der preußische Staat gezwungen, die Bevölkerung direkt unter Kontrolle zu halten und diese aufgrund der fortschreitenden Bedrohung durch Frankreich zu einer nationalen Armee zu vereinigen. Neben der Aufrüstung der gesamten Bevölkerung bemüht sich die preußische Staatsregierung, Wirtschaft und Gesellschaft des Landes von den feudalen Fesseln zu befreien.

schrieb Friedrich II. (auf Französisch)." (Swaan 1993, S. 103).[237] Hier entstehen an der Wende zum 19. Jh. National- und Staatserziehungspläne in einer Mischung aus philanthropischen, rousseauanischen, kantischen und neuhumanistischen Motiven. Diese werden begleitet und überlagert von öffentlichen, staatlichen, nationalen und patriotischen Motiven. In diesem Zusammenhang zu erwähnen ist das ursprüngliche Konzept von Humboldt: Unterricht, Wissen und Bildung (als individuelle Vorgänge) basieren nicht auf einem staatlichen, öffentlich gestalteten Bildungswesen. Staat wird nicht als Träger der öffentlichen Schule verstanden, sondern die Nation als Träger sowohl der Staatsverfassung als auch des öffentlichen Bildungswesens (vgl. Blankertz 1992, S. 118; vgl. Abschn. 3.3.3.2).[238] Das freie Wirken der Nation ist in diesem Sinne öffentlich. Öffentlicher Unterricht ist gänzlich in die Hände der Nation zu legen. Die Vorstellung von der Nation als Träger der öffentlich institutionalisierten Schule liefert den konkreten Bezug zur Öffentlichkeit der Erziehung und Bildung: Das Verhältnis der Individuen zur öffentlichen Erziehung und Bildung ist ein Abbild des öffentlichen Lebens der Nation. Entgegen Humboldts Konzept zeigt der Prozess der Staatsbildung in Preußen jedoch deutlich, dass Schulen und Universitäten Veranstaltungen des Staates sind.[239] Diese Tendenz setzt sich vom Revolutionsjahr bis in das Kaiserreich fort.

Im Angesicht der kolonialistischen und imperialistischen Weltpolitik sowie der notwendig gewordenen Innenpolitik bezüglich der sozialen Fragen in einer Massengesellschaft verstärkt der Staat in verschiedenen Gesellschaftsbereichen seine administrativen Verwaltungsorgane. Hier zeigt sich deutlich die Instrumentalisierung der öffentlichen Schule durch die Staatspolitik seit 1890: Der Staat übt zunehmend Einfluss auf die Bildung eines nationalen Staatsbürgers aus. Ein deutlicher Ausdruck dieser Politik ist die ,deutsch' und ,national' bestimmte Bildungspolitik der preußischen Schulkonferenzen vom Dezember 1890 und Juni 1900 (vgl. Tenorth 2000, S. 247). Hier wird Erziehung, über den Erhalt gesellschaftlicher Sicherheit hinaus, als Instrument zur Erzeugung nationalen Zusammenhalts verstanden. Die Bevölkerung soll durch Erziehung seine staatsbürgerliche Pflicht und Loyalität gegenüber dem Staat verinnerlichen. Das Bewusstsein der Schüler als Mitglieder eines Nationalstaates soll durch den Pflichtcharakter der einheitlichen Schule verstärkt werden. Hier zeigt sich die Tendenz, das

---

237 In: *De la littérature allemande* (1780). Vgl. Anmerkung 89 in Swaan 1993, S. 291.

238 Die Nation ist im Wesentlichen durch die Vorstellung von Abstammung, Gleichheit der Sitten, bürgerlicher Verfassung, Geschichte und Gemeinschaft der Individuen bestimmt. „Humboldt meinte mit dem Begriff der Nation die Gesellschaft freier Bürger im Gegensatz zu dem die Untertanenmentalität fordernden Obrigkeitsstaats, während der Unterrichtsgesetzentwurf Nation auf preußischen Patriotismus, Königstreue und Gehorsam gegenüber den staatlichen Autoritäten bezog." (ebd., S. 133).

239 Diese, während der frühen Neuzeit bis ins 19. und 20. Jh. hinein, in fast alle gesellschaftlichen Bereiche eingreifende Staatstätigkeit ist „ein bestimmendes Merkmal der preußischen beziehungsweise ,mitteleuropäischen' Entwicklung – ganz im Gegensatz zu den westeuropäischen Ländern wie England, Holland oder Frankreich" (Leschinsky/Roeder 1983, S. 66ff.).

bisherige pluralistisch-mehrstufige Schulsystem, welches die traditionelle, gesellschaftliche Schicht- und Klassenbildung unmittelbar widerspiegelt, zu demontieren – von der Erziehung in privater Hand ganz zu schweigen.[240] Stattdessen wird ein für die gesamte Bevölkerung verpflichtendes, aus einer einheitlichen elementaren und einer weiterführenden sekundären Erziehung bestehendes, staatliches Schulsystem konzipiert (vgl. Horio 1992, S. 99). 1886 wird ein Deutscher Einheitsschulverein gegründet, dessen Forderung „Ein Volk, eine Schule" war (vgl. ebd., S. 114). Diese Maßnahme kann zum Vorteil der Staatsmacht instrumentalisiert werden, indem sie in Verbindung mit der wohlfahrtsstaatlichen Politik als ein der Gerechtigkeit geschuldetes, soziales Angebot des (großzügigen) Staates dargestellt wird. Der Zentralismus der Erziehungs- und Bildungspolitik, die Vereinheitlichung des Schulsystems sowie der auf dem Leistungsprinzip basierende Glaube an Chancengleichheit werden zu wichtigen Bestandteilen des nationalstaatlichen Erziehungsprinzips.[241]

In diesem Prozess beginnt der Staat mittels der öffentlichen Erziehung zunehmend als Wahrheitserzeuger und als Belehrungsinstanz der Massenbevölkerung zu agieren. Der Staat übernimmt die Rolle des „Moralführers" und löst damit die klassische Idee ab, dass öffentliche Erziehung auf der Basis des Laizismus – wie von Condorcet beschrieben – lediglich empirisches Wissen zu vermitteln hat (vgl. ebd., S. 75).[242] An der Neutralität der öffentlichen Erziehung nach laizistischem Prinzip wird zwar offiziell festgehalten und der Staat selbst sichert die Neutralität in der öffentlichen Erziehung zu. Um aber der damit einhergehenden Unsicherheit zu begegnen, tritt an die Stelle des religiösen Glaubens der nationale Einheitsglaube der Massenbevölkerung als wichtiger Anhaltspunkt für die Erziehung (vgl. ebd., S. 119; S. 141). Anstelle der Menschenbildung wird nun das Entstehen der Nation, durch Erziehung und Bildung des Einzelnen zum Staatsbürger, öffentlich in den Vordergrund gestellt. Der Zusammenhang von Öffentlichkeit und Erziehung kann zunehmend am Verhältnis der institutionalisierten Erziehung zum nationalstaatlichen Gebilde und zur

---

240 Die Privatschulen bleiben trotz dieser Tendenz erhalten. Nach einer statistischen Erfassung der Privatschulen aus dem Jahr 1889, die der Privatschulverband trotz Mängeln veröffentlichte, existieren im Jahr 1882 (dem Gründungsjahr des Privatschulverbandes) in allen deutschen Ländern 1.369 Privatschulen. Diese Zahl hat sich bis zum Jahre 1904 sogar noch erhöht. Zur historischen Abhandlung über private Schulen in Deutschland vgl. Deutscher 1976. Hier vgl. S. 139.

241 Am Beispiel der Erziehungssituation in England nach 1870, wo das einheitliche Erziehungssystem als auf Gerechtigkeit beruhende Chancenerweiterung verstanden wurde, wie auch am Beispiel der Erziehungsreform in den 1880er Jahren in Frankreich, die das einheitliche Erziehungssystem mit dem Geist der Französischen Revolution rechtfertigte, kann die Einführung eines einheitlichen Erziehungssystems auch auf einem einseitigen Verständnis moderner öffentlicher Erziehung beruhen. Vielmehr hängt sie vom staatlich politischen Kalkül ab.

242 Während Condorcet strikt an die Vermittlung empirischen Wissens in der öffentlichen Erziehung (l'instruction) festhielt, wird öffentliche Erziehung nun zur Instanz, in die wichtige Interessen des Staates wie die Erzeugung loyaler Staatsbürger (Nation) konkretisiert werden sollen (l'éducation bei Le Peletier).Vgl. Abschn. 3.3.1; 3.3.3.2.

nationalstaatlichen Überlebensstrategie abgelesen werden. Auch das Erziehungssystem trägt dazu bei, den Heranwachsenden die Mythen über den Nationalstaat und dessen Volk (Nation) einzupflanzen, mit der Absicht, eine homogene Gesellschaft zu schaffen. In diesem Prozess wird der öffentliche Charakter der institutionalisierten Erziehung (öffentliche Schule) nicht mehr nur mit den unterschiedlichen Trägern wie der Kirche, sondern immer mehr mit dem Staat assoziiert (vgl. Oelkers 1988, S. 582). Der Staat erhält im Bereich der Erziehung ein gesichertes Monopol.

Einen besonderen Aspekt der Entwicklung der Nationalerziehung beleuchtete ein im Jahr 1900 veranstaltetes Preisausschreiben der Erfurter Akademie der gemeinnützigen Wissenschaften. Die Preisfrage thematisierte die große staatspolitische Bedeutung der Erziehungslücke vom 14.-18. Lebensjahr zwischen Schule und Militär: „Wie ist unsere männliche Jugend von der Entlassung aus der Volksschule bis zum Eintritt in den Heeresdienst am zweckmäßigsten für die bürgerliche Gesellschaft zu erziehen?" (Blankertz 1992, S. 207; Herrlitz et al. 2005, S. 113). Der Preis ging an Georg Kerschensteiner, der mit einem Entwurf für die Berufserziehung als Fortbildungsunterricht antwortete.[243] Bemerkenswert ist, dass Berufserziehung bei Kerschensteiner wie staatsbürgerliche Erziehung konzipiert ist, die sich in die Gedankenwelt des nationalstaatlichen Konzepts des Einheitsschulsystems und der Moralerziehung einordnen lässt.[244] Mit seinem Erziehungskonzept hat er stets den Nationalstaat im Sinne der Gesamtheit der Bevölkerung im Blick: „Nur der Staat ist gesund und kann gedeihen, der ohne Unterlaß sich bestrebe, die Menschen, die ihn bilden, zu verbessern. (...) (Es wird) in breitem Maße dem Gedanken Rechnung getragen, daß die staatsbürgerliche Erziehung eines der wichtigsten Fundamente des Staatsgebäudes ist" (Kerschensteiner 1925, S. 1f.). Das Festhalten an nationalen Tugenden, die Vaterlandsliebe, die Staatsbürgerpflichten oder die Gesinnungserziehung werden in verschiedenen Teilen seiner Schrift bekräftigt. Das vornehmste Ziel der Erziehung soll, so Kerschensteiner, in der Bildung des rechten Staatsbürgers liegen, „der in treuer Hingabe selbstlos der Erreichung und Verwirklichung dieses sittlichen Gemeinwesens dient" (Kerschensteiner 1958, S. 36). Die staats-

---

243   Sein Entwurf über die Berufserziehung verweist auf deren Charakter als ‚säkularisierte Sonntagsschulen', die dem Schutz der schulentlassenen Jugend vor den Gefährdungen des Großstadtlebens und insbesondere der Sozialdemokratie dienen sollten (vgl. Herrlitz et al. 2005, S. 113).

244   So schreibt er: „Das erste Ziel der Erziehung für die aus der Volksschule tretende Jugend ist die Ausbildung der beruflichen Tüchtigkeit und Arbeitsfreudigkeit und damit jener elementaren Tugenden, welche die Arbeitstüchtigkeit und Arbeitsfreudigkeit unmittelbar zum Gefolge hat: der Gewissenhaftigkeit, des Fleißes, der Beharrlichkeit, der Verantwortlichkeit, der Selbstüberwindung und der Hingabe an ein tätiges Leben" (Kerschensteiner 1925, S. 17). Das zweite Ziel ist die „Einsicht in den Zusammenhang der Interessen aller und des Vaterlandes im besonderen, sowie in die Lehre von der körperlichen Gesundheit, Betätigung dieser Einsicht in der Ausübung der Selbstbeherrschung, Gerechtigkeit, Hingabe und einer vernünftigen Lebensführung unter einem starken Gefühl der Selbstverantwortlichkeit" (ebd., S. 18).

bürgerliche Erziehung ist die Erziehung zu einer sittlichen Staatsgesinnung. Sittlich deshalb, weil Kerschensteiner den Nationalstaat als ethische Gemeinschaft und als höchste moralische Instanz darstellt, der sich der Mensch als Mitglied des Volkes ohne private Ziele hingeben soll. Für die staatsbürgerliche Erziehung setzt er die ethische Basis des Staates voraus (vgl. ebd., S. 44). Die Erziehung ist „nichts anderes als das Erfülltsein von der sittlichen Staatsidee und die Bereitschaft, durch das eigene Tun und Lassen an der Entwicklung des gegebenen Staates in der Richtung der sittlichen Staatsidee mitzuarbeiten" (ebd., S. 45). Er sieht die Aufgabe der staatsbürgerlichen Erziehung darin, „durch die rechte Gestaltung der Schulen, ihrer Schülerverbände, ihrer Arbeitsplätze und Arbeitsmethoden, die Zöglinge zu lehren, einer Gemeinschaft zu dienen, sie an die Pflicht zu gewöhnen, unter freiwilliger Einfügung, Unterordnung, gegenseitiger Rücksichtnahme, und nicht zuletzt unter freiwilligen persönlichen Opfern und unter Hochhaltung der moralischen Tapferkeit diese Gemeinschaft sittlich zu fördern. Sie hat weiterhin in den Zöglingen durch diese gemeinsame Arbeit jenes Verantwortlichkeitsgefühl für alles Tun und Lassen zu erwecken" (ebd., S. 41).[245]

Wie das Erziehungskonzept von Kerschensteiner zeigt, verweist die Nationalerziehung auf *die Entprivatisierung bzw. Veröffentlichung des Privaten* (vgl. Abschn. 1.1.4) durch die Ausrichtung der Individuen auf den nationalstaatlichen Zweck. Die Öffentlichkeit der Erziehung wird durch Staatlichkeit der Erziehung – in diesem Fall durch Nationalerziehung – geprägt. Als Folge lässt sich hier, aus der Sicht von Habermas, der endgültige Zerfall der bürgerlichen Öffentlichkeit beobachten. Anstelle des Zerfalls der Öffentlichkeit ist jedoch um die Jahrhundertwende des 19. Jh. vielmehr eine veränderte Struktur der Öffentlichkeit zu bemerken: Die Öffentlichkeit des Erziehungssystems wird durch die staatliche Verfügungsmacht monopolisiert. Diese Tendenz ist bemerkenswert, weil auch die anderen Funktionssysteme der Gesellschaft in ihrer Gesamtheit zunehmend nationalstaatlich geprägt sind. Öffentlichkeit leistet hier nicht mehr die Funktion als Spiegel der Gesellschaft, was in einer modernen, demokratischen Gesellschaft mit ihren zahlreichen Möglichkeiten zur gesellschaftlichen Integration als

---

245 Hier sei darauf hingewiesen, dass für Kerschensteiner zu den öffentlichen Erziehungseinrichtungen für das Volk nicht nur die „rein schulmäßigen Einrichtungen des Staates, der Gemeinden oder privater Verbände, wie die allgemeinen, gewerblichen, kaufmännischen und landwirtschaftlichen Fortbildungsschulen, die Fachschulen, die technischen Schulen, Lehrwerkstätten" gehören. Sie beinhalten vielmehr ebenso die nicht schulmäßigen Unternehmungen wie „Arbeiterbildungs-, Volksbildungs-, Volkshochschul-, Kunstgewerbevereine(n) und Volksbibliotheken", die privaten und öffentlichen Unternehmungen wie „die Einrichtung von großen Volksspielplätzen, von Volksunterhaltungsabenden, von Ausstellungen zwecks künstlerischer Bildung des Volkes", die privaten Unternehmungen wie „die so wichtige Einrichtung der Turnvereine, der Volksgesundheitsvereine, der Antialkoholvereine", soziale Wohlfahrtseinrichtungen wie „Lehrlingshorte, Mädchenheime, Rettungsausschüsse, Sanitäts- und Feuerwehren" und schließlich „(ö)ffentliche Feste zur Erhaltung und Förderung des nationalen Gemeinsamkeitsgefühles" (Kerschensteiner 1925, S. 4).

unabdingbar gilt (vgl. Abschn. 1.2.2.2). Erziehung zeichnet sich hier vielmehr dadurch aus, dass sie das Kommunikationsgefälle im Gesellschaftssystem – ein modernes Phänomen – durch staatliche Indoktrination manipuliert und das Konstrukt der nationalen Einheit aufrecht erhält.

Diese veränderte Erscheinung der Öffentlichkeit der Erziehung setzt sich zwischen 1918 und 1933 fort. Die Weimarer Republik ist zwar durch den Zerfall staatlicher Autorität, vor allem in der Armee, in den industriellen Zentren, in den Ländern und Städten des Reiches, gekennzeichnet: Unterschiedliche Akteure und Parteien versuchen, mittels des öffentlich-staatlichen Bildungssystems die Souveränität des Volkes und die Einführung einer in freier Wahl legitimierten Nationalversammlung zu realisieren (vgl. Blankertz 1992, S. 231). Wie sich im ‚Weimarer Schulkompromiss' beobachten lässt,[246] führen aber die Auseinandersetzungen zwischen den öffentlichen Akteuren der Erziehungs- und Bildungspolitik nicht zu Entscheidungen, die eine Alternative zum Staat bieten könnten. Soziale Kontrolle und Disziplinierungsmaßnahmen verstärken die Tendenz zu nationalsozialistischen Erziehungsideologien. Erziehung bleibt für den Staat ein wichtiges Thema. Die Erziehung wird nicht als Recht des Kindes verstanden, sondern bleibt eine Pflicht für die staatliche Gemeinschaft. In der Weimarer Reichsverfassung werden Schulpflicht, Schulaufsicht und Sozialerziehung betont und die Bildung des nützlichen Staatbürgers als Ziel der Erziehung formuliert. Das Recht auf Bildung bzw. die Freiheit zur Bildung sind hier faktisch nicht zu finden (vgl. Horio 1992, S. 194).[247]

---

246 Die Vertretung der Mehrzahl der Parteien sowie die Interessenlager (konservativer Widerstand bzw. ökonomische Schranke) stellen lediglich ein Minimalprogramm für die öffentliche Erziehung auf. So z. B. sollten „Volksschule und weiterführende Schulen (...) Teile eines ‚organisch auszugestaltenden' Schulsystems sein, das – durch das Verbot von privaten Vorschulen – in den unteren Jahrgängen (Grundschule) von allen Schülern besucht werden sollte" (Herrlitz et al. 2005, S. 121). Die privaten Vorschulen existieren jedoch in Wirklichkeit parallel dazu. Ebenso wird die Bestimmung der ‚Einheitsschule' nach Weltlichkeit und Staatlichkeit durch parallele Erhaltung der Gemeinschaftsschule, Bekenntnisschule und der bekenntnisfreien Schule in der Tat nicht eingehalten (vgl. Itô 1988, S. 208ff.; Blankertz 1992, S. 233). Die Einführung der vierjährigen, obligatorischen Grundschule wird im Grundschulgesetz von 1920 verankert, das dann zum vertikal verzweigten Bildungssystem führt.

247 Die Tendenz der Verschmelzung von Staatlichem, Öffentlichem und Privatem im Erziehungssystem bereitet auf die Entstehung eines totalen „Erziehungsstaats" (Herrmann 1993) kommender Zeit vor. In dieser Arbeit wird jedoch die Situation der Öffentlichkeit der Erziehung im Nationalsozialismus nicht beleuchtet, weil die hier herrschenden, besonderen Verhältnisse lediglich für einen relativ kurzen Zeitraum gelten.

4. Ein entferntes Beispiel: Japan

4.1 Schwierigkeiten beim Vergleich des Forschungsgegenstands Öffentlichkeit

Die grundlegenden Phänomene der Moderne – die Bildung des Nationalstaats sowie die Schaffung der Nation – lassen sich nicht nur in den okzidentalen Ländern finden, sondern ebenso in anderen Teilen der Welt beobachten. Nach neo-institutionalistischem Verständnis führt die moderne Globalisierung zu weltumgreifender Diffusion der Wirklichkeitsdeutungen und handlungsorientierenden Leitideen, hier vor allem durch „Isomorphisierung" zur Angleichung der Modernisierungsprozesse in der restlichen Welt mit der als rational und effektiv geltenden, europäischen Moderne (vgl. Meyer/Boli/Thomas/Ramirez 2005, S. 96ff.; Schriewer 2007. S. 8ff.). Dem gegenüber bündeln jedoch die international vergleichenden sozialwissenschaftlichen Untersuchungen zu den verschiedenen Feldern „ihre Befunde zu je variierenden Verschränkungen von »convergence and divergence«" (Schriewer 2007, S. 10f.).[248] Aus einem ähnlichen Motiv heraus stellt Shmuel N. Eisenstadt die These auf, dass sich in den Prozessen weltgesellschaftlicher Verflechtung mit der Ausbreitung der europäischen Moderne trotzdem keine einheitliche moderne Kultur entwickelt habe (vgl. Eisenstadt 2000, S. 111). „Die Entwicklungen in unserem Zeitalter haben die »Konvergenzannahme« nicht bestätigt; sie sprechen vielmehr für die große Vielfalt moderner Gesellschaften, sogar Gesellschaften mit ähnlicher wirtschaftlicher Entwicklung, wie der großen industriell-kapitalistischen Systeme in Europa, den USA und Japan" (ebd., S. 11).

Öffentlichkeit wird je nach Ansatz unterschiedlich beschrieben, wie bei Habermas oder Luhmann zu sehen ist. Die unterschiedlichen Ansätze haben gemeinsam, dass Öffentlichkeit neben der gesellschaftlichen Ausdifferenzierung ein modernes Phänomen darstellt. Wenn es jedoch um Begrifflichkeit, Semantik sowie die reale Ausprägung der Öffentlichkeit geht, zeigen sich selbst innerhalb Europas unterschiedliche Entwicklungen. Öffentlichkeit ist zeitlich und örtlich

---

248 Besonders im Hinblick auf die Erfahrung der Verdichtung bildungspolitischer Reformprogramme auf internationaler Ebene mit wachsendem Einfluss trans- bzw. internationaler Organisation wie der OECD konstatiert Jürgen Schriewer, dass „(a)lle vermeintlich isomorphiebefördernden Entwicklungen der jüngeren Vergangenheit (...) zu keiner nachhaltigen Konvergenz auf der Ebene konkret praktizierter Bildungspolitik in den verschiedenen Ländern oder gar auf der Ebene der Strukturen und Praktiken von Bildung und Ausbildung geführt (hätten)" (ebd., S. 11).

wandelbar und kann – wie Habermas einmal konstatierte – verfallen. Je nach den gesellschaftlichen Bedingungen tritt sie unterschiedlich in Erscheinung. Dies macht es grundsätzlich schwierig, eine allgemeine Studie zur Öffentlichkeit der Erziehung unter Berücksichtigung des Strukturwandels der Öffentlichkeit für den Okzident durchzuführen. Blickt man im Besonderen auf Japan und versucht, die Öffentlichkeit der Erziehung unter dem Strukturwandel der japanischen Öffentlichkeit darzustellen und zwar mit den hiesigen, okzidentalen Begriffen, entsteht die Gefahr, die dortigen, aus ihrer Geschichte entstandenen, strukturell-kulturellen Merkmale außer Acht zu lassen und die Darstellung auf eine formale Ebene zu beschränken. „(D)ie reflektierte Auseinandersetzung mit der fremden Kultur kommt nicht umhin, die eigene kulturgebundene Terminologie und Begrifflichkeit zu benutzen, und sei es zur Erläuterung einer fremden. Der Diskurs über das Fremde ist notwendigerweise Teil des eigenen, wenn man so will, ethnozentrischen Diskurses, der sich der fremden Kultur gegenüberstellt, um sie überhaupt beschreiben und zugänglich machen zu können." (Schubert 1992, S. 4). Hier entstehen methodische Schwierigkeiten durch die kulturvergleichende Untersuchung. Die Darstellung einer anderen Öffentlichkeit hat „jenseits einer abstrakten Gegenüberstellung (...) [einzuordnen,; T. K.] im Bewusstsein eines letztendlich gemeinsamen Problemhorizonts Gemeinsamkeiten *und* Unterschiede zur Sprache zu bringen und dabei – im Idealfall – die unterschiedlichen Perspektiven in einen Interaktionsprozeß zu verwickeln, in dem Fremdes und Eigenes sich wechselseitig relativieren und bestimmen" (ebd., S. 3; 2005, S. 12ff.).[249]

Die Thematisierung der Öffentlichkeit der Erziehung in Japan ist für diese Arbeit insofern von Bedeutung, als sie uns die Möglichkeit gibt, von den allgemein gültigen Thesen über die okzidentale Entwicklung der Öffentlichkeit Abstand zu nehmen und somit der Sichtweise ein breiteres Spektrum zu verschaffen. Konkret kann sie zur Schärfung des Bewusstseins beitragen, dass es in der Öffentlichkeit moderner Gesellschaften eine Vielzahl unterschiedlicher Möglichkeiten gibt, mit den Strukturproblemen der demokratischen Gesellschaft umzugehen. „Die Untersuchung mag zugleich auch Chancen zu einer Modifikation und Neuformulierung der eigenen Begrifflichkeit in einer multiperspektivischen Sicht bieten. Möglicherweise kann sie sogar dazu beitragen, das ‚Fremde'

---

249 Weil diese Arbeit mithilfe der hiesigen Literatur auf Deutsch verfasst ist, wird der Zugang zum Thema hauptsächlich mit dem hiesigen Blick und Diskurs eröffnet. ‚Hauptsächlich' deswegen, weil die Autorin aus dem ‚fremden' Japan stammt – kann die Unterscheidung von Fremdem und Eigenem insbesondere bei der vergleichenden Studie europäischer und japanischer Gesellschaftsphänomene vage werden. Diese Konstellation soll im Folgenden jedoch positiv genutzt werden. Dabei ist jedoch anzumerken, dass sich die hier zu erwartende Reflexion nicht in die Kategorie der vergleichenden Erziehungswissenschaft einordnen lässt, die den Vergleich als grundlegende Methode berücksichtigt. Sie geht hier nicht über eine ‚internationale Betrachtung' hinaus (vgl. Caruso/Tenorth 2002, S. 16). Zur methodischen Debatte über vergleichende Erziehungswissenschaft siehe Schriewer/Holmes 1988; Schriewer 2000.

im ‚Eigenen' sichtbarer zu machen" (ebd., S. 2f.).[250] Dafür scheint das Beispiel Japan in besonderer Weise geeignet zu sein. Ein Vergleich lohnt insbesondere deshalb, weil einerseits in Japan die erste nichtwestliche und nichtaxiale[251], moderne Kultur entstanden ist (vgl. Eisenstadt 2000, S. 110) und sich der Modernisierungsprozess formal vergleichbar mit den westlichen Ländern fortsetzt. Andererseits besitzt Japan andere traditionelle und kulturelle Voraussetzungen als die okzidentalen Länder und ermöglicht somit, die gängigen Diskurse in den okzidentalen Ländern um eine interessante Variante zu erweitern.

Seit den 1990er Jahren wird Öffentlichkeit in den japanischen Wissenschaften immer wieder vor allem in Verbindung mit Ethik sowie mit der aufkommenden Zivilgesellschaft thematisiert. Behandelt wird sie dabei hauptsächlich in der Politik- und Sozialwissenschaft mit Bezug zur Wirtschafts- und Religionsethik sowie zu Umwelt und Technologie. Zugleich wird die Diskussion über Öffentlichkeit in der Erziehungswissenschaft aufmerksam rezipiert (vgl. Kodama 1999; 2002; 2006; Satô 2001; Sasaki/Kim 2002; Sanuki 2007). Hintergrund dieser diskursiven Entwicklung sind einige Gegebenheiten, die sich in den letzten Jahren in Japan herausgebildet haben. *Zum einen* steigt das Interesse an einer anderen Definition von Öffentlichkeit: Wie in Abschnitt 4.2 dargestellt wird, ist Öffentlichkeit in Japan, historisch betrachtet, zum größten Teil mit der Obrigkeit gleichzusetzen. Dies ändert sich seit den 1990er Jahren. Es stellt sich nunmehr die Frage, wie die (neue) Öffentlichkeitsdimension, abseits des Prinzips der mit der Obrigkeit verhafteten Staatsorgane und der (Plan-)Wirtschaft, aussehen könnte. Dabei wird die Öffentlichkeit nun als eine vom individuellen, privaten Publikum getragene Sphäre im Sinne der okzidentalen Moderne gesehen. *Zum anderen* gibt es in der japanischen Wissenschaft eine Revisionsbewegung gegenüber dem herkömmlichen, dichotomen Ansatz von Öffentlichkeit vs. Privatheit. Diese Tendenz ist darauf zurückzuführen, dass sich durch die Vielfalt der Privatwirtschaft, die zunehmenden Aktivitäten von NGO/NPO[252], die durch die medizinische Entwicklung neu hinzukommenden ethischen Fragestellungen sowie das verstärkte Umweltbewusstsein (eine neue) Öffentlichkeit zu entwickeln scheint. Daraus entsteht eine neue Idee des Zusammenhangs zwischen Öffentlichkeit und Privatpersonen: Anstelle des bisherigen, dualistisch alternativen Grundsatzes von entweder ‚Unterdrückung der Privatheit durch Dienen der

---

250 Mit dem ‚Fremden' im ‚Eigenen' meint Schubert die verdrängten, nicht angeeigneten oder abweichenden, aber unter Umständen durchaus vergleichbaren Phänomene in der eigenen Gesellschaft, „für die in unserer gegenwärtigen kulturellen Tradition vielleicht keine akzeptable Sprache (mehr) zur Verfügung steht" (ebd.).

251 Eisenstadt gibt ‚axial civilization' mit ‚Achsenkultur' wieder. Mit ‚Achse' bezeichnet Karl Jaspers den tiefsten Einschnitt der Weltgeschichte zwischen 800 und 200 vor Christus. In dieser ‚Achsenzeit' entstanden sowohl das Bild vom Menschen als auch die bis heute gültigen Grundkategorien des Denkens. „Diesen geistigen Durchbruch vollzogen gleichzeitig, aber unabhängig voneinander China, Indien, der Iran, Palästina, Griechenland" (ebd., S. 13 Fußnote).

252 Abkürzung von Non-Governmental Organization / Non-Profit-Organisation.

Obrigkeit (Staat)' (Messhi-Hôkô 滅私奉公) oder Verfall der Obrigkeit (des Staates) durch die Fixiertheit auf die Privatheit' (Mekkô-Hôshi 滅公奉私) wird ein neues Prinzip von ‚Aktivierung der Privatheit bei gleichzeitiger Öffnung der als öffentlich geltenden Obrigkeit' (Kasshi-Kaikô 活私開公) konzipiert, die beide Sphären gleichermaßen einschließt. Dieses Prinzip orientiert sich an der trialistischen Korrelation der staatlichen, zivilen Öffentlichkeitssphäre und der Privatsphäre (vgl. Sasaki/Kim 2002; Yamawaki 2007, S. 33ff.), wobei die Grenzen zwischen diesen Sphären zu verwischen beginnen.[253]

4.2 Öffentlichkeit der Gesellschaft in Japan aus diachroner Sicht

Genauso wie in Europa der Ursprung des modernen Phänomens Öffentlichkeit bis auf die griechische Antike zurückzuführen ist, lassen sich auch für die Öffentlichkeit in Japan Quellen in frühester Vergangenheit finden. Geht es um die Begrifflichkeit, so kann als Beispiel die Zeit des Altertums nach japanischer Geschichtsklassifikation genannt werden. Anfang des 8. Jh. entstand ein einheitliches politisches System mit dem von China übernommenen Rechtswesen (Ritsuryô-System). Dort findet man bereits verschiedene Dinge und Aspekte, die in öffentlichen und privaten Besitz getrennt waren, z. B. Felder, Gebäude, Knechte, das Vieh oder auch Bauholz. Anders als die privaten standen die öffentlichen Teile in einer Beziehung zur Obrigkeit und hatten einen höheren Rang als die privaten. Personen in der Öffentlichkeit stammten ausschließlich aus dem Adelsstand, der Sonderrechte genoss, während die privat-bürgerlichen Personen des gemeinen Volkes keinerlei öffentlichen Charakter besaßen. Diese Verhältnisse ändern sich, als um das 11. Jh., durch die Vermehrung der Macht privater Grundbesitzer, private Angelegenheiten in die öffentliche Sphäre eindringen. Auf der Basis des Öffentlichen entfaltet sich dann bis zum 13. Jh. Privatheit. Aufgrund der Erweiterung des privat-territorialen Besitztums bildet sich ein frühfeudalistisches Herrschaftssystem heraus (vgl. Mizubayashi 2002, S. 10ff.).[254] Aber im Mittelalter und in neuerer Zeit, mit der Etablierung der feudalistischen Gesellschaft, verkleinern sich die anerkannten, privaten Sphären wieder. Stattdessen gewinnt das ‚Öffentliche' im Sinne der Obrigkeit zunehmend wieder an zentraler Bedeutung. ‚Öffentlich' bezeichnet hier den gesamten Machteinfluss über Dinge und Menschen bzw. das Volk. Insbesondere in der Edo-Zeit (1603-1867) wird dieser Machteinfluss durch das zentralistisch-absolutistische und patrimoniale Herrschaftssystem gestärkt. Die Ideen der

---

253 Die neuesten wissenschaftlichen Erkenntnisse werden im fünften Kapitel (5.3) näher behandelt. Dieses Kapitel beschränkt sich auf die historische Rekonstruktion in Bezug auf den Strukturwandel der Öffentlichkeit (der Erziehung) in Japan.

254 Insei-Ära vom Ende des 11. bis Ende des 13. Jh. In dieser Zeit herrschten abgedankte Kaiser in Regentschaft für den Tennô über das Reich.

Offenheit oder Gerechtigkeit im modernen Sinne haben hier im Öffentlichen keinen Platz. Genauso sind kommunikative Auseinandersetzungen von Privatpersonen, die Einfluss auf die politische Entscheidungsfindung ausüben, auf gesellschaftlicher Ebene nicht denkbar.

Die philosophische Betrachtung der Öffentlichkeit beginnt in Japan mit der Verbreitung der neokonfuzianischen Schule seit Mitte des 17. Jh.[255] Während die Gelehrten des Neokonfuzianismus zuvor hauptsächlich mit der Klärung einzelner, auf die innere Persönlichkeit bezogenen Moralthemen beschäftigt waren, richtet sich ihre Forschung unter dem Einfluss ihrer Gelehrsamkeit später auf die äußere Welt und die Errettung des Volkes (vgl. Yamawaki 2007, S. 80). In der neokonfuzianischen Lehre wird ‚öffentlich als natürliche Vernunft' grundsätzlich zu ‚privat als persönliche Begierde' kontrastiert und der Ausweg im ‚Öffentlichen' gesucht. Die einzelne Person hat die private Sinneslust zu unterdrücken oder auszumerzen und sich auf die Suche nach dem ‚Öffentlichen' zu konzentrieren. Erst wenn eine Person ‚öffentlich als natürliche Vernunft' innerlich verkörpert, kann sie zu gesellschaftlichen Angelegenheiten beitragen, sagt der Neokonfuzianismus.[256] Dieses Konzept ist an ein rigoroses und vernunftzentriertes Prinzip angelehnt, wobei die Orientierung an der Vernunft – wie in der durch Kant geprägten okzidentalen Aufklärung – nicht auf die menschliche Dimension beschränkt bleibt, sondern auch darüber hinausgehende Aspekte umfasst. In Japan verändert sich jedoch das Verständnis des neokonfuzianischen Konzepts von ‚Öffentlichkeit'. Statt ‚öffentlich' ausschließlich auf ‚natürliche Vernunft' zu beschränken, treten nun vermehrt menschliche Eigenschaften wie Sinneslust, Leidenschaft oder Mitgefühl in Erscheinung. Man hat das auf natürlicher Vernunft basierende Öffentliche nicht selbst zu verkörpern und so Öffentlichkeit herzustellen. Vielmehr ist jeder bereits Teil einer unveränderlichen, emotionalen Sphäre und kann mit seinen menschlichen Eigenschaften an der bereits existie-

---

255   Neokonfuzianismus ist eine neue Strömung, die aus dem alten Konfuzianismus hervorgegangen ist. Diese Lehre fand in der Edo-Zeit durch die Shôgunatsregierung als eine offiziell gültige Wissenschaft Anerkennung.

256   Im Einzelnen sind hier u. a. folgende Philosophen zu erwähnen, die sich in der Mitte der Edo-Zeit mit dem Thema Öffentlichkeit auseinander setzten. Jinsai Itô (伊藤仁斎) konzipiert den öffentlichen Raum, der nicht nur der Politik vorbehalten ist, sondern ebenso die Alltäglichkeiten und Gemeinsamkeiten der zivilen Gesellschaft umfasst. Ihm zufolge ist der universale Weg in der alltäglichen Lebenswelt zu finden, in der die Menschen zusammenkommen. Das Thema der Öffentlichkeit ist nicht die Vernunft, sondern die ständige Bestätigung des eigenen Lebens und des Lebens des Anderen. Dem gegenüber konstatiert Sorai Ôgyu (荻生徂徠), dass die alltägliche Lebenswelt, im Sinne der Privatheit, einem untergeordneten Bereich angehört und in die übergeordnete Gesamtheit, die Öffentlichkeit, zu integrieren ist. Öffentlichkeit ist für ihn zwar die vor der Privatheit zu bevorzugende Sphäre, aber das bedeutet nicht automatisch eine autokratische Regierungsform. Öffentlichkeit basiert vielmehr auf der Organisationstheorie, die auf das Prinzip der Übermittlung des Volkswillens an den Herrschenden verweist. Aus diesem Konzept der Öffentlichkeit entfaltet sich in der späteren Edo-Zeit eine politische Strömung, die fordert, Elemente westlicher, offene Diskussion zulassender Regierungsformen aufzunehmen (Kôgi, 公議) (vgl. Kurozumi 2002, S. 234ff.; Yamawaki 2007, S. 82f).

renden Öffentlichkeit lediglich teilhaben (vgl. Kurozumi 2002, S. 234). Die Verschiebung dieses Denkmusters in Japan ist darauf zurückzuführen, dass die Gelehrten der konfuzianischen und neokonfuzianischen Schule neben der Kriegerschicht (Bushi/Samurai)[257] ebenso dem Stadtbürgertum und der damals aufkommenden, intellektuellen Mittelschicht entstammten oder anderweitig kultivierte Menschen waren, die durch kaufmännisches Verhalten und durch die literarisch-wissenschaftliche Kultur geprägt waren. Sie sind sich bewusst, dass sie nicht über die eigenen gesellschaftspolitischen Rahmenbedingungen hinausgehen können. Die Aktivitäten der Gelehrten des Konfuzianismus/Neokonfuzianismus entwickeln eine neue Sphäre abseits der zentralistisch-absolutistischen Herrschaftsstruktur – ein gesellschaftliches Milieu, das durch dialogischen, öffentlichen Meinungsaustausch geprägt ist. Die neue Sphäre entfaltet sich vor einem Hintergrund, auf dem Wissenschaft und Kultur durch die Entwicklung des Buchdrucks, des Verkehrswesens sowie der monetären Wirtschaft zunehmend freigesetzt und durch Kommunikation geteilt werden. Insbesondere im städtischen Milieu entsteht eine positive Stimmung gegenüber Eigenschaften wie Sinneslust und Leidenschaft, die jedoch innerhalb des zentralistisch-absolutistischen Herrschaftssystems bleiben. Während das Publikum die eigene Stellung und das eigene Schicksal innerhalb des Herrschaftssystems (der Öffentlichkeit) hinnimmt, kommt es zum allgemeinen Räsonnement zusammen, das seine (emotionale) Situation ausdrückt. Dies trägt dazu bei, dass Räume gemeinsamen, freien Handelns entstehen, die sich später zu einer Gegenkraft gegen die Shôgunatsregierung entwickeln.[258]

Nachdem der letzte feudalistisch herrschende Shogun Tokugawa 1867 zurückgetreten war, wurde damit begonnen, die Voraussetzungen für einen modernen Nationalstaat zu schaffen. Bis in die Frühmoderne verstand sich die auf Kämpfern gestützte Shôgunatsregierung offiziell als einziger Träger der Öffentlichkeit. Der Kaiserhof galt als private Angelegenheit und rückte somit in den Hintergrund. Nun aber ändern sich die Verhältnisse der Obrigkeit: Die Shôgunatsregierung rückt in die private Sphäre, während die durch den Kaiser verkörperte Staatregierung sich als öffentlich darzustellen beginnt (vgl. Yamawaki 2007, S. 91).

---

257 Im offiziell festgesetzten Klassensystem der Edo-Zeit gab es vier Stände, nach sozialem Rang in folgender Reihenfolge: Krieger, Bauern, Handwerker und Händler. Dass die Bauern offiziell den zweit-höchsten Rang einnahmen, hängt mit der Absicht der feudalen Herrschaft zusammen, möglichen Widerstand einer mittellosen Bauernschicht zu verhindern.

258 In der Übergangszeit zur Moderne gab es viele Aufstände von Bauern, örtlichen buddhistischen Priestern und entwurzelten Kämpfern (Samurai, funktionelle Untertanen in der Feudalgesellschaft). Zusätzlich entsteht durch die Verbreitung der europäischen Wissenschaften allmählich die moderne Form der Volks- und Bürgerrechtsbewegungen. So entstanden in der Bevölkerung ebenso liberal-demokratisch geprägte Bewegungen.

Die Meiji-Restauration[259] war stark vom Blick in andere Teile der Welt beeinflusst. Der Aufbau der neuen gesellschaftlichen Ordnung bzw. einer modernen Regierungsstruktur wurde nach europäischem Vorbild vollzogen. Ein moderner, nach laizistischem Prinzip aufgebauter Verfassungs- und Nationalstaat bildet sich heraus. Zugleich ändert sich die gesellschaftliche Struktur durch die rasche Industrialisierung, durch die technische Entwicklung und durch ökonomische und soziale Mobilität, mit der Verstädterung als Folge, sowie durch die sich ausweitende Kommunikation (vgl. Eisenstadt 2000, S. 111f). Private Angelegenheiten und Eigeninteressen wurden in der Gesellschaft erst allmählich sichtbar. In einigen Teilen der Bevölkerung breitet sich in vielen Lebensbereichen eine Europäisierung aus, beginnend mit den Kommunikationsarten und der Art zu wohnen bis hin zu Kleidung und Esskultur. Die Bezeichnung für diese Periode (Bunmei-Kaika 文明開化) bedeutet übersetzt kulturelle Erneuerung (Aufklärung). Durch den Einfluss der okzidentalen Idee der Aufklärung entsteht der Gedanke, privates Interesse als politisches Prinzip der freien Souveränität umzusetzen. So bilden sich in 1870er Jahren liberale Bewegungen für Bürgerrechte und Freiheit, Jiyûminkenundô (自由民権運動). Sie fordern vor allem eine demokratische Verfassung, die Gründung eines Parlaments nach dem Prinzip der Volkssouveränität sowie Versammlungs- und Redefreiheit – generell also die Institutionalisierung diskursiver Entscheidungsfindung (vgl. Yamawaki 2007, S. 92ff.). Neben dieser kurzen Phase zivilgesellschaftlicher Bewegungen bleibt die Aufklärung aber auf der formalen Ebene. Auf moderne wissenschaftlich-technische Entwicklungen wird zwar Wert gelegt, aber Aufklärung geht in Japan nicht mit der Bildung des sich der öffentlichen Vernunft bedienenden, mündigen Menschen einher.[260] Aufklärung bedeutet hier vielmehr die Führung und Belehrung der Menschen über die neue Welt, welche von staatlich-politischen Organen gesteuert werden soll. Diese Konzeption wird politisch genutzt, um in der Bevölkerung einheitliche Werte der Nation sowie des nationalen Fortschritts zu verwurzeln.[261] Als Nation hat die Bevölkerung in erster Linie nach der Bildung

---

259 Diese Phase wird Meiji-Ishin, Meiji-Restauration genannt, was etwa mit einer im positiven Sinn klaren Regierung für die Wiederherstellung einer Gesellschaftsordnung bzw. Wiedereinsetzung eines Herrscherhauses übersetzt werden kann.

260 So werden z. B. aus den westlichen Ländern Begriffe wie Gesellschaft und Individuum eingeführt und ins Japanische, Shakai (社会) und Kojin (個人), übersetzt. Sie werden als allgemeine Konzeption in die neu aufgebauten, modernen Gesellschaftssysteme einbezogen, jedoch ohne den okzidentalen Sinn zu entfalten (vgl. Abe 2001(1995), S. 175ff.). Gesellschaft weist lediglich auf die Gesamtheit einer abstrakten, oberflächlichen, formalen Struktur hin, welche kein aktiv handelndes Publikum/Individuum umfasst.

261 Im Prozess der Modernisierung und Aufklärung wird die japanische Gesellschaft in verschiedene Teilsysteme ausdifferenziert. Die Institutionalisierung der modernen Sozialsysteme, der westlichen Gesetzgebung sowie der kapitalistischen Produktionsweise findet statt. Öffentliche Instanzen wie Gericht, Polizei- und Militärapparat sowie nationales Bildungssystem werden aufgebaut. Mit Hilfe dieser öffentlichen Instanzen sollen die neu aufgetretenen, privaten Eigeninteressen unterdrückt und der Bevölkerung die einheitlichen Werte als Nation übermittelt werden.

eines einheitlichen, den europäischen Staaten ebenbürtigen Staates zu streben.[262] In diesem Zusammenhang lässt sich zeigen, dass sich im japanischen Modernisierungsprozess keine Öffentlichkeit im okzidentalen Sinne etabliert, die eine von mündigen Individuen getragene, kommunikativ reflektierende, grenzüberschreitende Funktion mit Blick auf die plural-demokratische Gesellschaftsordnung besitzt. Öffentlichkeit wird in Japan vom Nationalstaat vielmehr, unter Verwendung des Exklusionsprinzips, als beschränkte, normative Sphäre hergestellt. Derjenige, der nicht in die von der Obrigkeit vorgegebenen, öffentlichen Rahmenbedingungen passt, kann formell ausgeschlossen werden. Öffentlichkeit ist in diesem Sinne keine offene Sphäre, sondern entwickelt sich mit Gemeinsamkeit stiftenden Werten. Minderheiten, die diese Werte nicht mittragen, sind von dieser Öffentlichkeit ausgeschlossen (vgl. Kojita 2002, S. 47).

Die Tendenz, die Obrigkeit als öffentliches Gebilde zu gestalten, setzt sich 1889 mit Einführung der Meiji-Verfassung durch, die nach dem Muster der preußischen Verfassung konzipiert wurde und bis 1945 ihre Gültigkeit behielt. Die Ausbreitung und Vertiefung des kollektiven nationalen Bewusstseins wurde durch die Existenz des Kaisers noch verstärkt: Der Kaiser stellt als öffentliche Figur einen absoluten Mythos dar, der den nationalen Staat begründet. Die starke Identifikation der Zivilbevölkerung mit der Figur des Kaisers führt zur Bildung einer nationalen Gemeinschaft.[263] Öffentlichkeit, im europäischen Kontext eine kritisch räsonierende Sphäre (Habermas) bzw. Sphäre für die Vereinheitlichung von Differenzen durch Beobachtung und Grenzziehung verschiedener Systeme (Luhmann), ist von einem nationalen Einheitsbild mit einzigartigen, „primordial-sakral-natürlichen Qualitäten" (Eisenstadt S. 135; S. 141) durchdrungen. In Verbindung mit der Bildung einer Zivilideologie bzw. Ziviltheologie (vgl. ebd., S.

---

262 Hintergrund für die enormen Bemühungen Japans in dieser Zeit ist, als in der Entwicklung rückständiges Land nicht von den westlichen Ländern kolonialisiert zu werden, wie dies in Nachbarländern der Fall war. Außerdem versuchte Japan, so früh wie möglich so mächtig zu werden wie die westlichen Länder. So vollzog sich in Japan die Modernisierung viel schneller und intensiver als in vielen europäischen Ländern.

263 Der sogenannte Sonderweg der sozialen Mobilisierung im modernen Japan wurde unterstützt durch zweierlei Strategien: die unterschiedlichen Denkweisen von Kokutai (国体) und Seitai (政体). *Kokutai* bedeutet etwa *Nationale Struktur*. Diese Ideologie ist nativistisch und versucht, die Gesellschaft übergeschichtlich zu definieren und so zusammenzuhalten (vgl. Eisenstadt 2000, S. 147). In Anlehnung an die antik-mythische Tradierung, die den Ursprung Japans mit den Vorfahren des Kaisers verbindet, soll der neue Staat als eine Art „kaiserliches Geschenk" an das Volk betrachtet werden. Dies gilt als absolut und unveränderlich, wesentlich und ewig. In Vergleich dazu bedeutet *Seitai* etwa *Politische Struktur*. Sie organisiert in der politischen Praxis die Verwaltung und Politik zu einer bestimmten Zeit an einem bestimmten Ort. Diese politische Praxis ist relativ, vergänglich und temporär (ebd., S. 132). Die Unterscheidung zwischen Kokutai und Seitai teilte das politische Handeln in zwei unterschiedliche moralische Sphären. Während Kokutai von der Institution des Kaisers repräsentiert und somit sakralisiert wurde, war Seitai der Bereich der Regierung und der alltäglichen Politik. Der durch Seitai definierte funktionale Teil des Staates blieb als zweitrangiges Machtinstrument im Hintergrund. Stattdessen wurde der Kaiser mit Kokutai identifiziert und als Gott-ähnliches, absolutes Symbol für die Nation hervorgehoben.

133) verfolgte die Staatsgewalt bewusst die Verbreitung einer kollektiven Identität in der Bevölkerung, z. B. durch moralische Erziehung oder durch die Einrichtung vielfältiger Kaiserrituale.[264]

Weil eine Konfrontation von Staat und Gesellschaft, nach moderner, liberaler Staatstheorie ausgetragen von einem kritisch reflektierenden Publikum in einer ausgereiften Öffentlichkeit, hier prinzipiell nicht existiert, entstehen nur wenige oppositionelle, politische Parteien. Eine durch eine freie öffentliche Sphäre getragene Gesellschaft entwickelt sich kaum. Es erfolgt eine Verstädterung und die Verbreitung der öffentlichen Bildung und es entstehen akademische Institutionen und journalistische Tätigkeiten, die als Voraussetzung für die Herausbildung einer modernen Öffentlichkeit gelten. Ebenso gibt es immer wieder gesellschaftliche (Gegen-)Bewegungen. Vor allem nach dem ersten Weltkrieg, in der Taishô-Ära (1912–1926), lässt sich eine demokratische Strömung in Japan beobachten. Diese Bewegungen führten aber nicht zu einer voll ausgebildeten Zivilgesellschaft mit einem weiten öffentlichen Raum und autonomem Zugang zum politischen Zentrum. Sie konnten die Grundfesten des politischen Systems auf Dauer nicht angreifen. Die moderne Öffentlichkeit im Vorkriegsjapan entstand nicht aus dem Selbstbewusstsein der Individuen, sondern aus den Erfordernissen der staatlichen Obrigkeit (vgl. Kojita 2002, S. 44).

Nach dem zweiten Weltkrieg wurde in Japan – mit Blick auf die unmittelbare Vergangenheit und anhand direkter Vorgaben durch die Siegermacht USA – schließlich die Demokratie nach westlichem Vorbild eingeführt. Bis in die 1960er Jahre nachdem Bürgerbewegungen und das Gedankengut des Klassenkampfs auch in Japan verbreitet waren, schien sich eine dem Staat gegenüber stehende, kritische bürgerliche Öffentlichkeit im Habermas'schen Sinne herauszubilden und die Öffentlichkeit infolge der gesellschaftlichen Protestbewegungen, Einfluss auf die politische Entscheidungsfindung zu haben. Obwohl Öffentlichkeit nicht ausdrücklich thematisiert wird, sind hier die Thesen von Masao Maruyama (丸山真男) als wichtiger Meilenstein für die nachkriegsjapanische Konzeption von Öffentlichkeit hervorzuheben. Eines seiner zentralen Themen ist, Japan mit unabhängigen autonomen Individuen zu einem demokratischen Land aufzubauen. Dabei ist das freiwillige Zusammenkommen der mündigen Zivilbevölkerung für die politische Entscheidungsfindung unabdingbare Voraussetzung. Sein individualistisches Prinzip unterscheidet zwischen dem privaten einzelnen Willen einerseits und einer auf Mündigkeit und Demokratie basierenden Haltung anderseits, wobei er sich in seiner Argumentation auf letztere stützt

---

264 Eisenstadt vertritt die Meinung, dass für die Legitimation des Regimes in Japan eine Zivilideologie bzw. Ziviltheologie als eine Art Ausdruck der nationalen Identität eine wichtige Rolle spielt. D. h., ihr Ursprung ist auf die religiös-heilige, unvergleichbar exklusive Ethnizität zurückzuführen. Die Restauration wurde mit diesem konstruktiven Glauben verbunden und mit der halbmythischen Figur des Kaisers verknüpft (vgl. ebd,, S. 133f.), wie sich in der Kokutai-Ideologie zeigt. Mit der Vorstellung einer göttlichen Nation wurde die japanische Einzigartigkeit und Territorialität geheiligt.

(vgl. Yamawaki 2007, S. 113). Das demokratische System sei eine durch das menschliche Handeln zu schaffende Fiktion und daher nicht auf die Zustandsebene des ‚Seins' beschränkt, sondern vielmehr auf der praktischen Ebene des ‚Handelns' zu begreifen. Öffentlichkeit stellt sich gerade als Sphäre dar, in der die Individuen mit dem Ziel einer demokratischen Gesellschaftsbildung aktiv handeln (vgl. Maruyama 1988; Yamawaki 2008, S. 128).

Im Nachkriegsjapan bleibt die Herausbildung einer Sphäre, die auf der Eigeninitiative der Zivilbevölkerung basiert, praktisch jedoch die Ausnahme. Eine kritische Öffentlichkeit entwickelt sich nicht. Der Ausbruch des Koreakriegs und der immer tiefer gehende Konflikt zwischen Ost und West ändert die politische Haltung der USA gegenüber Japan. 1952 wird die Unabhängigkeit und Souveränität des Staates Japan wieder hergestellt. Parallel zu diesen weltpolitischen Veränderungen ist die innere Entwicklung des Landes durch wirtschaftlichen und technischen Aufschwung geprägt. Dadurch treten in der Regierungspolitik konservative Tendenzen wieder stärker in den Vordergrund. Diese Entwicklungen spiegeln sich auch in der Öffentlichkeit wieder. Die Themen innerstaatliche Sicherheit, Ökonomie und die Orientierung am Nationalstaat gewinnen nun im öffentlichen Diskurs der zentralistischen Staatspolitik erneut an Gewicht. Die staatliche Politik reflektiert hauptsächlich die Bedürfnisse und Notwendigkeiten des Wirtschaftssystems. Gleichzeitig bilden sich massendemokratische und wohlfahrtsstaatliche Gesellschaftskonstrukte heraus. Erwähnenswert ist vor allem, dass sich die japanische, wohlfahrtsstaatliche Öffentlichkeit durch das unmittelbare, umfangreiche Einwirken des (privaten) Wirtschaftssystems in Verbindung mit der Unterstützung staatlich-bürokratischer Institutionen entwickelt. Die private Wirtschaft und der Staat sorgen gemeinsam für die Herstellung des öffentlichen Wohlfahrtssystems. In den privaten Unternehmen herrscht z. B. die Anstellung auf Lebenszeit oder das Senioritätsprinzip. Vor dem Hintergrund des sprunghaften Wirtschaftswachstums und des steigenden, allgemeinen Wohlstands verbreitet sich in den privaten Sphären eine konservativ-passive Haltung, während die Bedeutung der kritischen Öffentlichkeit rückläufig ist. Zugleich tritt allmählich ‚Privatheit' abseits des ‚Öffentlichen' als (anerkannte) private Angelegenheit in Erscheinung. Dies wird vor allem begleitet von der Entwicklung der Massenmedien (vgl. Abschn. 5.1).

4.3 Strukturmerkmale der japanischen Öffentlichkeit – Seken als spezifisch japanische Öffentlichkeit

Anhand der historischen Rekonstruktion der japanischen Öffentlichkeit im vorangehenden Abschnitt lassen sich die begrifflichen Unterschiede der japanischen Öffentlichkeit gegenüber der okzidentalen Öffentlichkeit zeigen. Der japanische Begriff der Öffentlichkeit, Kôkyô (公共), wurde, wie zahlreiche andere Begriffe auch, in der Meiji-Ära (19. Jh.) aus europäischen Wörtern ins

Japanische übersetzt. Die Übernahme in die eigene, japanische Sprache geschah häufig, ohne dass sich die japanische Gesellschaft auch die tatsächlichen Begriffsinhalte angeeignet hätte. So zeigt Makoto Higashijima (2002) vor den historischen Hintergründen die Abweichungen der japanischen von den europäischen Begriffen ‚Öffentlichkeit', ‚öffentlich' und ‚Privatheit'. Ihm zufolge stammt das japanische Wort Öffentlichkeit, Kôkyô (公共), das im 19. Jh. in Gebrauch war, nicht vom englischen ‚public'[265], sondern vom französischen ‚général' aus der Constitution montagnarde des Jahres 1793. Ebenso wurde Kôkyô (公共) als Übersetzung von ‚socialist', dem Namen einer Partei genutzt (vgl. Higashijima 2002, S. 66). Des Weiteren sind die japanischen Begriffe von ‚öffentlich-privat', Kô-Shi (公私), nicht identisch mit den englischen ‚public-private'. Sie sind eher mit ‚impartial-partial' vergleichbar, welche das subsumptive Verhältnis des unparteiischen Ganzen zu seinen parteiischen Teilen darstellt.[266] Privatheit bezeichnet Einzelteile, die sich am Rand des öffentlichen, also am Rand der neutralen Gesamtheit befinden. Die beiden Sphären stehen in Japan nicht im Gegensatz zueinander, sondern befinden sich in einem Multilayerverhältnis (ebd.; Ishido 1993, S. 9). Privatheit verweist nicht auf ‚das Ich' als Individuum, welches offen und aktiv nach außen handelt, sondern vielmehr auf einen passiven Teil der Umwelt, der im Inneren des Selbst verborgen bleibt (Kurozumi 2002, S. 222f.). Die Bedeutung ‚impartial-partial' gewinnt insbesondere in der neokonfuzianischen Lehre, welche in der späteren Zeit der Vormoderne (in der Edo-Zeit, 18. Jh.) in Japan verbreitet wird, an normativer Kraft: Kô wird mit der absolutistischen Obrigkeit identifiziert, die, im Gegensatz zu den parteiischen Gruppen oder Individuen (partial), als unabhängig empfunden wird (vgl. Abschn. 4.2). Diese Deutung umfasst ebenso die Zuweisung der Eigenschaften just/unjust zu Obrigkeit wie Gruppen/Individuen. ‚Öffentlich' impliziert ein grundlegendes Prinzip höherer Werte, während Privatheit Belange, Begierde sowie Willkür in der realen Welt darstellt, welche beherrscht werden sollten (vgl. Sasaki/Kim 2002).

In Japan gibt es zwei unterschiedliche Deutungen von ‚öffentlich', die heute noch gängig sind: Die eine, Kô (公), impliziert Allgemeinheit und Gesamtheit, die im Lauf der Geschichte fast vollständig mit der Obrigkeit wie den hochrangigen Feudalherren, später mit dem Staatsorgan gleichgesetzt wird. Die andere,

---

265 Hier fällt auf, dass der deutsche Begriff ‚Öffentlichkeit' ebenfalls nicht identisch mit dem englischen ‚public' sein kann. In diesem Beispiel wird trotzdem auf den englischen Begriff Bezug genommen, um überhaupt die Abweichung verdeutlichen zu können. Die vollständige Thematisierung der Unterschiede zwischen ‚public' und ‚öffentlich' ginge über den Rahmen der vorliegenden Arbeit hinaus und müsste an anderer Stelle behandelt werden.

266 Diese Konzeption ist insbesondere in der Moralphilosophie von Tetsuro Watsuji zu finden. Für ihn gilt ‚öffentlich-privat' als ‚Gesamtheit-Einzelteil'. Dies verweist auf eine vertikal strukturierte Gesellschaft, in der abhängige Niedere (Einzelteile) unter ein neutrales Höheres (Gesamtheit) subsumiert werden. Es fehlt hier der Blick auf ein horizontales Verhältnis von ‚öffentlich-privat' (vgl. Kurozumi 2002, S. 232; Yamawaki 2008, S. 21f.).

Kôkyô (公共), entstammt – wie oben erwähnt – einem vergleichsweise neueren (in jüngerer Zeit übersetzten) Begriff, der zwischenmenschliche Angelegenheiten auf gesellschaftlicher Ebene darzustellen versucht. Öffentlichkeit kann in diesem Sinne staatlich-politische Öffentlichkeit einerseits und bürgerliche Öffentlichkeit andererseits meinen. Erstere verweist auf den gesamten Regierungsprozess, der nach modernem demokratischem Prinzip durch von der Mehrheit der Bevölkerung anerkannte Gesetze und Regierungen vollzogen wird, während letztere eine Sphäre darstellt, in der die am Gemeinwohl orientierten, frei handelnden Personen miteinander kommunizieren (vgl. Satô et al. 2003, S. 7). Im Allgemeinen ist ‚Öffentliches' in Japan jedoch traditionell stark durch die staatlich-politische Bedeutung geprägt. Bis zur Meiji-Restauration Ende des 19. Jh. bezeichnet ‚öffentlich' lediglich den politischen Überbau in der mehrschichtigen Struktur aus regionalen Machthabern und Einzelpersonen. In der gesellschaftlichen, nicht-staatlichen Dimension existierte keine öffentliche Sphäre im europäischen Sinne. Vielmehr lässt sich in Japan im Allgemeinen eine zentralistisch-monistische Struktur beobachten (vgl. Mizubayashi 2002, S. 6ff).

Eisenstadts These folgend wird die Öffentlichkeitsstruktur in Japan insbesondere unter Berücksichtigung der politischen Regierungsform sichtbar: Im Modernisierungsprozess, seit Ende des 19. Jh., entstehen in Japan zwar Begriffe für die duale Struktur von *Staat* und *Gesellschaft* (identisch mit der Öffentlichkeit von Habermas), die Begriffe aus den okzidentalen Ländern angelehnt sind. An den semantischen Verschiebungen lässt sich der Unterschied zwischen Japan und Europa jedoch gut beobachten: In Japan prägt die Trennung von Staat und Gesellschaft (Öffentlichkeit) die Gesellschaftsstruktur nicht in dem Maße, wie das für okzidentale Länder gilt. Es gibt weder eine klare Trennung zwischen Staat und Öffentlichkeit noch zwischen Staat und Privatheit. Eine Vorstellung von Gesellschaft, die sich von der durch die Figur des Kaisers symbolisierten nationalen Gemeinschaft unterscheiden ließe, entwickelt sich nicht. Entsprechend wird der Staat nicht zum Ziel gesellschaftlichen Räsonnements. Vielmehr kann man sich der gesellschaftspolitischen Struktur Japans durch die Unterscheidung von *Regierung* und *Nation* annähern (vgl. Eisenstadt 2000, S. 137; S. 166ff.). Die Regierung steuert die moderne, ausdifferenzierte Gesellschaft politisch wie administrativ-bürokratisch durch eine neue, zusätzliche Infrastruktur wie die politischen Regierungsorgane, die Gesetzgebung, das Militärsystem usw. Dies zeigt sich in der Meiji-Ära in der Idee von Seitai (vgl. Abschn. 4.2, Fußnote 263). Diese Ebene der Öffentlichkeit ist jedoch nur Mittel zum Zweck, weil in Japan parallel dazu eine bedeutendere Komponente zur Integration der Gesellschaft existiert – eine starke Bindung an die Nation. Die Nation stellt sich als Gesamtheit der normativ begrenzten, monistischen Struktur des Staates dar, welche mit dem Kaiser identifiziert wird (ebd.). Öffentlichkeit ist hier kein Ausdruck der Freiheit gegenüber privater Notwendigkeit (wie in der okzidentalen Antike) bzw. Freiheit gegenüber der obrigkeits-staatlichen Macht (wie in der okzidentalen Moderne). Vielmehr geht es um Freiheit *in* der nationalen Gemeinschaft (vgl. Kojita 2002, S. 57). Die Orientierung an der Nation wird verstärkt durch das Bewusstsein einer einheitlichen Kulturgemeinschaft und eines einheitlichen Volkes, welches bis zum Ende des zweiten Weltkriegs durch die Kokutai-Ideologie geprägt ist (vgl. Abschn. 4.2, Fußnote 263).[267] Die moderne (demokratische) Gesellschaftsordnung wird in Japan daher offensichtlich ohne vielfältigen und freien Meinungsaustausch hauptsächlich durch eine einheitliche Nationenbildung hervorgebracht. Diese Nationenbildung wird nicht nur durch das Handeln der Obrigkeit gefördert, sondern auch von unten durch das Zusammengehörigkeitsgefühl der Menschen.

Das starke (nationale) Zusammengehörigkeitsgefühl der Menschen wird in Japan traditionell durch eine gemeinsame Welt(-Anschauung) unterstützt, die von der buddhistischen Lehre beeinflusst ist und im Alltag eine überragende Rolle spielt. Das Bewusstsein wird in einer nicht sichtbaren und nicht greifbaren zwischenmenschlichen Sphäre gebildet, die durch unausgesprochene Kriterien geprägt und bestimmt wird. Diese innerhalb der privaten Lebenswelt geprägte Sphäre wird als Seken (世間) bezeichnet.[268]

Im Japanisch-Deutschen Wörterbuch von Ikubundo[269] findet sich für den Begriff Seken neben ‚Welt‘ und ‚Publikum‘ auch die Übersetzung ‚Öffentlichkeit‘. Im Gegensatz zu Begriffen wie Gesellschaft, Shakai (社会), Individuum, Kojin (個人) oder Öffentlichkeit, Kôkyô (公共), welche in der Meiji-Ära aus Europa eingeführt wurden, ist Seken ein eigentümlich japanischer Begriff.[270] Die Bedeutung von Seken schließt Begebenheiten der natürlichen Welt wie Berge, Flüsse, Meer oder Wind ein – seit jeher grundlegende Bestandteile der Weltanschauung der Japaner (vgl. Abe 2002 (1997), S. 14). Eine weitere Grundlage von Seken bildet darüber hinaus die naturhaft entstehende Familie als Einheit eines Haushalts im patrimonialen System. Die Familiengemeinschaft ist ein absolutes Herrschaftssystem für die einzelnen Menschen, die stets an die Nachbarschaft, die Dorfgemeinschaft und die Gemeinschaft in einem größeren Umkreis angeschlossen ist. Die zahlreich differenzierten Bedeutungen von Seken können sich hier mehrschichtig überlappen. Dabei bezeichnet Seken einen konkreten Kreis

---

267 Dieses Bewusstsein wurde insbesondere seit der Meiji-Ära gefördert, obwohl auf dem japanischen Territorium auch andere Bevölkerungsgruppen existierten. Die auf der Seitai- und Kokutai-Ideologie basierende politische Struktur wurde nach dem zweien Weltkrieg offiziell abgeschafft. Der von Eisenstadt beschriebene Unterschied zwischen Regierung und Nation scheint aber in Japan bis in die Gegenwart zu bestehen.

268 Diese Sphäre existiert bereits seit dem Altertum bis in die heutige Zeit. Dies lässt sich z. B. aus dem Inhalt historisch-literarischer Texte wie z. B. aus alten Gedichten ableiten.

269 Hrsg. von Yoshimasa Tomiyama et al., 2. überarbeitete Auflage. Tokyo, 1983.

270 Während in den okzidentalen Ländern konzeptionell das Individuum der Gesellschaft gegenüber steht, steht der Mensch in Japan gegenüber Seken. Seken gibt den Menschen Normen und Wertvorstellungen. Denjenigen, die diese Normen akzeptieren, gewährt Seken Schutz. Insofern lässt sich schlussfolgern, dass es in Japan anstelle der Gesellschaft und des Individuums, das Seken und den Menschen gab und gibt. Vgl. dazu Shôji Kôkami: Luft und Öffentlichkeit (Seken) (「空気」 と 「世間」). Kodansha, Tokyo 2009.

191

verschiedener Mitglieder, die wie die Familiengemeinschaft in diese Verbindung von Gemeinschaften verwickelt sind. Seken befindet sich diesseits der Welt und jeder Mensch ist für gewöhnlich Teil mehrerer Seken. Je nach den damit bezeichneten Mitgliedern kann Seken jeweils andere Bedeutungen annehmen.

Im Vergleich zur okzidentalen Öffentlichkeit, die historisch wandelbar ist und grundsätzlich mit Offenheit in Verbindung gebracht wird, ist die Bedeutung von Seken zeitlich unveränderlich und verweist auf eine unausgesprochene Begrenzung der Öffentlichkeit (vgl. Higashijima 2002, S. 88). Es herrscht eine Empfindung der Passivität, die daraus entsteht, dass keine Veränderung möglich ist. Der einzelne Mensch wird so stark durch das Gebot dieser Sphäre bestimmt, dass er sich davon nicht befreien kann, um ein eigenes, von dieser Sphäre unabhängiges, selbstbestimmtes Leben zu führen. Der Mensch lebt im gegebenen Umfeld, ohne dass er eine Wahlmöglichkeit hat. Das Wesen des Einzelnen weicht demzufolge von dem des okzidentalen Individuums ab, das als aktives Subjekt gedacht wird. Die Beziehung zwischen Menschen, die mit Seken bezeichnet wird, bedarf weder des aktiven Handelns noch der verbalen Kommunikation (vgl. Hata 1993, S. 24).[271] Der Einzelne erlangt in Japan substantielle Bedeutung erst in Verbindung mit Seken (vgl. Satô et al. 2003, S. 10). In der japanischen Gesellschaft sind die Menschen demnach von den unterschiedlichen Erscheinungen des Seken geprägt. Dies führt dazu, dass Entscheidungen von Personen nicht als Folge des eigenen Handelns und Bestrebens angesehen werden, sondern gewöhnlich durch die Zugehörigkeit zum jeweiligen Seken veranlasst sind. Denn Seken bildet die Rahmenbedingungen der Lebenswelt, der Weltanschauung und der gemeinsamen Sinneswahrnehmung der Privatpersonen als heteronomer Maßstab des menschlichen Handelns. Es gibt keinen subjektiven Handlungsmaßstab, sondern das Maß und die Kriterien lassen sich nur in der Beziehung mit den Mitmenschen innerhalb Seken bestimmen. Der Maßstab dieses Sinneserlebens äußert sich vor allem in Manieren oder in Ritualen (vgl. Abe 2002 (1997), S. 91f.). Besonders ausgeprägt ist dies in Wechselbeziehungen wie beim Schenken und den damit verbundenen Regeln der Reziprozität, der Ordnung zwischen Alt und Jung, dem gemeinsamen Zeitgefühl und der Exklusivität der Mitgliedschaft. Konkret macht sich dies z. B. bei Festlichkeiten wie Beerdigungen und Hochzeiten, aber auch in der alltäglichen Organisation in Gruppen und gar in Familien bemerkbar. Die Sphäre des Seken ist in den Menschen tief verwurzelt und verschlossen. In dieser Sphäre existieren die Menschen abseits der Elemente wie Vernunft, Räsonnement oder rationale Logik, die im Allgemeinen zur (okzidentalen) Öffentlichkeit gehören (vgl. Abe 2001 (1995), S. 190).[272] Weil Seken die

---

271 In Japan wird häufig davon ausgegangen, dass Gesellschaft von Natur aus ohne Zutun des Menschen entstehen kann. Dagegen ist die Gesellschaft in Europa von Menschen aktiv künstlich aufzubauen (ebd.).

272 Begriffe wie Vernunft, Räsonnement, Rationalität oder Logik wurden ebenso wie die Begriffe Gesellschaft und Individuum formal aus dem modernen Europa nach Japan übermittelt und besitzen keine original japanischen Bedeutungsinhalte.

Kraft hat, Handlungen von Menschen anzuleiten und zugleich einzuschränken, wird es hin und wieder als lästig empfunden (vgl. Abe 2002 (1997), S. 35ff.).[273] Gleichzeitig können die Menschen dem (lästigen) Seken nicht entkommen. Seken ist daher mit einer gewissen Emotion von Entsagung und Vergänglichkeit verbunden (vgl. Abe 2001 (1995), S. 135f.).[274] Es gibt in Seken keine Vorstellung von einer Trennung von Objekt und Subjekt. Seken und einzelne Menschen bilden eine Einheit. In dieser Hinsicht bedeutet das: In Seken verbindet sich das Öffentliche mit dem Privaten.[275]

Seken ist niemals ein sichtbarer Teil innerhalb des Gefüges des Staatssystems. Seken ist außerhalb des politischen Systems platziert. Aber Seken unterstützt den Aufbau und die Aufrechterhaltung der nationalen Volksgemeinschaft im modernen Japan (vgl. ebd., S. 236), denn Seken impliziert an sich eine Art Wurzel der (nationalen) Gemeinschaft (ebd., S. 178f.). Dies zeigt sich insbesondere darin, dass Seken mit dem Verständnis verbunden ist, dass die japanische Bevölkerung überwiegend aus einem einzigen Volksstamm hervorgegangen ist. Dies hat zur Folge, dass Seken keine Sphäre mit pluralistischen Merkmalen sein kann, wie sie für die (okzidentale) Öffentlichkeit vorausgesetzt wird. Die einzelnen Mitglieder suchen in Seken ein Leben, in dem die Selbstwahrnehmung nicht durch sich selbst, sondern über die Mitmenschen erfolgt. Seken bildet „ein Fundament für gesellschaftliche Solidarität" (Walzer 1995, S. 54).[276] Dieses Prinzip wird von der Obrigkeit auf das nationale Volk übertragen, mit starker Unterstützung von unten durch Seken. Das nationale Bewusstsein des menschlichen Zusammenseins stützt sich demzufolge auf den heteronomen Rahmen aus Weltanschauung und Sinneswahrnehmung, der in dem durch Seken geprägten Umfeld gültig ist. Umgekehrt basiert auch dieser heteronome Rahmen aus Weltanschauung und Sinneswahrnehmung auf dem nationalen Bewusstsein.

Diese Konstellation führt dazu, dass seit der Einführung des modernen Gesellschaftsprinzips in Japan zwei semantische Ebenen der öffentlichen Sphäre existieren: *einerseits* eine formale Ebene, welche durch eine mit der staatlichen Obrigkeit verbundene Kô (公) sowie durch eine mit den modernen Ideen der Aufklärung und Demokratie aus den okzidentalen Ländern eingeführte Kôkyô (公共) vertreten ist, und *andererseits* eine wesentlich fundamentalere Ebene,

---

273   So findet man in der japanischen Gedichtsammlung aus dem 8. Jh., Manyôshû, die Thematisierung des Seken als ‚lästig' (ebd.).

274   Die Umstände der Vergänglichkeit können erst beobachtet werden, wenn die Sphäre Seken objektiv reflektiert wird. Dies zeigt sich in einigen literarischen Werken der Vergangenheit. Wissenschaftliche Forschungen über Seken existieren bislang jedoch kaum. Siehe Abe 2001 (1995), S. 27.

275   Konkret kann man diese Verschmelzung von Öffentlichem und Privatem z. B. im Erwerbsleben beobachten. In Japan ist die Grenze zwischen der Arbeitszeit und Freizeit viel schwächer ausgeprägt als in den okzidentalen Ländern. Allerdings scheint sich diese Erscheinung aktuell zunehmend zu verändern.

276   Walzer benutzt diese Formulierung für seinen kommunitaristischen Ansatz und nicht in Bezug auf das Seken und die totalitäre Regierungsweise.

welche durch ein traditionell sich innerhalb der privaten Lebenswelt befindendes Seken (世間) geprägt ist. Es gibt, so gesehen, zwei öffentliche Sphären: Neben dem Verständnis der modernen Gesellschaft bleibt parallel dazu die traditionelle Sphäre weiterhin bedeutend für die Orientierung der Menschen. Seken bleibt eine unabdingbare, unhintergehbare Komponente der Öffentlichkeit im modernen Japan.

Die beiden öffentlichen Sphären in Japan, die formal oberflächliche Sphäre *einerseits* und Seken *andererseits*, basieren auf unterschiedlichen Argumentationsweisen: Schein und Sein bzw. Gesagtes und eigentlich Gemeintes (*Tatemae* 建前 vs. *Honne* 本音). In der staatlich-öffentlichen Sphäre vertretene Meinungen gehören in Japan zu Tatemae – oberflächliche Äußerungen, die nicht immer das Wesentliche aussagen. Diese Äußerungen werden außerhalb des eigentlichen, eigenen Lebens formuliert (vgl. Abe 2002 (1997), S. 15). Sie beziehen sich auf allgemeine Prinzipien, z. B. auf individuelle Freiheit und Gerechtigkeit, die aus okzidentalen Ländern stammen, die jedoch in Japan über keine konkreten Bedeutungsinhalte verfügen (ebd., S. 11). In der modernen Regierungsstruktur herrschen diese vernünftig erscheinenden Äußerungen und anscheinend aufgeklärten Haltungen der Menschen vor, sie bleiben jedoch lediglich auf der äußerlichen Ebene. Die Oberflächlichkeit ist damit gängige Praxis in den modernen, ausdifferenzierten Funktionssystemen Japans. Dem gegenüber lässt sich Honne, das eigentlich Gemeinte, zumeist in Form von ehrlich gemeinten Worten über die private, wahre Absicht in Seken finden. Honne als authentische Aussage wird innerhalb des geschlossenen Kreises menschlicher Beziehungen in Seken ausgetauscht.[277] Sie gilt gegenüber Tatemae als absolut verlässliche Äußerung. Honne kann darüber hinaus untrennbar von der Abwesenheit von Besprechung oder Diskussion bestimmt sein (vgl. Sasaki/Kim 2002, S. 134f.) und nonverbal z. B. durch eine Geste übermittelt werden. Häufig bleibt in Seken geäußerte Honne jedoch vor der formalen Öffentlichkeit verborgen. Japanische Öffentlichkeit in der Moderne besteht demnach aus der unkritisch oberflächlichen, staatlich-öffentlichen Sphäre *einerseits* und dem zwischenmenschlichen, inoffiziellen, authentischen Seken *andererseits*.

Dass in Japan keine prinzipielle Konfrontation von Staat und Gesellschaft existiert und die öffentliche Meinung als Tatemae zumeist oberflächlich belanglos bleibt, führt zu dem Fazit dieses Abschnitts, dass sich im Fall Japan soziale Veränderungen kaum zu oppositionellen politischen Bewegungen formieren. Wenn überhaupt Protestbewegungen aufkommen, erreichen sie nur schwer die unmittelbare Teilnahme an der politischen Entscheidungsfindung und bleiben meist unpolitisch. Bewegungen, die aus dem Zentrum der Authentizität implizie-

---

277 Weil die subjektive Handlung vom heteronomen Maßstab innerhalb Seken abhängt, passiert es häufig, dass die wahre Absicht Honne des einzelnen Menschen doch nicht mit der Gesinnung der Seken übereinstimmt und so nicht geäußert wird. Je nach der Reichweite bzw. Größe von Seken können die Möglichkeiten zur Äußerung von Honne variieren.

renden Seken stammen, können sich *zum einen* nicht auf die durch Oberflächlichkeit geprägte Politik auswirken. *Zum anderen* können kritische Inhalte oder
(Protest)Bewegungen aus einem Seken den zahlreichen anderen Seken entgegen-
stehen, so dass die mobilisierende Kraft der Masse nicht erreicht werden kann.
Dieses allgemeine Strukturmerkmal tritt zwar in der Historie immer wieder
unterschiedlich in Erscheinung, aber die Trennung von formaler Öffentlichkeit
und Seken bzw. Tatemae und Honne bleibt in Japan stets unbemerkt Teil des
gesellschaftlichen Zusammenlebens und des Lebens jedes Einzelnen.

4.4 Historische Rekonstruktion der Öffentlichkeit der Erziehung in Japan

Die Grundlage der Einrichtung öffentlicher Erziehung im modernen Japan ist auf
die Form der Erziehung in der Edo-Zeit zurückzuführen (vgl. Satô 2001, S. 28;
Takahashi 2003, S. 106).[278] Die feudale Gesellschaft in Japan war charakterisiert
durch eine Isolationspolitik gegenüber der Außenwelt sowie durch ein starres
Klassen- und Erbschaftssystem. Demzufolge wurden die Menschen, je nach
regionaler und familiärer Herkunft, über mehrere Generationen hinweg unterschiedlichen, hierarchisch geordneten Klassen zugeordnet. Bis ins 18. Jh. findet
Erziehung in allen Gesellschaftsschichten grundsätzlich in der Familie statt. Ab
der Mitte des 18. Jh. werden jedoch zahlreiche, familienübergreifende Erziehungsinstanzen dem Bedarf der jeweiligen Klassen entsprechend ausgebaut. So
bildet sich ein duales Erziehungssystem, das einerseits für Krieger, andererseits
für den Rest der Bevölkerung gilt (vgl. Takahashi 2003, S. 15ff.): Für Krieger
(Samurai) wird eine Clanschule, Hankô (藩校), eingerichtet, in der der Nachwuchs der Krieger systematisch ausgebildet wird. Die Clanschule wird von
Kindern zwischen 7 und 14 Jahren besucht. Unterrichtsgegenstand ist hauptsächlich das Studium der klassischen chinesischen, vor allem der konfuzianischen
Literatur, Kangaku (漢学), aus der die öffentlich gängigen Handlungsweisen und
die moralischen Werte der Kriegerschicht stammen. Von dieser öffentlichen
Erziehungsinstitution gab es in der ganzen Region Ende der Edo-Zeit über
zweihundert (ebd.). Zum System der Clanschulen für Krieger gehört weiter eine
Zweigschule der Clanschule, Gôgaku (郷学). Die Spitzenfunktion unter den
Clanschulen hat die Shôheizaka Gakumonjo (昌平坂学問所), eine konfuziani-
sche Lehranstalt, die zum größten Teil Staatsdiener ausbildet, die loyal das
feudale Regierungssystem stützen. Die dort unterrichteten Schüler stammen aus
den regionalen Clanschulen, die über einen bestimmten Zeitraum auswärts
studieren. Außerdem wird hier das Lehrpersonal der Clanschulen ausgebildet
(end.; vgl. Abe 2001 (1995), S. 122).

---

278   In Japan war bereits in der Edo-Zeit ein sehr hoher Prozentsatz der Bevölkerung des Lesens
und Schreibens kundig (vgl. Takahashi 2003, S. 106).

Die Erziehung in der niederen Sozialschicht der Bauern, Handwerker und Händler fand dem gegenüber hauptsächlich in der Familie und am Arbeitsplatz statt. Dort wurden dem Nachwuchs die Manieren, die Regeln seines Wirkungskreises (Seken, vgl. Abschn. 4.3) sowie das notwendige Wissen für die praktische Arbeit beigebracht (vgl. Takahashi 2003, S. 18ff.). Die Entwicklung der monetären Wirtschaft und das Aufkommen der Händlerschichten, seit der Mitte der Edo-Zeit, verstärkt jedoch den Bedarf an allgemeiner Erziehung, wie Lesen, Schreiben, Rechnen und Moralerziehung[279] für die breite Masse der Bevölkerung. Infolgedessen entstehen für sie zahlreiche, privat organisierte Elementarschulen, Teragoya (寺子屋), die öffentlich sind und deren Zahl am Ende der Edo-Zeit über Zehntausend erreicht (ebd.). Hier lässt sich die Tendenz beobachten, dass diese privaten Erziehungseinrichtungen auch Funktionen in Verbindung mit Seken besitzen. Sie bilden sich aus dem Seken und befinden sich stets in Kontakt zum Seken. Die Lehrer dieser Schulen sind buddhistische Mönche, Shintô-Priester, niedere Samurai sowie gebildete Mitglieder der Bevölkerung. Als Lehrmaterial werden traditionelle japanische Bücher, Ôraimono (往来物), verwendet, die das Wissen in Briefform darbieten.[280] Die städtische Bürgerschicht, insbesondere die der Händler, macht sich zunehmend mit Lesen, Schreiben und Rechnen vertraut. Umgeben von einem stadtspezifischen, durch Dialog und öffentlichen Meinungsaustausch geprägten Milieu bildet sich aus dieser Bevölkerungsschicht eine eigene literarische Kultur bzw. Öffentlichkeit, die, durch die Einführung der Buchdrucktechnologie aus Europa, Auftrieb erhält (vgl. Abe 2002 (1997), S. 39; vgl. Abschn. 4.2). Obwohl die städtischen Bürger aus der Händlerschicht im feudalen Herrschaftssystem offiziell der untersten Schicht angehören, eignen sie sich durch die freie Handelstätigkeit allmählich die modernen Ideale der Freiheit und Gerechtigkeit an (vgl. Abe 2001 (1995), S. 122f.), welche in den damals herausgegebenen literarischen Schriften zu finden sind. Diese neue Tendenz hatte einen gewissen Einfluss auf die Entwicklung der neuen öffentlichen Sphären. Jedoch bildete sich daraus keine liberal-bürgerliche Öffentlichkeit im okzidentalen Sinn. Stattdessen blieben die Träger dieser neuen Sphäre stark mit dem Seken verbunden (vgl. Abe 2002 (1997), S. 39). Eine Besonderheit ist, dass sie in ihrer literarischen Welt das Seken teilweise zum Gegenstand ihrer Betrachtungen machen, was bis heute nicht häufig vorkommt.[281]

---

279 Die Handelstätigkeit in der freien Wirtschaft wurde in der Edo-Zeit verachtet. Daher nimmt das Bedürfnis der Händler zu, die moralische Bedeutung ihrer Tätigkeit zu verifizieren.
280 Ôraimono ist eine allgemeine Bezeichnung. Hierzu gehören unterschiedliche Lehrbücher mit unterschiedlichen beruflichen Schwerpunkten.
281 Während zuvor in der Geschichte die kultivierten Persönlichkeiten wie Schriftsteller oder Dichter Adlige, Kämpfer (Samurai) oder buddhistische Mönche waren, traten in der zweiten Hälfte der Edo-Zeit Menschen aus niederen sozialen Schichten als Träger der Kultur in Erscheinung. Als Beispiel sei hier ein Schriftsteller, Saikaku Ihara (井原西鶴), genannt. Er versucht, das Leben im Diesseits zu akzeptieren und beschreibt die Vielfalt des Lebens zahl-

Des Weiteren gab es Privatschulen, Shijuku (私塾), die im Haus eines Lehrers angesiedelt waren. Diese unterrichteten ihre je eigene traditionelle Lehre. Während die Clanschule und ihre Zweigschule als offizielle Erziehungsinstitute galten, war die Privatschule meist eine informelle Erziehungseinrichtung.[282] Die Lehrinhalte gingen über den durch die Obrigkeit gesteckten Rahmen hinaus. Sie entwickelten sich einerseits auf Grundlage der individuellen Ambitionen der Lehrer und andererseits aufgrund der aktiven Teilnahme gleichgesinnter Schüler. Neben dem Lernen des Lehrstoffs, der zumeist aus konfuzianischen Schriften stammte, übten die Schüler auch praktisches philanthropisches Handeln (ebd., S. 38). Die Verwaltung der Privatschulen besaß oft einen rationalen Charakter. Einige Privatschulen waren offen für alle sozialen Schichten, sowohl für die Samurai als auch für die restliche Bevölkerung. Privatschulen unterschieden sich jedoch von modernen Formen der Erziehungsinstitutionen. Hier wurde z. B. Privatheit und Öffentlichkeit strukturell nicht streng getrennt. So fand der Unterricht am privaten Wohnsitz der Lehrer statt. Wie bei Teragoya (den privat organisierten Elementarschulen für die breite Masse der Bevölkerung) war die Lehre in Privatschulen außerdem eng mit den Sitten des Seken verbunden. Dies zeigt sich z. B. im Ritual des Entgelts für die Lehrenden. An den Privatschulen war es üblich, dass „die Schüler bei ihrem Eintritt in eine Schule dem Lehrer irgendein Geschenk entrichteten und den Unterrichtenden als Sensei, als Meister, verehrten. Zweimal im Jahr, zum Bon-Fest [dem buddhistischen Allerseelen; T. K.] und zum Jahresende brachte jeder Schüler, seinem Stande gemäß, ein Geld- oder Warengeschenk in der althergebrachten Form verpackt und mit einem Noshi, einem zeremoniellen Siegelband versehen, ins Haus" (Fukuzawa 1971, S. 241).[283] Aus den Privatschulen stammen die wichtigen Persönlichkeiten, die später in der Übergangszeit zur Meiji-Ära die Reformbewegung im Gang gesetzt haben. Als Erziehungsinstitutionen mit eigenen Erziehungsphilosophien beeinflussen sie später in modernen Zeiten die Gründung privater (Reform)Schulen mit unterschiedlichen Schwerpunkten (vgl. Takahashi 2003, S. 17f.).[284]

---

reicher, individuell unterschiedlicher Menschen, die über den konkret einheitlich geregelten Rahmen des Seken hinaus agierten (vgl. Abe 2001 (1995), S. 120ff.).

282 Es gab auch von der Obrigkeit anerkannte öffentliche Institutionen, die einen ähnlichen Charakter besaßen wie die private Schule. U. a. ist hier Kaitokudo (懐徳堂) zu nennen, wo sich zahlreiche Händler unabhängig von der festverankerten politisch-gesellschaftlichen Ordnung mit konfuzianischen Schriften befasst haben.

283 Dieser Brauch hat sich bis in die heutige Zeit gehalten. So findet man besonders in privaten Schulen, zusätzlich zur Zahlung der regulären Schulgebühr, zweimal im Jahr eine Schenkung der Eltern an die Klassenlehrer, wobei diese Sitte von der Organisation Schule zunehmend unterbunden wird. Auch in anderen gesellschaftlichen Bereichen ist dieser Brauch sehr verbreitet.

284 Als besonders bekannt gelten die Kangien (咸宜園) des neokonfuzianischen Gelehrten Tansô Hirose (広瀬淡窓) und Tekijuku (適塾) des Hollandwissenschaftlers Kôan Ogata (緒方洪庵). Die Kangien war eine große Einrichtung mit über tausend Schülern, offen für die gesamte Bevölkerung. Teilweise hatte sie Internatscharakter. Neben den neun chinesischen Klassikern der konfuzianischen Literatur (四書五経) wurde auch Mathematik, Astronomie und Medizin

Diese drei Typen von Erziehungsinstitutionen in der Edo-Zeit gelten als Vorläufer moderner Schulen. Sie reagierten auf die aufkommenden Bedürfnisse in einer Gesellschaft, die sich trotz des starren feudalen Herrschaftssystems funktional auszudifferenzieren und zu entfalten beginnt. Dies führt dazu, dass Erziehungsinstitutionen allgemein als Allokationsapparat gesehen werden – ein Phänomen der modernen öffentlichen Erziehung. Durch das verstärkte Streben nach Kultiviertheit entfalten sich in dieser Zeit literarisch-wissenschaftliche Kommunikationsräume. In der Übergangszeit von der feudalen Gesellschaft der Frühmoderne zur Moderne entwickeln sich teilweise sogar intellektuelle, politische Bewegungen (vgl. Kurozumi 2002, S. 237). In der späten Edo-Zeit wird das literarisch-wissenschaftliche Milieu zusätzlich von der japanischen Philologie, Kokugaku (国学), beeinflusst und es bildet sich eine durch nationalistische Ideologie geprägte, staatlich-öffentliche Sphäre (ebd.).

Angesicht der massiven Veränderung der politischen Situation in der Außenwelt, vor allem in Europa und, seit Mitte des 19. Jh. getrieben vom europäischen Imperialismus, auch in den asiatischen Nachbarländern, verstärkt sich der Druck auf Japan, das Land nach außen zu öffnen und möglichst schnell auf ein modernes, westliches Niveau zu bringen. Während des Übergangs von der Edo- zur Meiji-Zeit begann so, durch die Einführung okzidentaler Wissenschaft, technischer Entwicklung, Industrialisierung und Militarisierung, rasch die Modernisierung. In dieser Phase entsteht ein besonderer Bedarf an einer politisch ambitionierten, organisatorisch fähigen Führungspersönlichkeit. Dies zeigt der veränderte öffentliche Diskurs, in dem nicht mehr nur die Herkunft, sondern allmählich auch die individuellen Fähigkeiten eines Menschen hervorgehoben werden.

Vor diesem gesellschaftlichen Hintergrund lässt sich beobachten, wie sich anstelle der starren feudalistischen Denkweise allmählich eine neue Weltanschauung herausbildet. Als Beispiel sei auf Shônan Yokoi (横井小楠) verwiesen, einen konfuzianischen Gelehrten. Er entwickelte in dieser Zeit neue Ideen zu Staat und Gesellschaft, insbesondere bezüglich einer sich auf Meinungsaustausch und Kommunikation stützenden Öffentlichkeit. Er kritisiert die Shôgunatsregierung in Edo als privat-willkürliches Herrschaftssystem und befürwortet die Bildung eines neuen Staates auf der Basis des Volkswillens. Öffentlichkeit bedeutet für ihn eine offene und unparteiisch gerechte Sphäre aus frei handelnden Menschen. Yokoi beschränkt diese nicht auf ein Land. Vielmehr betrachtet er eine weltweit gültige Gesinnung, die auf einer allgemein gemeinnützigen Haltung basiert. Um Öffentlichkeit zu realisieren, konzipiert er konkret ein diskursiv-deliberatives Prinzip in der Erziehung, die unabhängig von der sozialen Herkunft für alle zugänglich sein soll. In interaktiven Diskussionen im öffentlichen Unterricht sieht er eine Möglichkeit zur Öffentlichkeitsbildung, die zur

---

gelehrt. In Tekijuku wurde damals okzidentale Wissenschaft auf höchstem Niveau studiert und zugleich die holländische Sprache (蘭学) vermittelt. Sie war der Ursprung einer der heutigen Universitäten in Osaka.

Basis staatspolitischer Entscheidungen führt. Öffentliche Erziehung soll der öffentlichen Politik den Weg vorgeben (vgl. Minamoto 2002, S. 246f.; Yamawaki 2007, S. 87ff.).[285]

Wie am Beispiel der Konzepte von Yokoi zu sehen ist, findet in der öffentlich institutionalisierten Erziehung dieser Zeit allgemein ein Modernisierungsprozess statt. Die organisatorischen Änderungen folgen einer gesellschaftlichen Notwendigkeit: die Aufnahmekriterien der Clanschule setzen nun nicht mehr die Herkunft aus der Samuraischicht voraus, sondern ermöglichen den Zugang für alle Bevölkerungsteile. So bricht das Dualsystem allmählich zusammen. Innerhalb der Schule bildet sich ein neues Klassensystem, das sich an den Prüfungsnoten orientiert. Das meritokratische Prinzip hält allmählich Einzug. Im Lehrplan werden neben der konfuzianischen Lehre weitere, unterschiedliche Fächer eingeführt. Ferner werden spezielle Fachschulen für Medizin, Okzidentalwissenschaft, japanische Philologie oder Militärwissenschaft aufgebaut.

Einen direkten Bezug zu Öffentlichkeit und Erziehung, deren Konzept den Kurs der Modernisierung in Japan beeinflusst hat, stellen die aufklärenden Arbeiten von Yukichi Fukuzawa (福沢諭吉) her. Fukuzawa kritisiert die Situation in Japan, wo zwar die Regierung als politisches Organ existierte, aber noch kein aktiv handelnder Staatsbürger. Beeinflusst von westlichen, liberalen Gesellschaftstheorien erarbeitete er u. a. in „Aufruf zur Wissenschaft", Gakumon no susume (学問のすゝめ), ein Konzept, wonach anstelle des bisherigen feudalen Klassensystems der Aufbau einer neuen Gesellschaft vom Erziehungsniveau der Menschen abhängen soll. Die Menschen seien zwar von Natur aus gleich, Unterschiede entstünden jedoch später durch Aneignung von Erziehung und die Beschäftigung mit Wissenschaft. Das Wohl eines Landes hänge nicht von der Regierungspolitik, sondern vielmehr vom Erziehungs- und Wissensgrad der aktiv handelnden, verschiedenartigen Bevölkerungsteile ab (vgl. Fukuzawa 2007 (1876), S. 16f.; Yamawaki 2007, S. 95ff.). In Erziehung solle sich die staatliche Obrigkeit grundsätzlich nicht einmischen, vielmehr sei sie in privater Hand zu verorten (vgl. Horio 1992, S. 319f.).[286] Angewandte Wissenschaft beinhaltet für ihn nicht nur eine praktisch fachliche Gelehrsamkeit, sondern auch auf der Freiheit des Geistes beruhende Natur-, Wirtschafts- oder Sozialwissenschaften. Diese Art der Wissenschaften soll sich nicht nur die herrschende Schicht, sondern auch die Masse der Bevölkerung aneignen. Hierbei kann der Staat (finanzielle) Unterstützung leisten (ebd., S. 320). Aufgrund der Idee von Freiheit und Selbständigkeit des Einzelnen – Isshin-Dokuritsu (一身独立), Dokuritsu-Jison

---

285 Yokoi hat eine eigene Privatschule, Shijuku, gegründet. Einige seiner Schüler wurden später zu wichtigen Persönlichkeiten, die an den Veränderungen in der Übergangszeit zur Moderne mitgewirkt haben.

286 Bei Fukuzawa lässt sich eine Gemeinsamkeit zur Condorcet beobachten. Fukuzawa teilt ebenso die Ansätze von l'éducation und l'instruction, lediglich die letzte Wissens- und Technikvermittlung darf durch den Staat organisiert sein (ebd., S. 320).

(独立自尊) – beschreibt Fukuzawa damit auch eine neue, von einzelnen Bürgern getragene Öffentlichkeit (vgl. Fukuzawa 1971, S. 247ff.).[287]

Infolge des Einflusses okzidentaler Aufklärung setzt sich in Japan die Modernisierung und Rationalisierung der politischen und gesellschaftlichen Struktur nach dem laizistischen Prinzip fort.[288] Die Machthaber der Meiji-Ära sehen neben der Gründung eines modernen Justizwesens, eines Wirtschafts- und Verkehrssystems vor allem den Ausbau der modernen Erziehungsinstitute nach westlichen Standards als unabdingbare Voraussetzung für die Reform hin zu modernen gesellschaftlichen Systemen. So werden die öffentlichen Erziehungsinstitutionen nach dem Erlass der amtlichen Bestimmungen für das Schul- und Bildungssystem, Gakusei (学制), von 1872 rasch ausgebaut.[289] Öffentliche Erziehung wird *einerseits* ein Mittel für die individuelle berufliche Karriere und den Aufstieg in Positionen der modernen Gesellschaft. Die Hinwendung der schulischen Erziehung auf den zukünftigen Beruf (in der Wirtschaft) und somit auf die gesellschaftliche Stellung verstärkt sich. Das Erziehungssystem wird so allmählich von der Entwicklung und Veränderung der gesellschaftlichen Teilsysteme beeinflusst. Mit anderen Worten: Die Erziehung beginnt, auf die Nachfrage der jeweiligen Systeme zu reagieren. Öffentliche Erziehung wird *andererseits* als Mittel des Staates genutzt, um Wachstum und Wohlstand des Landes, die industriell-technische Weiterentwicklung und die Stärkung des Militärs – Shokusan-Kôgyô (殖産興業) und Fukoku-Kyôhei (富国強兵) – zu erreichen (vgl. Takahashi 2003, S. 106). Das politische Programm des Ausbaus der öffentlichen Erziehung ist ein Teil der politischen Maßnahmen zur Führung und Belehrung der Menschen – als Träger des modernen Nationalstaats – in einer veränderten Gesellschaft (vgl. Kojita 2002, S. 45). Die Machthaber sehen Erziehung als

---

287 Als Hollandwissenschaftler, Aufklärungsphilosoph und Pädagoge hat Fukuzawa außerdem „Verhältnisse im Westen", Seiyô Jijô (西洋事情), und „Abriss einer Theorie der Zivilisation", Bunmeiron no gairyaku (文明論之概略), geschrieben, die von seinen Staatsbesuchen in Amerika und Europa inspiriert waren. Später gründet er die private Keio Universität, deren Lehre auf der Freiheit und Selbständigkeit des Volkes basiert. Sein Konzept bleibt jedoch stark mit der zu erstrebenden, nationalen Souveränität des damals politisch von westlichen Ländern abhängigen Japan verbunden. Von der Unabhängigkeit des Einzelnen wird die Unabhängigkeit eines Landes abgeleitet. Später fordert er in einem Aufsatz die Abwendung von Asien und Hinwendung zu Europa und Amerika. Mit seinen Ideen beeinflusst er auch die Entstehung des nationalistischen Volksbewusstseins und der nationalstaatlichen Politik.

288 Im Prinzip galt auch in der Meiji-Verfassung Laizismus als Religions- und Anschauungsfreiheit des Einzelnen. Dies war jedoch lediglich innerhalb der Gültigkeit der Kokutai-Ideologie gestattet. Shintoismus, die mit der ununterbrochenen Linie des Kaisersystems verbundene Religion, galt substantiell als staatliche Religion. So impliziert der Meiji-Staat einen pseudo-religiösen Staat (vgl. Horio 1998, S. 47f.).

289 Insbesondere sind dabei die drei Bereiche zu erwähnen, die der Staat als Schwerpunkt gesetzt hat: *erstens* der Elementarbereich, der das Bildungsniveau der gesamten Bevölkerung erhöht, *zweitens* die Ausbildung der Lehrenden (師範学校), welche die Grundlagen des nationalstaatlichen Erziehungsprogramms zu praktizieren haben, und *drittens* die höheren Bildungsstätten wie die (kaiserliche) Universität, die das Praktizieren und Verbreiten der Wissenschaften aus westlichen Ländern zur Aufgabe haben (vgl. Takahashi 2003, S. 25).

wirksame Maßnahme zur Erhöhung des allgemeinen Bildungsniveaus und zum Aufbau und zur Stärkung ethisch-moralischer Gesinnung innerhalb des nationalen Staates. 1879 werden die amtlichen Bestimmungen für das Schul- und Bildungssystem, Gakusei, durch die Verordnung für das Erziehungssystem, Kyôikurei (教育令), ersetzt, die im folgenden Jahr zugunsten staatlicher Intervention in die Erziehung noch einmal revidiert wird. Hintergrund der Verschärfung staatlicher Kontrolle ist das Aufkommen der liberalen Bewegung für Bürgerrechte und Freiheit (Jiyûminkenundô 自由民権運動) gegen Ende des 19. Jh.,[290] die das politische Zentrum zu unterdrücken versucht. Die Tendenz, aufgrund nationalistischer Ideologie politische Kontrolle auf das Erziehungssystem auszuüben, verstärkt sich.

Im Oktober 1890 wird das Kaiserliche Erziehungsedikt, Kyôikuchokugo (教育勅語), erlassen, das in seiner Absolutheit bis zum Kriegsende 1945 fortbesteht.[291] Das Edikt legt die absolut zu befolgenden, moralischen Regeln der Loyalität (Jingi-Chûkô 仁義忠孝), der Kaisertreue und der Vaterlandsliebe (Patriotismus) (Chûkun-Aikoku 忠君愛国) fest. Der Privatheit wird eine immer geringere Priorität eingeräumt, stattdessen soll hauptsächlich der öffentlichen Obrigkeit gedient werden (Messhi-Hôkô 滅私奉公). Das kaiserlich-öffentliche Erziehungssystem soll demnach zur Heranbildung loyaler Untertanen beitragen (vgl. Takahashi 2003, S. 32; Nishihara 2004, S. 7). Das Erziehungsziel basiert auf dem Kokutai, der absoluten, nationalen Struktur (vgl. Abschn. 4.2; 4.3). Durch Erziehung wird versucht, der Bevölkerung die Ideologie des Kokutai und somit die öffentlich gültige Moral zu implantieren. Dies wird in der Verordnung der Grundschule, Shôgakkô-Rei (小学校令), von 1890 ausdrücklich formuliert.[292] Der Besuch der Grundschule gilt nun als Pflicht gegenüber dem Staat (vgl. Horio 1998, S. 60f.).[293] Erziehung unterliegt unmittelbar dem Staat (vgl. Namimoto/Nakatani 2000, S. 29), Erziehungspolitik wird somit zentralistisch durchgeführt (ebd., S. 44). Diese Tendenz verschärfter Staatskontrolle des

---

290　Ziel dieser Bewegung ist neben politischen und wirtschaftlichen Aktivitäten auch die Erziehung. Bürgerrechtliche Vereine, Minkenkessha (民権結社), gründen eigene Schulen und verfechten und verbreiten ihre Erziehungsideale (Freiheit und Autonomie in der Erziehung) durch eigene Mitteilungsblätter, Minkenundô-Kikanshi (民権運動機関紙). Erziehung wird hier als grundsätzliches Recht des Volks angesehen (Takahashi 2003, S. 30).

291　Sie stützt sich auf die 1889 proklamierte Meiji-Verfassung, die den Kaiser als ‚Sohn des Himmels' beschreibt.

292　Während der Elementarbereich des Erziehungswesens in der Anfangsphase der Meiji-Ära durch das amerikanische System beeinflusst war, wurde diese neue Verordnung institutionell, inhaltlich und methodisch aus dem deutschen Schulsystem übernommen.

293　Der Besuch von öffentlichen Erziehungsinstitutionen gilt neben Wehrpflicht und Steuerpflicht als wichtige Pflicht der Bevölkerung. Die Schulbesuchsrate im Elementarbereich steigt kontinuierlich: 1873 sind es ca. 28 % der schulfähigen Jungen und Mädchen, 1877 ca. 40 %, 1897 ca. 67 % und 1902 über 90 % (vgl. Takahashi 2003, S. 29; S. 34). Die steigende Zahl der Schüler und Schülerinnen ist jedoch eher ein Hinweis darauf, dass die Schulpflicht rigoros vollzogen wurde, als ein Beweis für die Einsicht in das Recht auf Bildung.

Erziehungssystems zeigt sich auch in der Vereinheitlichung der Lehrinhalte. 1904 wird ein staatliches Zulassungssystem für Schulbücher, Kokuteikyôkasho-Seido (国定教科書制度), institutionalisiert. Die Öffentlichkeit der Erziehung ist gleichbedeutend mit der Ausweitung der staatlichen Intervention.

Während die Reform des modernen Schulsystems als Teil der Staatspolitik seitens der Regierung vollzogen wird, ist unübersehbar, dass sich in dieser Zeit innerhalb öffentlicher Erziehungsinstitutionen auch Reformbewegungen seitens des Lehrpersonals entfalten. Zu Beginn des 20. Jh. entsteht eine reformpädagogische Bewegung, beeinflusst vom okzidentalen Demokratiegedanken. Das Ziel ist die Befreiung des Einzelnen von der unterdrückenden, staatsorientierten Erziehung und die Förderung der Spontanität und Selbstständigkeit der Kinder. Das Zentrum der Bewegung steht unter dem Motto der „Vervollkommung der Individualität" (Itô 1998, S. 225).[294] Die Reformer setzen sich kritisch mit den lehrerzentrierten, einheitlichen Erziehungsmethoden auseinander. Stattdessen sollen die Lernenden im Mittelpunkt stehen. Der weltweite Zeitgeist liberaler und sozialistischer Bewegungen nach dem ersten Weltkrieg wirkt sich auch auf Japan aus. Der Höhepunkt der reformpädagogischen Bewegung in der Taishô-Ära, Taishô-Shinkyôikuundô (大正新教育運動), war eine Vortragsreihe von 1921, die vom Herausgeber einer erziehungswissenschaftlichen Zeitschrift, Kyôikugakujutsukai (教育学術界), veranstaltet wurde (Hachidai-Kyôikusyuchô-Kôenkai 八大教育主張講演会). Aus allen Regionen Japans kamen dazu zahlreiche Pädagogen zusammen (vgl. Takahashi 2003, S. 38). Es schien eine vom Staat unabhängige, eigenständige öffentliche Sphäre im Erziehungssystem entstanden zu sein. Der erzieherische Wert der reformpädagogischen Bewegung war allerdings auf die methodische Ebene beschränkt und trat nicht als offizielles, von der staatlichen Erziehungspolitik unabhängiges Erziehungsziel hervor.[295] Die Bewegung verebbte in den 1930er Jahren, als liberal-demokratische Strömungen in der Gesellschaft von der Zentralmacht verstärkt unterdrückt wurden.

---

294 „Kulturell ist der Begriff der Individualität in Japan fremd; er findet sich nicht in der Erziehungstradition des Landes. Das Übersetzungswort für die Individualität wurde erst 1895 in einer japanischen Zeitschrift (Dai-Nippon Kyôiku-Kai) eingeführt. In den 1910er Jahren galt dieser Begriff aber bereits als Modeausdruck." (ebd., S. 226).

295 Das Hauptanliegen der reformpädagogischen Bewegung, die Vervollkommnung der Individualität, wurde im damaligen Japan nicht systemkritisch gegen Bürokratie und Militarismus in Stellung gebracht. Die Befreiung von der Staatskontrolle und die Vervollkommnung der Individualität waren in der Erziehungspraxis nur in der innerlichen Welt zulässig. Dabei wurden sie nicht als Anrecht betrachtet, sondern unterlagen zweierlei Auffassungen: die system-konforme Auffassung von der Individualität *einerseits* und die religiöse Auffassung von der Individualität *andererseits*. Die von der Religion begleitete sittliche Erziehung verstärkte sogar die Identifikation mit dem nationalstaatlichen System und dem damit verbundenen Kaisersystem (vgl. Itô 1998, S. 226ff.).

Nach dem zweiten Weltkrieg wird im März 1947 das Erziehungsgrundgesetz, Kyôiku-Kihonhô (教育基本法) vom Parlament verabschiedet.[296] Die Besonderheit dieses Grundgesetzes besteht darin, dass *erstens* die Probleme der bisherigen, nationalstaatlichen Erziehungsmaßnahmen reflektiert werden und eine grundlegende Erneuerung des öffentlichen Erziehungssystems gefordert wird. *Zweitens* übernimmt das Erziehungsgrundgesetz den demokratischen Kern der japanischen Verfassung (Erlass in November 1946). So werden die Absolutheit der grundlegenden Menschenrechte und die Freiheit von Wissen und Wissenschaft[297] als Erziehungsideal ausgerufen. Beabsichtigt wird hier, dass der demokratische Wille der Verfassung durch die Erziehung der Bevölkerung verwirklicht wird und umgekehrt durch die Verfassung das Erziehungsideal geschützt bleibt.[298] *Drittens* basiert die öffentliche Erziehung auf den gesetzlichen Prinzipien, welche die Bedingung für die demokratische Gesellschaftsordnung darstellen, während Erziehung zuvor auf mit Obrigkeitsbefehlen gleichzusetzenden, kaiserlichen Edikten beruhte (vgl. Takahashi 2003, S. 101; Soga 2007, S. 29). Eine besondere Rolle beim Entwurf der ersten Artikel des Erziehungsgrundgesetzes, denen große Bedeutung für den Aufbau der neuen öffentlichen Erziehungsinstitutionen zukommt, spielte Shigeru Nanbara (南原繁).[299] Ihm zufolge kann die nationale Gemeinschaft durch das schöpferische Handeln der freien Einzelpersonen aufgebaut werden (vgl. Yamawaki 2007, S. 110ff.; 2008, S. 128). So formuliert der erste Artikel des Erziehungsgrundgesetzes den Zweck der Erziehung wie folgt: „Die Erziehung erstrebt die volle Entwicklung der Persönlichkeit. Sie muss der Absicht dienen, einen Staatsbürger zu erziehen, der als Gestalter des friedlichen Staats und der friedlichen Gesellschaft, die Wahrheit und Gerechtigkeit liebt, die Würde des Individuums achtet, Achtung vor der Arbeit und einen tiefen Sinn für Verantwortung besitzt, individuelle Werte zu schützen weiß, vom unabhängigen Geist erfüllt, geistig und körperlich gesund ist." (Deutsche Übersetzung aus Eswein 1996, S. 8f.).

---

296   „Das Kultusministerium (Monbushô) hatte zunächst einen Entwurf des Erziehungsgrundgesetzes vorgelegt, der weitgehend auf den Bericht des Regierungsausschusses zur Reorganisation des Erziehungswesens (Kyôiku sasshin iinkai) zurückging. Die Arbeit dieses Ausschusses und sein Bericht wurden wesentlich beeinflußt durch die amerikanische Expertenkommission, die am 6. März 1947 in Japan eintraf und von George D. Stoddard geleitet wurde. Sie entwarf den sogenannten "Stoddard-Report", der die bildungspolitische Entwicklung in Japan stark beeinflusste." (Eswein 1996, S. 8).

297   Vor dem zweiten Weltkrieg galten das Wissen in der Erziehung und die Wissenschaft als zwei unterschiedliche Ziele nationaler Politik. So war die Zielsetzung der elementaren und sekundären Erziehungsinstitutionen nicht identisch mit der der höheren Institutionen wie der Universität (vgl. Namimoto/Nakatani 2000, S. 33).

298   Dieser Zusammenhang existierte bereits vor dem zweiten Weltkrieg, lediglich die Inhalte haben sich vollständig verändert. So wird nun das Ziel der Förderung des freien Individuums in der Erziehung eng mit dem politischen Demokratiegedanken verknüpft. „Die Demokratie verlangt Bürger, die gegenseitig ihre Individualität respektieren, und eine allen Bürgern zugängliche Öffentlichkeit." (Itô 1998, S. 226).

299   Nanbara ist ein Politikwissenschaftler und der Präsident der kaiserliche Universität in Tokio.

Erziehung gilt nun nicht mehr als Pflicht gegenüber dem Staat, sondern als Recht des Volkes. Anders formuliert stellt die Errichtung der Erziehungsinstanzen zur Verwirklichung der Rechte des Volkes eine Pflicht des Staates gegenüber dem Volk dar. Des Weiteren ist Erziehung eine Pflicht der Eltern gegenüber ihren Kindern (vgl. Horio 1992, S. 166ff.). Dieses Prinzip wurde dem okzidentalen, liberal-bürgerlichen Modell der Moderne entnommen, wobei das einzelne Subjekt in den Mittelpunkt der sich fortentwickelnden Gesellschaft gestellt wird (vgl. 3.3.1).[300] Um die im Erziehungsgrundgesetz enthaltenen Ideale zu bewahren, wird öffentliche Erziehung zunächst administrativ vom Zentrum der Staatspolitik getrennt. Die Autonomie des öffentlichen Erziehungssystems besteht darin, dass sie nun mit der Autonomie der dezentralisierten Präfekturen gekoppelt wird, jedoch unabhängig von den allgemeinen Verwaltungen der Präfekturen organisiert werden kann. Als administrative Organe für Erziehung werden in den jeweiligen Präfekturen und ihren Kommunen Erziehungsausschüsse, Kyôiku-Iinkai (教育委員会) eingerichtet, die im Prinzip unabhängig von der zentralen Staatspolitik handeln können. Die Mitglieder der Erziehungsausschüsse werden durch öffentliche Wahl ermittelt.

Die von den liberal-demokratischen Idealen abgeleiteten Merkmale der öffentlichen Erziehung der Nachkriegszeit erfahren jedoch bereits in der Mitte der 1950er Jahre eine Wandlung. Durch das große Wirtschaftswachstum sowie den sich verschärfenden Ost-West-Konflikt wird die Bildungspolitik verstärkt von konservativen Positionen beeinflusst. Bereits 1956 wird die öffentliche Wahl der Mitglieder der Erziehungsausschüsse abgeschafft und durch das Berufungsprinzip ersetzt. Dies bedeutet den Rückschritt zu einer zentralistischen Regierungsweise – die erneute Standardisierung der politisch-administrativen Vermittlung in der Hierarchie von oben nach unten.[301] In dieser Zeit entsteht als Gegengewicht zum „nationalistisch-zentralistische(n) Revisionskurs der Bildungspolitik" (Imai 1997, S. 183) die neue pädagogische Theorie der Volksbildungslehre (Kokumin Kyôiku Ron 国民教育論). Sie wird von liberal bis marxistisch orientierten Erziehungswissenschaftlern unterstützt und in Form einer „Volksbildungsbewegung (Kokumin Kyôiku Undô 国民教育運動)" praktiziert. „Es ging (...) darum, wer das Recht hat, öffentliche Erziehung zu bestimmen. Das Volk

---

300 Diese Sichtweise stammt von Teruhisa Horio, der sich in seinen Arbeiten auf die okzidentalen Erziehungskonzepte der Neuzeit bezieht. Seine Arbeiten hatten wesentlichen Einfluss auf die Entwicklung der erziehungswissenschaftlichen Theorien im Nachkriegsjapan. Zum theoretischen Ansatz Horios siehe Imai 1997.

301 In Bezug auf das Erziehungssystem ist die Regierungsstruktur wie folgt: Kultusministerium (Monbushô 文部省)→ Erziehungsausschuss der Präfekturen (Todôfuken-Kyôiku-Iinkai 都道府県教育委員会) → Erziehungsausschuss der Kommunen (Shichôson-Kyôiku-Iinkai 市町村教育委員会) → öffentliche Erziehungsinstitutionen (Kôritsugakko 公立学校). (vgl. Namimoto/Nakatani 2000, S. 33).

oder der Staat" (ebd.).[302] Gleichzeitig verstärkt sich jedoch die Kontrollmacht des Staates auf die Erziehungsinhalte.[303] Die staatliche Politik setzte höchste Priorität auf das Wirtschaftswachstum, was sich auch im Erziehungssystem zeigt: Als Teil der ‚wohlfahrtsstaatlichen Politik' wird versucht, *einerseits* das allgemeine Bildungsniveau der zukünftigen Arbeitskräfte flächendeckend zu erhöhen. Die an Quantität orientierten Maßnahmen zur Vereinheitlichung der öffentlichen Erziehungsinstitutionen folgen dem egalitären Prinzip der Chancengleichheit. Die Bildungsexpansion erfolgt auf der Basis kontrollorientierter Erziehungspolitik. *Andererseits* wird das Erziehungssystem an Prinzipien des Wirtschaftssystems ausgerichtet, wie der Anstellung auf Lebenszeit, Shûshin-Koyô (終身雇用), und dem Senioritätsprinzip, Nenkô-Joretsu (年功序列).[304] Nach diesen Prinzipien können und sollen sich die Einzelnen innerhalb der vorgegebenen Rahmenbedingungen eines einzelnen Unternehmens der Selbstbildung widmen. Dies garantiert dem Einzelnen selbstverständlich das Erreichen einer höheren Position und mit steigendem Alter ökonomische Sicherheit. In der öffentlichen Erziehung spielen diese Prinzipien ebenso eine Rolle. So strebt man tendenziell nach Aufnahme in renommierte Schulen, die gute Rahmenbedingungen für den Übergang zum Arbeitsleben bieten. Die Aufnahme in diese Schulen hängt vom guten Abschneiden in den Eingangsprüfungen ab. Die Gesellschaft legt folglich großen Wert auf den schulischen und universitären Werdegang des Einzelnen, jedoch tendenziell weniger Wert auf individuelle Fähigkeiten. Die vom Wirtschaftssystem initiierte, wohlfahrtsstaatliche Politik führt im öffentlichen Erziehungssystem zur Überbetonung des schulischen und universitären Bildungsgangs und dementsprechend zur Verschärfung des Konkurrenzkampfs bei den Examina bzw. den Aufnahmeprüfungen der Schulen.[305] Die Überbeto-

---

302 „(D)ie ‚Volksbildungslehre' kann als ein Versuch interpretiert werden, gegen das traditionelle Staatsmonopol der Öffentlichkeit – ‚öffentlich' heißt ‚staatlich' (sic) und vice versa – einen anderen Begriff der Öffentlichkeit aufzubauen." (ebd.)

303 Diese Tendenz lässt sich gut anhand mehrmaliger Gerichtsverhandlungen zum staatlichen Genehmigungsverfahren für ein Schulbuch von Ienaga, Ienaga-Kyôkashosaiban (家永教科書裁判) beobachten. Saburo Ienaga, der Verfasser eines Schulbuchs für japanische Geschichte der Oberschule, klagte 1965 erstmals gegen den Staat, weil sein Schulbuch wegen einiger Beschreibungen nicht anerkannt wurde. In einer Urteilsverkündung wurde proklamiert, dass die Rechtsbefugnis über Entscheidungen zur öffentlichen Erziehung nicht dem staatlichen Verwaltungsapparat, sondern der Gesamtheit des nationalen Volkes zusteht (der Urteilspruch von Sugimoto). Dieses Urteil wird jedoch im Urteil des darauf folgenden Prozesses aufgehoben. Zum staatlichen Genehmigungsverfahren der Schulbücher vgl. Horio 1998, S. 242ff.; Imai 1997, S. 188; 2004, S. 55.

304 In jüngster Zeit gelten diese Prinzipien sowohl organisatorisch als auch im subjektivem Empfinden nicht mehr als universales Prinzip.

305 Die Besonderheit der öffentlichen Erziehung ist auf das Schulreservierungssystem (Shiteikôsei 指定校制) der Großunternehmen zurückzuführen. Allein der Schulabschluss reicht nicht aus, eine gute Position im Beschäftigungssystem zu erwerben. Die Selektion wird vielmehr nach dem Rang der Universität vorgenommen. Aufgrund des wichtigen Ziels in eine gute, renommierte Universität aufgenommen zu werden, ist das gesamte Schulsystem von der sogenannten ‚Prüfungshölle' (Juken-Jigoku 受験地獄) geprägt. (Vgl. dazu Eswein 1996, S. 9ff.)

nung des Verfahrens der Aufnahmeprüfungen, das die Schüler nach dem Neutralitätsprinzip aufgrund der Abweichung auf einer Normskala (Hensachi 偏差値) kategorisiert, zeigt die Borniertheit des Anspruchs der öffentlichen Erziehung, die sich lediglich auf Gerechtigkeit in der Selektion konzentriert und die substanzielle Fähigkeit des Einzelnen außer Acht lässt (vgl. Ishido 1993, S. 10).[306] Der Diskurs zur öffentlichen Erziehung wird anscheinend vom „Automatismus der Maschinerie der ‚Erziehungs-Fabrik'" abgelöst (Imai 1997, S. 193), „in dem jeder Teilnehmer entwickelt, exploitiert und diszipliniert wird" (ebd., S. 194).

Erziehung und Öffentlichkeit sind im Nachkriegs-Japan demnach in dreifacher Weise paradox miteinander verbunden. *Erstens* wird in der praktischen, pädagogischen Interaktion an dem im Erziehungsgrundgesetz, Kyôiku-Kihonhô, festgeschriebenen Prinzip festgehalten. Die Menschen sollen sich, den okzidentalen liberaldemokratischen Idealen folgend, nach ihren Fähigkeiten frei entfalten. Dieses offizielle, vom Ministerium proklamierte und in den Curricula ausformulierte, idealistische Ziel wird insbesondere im Elementarbereich der öffentlichen Erziehungsinstitutionen betont (vgl. Haasch 2000, S. 182). In der Erziehungspraxis tritt dies vor allem als Streben nach Gerechtigkeit auf. Die öffentlichen (Grund-)Schulen richten sich demzufolge verstärkt nach dem Harmonieprinzip mit Blick auf den gegenseitigen Respekt vor der Individualität und wehren sich gegen das Selektionssystem (vgl. Itô 1998, S. 226 Fußnote).

Dem gegenüber wird *zweitens* (seit Mitte der 1950er Jahre) versucht, neben den gesellschaftlichen Anforderungen an den Zusammenhalt der nationalstaatlichen Gemeinschaft, auch den Ansprüchen des Wirtschaftssystems gerecht zu werden. Das Erziehungsprogramm ist Teil der wohlfahrtsstaatlichen Staatspolitik unter Leitung der privaten Wirtschaftskreise. Priorität hat nicht die Entfaltung der individuellen Fähigkeiten, sondern die Erhöhung des allgemeinen Bildungsniveaus. Das tatsächliche Erziehungsziel tritt mit zunehmender Selektion in den höheren Schulstufen immer deutlicher zu Tage. Die Selektion übernimmt eine wesentliche Funktion in der relativ stabilen Steuerbarkeit von zukünftigen Berufs- und Karrierechancen im Wirtschaftssystem, welche nur in geringem Maß von Faktoren der sozialen Zugehörigkeit oder naturgegebener Begabung abhängen sollen (vgl. Haasch 2000, S. 182).

Öffentlichkeit der Erziehung verweist auch in Japan auf das Zusammenwirken des Erziehungssystems mit den öffentlichen Sphären der anderen modernen Funktionssysteme. Jedoch muss als *dritte* spezifische Erscheinung in Japan auch die inoffiziell geltende Sphäre der Öffentlichkeit, Seken, berücksichtigt werden. Im Hinblick auf die zwei unterschiedlichen Arten von Öffentlichkeit in der japanischen Gesellschaft – die formelle öffentliche Sphäre *einerseits* und die zwischenmenschliche, wesentlich sinnstiftende Lebenswelt, Seken, *andererseits* (vgl. Abschn. 4.3) – stellt sich die Frage, in welchem Verhältnis das moderne

---

306   Seit geraumer Zeit gibt es jedoch vermehrt alternative Kriterien für die Aufnahmeprüfung, so
        z. B. künstlerische Fähigkeiten, soziales Engagement usw.

Erziehungssystem zu diesen beiden Sphären steht. Hier lässt sich eine besondere Konstellation beobachten.

Die modernen öffentlichen Erziehungsinstitutionen Japans sind maßgeblich auf der Grundlage westlicher Erziehungssysteme errichtet worden. Sie sind daher in der formal öffentlichen Sphäre zu verorten (vgl. Abe 2002 (1997), S. 18ff.). In den öffentlichen Erziehungsinstitutionen lernen die Menschen offiziell nach dem okzidentalen Prinzip okzidentale Erziehungsinhalte. Dies zeigt sich z. B. daran, dass die Gleichbehandlung von Menschen unterschiedlicher sozialer Herkunft in den öffentlichen Erziehungsinstitutionen formal vorausgesetzt wird,[307] obwohl diese Unterschiede tief verwurzelt in der authentischen Lebenswelt des Seken weiter existieren (ebd.). Genauso hat die öffentliche Schule formal die Bildung rationaler, mündiger Subjekte im europäischen Sinne zum Ziel, obwohl dieses Menschenbild in die tatsächliche Lebenswelt des Seken nicht hineinpasst. Staatlich anerkannte Qualifikationen wie der Schulabschluss haben ihre Bedeutung für das zukünftige (Arbeits-)Leben. Die Heranwachsenden werden in den öffentlichen Schulen auf ihre zukünftige Teilnahme an öffentlichen Angelegenheiten vorbereitet. Sie lernen anhand des öffentlichen Lehrplans, neben allgemein gültigem Wissen, den Umgang mit öffentlich gängigen Kommunikationsformen. Lernen für die Zukunft bzw. für das Erwachsen-Werden im Allgemeinen bedeutet, sich in der Öffentlichkeit wie in politischen und wirtschaftlichen Bereichen zurechtzufinden. Gerade die öffentliche Kommunikation in diesen Bereichen ist jedoch von Tatemae geprägt – oberflächliche Begriffsinhalte, die die wahre Absicht nicht erkennen lassen (vgl. Abschn. 4.3). Im öffentlichen Leben ist es von großer Bedeutung, Tatemae zu beherrschen (ebd.). Die Inhalte der öffentlichen Erziehung, deren institutionelle Struktur per se den abstrakten Formalien verhaftet ist, können die Heranwachsenden daher zu zwar formal richtigem aber oberflächlichem, belanglosem Handeln führen. Hier entsteht ein Gefälle, das die Öffentlichkeit der Erziehung in Japan charakterisiert (vgl. Abe 2001 (1995), S. 181ff.).[308] Es gibt die andere, authentische aber unsichtbare Öffentlichkeitsform Seken, in der die Menschen persönlich eingebunden sind. In den öffentlichen Erziehungsinstitutionen entfällt der unmittelbare Kontakt mit der Sphäre Seken und den dort gängigen Bedeutungsinhalten der Honne. Umgekehrt wird für ein Durchkommen in der zwischenmenschlichen Lebenswelt des Seken eine okzidentale (Aus)Bildung mit offenkundiger Kultiviertheit nicht verlangt. Das Wissen und die Fähigkeiten, die in den öffentlichen Erziehungsin-

---

307 Qualifikationsmerkmale wie die Unabhängigkeit von der Herkunft (Klassensystem) sowie das meritokratische Prinzip als gerechte Form der Vergesellschaftung des Menschen zeigen gerade die formalen Bestimmungen dieser Öffentlichkeitssphäre.

308 Auch in der Wissenschaft wird in Japan bislang hauptsächlich der Bezug zu okzidentalen Formalitäten hergestellt, obwohl die Wissenschaftler im Alltag mit den althergebrachten Sitten des unsichtbaren Seken vertraut sind. Überdies wird Seken als spezieller öffentlicher Raum in der japanischen Wissenschaft kaum als Forschungsobjekt behandelt. (Vgl. dazu Abe 2001 (1995), S. 5.; 2002 (1997), S. 179)

stitutionen formal vermittelt werden, werden in Seken zwar als Zusatz anerkannt, stiften dort jedoch keinen unmittelbaren Nutzen. Wichtig ist vielmehr, Tatemae und Honne unterscheiden zu können. Wesentlich ist für das Leben in der politisch-wirtschaftlichen Öffentlichkeit und Seken das Zusammenspiel und die Unterscheidung von oberflächlich ausgedrücktem Tatemae einerseits und dem zu erwartenden und eigentlich gemeinten Honne andererseits. Dies lernen die Schüler im Lauf der Zeit außerhalb der offiziellen Lehrpläne der öffentlichen Erziehungsinstitutionen (vgl. Abe 2002 (1997), S. 19).

Es ist jedoch anzunehmen, dass auch in den öffentlichen Erziehungsinstitutionen die Aneignung des Wissens und der Fähigkeit für das Überleben in Seken erfolgt. Wissen und Fähigkeiten in Seken sind unsichtbar und werden in den modernen öffentlichen Erziehungsinstitutionen in Japan nicht explizit unter Anleitung oder als Teil des Lehrplans vermittelt (ebd., S. 94ff.). Aber natürlich bilden auch die öffentlichen Erziehungsinstitutionen einen Rahmen für zwischenmenschliche Beziehungen, in dem die Regeln des Seken in nicht formaler Form unbewusst vermittelt werden. Diese Regeln existieren unabhängig von Rationalität, Logik, Vernunft oder Räsonnement (vgl. Abe 2001 (1995), S. 183ff.). Im Gegensatz zur über Schriftzeichen und Worte vermittelten Kultur haben Wissen und Fähigkeiten in Seken auch ohne Schriftzeichen und Worte eine wesentliche Bedeutung – so z. B. für Manieren oder Rituale (Abe 2002 (1997), S. 91f.).

Die Wissensübermittlung auf inoffizieller Ebene, im Sinne heimlicher Lehrpläne, kann sowohl in formal organisatorischen Vorgängen als auch an der Peripherie der unterschiedlichen Handlungssituationen stattfinden, z. B. durch die alltäglichen Rituale im Klassenzimmer oder durch die spezifische Kommunikation zwischen Lehrern und Schülern bzw. zwischen den Schülern (vgl. Wellendorf 1974). Bezüglich der formal organisatorischen Vorgänge sei z. B. darauf verwiesen, dass es in der neunjährigen Pflichtschulzeit der öffentlichen Grund- und Mittelschulen in Japan grundsätzlich kein Sitzenbleiben gibt. Dadurch werden die Schüler in den altershomogenen Schulklassen und Schülergruppen fest verankert. Desweiteren bietet die Organisation als Ganztagsschule den Schülern zahlreiche außercurriculare Aktivitäten an. Dazu zählen der ‚Morgenappell‘, die Klassenversammlungen, das gemeinsame (Mittag-)Essen, das Putzen, die Ausflüge, die Clubaktivitäten am späteren Nachmittag bis hin zu den jährlich stattfindenden, offiziellen Festen und Zeremonien wie Sport- und Kulturfeste, Einschulungs-, Schulentlassungs-, Semesterbeginn- und Semesterabschlusszeremonien, auf die sich die Schüler wochenlang vorbereiten (vgl. Schubert 1992, S. 142). Hier spielen spezielle Manieren und Tugenden wie Ausdauer, Beharrlichkeit und die Bereitschaft zur Teilnahme (vgl. ebd., S. 150) eine Rolle. Die im (Moral-)Unterricht beschworenen Werte werden hier in konkreten Formen der sozialen Integration lebendig und in praktisches Handeln umgesetzt (vgl. ebd., S. 153). Die Schüler erleben in solchen organisatorischen Situationen ein innerlich emotionales Verbundensein mit der Schul- bzw. Klassengemeinschaft, die auch später unabdingbarer Bestandteil zwischenmenschlicher Beziehungen innerhalb des Seken sein können.

Dem gegenüber lassen sich ebenso in den alltäglichen Handlungssituationen der jeweiligen Jahrgangsklassen heimliche Lehrpläne beobachten. Die öffentliche Grundschule beispielsweise „bemüht sich in der Regel, die jeweilige Jahrgangsklasse als eine Gemeinschaft zu etablieren und einen Lebensraum zu bilden, in dem erzieherische Einwirkung nicht nur vom Lehrer, sondern vom Aufbau dieses Lebensraums selbst und den Interaktionen der in diesem Kontext handelnden Personen ausgeht" (Haasch 2000, S. 175). Die Herausbildung der Gruppe ist zwar im Lehrplan nicht als Ziel vermerkt, gilt aber als ein wichtiges Erziehungsziel und zugleich Erziehungsmittel für den Aufbau eines Lebensraums der Klasse. Es geht um „die Vermittlung des Prinzips Gruppe, d. h. um die Ausbildung von Bereitschaft und Fähigkeit, sich unterschiedlichen Gruppen mit unterschiedlichen Wirkungsgraden und Erfassungsansprüchen anschließen zu können" (ebd., S. 176). Dieses Vorgehen lässt sich insbesondere in der täglichen Klassenversammlung (home-room), die vor und nach dem eigentlichen Unterricht stattfindet, beobachten. Hier werden die Schüler beispielsweise in Gruppen aufgeteilt, die vom Lehrer übertragene Aufgaben durchführt. In diesen von einer Art „Ordnung und gegenseitiger Überwachung im Klassenzimmer" geprägten Ritualen wird „nicht die Autorität des Lehrers dargestellt (...), sondern die Selbstverantwortung der durch den jeweiligen Tagesdienst vertretenen Klasse für den reibungslosen Ablauf des Unterrichts" (Schubert 1992, S. 144). [309] In diesem Prozess wird unbewusst die Fähigkeit zum zwischenmenschlichen Zusammenleben im Seken ausgebildet und zugleich auf die Teilnahme an der (nationalen) Gemeinschaftsbildung vorbereitet. Es bildet sich ein für Seken bedeutendes Differenzierungsvermögen nach Außen/Innen bzw. Fremd/Wir heraus. Obwohl der Frontalunterricht vorherrscht, ist das Interaktionsgeschehen in der Klasse keineswegs lehrerzentriert. Der Unterricht ist jedoch auch nicht schülerzentriert. „Man könnte es (...) als gruppenzentriert oder – weniger missverständlich, aber auch unspezifischer – als kooperativ bezeichnen" (ebd., S. 147). Aufgabe des Lehrers ist dabei, „die wesentlichsten Charaktereigenschaften und Lebensumstände seiner Schüler genau kennenzulernen und diese Kenntnisse für die Gemeinschaftsbildung zu nutzen. Hierzu dienen auch jährliche Hausbesuche in der

---

309   Die Gruppen (han, 班) bestehen aus vier bis acht Kindern und arbeiten über einen festgelegten Zeitraum zusammen. „Diese Kleingruppen, die oft auch bei der Beurteilung von Schulleistungen oder dem Verhalten im Klassenzimmer als Einheiten behandelt werden, übernehmen gemeinsam unterrichtsbezogene Aufgaben; vor allem aber sind sie im rotierenden Wechsel für den größten Teil der mit dem Unterricht und dem Schulleben verbundenen organisatorischen Aufgaben verantwortlich, etwa die Verteilung des Essens oder das Putzen der verschiedenen Räumlichkeiten und Ecken. Auch die Aufrechterhaltung der Disziplin im Klassenzimmer wird an täglich wechselnde ‚Tagesdienste' delegiert. Besonders eindrucksvoll sind hier wieder die Begrüßungs- und Verabschiedungsrituale, die sich zwar von Schule zu Schule etwas unterschieden, meist aber nach einem ähnlichen Schema ablaufen." (ebd., S. 143). Ein Beispiel dazu findet sich ebenso in Haasch 2000, S. 179f.

Familie der Grundschüler" (Haasch 2000, S. 175). Die Lehrer besitzen ein gewisses Expertentum, das sich nicht in erster Linie auf ihr Fachwissen, „sondern auf die überlegene Kompetenz des im Leben Erfahreneren, des über die Regeln des gesellschaftlichen Zusammenlebens vor allem in der Schule vollständig informierten Erwachsenen" bezieht (Schubert 1992, S. 146).[310]

In diesem Zusammenhang ist auch erwähnenswert, dass die Grenze zwischen Unterrichtszeit und privater Freizeit für die Schüler im Allgemeinen verwischt ist. Insgesamt werden die Schüler täglich für längere Zeit den direkten und indirekten Lehr- und Erziehungsmaßnahmen der öffentlichen Erziehungsinstitutionen ausgesetzt.[311] So gelingen den Schülern außerschulische Tätigkeiten oder außerschulische peer-group Kontakte eher selten. Umgekehrt lässt sich zeigen, dass die private Freizeit sowie peer-group Kontakte in hohem Maße von der öffentlichen Erziehungsinstitution mitbestimmt oder beeinflusst werden (vgl. Haasch 2000, S. 176f.). Das Schulleben integriert vielfältige Aspekte der kindlichen Lebenswelt. Wie im Unterricht Raum für unterschiedliche Formen der Teilhabe und des Engagements geschaffen wird, so lassen die einzelnen Schulen jeweils Raum für unterschiedliche Aktivitäten (vgl. Schubert 1992, S. 141). Die allgemeine Tendenz der öffentlichen Schulen, die Verschiedenheit der Einzelnen zu beseitigen und daraus folgend, insgesamt eher vereinheitlichend zu wirken, wird häufig kritisch beobachtet. Dies kann damit zusammenhängen, dass in Japan, historisch betrachtet, private und öffentliche Sphäre ein vielschichtiges Verhältnis zueinander eingehen (vgl. 4.3). Die Privatheit wird dem Öffentlichen im Sinne von Obrigkeitlichem leicht untergeordnet oder von ihr sogar absorbiert (vgl. Ishido 1993, S. 9). Vor diesem Hintergrund ist anzumerken, dass die Schüler der intensiven Kommunikation und dem Zusammenwirken zwischen Familie, Schule, kommunaler Verwaltung und Wirtschaftsbetrieben unterworfen sind. Hier findet eine flächendeckende Kontrollmaßnahme statt. Schulinterne Regeln wie Verhaltensregeln und Kleiderordnung können auch außerhalb der Schule im eigentlich privaten Leben gültig sein und Anwendung finden.[312]

---

310 Trotz der Eigenständigkeit der Schüler in einer Gruppe wird häufig darauf hingewiesen, dass in Bezug auf die Beziehung zwischen Lehrer und Schüler in Japan die Lehrer den absolut höheren Status innehaben. „Dieses Rollenbild hatte seine wesentliche Ausprägung zur Zeit des größten (neo-)konfuzianischen Einflusses" während der Edo-Zeit (Haasch 2000, S. 178). Der Erhalt dieses traditionellen Rollenbilds trotz Modernisierung ist darauf zurückzuführen, dass den Lehrerberuf in der Meiji-Ära zumeist Angehörige des kleinen und mittleren Adels ausübten (ebd.). Die Lehrperson ist seitdem bei Schülern und Eltern mit einem relativ hohen Sozialprestige, Autorität und einer hohen Erwartungshaltung behaftet, auch wenn sich dies aktuell zu verändern scheint.

311 Hierzu trägt außer dem Regelschulbesuch auch der extensive Besuch von Nebenschulen – privaten Nachhilfe- oder Vorbereitungsschulen – bei. Diese Einrichtungen bieten den Schülern ebenfalls Raum für Kontakte und gemeinsame Aktivitäten in der peer-group (vgl. Haasch 2000, S. 177).

312 Das bedeutet nicht, dass die Schüler auch privat die Schuluniform tragen. Aber der (Wieder-) Erkennungswert der Schuluniform ist so hoch, dass dieser Kleidung sowohl in der schulischen als auch in der an die Schulzeit angrenzenden, privaten Zeit Bedeutung beigemessen wird

Neben der formalen Ausprägung der öffentlichen Erziehungsinstitutionen, u. a. der offiziellen Lerninhalte, welche die formale Beziehung der Erziehung zur Öffentlichkeit darstellt, existiert in Japan die inoffizielle, ungeschriebene Ausprägung, welche die verborgene Beziehung der Erziehung zur Öffentlichkeit in Verbindung mit Seken darstellt. Öffentlichkeit der Erziehung zeigt sich im modernen Japan *einerseits* formal in einem auf Entfaltung des Individuums zielenden, idealistischen Erziehungsziel, in einer vom Staat verwalteten Einheitlichkeit, sowie in der Reflexion der Vorgaben und Bedingungen des Wirtschaftssystems. *Andererseits* lässt sich Öffentlichkeit der Erziehung unsichtbar in Verbindung zu den Bräuchen der zwischenmenschlichen Lebenswelt der Japaner zeigen – in Seken als einer zweiten, jedoch wesentlichen Öffentlichkeitsform in Japan.

(z.b. auf dem Schulweg oder in Schuluniform verbrachter Zeit nach der Schule). Schubert formuliert dazu: „Die Mittelschüler, die durch ihre Uniformen jederzeit als solche erkennbar sind, genießen nach meinem Eindruck – selbst in der Öffentlichkeit – fast schon so etwas wie ‚Narrenfreiheit'; es scheint für alle, die ihnen begegnen, klar zu sein, daß sie mit nichts anderem als mit Schule und der Vorbereitung der Eintrittsexamina für die Oberschulen beschäftigt sind, und man darüber hinaus kaum etwas von ihnen erwarten oder gar verlangen kann." (Schubert 1992, S. 140).

211

5. Zum aktuellen Stand der Öffentlichkeit der Erziehung

5.1 Der aktuelle Strukturwandel der Öffentlichkeit

Seit Ende des 19. Jh. verschränken sich, nach Habermas, staatliche, öffentliche und private Sphäre durch das zunehmende staatliche Eingreifen der sozial- und wohlfahrtsstaatlichen Regierung in die privaten Sphären sowohl des Wirtschaftssystems als auch der einzelnen Privatpersonen. Im bürgerlichen Öffentlichkeitsverständnis werden diese konstitutiv getrennt gesehen (vgl. Habermas 1990 (1962), S. 225ff.; Imhof 2003a, S. 402). Verstärkt wird dieses in der spätmodernen Zeit grenzüberschreitende Verhältnis der Sphären durch den zunehmenden Einfluss ökonomischer, technologischer und organisatorischer Entwicklungen auf das Entstehen der Massendemokratie. Öffentlichkeit lässt sich nicht länger an ihrer Funktion als Vermittlerin zwischen den (privaten) Interessen der Teilsysteme und der staatspolitischen und gesamtgesellschaftlichen Integration messen. Sie tritt nun über die Verschränkung von Staat und Privatheit hinaus – mit zunehmender Dominanz im Privaten – neu in Erscheinung. Dass sich die Öffentlichkeit seit geraumer Zeit in einem anhaltenden Wandlungsprozess befindet, gründet vor allem auf zwei Faktoren: Einerseits auf der Weiterentwicklung im medialen Bereich (5.1.1), andererseits auf der Tendenz zu neoliberaler Regierungsweise (5.1.2). Durch das Zusammenwirken beider Elemente erhält die Struktur der Öffentlichkeit gegenwärtig eine andere Funktion und ein anderes Gesicht als zuvor.

5.1.1 Massenmediale Öffentlichkeit

Während die Erfindung des Buchdrucks und die Verbreitung schriftlicher Kommunikationsmedien, wie Zeitschriften oder Tageszeitungen, im Übergang vom Mittelalter zur Neuzeit zur Herausbildung einer neuen literarisch bürgerlichen Öffentlichkeit führten, ist die gegenwärtige Öffentlichkeit wesentlich durch die technische Weiterentwicklung der neuen Kommunikationsformen geprägt. Schlagwörter wie ‚Informationsgesellschaft' und ‚Mediengesellschaft' werden häufig zur Charakterisierung der realen Entwicklung spätmoderner Gesellschaften herangezogen (vgl. Habermas 1990 (1962), S. 275f.; vgl. Jarren 1998, S. 74ff.). Aus der zu beobachtenden sozialen Realität lasse sich folgern, dass der aktuelle Strukturwandel der Öffentlichkeit ohne Analyse des stattfindenden

Medienwandels nicht beschrieben und erklärt werden könne (vgl. ebd.; ebd.; S. 84; Jarren et al. 2000, S. 12). Vor allem die Massenmedien werden mehr und mehr zur Voraussetzung für die Informations- und Kommunikationspraxis der Akteure in der Öffentlichkeit. „(Sie) sind auf Dauer angelegt, stellen eine Vielzahl von Themen bereit und wenden sich an ein breit gefächertes Publikum." (Jarren 1998, S. 75).[313] Die Herstellung, Verbreitung und Rezeption von medialen Informationen gewinnt nun ökonomisch, politisch und sozialkulturell an Bedeutung. Demokratische Entscheidungsfindung, Steuerung und Legitimation in den aktuellen gesellschaftlichen Systemen sind in ihrer Struktur, den Inhalten und den Prozessen weitgehend (massen-)medial beeinflusst (vgl. ebd., S. 74f.). „Die Medien sind in dieser Perspektive beides: Mitursache wie Lösung des Problems der Sozialintegration moderner Gesellschaften." (Imhof 2003a, S. 407). Durch die Zunahme der Aufmerksamkeitsbezüge der medienvermittelten Kommunikation zeigt sich folglich der Strukturwandel der Öffentlichkeit hin zur *massenmedial hergestellten Öffentlichkeit* (vgl. ebd., S. 403).

Die Indikatoren und relevanten Faktoren des neuesten Strukturwandels der Öffentlichkeit werden vor allem von den Kommunikations- und Medienwissenschaften mannigfaltig behandelt.[314] Ihnen zufolge wird Öffentlichkeit maßgeblich im variablen Verhältnis von Organisationen aus den gesellschaftlichen Teilsystemen generiert (Jarren et al. 2000, S. 10; Donges/Imhof 2001, S. 117): Während die moderne Gesellschaft durch Ausdifferenzierungsprozesse zwischen Politik-, Ökonomie-, Sozial- oder Mediensystem gekennzeichnet ist, ist das wesentliche Merkmal der neueren Öffentlichkeit, dass die „Interdependenzen" zwischen diesen Teilsystemen immer enger werden (vgl. Jarren 1998, S. 75).[315]

---

313 Luhmann zufolge habe „die maschinelle Herstellung eines Produktes als Träger der Kommunikation (...) zur Ausdifferenzierung eines besonderen Systems der Massenmedien geführt" (Luhmann 1996, S. 11). Die Entstehung des neuen Bereichs Medien zeigt sich bereits in der herkömmlichen, auf den gedruckten Schriften basierenden Kommunikation. Aber als *Massenmedium* entwickelt sich das neue System deutlicher mit der Verbreitung der elektronischen Medien.

314 In der Kommunikationswissenschaft bezieht sich die Veränderung der medial strukturierten Öffentlichkeit auf mehrere Bereiche: *Quantitative und qualitative Ausbreitung* der publizistischen Medien; *technischer Wandel* und die daraus folgende *Herausbildung der neuen Medien* (z. B. elektronische Medien, Telekommunikation, multimediale Unterhaltung und Werbung), *Entfaltung der Medienzwecke* (Programmmedien, Sparten- und Zielgruppenmedien, Informations- und Kommunikationsnetzwerke) sowie *Beschleunigung der Vermittlungsleistung* von Informationen; *engmaschige Durchdringung* der gesamten Gesellschaft durch Medien und Schaffung *gesamtgesellschaftlicher Aufmerksamkeit und Anerkennung* aufgrund ihrer hohen Beachtungs- und Nutzungswerte; *Institutionalisierung der Medien* als eigenständige Organisationen mit einer spezifischen Handlungsstruktur; *Internationalisierung der Medien* durch Bildung von international agierenden Konzernen bzw. weltweit verfügbare gleiche Informations- und Unterhaltungsangebote, Unternehmensverflechtungen; *Ökonomisierung der Medien* und die daraus folgenden dynamischen Wettbewerbsverhältnisse in den medialen Bereichen (vgl. Jarren 1998, S. 74ff.).

315 Zu der veränderten Konstellation der Politik-, Wirtschafts- und Mediensysteme siehe Jarren 1998, S. 77f.

„Die am Staatsbürgerpublikum orientierten politischen Institutionen, die am Konsumenten interessierte Marketingindustrie und die im Maße (sic) der Ausdifferenzierung des Mediensystems aus dem politischen System auf Medienkonsumenten bezogenen Medien stehen in einem symbiotischen, wenngleich spannungsreichen und wechselvollen Verhältnis zueinander. Sie sind ökonomisch wie auch bezüglich der Herstellung von legitimen Entscheidungen, Bekanntheit, Sozialprestige und Prominenz voneinander abhängig. Die Grundlage der Öffentlichkeit (...) besteht entsprechend aus dem historisch variablen Verhältnis der auf Publizität gegenüber spezifischen Publikumsrollen spezialisierten Institutionen aus den Teilsystemen Politik, Medien und Wirtschaft." (Jarren et al. 2000, S. 10; vgl. Imhof 2003b, S. 205). Mit dieser Überlegung nehmen die Kommunikations- und Medienwissenschaften Bezug auf das Konzept von Habermas und richten ihren Blick nun auf die nachhaltige Veränderung des klassischen Dualismus von Öffentlichkeit und Privatheit (vgl. Imhof/Schulz 1998, S. 11).

Habermas zufolge hat sich zwar die Sphäre der Öffentlichkeit durch die größere Reichweite und Wirksamkeit der Massenmedien ausgedehnt, zugleich prägen Massenmedien aber auch zunehmend die einst private Sphäre des Warenverkehrs (vgl. Habermas 1990 (1962), S. 284). Öffentlichkeit privatisiert sich selbst „im Bewußtsein des konsumierenden Publikums (...), Öffentlichkeit wird zur Sphäre der Veröffentlichung privater Lebensgeschichten" (ebd., S. 262).[316] Bildete sich zuvor eine literarische Öffentlichkeit aus der wohlbegründeten privaten Sphäre der publikumsbezogenen Bürgerlichen, so greift nun die „konsumkulturelle Öffentlichkeit der Massenmedien" den kleinfamilialen Binnenraum auf. „Der entprivatisierte Intimbereich wird publizistisch ausgehöhlt, eine entliterarisierte Pseudoöffentlichkeit zur Vertrautheitszone einer Art Überfamilie zusammengezogen" (ebd., S. 250). Hier werden Erscheinungen wie *Veröffentlichung des Privaten, Privatisierung des Öffentlichen* (vgl. Imhof/Schulz 1998, S. 11; Donges/Imhof 2001, S. 126), *Entpolitisierung des Politischen* (vgl. Imhof 1998, S. 23) sowie *Personalisierung der politischen Kommunikation* durch Kommunikations- und Medienwissenschaften aufgegriffen, vor allem hinsichtlich „einer dem Kriterium der Resonanzmaximierung gehorchenden Interaktionsdynamik (...), welche die Personalisierung, Symbolisierung und Unterhaltungsorientierung der politischen Kommunikation befördert" (Jarren 2000, S. 10). Diese Phänomene „verändern den klassischen Dualismus Öffentlichkeit und Privatheit nachhaltig" (Imhof/Schulz 1998, S. 11). In diesem Zusammenhang sei hier auf die Zunahme des Betroffenheits- und Moraljournalismus, die Etablierung neuer Nachrichtenformate des Boulevardjournalismus hingewiesen sowie auf den sich ausbreitenden Unterhaltungscharakter der Politikdarstellung, wo

---

316 Medien wurden zwar seit Anbeginn grundsätzlich unter staatliche Regie oder staatliche Kontrolle genommen (vgl. ebd., S. 282f.), die Tendenz verdeutlicht jedoch die seit Beginn der 1980er Jahre zunehmende Etablierung privat-kommerzieller Hörfunk- und Fernsehsender neben dem öffentlich-rechtlichen Rundfunk. Vgl. dazu Jarren 1998, S. 76f.

Privates und Politisches verschmelzen (vgl. ebd., S. 13).[317] Durch öffentliche Dienstleistungen der Massenmedien komme das medienkonsumierende Massen-publikum zum Vorschein, das sich in Kaufkraft-, Bildungs- oder Lebensstilgruppen kategorisieren lässt (vgl. Imhof 2003b, S. 204f.).[318]

In der massenmedial hergestellten Öffentlichkeit, in der die Selektionsregeln des Mediensystems für die Prioritätenordnung als auch die Aufmerksamkeitsregeln symbolischer, resonanzorientierter Inhalte für die Entscheidungspolitik zunehmend wichtiger werden, treten immer mehr etablierte, elitäre Akteure in den Vordergrund. Die Herstellung, Reproduktion und Beeinflussung des öffentlichen Diskurses scheint lediglich durch die kleine Zahl der großen medialen Machthaber bestimmt zu werden. Dies bedeutet, dass die Medien selbst nun Einfluss auf die Inhalte der (politischen) Kommunikation gewinnen und als Öffentlichkeit fungieren. Massenmedien werden zum Mittel und Zweck von Inszenierung und Instrumentalisierung (vgl. Otfried et al. 2000, S. 12; Donges/Imhof 2001, S. 128). Im Zuge des Autonomiegewinns der (privaten) Massenmedien ist Öffentlichkeit nicht länger die Sphäre, in der die räsonierende Einzelperson sowie die funktional ausdifferenzierten Gesellschaftssysteme auf Augenhöhe miteinander kommunizieren. Im Laufe des 20. Jh. verselbständigt sich die Öffentlichkeit und wird zu einer Instanz, welche sich qua Massenmedien „bei dem mediatisierten Publikum um Zustimmung oder mindestens Duldung" (Habermas 1990 (1962), S. 270) bemüht. Die überwiegenden Bereiche der Gesellschaft tendieren dazu, durch sinn(re)produzierende Medien überformt oder über die mediale Kommunikation substituiert zu werden (vgl. Donges/Imhof 2001, S. 121f.). Unter diesen Bedingungen bildet sich die öffentliche Meinung nicht mehr aus dem kritischen Räsonnement. Vielmehr wird eine akklamationsbereite Stimmung im Meinungsklima erzeugt (vgl. Habermas 1990 (1962), S.

---

317 Sowohl für die Gesellschaftsprominenz als auch für die Vertreter des politischen Personals ist, neben dem Machtstatus, die telegene Inszenierung privater Lebensstile und Selbstdarstellungen über mediale Resonanz ein entscheidendes Element. Es manifestiert sich in der Etablierung neuer boulevardjournalistischer Nachrichtenformate, Betroffenheitsjournalismus in Druckmedien, Radio und Fernsehen (vgl. ebd., S. 10; Donges/Imhof 2001, S. 126). Politikdarstellung „gleicht sich strukturell der Unterhaltung an und politische Argumente werden durch Charakterdarstellungen im privaten Lebensraum und durch medienattraktive Konfliktinszenierungen ergänzt" (Donges/Imhof 2001, S. 127; Saxer 2007). Darüber hinaus wird auf die massive Zunahme medienwirksamen Eventmanagements, die Intensivierung der Skandalkommunikation, Veränderung in der Katastrophen- oder Risikokommunikation, Personenzentrierung und auf personalisierte Verantwortungszuordnungen sowie die neue Funktion der Medien (Agenda-Setting des politischen Systems) hingewiesen (vgl. Imhof 2003a, S. 404ff.; 2003b, S. 205; Saxor 2007).

318 Medien mobilisieren weniger die Bürger für gesellschaftlich-politische Gruppierungen, sie organisieren vielmehr Kaufkraftgruppen für die Wirtschaft. Die medialen Selektions- und Präsentationskriterien basieren auf diesem Prozess und führen zu einer Privilegierung marktfähiger Themen einerseits und zu Popularisierung von Medieninhalten andererseits (vgl. Jarren 1998, S. 77; Imhof/Schulz 1998, S. 10).

116; S. 321).[319] Massenmedial hergestellte Öffentlichkeit wird von politischen Parteien sowie organisierten Privatinteressen der Wirtschaft okkupiert und ,vermachtet' (vgl. Imhof 2003b, S. 200).[320]

Hier wird die Öffentlichkeit zu der Sphäre, in der hauptsächlich „eine manageriell betriebene Entfaltung der public relations" (Habermas 1990 (1962), S. 295) geschieht.[321] Die privaten Wirtschaftsbetriebe wie die Personal-, Marketing- und PR-Agenturen sowie Corporate-Communications-Abteilungen spielen in der Öffentlichkeit eine zunehmend konstitutive Rolle. Öffentlichkeit fungiert hier als Sphäre für ihren Wettbewerb um Aufmerksamkeit und gesellschaftlichen Ruf (vgl. Imhof 2003b, S. 204). „Die Öffentlichkeitsarbeit ist darauf abgestellt, dass Prestige der eigenen Person zu stärken, ohne die Kompromissmaterie selbst zum Thema einer *öffentlichen Diskussion* zu machen: Organisationen und Funktionäre entfalten *Repräsentation*" (Habermas 1990 (1962), S. 299). Dies zeigt ein Blick auf die veränderte Form der politischen Öffentlichkeit. Die traditionellen „Versammlungsöffentlichkeiten" werden – auch im Zusammenhang mit dem demographischen Wandel – durch Repräsentationsorgane ersetzt (vgl. Otfried et al. 2000, S. 10; Donges/Imhof 2001, S. 115). Öffentlichkeit wird nicht mehr innerhalb eines räsonierenden Publikums hergestellt, wie dies einst für das liberal-bürgerliche Modell galt. Vielmehr steht nun die medial überformte Öffentlichkeit vor dem kulturkonsumierenden Massenpublikum (vgl. Habermas 1990 (1962), S. 275f.; Saitô 2007, S. 24).

Das Entstehen der „politischen Konsumenten" (Habermas 1990 (1962), S. 319f.) wird durch die öffentliche (Massen-)Erziehung und Bildung unterstützt. Eine neue Kultur der Masse bildet sich. *Massenkultur*, die mit der emotionalen Orientierung an wirtschaftlichem Konsum verbunden ist, tendiert dazu, die Aktivität des Massenpublikums innerhalb eines (politischen) Systems einzuschränken, die aktiv subjektive Teilnahme des Massenpublikums am politischen Entscheidungsprozess zu hemmen und als wichtiges Manipulationsmittel dieses

---

319 Die Öffentlichkeit als Organisationsprinzip der staatlichen Ordnung lässt sich besonders deutlich am Beispiel des Funktionswandels des Parlaments zeigen: „(A)us einem Prinzip der (von seiten des Publikums gehandhabten) Kritik ist Publizität zu einem Prinzip der (von Seiten demonstrierender Instanzen – der Verwaltung und der Verbände, vor allem der Parteien) gesteuerten Integration umfunktioniert worden" (ebd., S. 307).

320 Dieser ,Vermachtungsprozess' durch die private Wirtschaft und die Massenmedien bedeutet die Eliminierung des herrschaftsfreien Diskurses und wird daher von Habermas als Refeudalisierungsvorgang bezeichnet (ebd.; Habermas 1990 (1962), S. 292; 299; 337).

321 Dieses Konzept der Öffentlichkeitsarbeit lässt sich bereits in der Zeit der preußischen Reformpolitik ab 1810 als zentrales Merkmal der Tätigkeit Hardenbergs beobachten. „Zur Durchsetzung der preußischen Reformpolitik, einer Revolution von oben, gehörte(n) (...) der ,Appell an die Öffentlichkeit, Werben um Zustimmung und Bereitschaft zu Korrekturen an projektierten Maßnahmen (...) eng zusammen. (...) Hardenberg habe eine ,Sensibilität für die publizistische Legitimation seiner Verwaltungsführung' entwickelt und dies zum ,Grundzug seiner Regierungspraxis' gemacht" (Kunczik 1998, S. 202).

Massenpublikum zu (re)organisieren (vgl. Horio 1992, S. 151).[322] Habermas
weist in diesem Zusammenhang auf die „manipulierte Öffentlichkeit" (Habermas
1990 (1962), S. 321) und zugleich auf eine manipulierende Öffentlichkeit hin.
Für Habermas und Arendt sind daher Tendenzen des Zerfalls der Öffentlichkeit
unverkennbar: „(W)ährend sich ihre Sphäre immer großartiger erweitert, wird
ihre Funktion immer kraftloser" (ebd., S. 57f.).

Habermas' kulturkritische Sichtweise des Strukturwandels der Öffentlichkeit
und sein kritisches Fazit aus der aktuellen massenmedialen und konsumkulturellen Sphäre wird jedoch von der Kommunikations- und Medienwissenschaft als
real soziale Entwicklung zunächst relativiert. Ihre These schließt zwar direkt an
seine kritische Auseinandersetzung an, stützt sich aber grundsätzlich auf eine
neutrale Perspektive zur Entwicklung medialer Öffentlichkeit (vgl. Imhof 1998,
S. 16; Jarren et al. 2000, S. 14), denn die medial strukturierte Kommunikationssphäre entwickelt sich im ausgehenden 20. Jh. weiter. Das Bild des Strukturwandels der Öffentlichkeit und seiner Bedingungen werden nun aus der Medialisierung der Massengesellschaft hergeleitet (vgl. Baecker 1996, S. 106; Jarren et al.
2000, S. 11ff.; Donges/Imhof 2001, S. 121f.; Imhof 2003a, S. 407). Der Strukturwandel wird folglich in den Veränderungen der medienvermittelten Kommunikation verortet. Es kann der Versuch unternommen werden, die damit verbundenen Medialisierungseffekte für die Akteure verschiedener gesellschaftlicher
Teilsysteme herauszustellen. Hier vor allem zu erwähnen ist die jüngste Entwicklung der Kommunikationsmittel. Das Mediensystem wandelt sich zunächst
„von auf allgemeine Verteilung angelegten Massenmedien mit Programmcharak-
ter hin zu stärker individuell nutzbaren Abrufmedien mit einzelnen Angeboten"
(Jarren 1998, S. 75f.). So zeigt sich in jüngster Zeit eine Netzkommunikation
durch die Nutzung des Internets.[323] Die Genese der neuen „elektronischen
Öffentlichkeit" (Jarren et al. 2000, S. 14) wirft die Frage auf, „ob sich die Gesellschaft virtuell verdoppele, welche Rolle das Netz aller Netze in demokratischen Entscheidungsprozessen spielen kann. Die Frage nach der Entfaltung
besonderer Formen der Sozialität im virtuellen Raum mündet in die Diskussion,
ob die Interaktionen im Cyberspace die Defizite der ‚realen' Vergesellschaf-
tungsformen auffangen oder diese verstärken" (ebd.). Im Kontext der Individua-
lisierungsdebatte zeigt sich neuerdings, dass das Internet nicht nur die Atomisie-
rung der Individuen spiegelt, sondern vielmehr verstärkte Formen der „Gemeinschaft in der Gesellschaft" ermöglicht (vgl. ebd., S. 15). Mit Hilfe des Internets
wird es möglich, die ideale Erscheinung der Öffentlichkeit nach der griechischen
Agora, bei Arendt, bzw. nach den Salons der Aufklärung, bei Habermas, wieder

---

322 Habermas hebt hier das aufkommende kulturkonsumierende Massenpublikum hervor, während
er das kulturräsonierende Publikum in den Hintergrund gerückt sieht (vgl. Habermas 1990
(1962), S. 259).

323 Die alten, traditionellen (Massen-)Medien bewegen sich immer stärker ins Internet. So entstehen in der Gegenwart ganz neue Kommunikationsformen. Dazu lässt sich vor allem die Entwicklung sozialer Medien (Facebook usw.) zählen.

herzustellen – „nämlich das Gespräch, die direkte Interaktion.[324] Was einst mit Hilfe des Mediums der Stimme, die dann aber auch auf Schriftsprachliches reagierte, möglich war, kann nun mit Hilfe digitaler Vernetzungen raum- und zeitunabhängig bewerkstelligt werden, allerdings wiederum unter Rückgriff auf die Schrift, in der die dann weltweit zugänglichen Texte abgefasst sind" (Nolda 2002, S. 36). Hier entsteht für einzelne Mitglieder der (Massen-)Bevölkerung die Chance, Unbekannten ihre Meinungen mitzuteilen sowie die Meinungen Unbekannter zu erfahren (ebd.).[325] Die Möglichkeit, dass mit der Kommunikation über das Internet eine Öffentlichkeit „in viele *Teilöffentlichkeiten oder gar hochspezialisierte Individualöffentlichkeiten*" (ebd.) zersplittern kann, ist nicht zu übersehen. Diese mediale Entwicklung zeigt, dass (Massen-)Medien „Öffentlichkeit nicht zerstör(en), sondern sie zunächst einmal im Sinne des ursprünglich damit verbundenen Konzepts ständig erweiter(n)" (ebd.).[326]

5.1.2 Neoliberale Öffentlichkeit – (Neo)konservativ nationalistische Öffentlichkeit

Die im vorherigen Abschnitt genannte Tendenz der „Privatisierung des Öffentlichen" (Imhof/Schulz 1998, S. 11) durch die Etablierung der Massenmedien steht

---

324   Das Potential neuer Medien zeigen jüngste Beispiele, wie die Facebook-Revolution in den arabischen Ländern oder die Einflussnahme von Internetseiten wie Wikileaks.

325   Abgesehen von den teilweise euphorischen Hoffnungen des Netzes bezüglich der Möglichkeiten zur Deliberation, stellt sich hier die Frage nach der kompensatorischen Kraft eines Kommunikationsmediums sowie nach den Bedingungen zur Genese einer elektronischen Öffentlichkeit mit politischer Geltungskraft (vgl. Jarren et al. 2000, S. 10).

326   Neben dem die Kultur konsumierenden, passiven Publikum entsteht vor allem seit Ende der 1960er Jahre ebenso das weltweite Phänomen sozialer Bewegungen und Protestparteien sowie der Selbsthilfebewegung und der Institutionalisierung von medienorientierten NGOs. Diese ‚nicht-etablierten' Akteure in der Öffentlichkeit, welche im Gegensatz zu den etablierten, institutionalisierten Akteuren in der Regel an den Verfahren der Machtallokation innerhalb des politischen Systems nicht beteiligt sind und über kein traditionelles Sozialprestige verfügen, gewinnen in gesellschaftspolitischen Themenbereichen wie „Umwelt- und Technikfolgeprobleme, Sicherheitspolitik, Geschlechterdifferenz, Migrations- und Asylpolitik" an Einfluss (Imhof 2003a, S. 404). „Was dann im Gefolge der Neuen Sozialen Bewegungen tatsächlich geschehen ist, ist die Erweiterung des Spektrums der öffentlichen Akteure und Umakzentuierungen der öffentlichen Meinung, die – wie das Umweltthema zeigt – einst marginale Positionen aufgenommen hat." (Nolda 2002, S. 33) Die Erweiterung der Einflussnahme der neuen Akteure, die nicht in die Unterscheidungskategorie von Öffentlichkeitsakteuren und Publikum hineinpassen, wird durch die neue mediale Öffentlichkeit ermöglicht. Die Etablierung dieses Phänomens wird in der Gegenwart insbesondere durch die Nutzung von E-Mail, der eigenen Homepage oder neuerdings von Social Media wie Facebook beschleunigt. Im Vergleich zu den traditionellen Medien enthält die Kommunikation über das Internet die Möglichkeit, ohne räumliche Beschränkung mitzuwirken. Nolda sieht in dieser aktuellen Entwicklung jedoch keinen Grund zur Euphorie. „Das Netz wird das Prinzip der Egalität nicht endgültig realisieren können, und es wird auch nicht andere Formen von Öffentlichkeit ersetzen, sondern eine ihrer Formen sein und sie bereichern und erweitern." (ebd., S. 36).

in neuerer Zeit ebenso mit anderen, auf die neue ökonomische Legitimationsgrundlage zurückzuführenden Elementen in Zusammenhang. So erfolgt seit den 1980er Jahren eine neoliberale Wende in der politisch-gesellschaftlichen Struktur, welche durch wirtschaftspolitische Reformströmungen in den angelsächsischen Ländern beeinflusst wurde.[327] Das Regierungshandeln spätkapitalistisch-postfordistischer Prägung wird seit der zweiten Hälfte des 20. Jh. zunehmend von der ökonomischen und kulturellen Globalisierung beeinflusst. Das übernational eingesetzte, immense Kapital der Großunternehmen verlangt mehr und mehr nach einer Lockerung der monopolistischen, binnenstaatlichen Regierungsmacht und ihrer Steuersysteme. Auf der anderen Seite wird die Geldknappheit der sozial- und wohlfahrtsstaatlich strukturierten, öffentlichen Haushalte offensichtlich. Vor diesem Hintergrund entsteht eine neoliberale Regierungsweise. Der Unterschied zwischen dem aufkommenden Neoliberalismus und dem klassischen Liberalismus besteht darin, dass im (früh)liberalen Denkmodell der souveräne Staat die Rahmenbedingungen des (ökonomischen) Handels festlegte und die Freiheit des Individuums sowie die privat-wirtschaftlichen Tätigkeiten die äußeren Grenzen des Regierungshandelns bildeten. Dem gegenüber wird in der Regierungsrationalität des Neoliberalismus der Staat als regulierende Institution partiell von der Ökonomie abgelöst. Der Staat überwacht nicht länger die Marktfreiheit, sondern der Markt wird selbst zum organisierenden und regulierenden Prinzip des Staates (vgl. Lemke/Krasmann/Bröckling 2000, S. 14f.). Die einst regulierende Funktion des politischen Systems, die mittels Öffentlichkeit die unterschiedlichen Erwartungen wie Notwendigkeiten der anderen Funktionssysteme zu koordinieren pflegte, wird vom dominierenden (Herrschafts-)Prinzip des Wirtschaftssystems übernommen. Öffentlichkeit kann nicht länger die Integration der gleichgewichtigen Funktionssysteme garantieren. In diesem Prozess werden immer mehr öffentliche Sektoren dem globalen Modus „des Neoliberalismus als Herrschaft des Marktes" unterworfen. Die staatliche Sozialpolitik, die Wohlfahrtspflege sowie die öffentlich-bürokratischen Administrationsinstanzen verschwinden zunehmend. Die starre Top-Down-Regierungsweise wird dezentralisiert. Deregulierung, Ökonomisierung, Vermarktung und Privatisierung des Öffentlich-Staatlichen sind die Hauptmerkmale des Neoliberalismus. Damit die wettbewerbsreichen, privaten Märkte ein regulierendes Prinzip der Öffentlichkeit bleiben, wird der Einzelne an politischen und wirtschaftlichen Leitlinien

---

327 Die Auslegung des Neoliberalismus geht auf die Ökonomen Friedrich von Hayek und Milton Friedman zurück. Praktiziert wurde er durch die Regierung von Margaret Thatcher in England sowie von Ronald Reagan in den USA. Der politische Diskurs in Deutschland wird seit Mitte der 1990er Jahre zunehmend vom globalen Modus der neoliberalen Logik beherrscht. Man kann jedoch in der aktuellen politischen Landschaft parallel dazu einen anderen Diskurs beobachten. Vor dem Hintergrund der anhaltenden Finanzkrise seit Anfang des 21. Jh. wird die Tendenz, vom Neoliberalismus wieder Abstand zu nehmen, stärker. Trotz dieser Entwicklung scheinen die grundlegenden Reformen in den öffentlich-sozialen Bereichen, u. a. in der öffentlich institutionalisierten Erziehung, weiterhin neoliberalem Einfluss zu unterliegen.

gemessen. Der Einzelne muss die dafür notwendige Kompetenz und Schlüssel-qualifikationen erwerben, die durch Evaluation kontrolliert werden.

Die neoliberale Öffentlichkeit gründet demzufolge gerade darin, dass sich die immer stärker grenzüberschreitende, freie Wirtschaft nicht länger mit der prinzipiellen Trennung von öffentlich-staatlicher und ökonomischer Sphäre begnügt, wie dies einst im (früh)liberalen Konzept der Fall war (vgl. ebd., S. 25). Die Trennung von Staat, Öffentlichkeit und Privatheit wird hier reorganisiert. Das Kräfteverhältnis verschiebt sich hin zur Dominanz des Privat-Ökonomischen. Neben diesen äußerlich administrativen Bedingungen durch dezentralisierende, privatisierende Maßnahmen entsteht auch ein neues Leitbild normativ subjektiven Handelns. So verbreiten sich nun flächendeckend privat-ökonomische Ansprüche wie Flexibilität und Effizienz sowie Selbstständigkeit und Eigenverantwortlichkeit.[328] Die Öffentlichkeit, welche eine Scharnierfunktion für den Zusammenhalt der vielfältigen unterschiedlichen Teilsysteme der Gesellschaft ausübt, wird im neoliberalen Zeitalter hauptsächlich vom Einheitsbild aktiv unternehmerischer, an Leistung orientierter Privatakteure geprägt.

Die neoliberale Ordnung der Gesellschaft führt zugleich zur Bildung einer (neo)konservativen Haltung, was besonders in Japan zu beobachten ist.[329] Die zunehmend eingeschränkte staatliche Intervention in die öffentliche Fürsorge als auch in die Erziehung und Bildung, sowie die Privatisierung und Deregulierung führen dazu, dass die nun fehlende Funktion des Staates ersetzt oder ergänzt werden muss, um die aus dem Neoliberalismus resultierende Zerlegung der nationalen Gemeinschaft wieder zusammenzuführen. Dem auf organisatorischer Ebene durch den Neoliberalismus beschränkten ‚kleinen Staat' muss auf der normativen Ebene ein ‚starker Staat' gegenüberstehen, der Werte wie ‚Vaterlandsliebe' bzw. ‚nationale Gemeinschaft' wiederbeleben kann (vgl. Ichikawa 2002, S. 10; Sanuki 2003, S. 37; 98).[330] Dies geht aktuell einher mit der Globalisierungstendenz. Zur Entwicklung der Globalisierung wirtschaftlicher und kultureller Beziehungen der einzelnen Nationalstaaten trägt ebenso die Dezentralisierung und Privatisierung bei. Innerstaatlich wird, wegen der Stellung als starke Wirtschaftsmacht, eine Standortdebatte geführt. Gleichzeitig sieht das Land seine kulturellen Werte gefährdet. In diesem Prozess rückt die die eigene Tradition akzentuierende Kulturtheorie stark in den Mittelpunkt,[331] wie aktuell in Japan zu

---

328 Dieses Verständnis von der Freiheit des Individuums in der neoliberalen Logik hat jedoch einen von außen aufgezwungenen Charakter, keinen freiwillig von innen heraus gebildeten.

329 Wie im vierten Kapitel skizziert, war und ist die Öffentlichkeit in Japan durch ein ausgeprägtes Obrigkeitsbewusstsein charakterisiert. Zu dieser Haltung kommt die gegenwärtige neoliberale Tendenz, die sich als stark konservative, nationalistische Haltung in der Öffentlichkeit darstellt.

330 Kodama bezeichnet die Notwendigkeit der Stärkung der Staatspolitik bei gleichzeitiger Liberalisierung und Deregulierung als ‚Liberalisierungsparadox' (vgl. Kodama 2002, S. 29).

331 Diese Tendenz geht, neben den angesprochenen Folgen aus (Neo)Liberalisierung und Globalisierung, ebenso mit einer innerstaatlichen Pluralisierung einher: „Die Nation als primäre Einheit politischer Sozialisation verliere in der multiethnischen Gesellschaft ihre identitätsbilden-

beobachten ist. So versucht man, die Eigenarten der japanischen Tradition, die es nach dem zweiten Weltkrieg als negative Erscheinung der Vormoderne zu überwinden galt, nun positiv zum Grundstein für den japanischen Wirtschaftsaufschwung zu machen (vgl. Hata 1993, S. 25). In Japan wird die liberale Einstellung zur Handlungsfreiheit der Person als Zerstreutheit, Unordnung, Anarchie und Laissez-faire gebrandmarkt. Stattdessen wird, mit der neoliberalen Logik übereinstimmend, die (richtige) Haltung zur Freiheit in Selbstständigkeit, Selbsthilfe und Eigenverantwortung gesucht (vgl. ebd., S. 27). Öffentlichkeit wird durch die individuell verantwortungsvoll handelnden, unternehmerischen Privatakteure gestaltet, die zugleich verantwortungsvoll nach nationaler Vergemeinschaftlichung streben. Hier wird das am eigenen Interesse orientierte Individuum für die nationalstaatliche Strategie nicht als gefährliches, sondern vielmehr als nützliches Subjekt verstanden (vgl. Imai 2004, S. 63). Die Dominanz der Privatheit wird in der neoliberalen Öffentlichkeit in die an der Nationalgemeinschaft orientierte Öffentlichkeit integriert bzw. für die (neo)konservativ nationalistische Öffentlichkeit genutzt. Die neoliberale Öffentlichkeit, dominiert von privat-wirtschaftlichem Kalkül, impliziert zugleich eine zunehmende Tendenz hin zu nationalstaatlichem Bewusstsein. Hier verschmelzen die Grenzen zwischen (National-)Staat, Öffentlichem und Privatem.

5.2 Die Öffentlichkeit der Erziehung im aktuellen Strukturwandel der Öffentlichkeit

Die Öffentlichkeit der Erziehung befindet sich seit Mitte des 20. Jh. sukzessive im Wandel. Die öffentliche Erziehungsinstitution wird zunehmend mit einer sich verändernden Legitimationsgrundlage konfrontiert. Sie lässt sich nicht länger durch das Modell des linearen Fortschritts der traditionell-klassischen Moderne oder durch einfache kollektive Sozialzusammenhänge, wie die „nationale Bildungstradition" (Nolda 2002, S. 91) erklären. Stattdessen herrschen tendenziell „Internationalität und die Einsicht in Kontingenz und Gegenläufigkeit" (ebd.). „(D)ie Orientierung am Gemeinsamen und Vertrauten werde in Frage gestellt." (ebd.).[332] Es ist zu befürchten, dass der öffentlichen Erziehungsinstitution, die einst als Träger eines modernen Sozialsystems konzipiert wurde, in der Gegen-

---

de Kraft. Zudem ließen sich sozialpolitische und ökonomische Probleme nicht mehr eindeutig auf der Ebene nationalstaatlichen Handelns lösen." (Sliwka 2009, S. 120). Daher ist die (neo)konservative Haltung eine paradoxe, sie orientiert sich am nationalen Einheitsbild, obwohl die Konflikte nicht länger durch nationalstaatliches Handeln zu lösen sind.

332 In diesem Zusammenhang tauchte in der westlichen Gesellschaftswissenschaft seit Ende der 1960er Jahre die Bezeichnung Postmoderne als Erklärungsbegriff für diese Zeit auf (vgl. Welsch 1991, S. 26f.). Mit der Postmoderne ist keineswegs eine Trans- oder Anti-Moderne gemeint, sondern wie Beck (1986) und Welsch (1991) zeigen, deutet der Begriff auf eine „andere Moderne" oder „postmoderne Moderne" hin. In diesem Kapitel steht jedoch die Öffentlichkeit nicht in Bezug auf die Postmoderne im Zentrum der Diskussion.

wart die Funktionslosigkeit droht (vgl. Kojita 2002, S. 55f.; Imhof 2003a, S. 407). Dieser pessimistische Blick auf die öffentlich institutionalisierte Erziehung ist mit dem jüngsten Strukturwandel der Öffentlichkeit verbunden – Öffentlichkeit, die zum einen immer mehr von der neuen Kommunikationstechnologie wie den Massenmedien durchgedrungen wird (5.2.1) und zum anderen vor allem seit den 1980er Jahren immer stärker der grenzüberschreitenden Beeinflussung des privat-wirtschaftlichen Kalküls auf die öffentlich-staatliche Sphäre ausgesetzt ist (5.2.2). Diese Tendenz lässt sich sowohl in Deutschland als auch in Japan beobachten.

5.2.1 Die Öffentlichkeit der Erziehung hinsichtlich der massenmedialen Öffentlichkeit

Die Entwicklung der Kommunikationstechniken hat bereits am Übergang vom Mittelalter zur Neuzeit eine wichtige Rolle für die Veränderung der Erziehungs- und Bildungslandschaft gespielt. Dies führte u. a. dazu, dass die ursprünglich auf Privatheit bezogene Erziehung eine immer stärkere öffentliche Ausprägung erhielt (vgl. Abschn. 3.3). Dem gegenüber lässt sich seit Mitte des 20. Jh. eine neue Entwicklung erkennen, in der „die Schrift ihre Leitfunktion an die neuen elektronischen Medien abgibt" (Nolda 2002, S. 89; vgl. Ichikawa 2002, S. 10). Ein wesentliches Merkmal der neuen Massenmedien ist, dass „keine Interaktion unter Anwesenden zwischen Sender und Empfänger stattfinden kann" (Luhmann 1996, S. 11). Dies führt dazu, dass die Vermittelbarkeit von Interaktion und Kommunikation in der modernen Gesellschaften immer deutlicher zu einer Eigenschaft der „technisch vermittelten, indirekten Kommunikation" wird (Nolda 2002, S. 13f.). Durch die Weiterentwicklung der (massen-)medialen Kommunikationsweise und ihren zunehmenden Einfluss erfolgt gegenwärtig ein grundsätzlicher Wandel der Sozialintegration (vgl. Jarren 1998, S. 74). Für die Sozialintegration und die Gemeinschaftsbildung braucht die Gesellschaft nun den „Umweg medialer Orientierungsangebote" (Imhof 2003a, S. 407).

Die öffentliche Erziehungsinstitution als Träger der sozialmoralischen Integration des modernen Sozialsystems wird fest mit der fortschreitenden Medialisierung der Gesellschaft durch Massenmedien einerseits und ebenso mit der Etablierung der Massenkultur andererseits verknüpft. In diesem Prozess scheint die öffentliche Erziehungsinstitution Schule neben den anderen klassischen, norm- und wertsetzenden, Zugehörigkeit definierenden Institutionen wie Kirche und Militär stark an Bedeutung zu verlieren und immer mehr von diskurserzeugenden Medien überlagert zu werden (ebd.). Die grenzüberschreitende Verknüpfung von Erziehungssystem und (Massen-)Medien „umschließt die öffentliche Förderung ebenso wie die öffentliche Kontrolle pädagogischer Institutionen und der in ihnen geleisteten Arbeit" (Nolda 2002, S. 32).

Nach Kade/Nolda lässt sich hier ein Mischungsverhältnis zwischen Erziehung und Öffentlichkeit beobachten, welches die Legitimationsgrundlage für die aktuelle, öffentlich institutionalisierte Erziehung herstellt.[333] Das lässt sich in der Gegenwart an drei unterschiedlichen Richtungen zeigen. *Erstens* ist eine pragmatische Haltung der Erziehung gegenüber den Massenmedien zu beobachten, die aufgrund veränderter sozialer Bedingungen Menschen veranlasst, verstärkt außerhalb des schulischen Unterrichts über (Massen-)Medien zu lernen. Massenmedien werden dabei als Herausforderung für die pädagogische Praxis in den öffentlichen Erziehungsinstitutionen angesehen (i). Dem gegenüber ist *zweitens* ein immer größer werdender Einfluss der Erziehung innerhalb der massenmedial hergestellten Öffentlichkeit zu verzeichnen. Hier ist von „Pädagogisierung der massenmedialen öffentlichen Kommunikation" (Nolda/Kade 2002, S. 37) die Rede (ii). *Drittens* lassen sich im pädagogischen Arrangement der öffentlichen Erziehungsinstitutionen – veranlasst durch die Entfaltung der (Massen)Medien – Grenzüberschreitungen sowie eine Vermischung von öffentlich und privat beobachten (iii).

(i) Die normativ sinnorientierte Herangehensweise der Erziehungswissenschaft ist überwiegend „mit der Einsicht in die Ablösung des Buchdrucks durch elektronische Medien (...) die Sorge über ein mögliches Ende des westlichen, fortschrittlichen Denkens, als dessen Ausdruck der Buchdruck gilt, verbunden" (Nolda 2002, S. 89f.). Vor allem sieht man hier die Ideale der Aufklärung durch die Massenmedien gefährdet. Medien werden als „ein Ort pädagogischer Sorge" gebrandmarkt (Nolda/Kade 2002, S. 32ff.).[334] Im Gegensatz zu solch negativ besetzten Positionen gibt es auch die Ansicht, dass die Medien nicht zum „Ende der schriftgestützten Bildung" führen, sondern „durch die ‚Verflüssigung, Immaterialisierung und Universalisierung von Schrift'" eine Neudimensionierung der Bildung hervorbringen (vgl. Nolda 2002, S. 91). Nach dieser Sicht gelten gerade die Medien als Herausforderungen für die pädagogische Praxis. Die Medien sind in der aktuellen Lebenswelt unumkehrbar verankert, was „die Flucht in medienferne Räume ebenso unmöglich macht wie deren Beherrschung durch eine radikale Umgestaltung" (ebd., S. 56). So wird der positive und nützliche Einfluss der Medien auf die pädagogische Arbeit in öffentlichen Erziehungsinstitutionen in den Blick genommen. „Medien vermitteln (...] nicht nur spezifische Erlebnisse, sie treten auch – wie der Computer – in Konkurrenz zu klassischen Lern- und Bildungsangeboten in pädagogischen Institutionen" (ebd., S.

---

333 Ihnen zufolge können Erziehung und Öffentlichkeit im Voraussetzungs-, Differenzierungs- und Mischungsverhältnis thematisiert werden. Siehe 2.2.1 in dieser Arbeit (vgl. Nolda/Kade 2002).

334 Dies wird von Nolda in zweifacher Hinsicht dargestellt. Zum einen werden Massenmedien als Verhinderung von Bildung und Aufklärung, und zum anderen als Verhinderung von Rationalität und Lernen behandelt. Vgl. dazu Nolda 2002, S. 39ff. Hans-Jürgen Smula weist darauf hin, dass der wahllose Konsum von Informationen häufig für Konzentrationsmängel, Lernschwierigkeiten etc. verantwortlich gemacht wird (vgl. Smula 2006, S. 12).

64). Im Zusammenhang mit den anderen gesellschaftlichen Systemen, vor allem mit Blick auf das Wirtschaftssystem, wird nun das Konzept der Schlüsselqualifikationen und des selbstgesteuerten Lernens als Medienkompetenz formuliert und Medien werden als Lernmittel und -ziel gesehen (vgl. ebd., S. 65). Zugleich wird der Schwerpunkt der ‚Medienpädagogik' auf die „Kommunikationen und Kooperationen von Schulen mit anderen Institutionen", auf die „Verbindung von schulischem und außerschulischem Lernen", sowie auf das „interkulturelle Lernen" und eine „entsprechende Qualifizierung von Lehrenden" gelegt (ebd., S. 79). Ferner wird versucht, die Fähigkeit des Schülers „zu selbstreflexiver Mediennutzung" zu fördern (ebd., S. 66) und ihn zu einem „kritischen Medienkonsumenten" zu erziehen, „der die wirtschaftlichen Hintergründe von Medienprodukten kennt, die mediale Aufbereitung analysieren und die Wirkungen von Medienangeboten abschätzen kann" (ebd., S. 76). Um diesen neuen Kurs medienpädagogischer Praxis in der öffentlichen Erziehung zu konkretisieren, werden einige Programme von der Politik unterstützt. Ein Beispiel ist die in Deutschland ins Leben gerufene Initiative ‚Schule ans Netz' (vgl. ebd., S. 78). Dieses vom Bundesministerium für Bildung und Forschung geförderte Projekt hat das Ziel, die Kompetenz von Pädagoginnen und Pädagogen beim Einsatz digitaler Medien zu erweitern und Kindern und Jugendlichen Plattformen zur Erkundung und Nutzung virtueller Welten zu bieten.[335] In neuerer Zeit gibt es darüber hinaus Versuche, das Internet als Erziehung und Bildung ermöglichendes Medium einzuführen.[336] Im Hinblick auf die veränderten Lernmaterien und -objekte in der Erziehung entfaltet sich Öffentlichkeit der Erziehung in einer neuen Dimension – von öffentlichen Erziehungsinstitutionen, ‚soziale Räume' zur ‚digitalen Welt' (vgl. ebd., S. 92f.).

(ii) Neben dem häufig erwähnten Einfluss der massenmedial hergestellten Öffentlichkeit auf das Erziehungssystem kann umgekehrt auch der Einfluss des Erziehungssystems auf die mediale Kommunikation in der Öffentlichkeit beobachtet werden. Die massenmedial strukturierte, öffentliche Kommunikation ist „vielmehr selbst (bereits) in hohem Maße (...) pädagogisch strukturiert" (Nolda/Kade 2002, S. 36). In der (medialen) Öffentlichkeit lassen sich zunehmend pädagogisch zu vermittelnde Intentionen sowie pädagogisch strukturierte Bildungsmittel finden (vgl. ebd., S. 39). Medien sind hier „sozialer Ort der Einlösung pädagogischer Zielsetzungen" (ebd., S. 32).[337] Schließlich greife

---

335   ‚Schule ans Netz' wurde 1996 als Verein gegründet. Die Projekte umfassen die frühkindliche, die schulische und die berufliche Erziehung und Bildung.

336   „Internet (wird) als Raum interpretiert, der Nutzer zur Beschäftigung mit ihrer (...) Identität und mit der Welt in einer neuen Weise und in neuen Kooperationsformen anregt und sie bei der Ausbildung von reflektierender Urteilskraft, bewusster Auseinandersetzung mit Pluralität, spielerischem Erfassen und selbstgesteuertem Lernen unterstützt." (ebd., S. 93).

337   Nolda/Kade veranschaulichen dies besonders an zahlreichen Fernsehprogrammen, so u. a. an Kriminalserien und Talkshows. „Es lässt sich etwa beobachten, dass in Fernseh-Kriminalserien sowohl pädagogische Mittel der Steuerung, der Strukturierung und der Intervention (...) angewandt als auch Möglichkeitsräume für biographische Bildungsprozesse eröffnet werden.

„(d)ie massenmediale Mediatisierung von Wissen über Literatur und Kunst (...) –
im Vertrautheit herstellenden Format der Serie – auch auf klassische Modelle
habitusgenerierender Bildungsarrangements zurück; – z. B. bei der [hauptsäch-
lich in den 1990er Jahren ausgestrahlten; T. K.] Sendung ‚Das literarische
Quartett'" (ebd., S. 37). Durch die „Pädagogisierung der massenmedialen öffentlichen Kommunikation" (ebd.) verliert die Öffentlichkeit der Erziehung das
Strukturmerkmal der modernen institutionalisierten Form. Stattdessen erfährt sie
eine räumliche, zeitliche und vor allem eine auf unterschiedliche Zielgruppen
bezogene Erweiterung.

(iii) Die dritte Erscheinung des Mischungsverhältnisses von Erziehung und
Öffentlichkeit ist das gleichzeitige Auftreten von Öffentlichkeit und Privatheit
innerhalb des Raumes der öffentlichen Erziehung. In den Massenmedien, z. B.
im Fernsehen, verschwimmen „die Grenzen zwischen Privatheit und Öffentlichkeit, zwischen Fiktion und Realität, zwischen Beobachter und Beobachtetem"
(ebd., S. 38) immer auffälliger. Darüber hinaus entstehen, „von der Orts- und
Zeitkoordination unabhängige(n) Öffentlichkeit des Internet (...), hochspeziali-
sierten (...) Individualöffentlichkeiten", die es ermöglichen, „von einem Privatraum in einen anderen Privatraum hinein zu kommunizieren" (ebd.). Damit wird
auf die *Privatisierung des Öffentlichen bzw.* die *Veröffentlichung des Privaten*
hingewiesen (vgl. Imhof/Schulz 1998, S. 11; Donges/Imhof 2001, S. 126; vgl.
Abschn. 5.1.1). Bei diesem Phänomen der massenmedial hergestellten Öffentlichkeit spielt auch die öffentliche Erziehungsinstitution eine Rolle. Im erziehungswissenschaftlichen Diskurs ist neuerdings zu erkennen, dass die eindeutige
Unterscheidung zwischen öffentlich und privat innerhalb der pädagogischen
Arrangements brüchig wird (vgl. Nolda/Kade 2002, S. 38). Dies ist zum einen
darauf zurückzuführen, dass der Erziehungs- und Aneignungsprozess des Einzelnen verstärkt durch neue Medien im privaten Raum stattfindet und weniger in
der Öffentlichkeit des pädagogischen Handelns. Lehren und Lernen sind nicht
mehr Monopol der öffentlichen Erziehungsinstitution, sondern hängen von
verschiedenen Quellen und Faktoren in der Umwelt ab. Zum anderen intensiviert
sich die durch neue Medien ermöglichte Kommunikation und Zusammenarbeit
zwischen den öffentlichen Erziehungsinstitutionen und den privaten Sphären wie
Wirtschaft und Familie. Medienpädagogik kann, beispielsweise innerhalb der
öffentlichen Erziehungsinstitution, die Grenzüberschreitung fördern, denn sie
bezieht sich „auf die Familie, die Schule und das Selbstlernen (...): ‚Medienpädagogik umfasst alle sozialpädagogischen, sozialpolitischen und sozialkulturel-
len Überlegungen und Maßnahmen sowie Angebote für Kinder, Jugendliche und
Erwachsene, die ihre kulturellen Interessen und Entfaltungsmöglichkeiten, ihre
persönlichen Wachstums- und Entwicklungschancen sowie ihre sozialen und

---

(...) Talkshows als Genre sind aber auch als Verkörperungen von unterschiedlichen Modellen
der Pädagogik interpretierbar: etwa des Modells Unterricht (sic), in dem Kommunikation als
Mittel der Wissens- und Wertevermittlung fungiert." (ebd., S. 36).

politischen Ausdrucks- und Partizipationschancen betreffen, sei es als einzelne, als Gruppen oder als Organisationen und Institutionen' (Baacke 1997, S. 5)." (Nolda 2002, S. 58f.).[338] Als Beispiel ist hier ein medienpädagogisches Projekt der öffentlichen Grundschulen in einem Stadtteil Tokyos zu nennen. In dem durch IBM in den Jahren 2002/03 unterstützten Projekt kooperiert die Schule mit der Familie sowie dem benachbarten Ort über das mediale Netzwerk, um bei den Schülern durch Nutzung einer privaten Lernumgebung die ganzheitliche Lernfähigkeit bzw. die Fähigkeit zur ICT (Information Communication Technology) zu fördern.[339]

Die Parallelität von Öffentlichkeit und Privatheit in den massenmedial geprägten, öffentlichen Erziehungsinstitutionen wird auch noch in einer anderen Dimension sichtbar – dem Instrumentalisierungsverhältnis zwischen Erziehung und Öffentlichkeit (vgl. Nolda/Kade 2002; vgl. Abschn. 2.2.1). Die massenmedial hergestellte Öffentlichkeit trifft auf die jüngste (neoliberale) Ausprägung öffentlicher Erziehungsinstitutionen, durch die sie sich zunehmend den Veränderungen der politischen und sozialen Regierungsstruktur ausgesetzt sieht (Näheres dazu im nächsten Abschnitt). Situationen, in denen sich der Wettbewerb zwischen den Erziehungsinstitutionen verstärkt, die staatlichen Finanzmittel sich verringern und die negativen Imagefaktoren wie das Ergebnis der Pisa-Studie oder Unterrichtsausfälle immer mehr in den kritischen Blick der Öffentlichkeit rücken (vgl. Scheidt 2006, S. 33), sind maßgeblich veranlasst durch die vermehrte, durch Massenmedien geförderte Kommunikation. So bewegen sich Erziehungsinstitutionen zunehmend auf dem Markt und bedienen sich immer häufiger marktbezogener Mittel, sei es für finanzielle Förderung, sei es für Kundenwerbung. Moderne Formen des Managements gewinnen in öffentlichen Erziehungsinstitutionen immer mehr an Bedeutung (vgl. Nolda 2002, S. 32). Auf diese Weise wird die massenmediale Öffentlichkeit für die öffentlichen Erziehungsinstitutionen zur Quelle potentieller Kunden und Sponsoren, die „vom Wert einer angebotenen Ware überzeugt werden" müssen (Nolda/Kade 2002, S. 33). In dieser Konstellation von Kunden und Sponsoren ist Öffentlichkeit der Erziehung auf *Öffentlichkeitsarbeit* angewiesen, um sich über unterschiedliche Medien sowohl strukturell als auch inhaltlich positiv darzustellen.[340] So wird von PR (Public Relations) in Erziehungseinrichtungen gesprochen. „„In größeren Schu-

---

338   „Die Wirkung von Medien auf Heranwachsende bezeichnet Baacke als Sozialisation, nicht als Erziehung. (...) Damit können erzieherische Akte nur auf Medien hin erfolgen, aber nicht von den Medien ausgeübt werden, da diese keine pädagogischen Einrichtungen sind, die solche Akte intendieren oder gar bewirken. *Medien sind demnach Sozialisationsinstanzen*, die zu den üblichen wie Elternhaus, Schule, berufliche Ausbildung, Peers hinzukommen." (ebd.). Vgl. dazu Baacke 1997.

339   Über das Projekt siehe http://www.jiten.com/dicmi/docs/k32/22999s.htm Stand vom 30.07.2014 (japanisch).

340   In diesem Sinne machen sich die höheren Bildungsstätten wie Weiterbildungseinrichtungen „Gedanken um ein corporate design, das sie in der Öffentlichkeit auf den ersten Blick (wieder)erkennbar macht" (ebd.).

len hat sich der Direktor von seinem Monopol für die Außenkontakte gelöst und einen A15-Mann für die Öffentlichkeitsarbeit abgestellt. Der sorgt nun für >Kommunikation<. Jede triviale Aktivität wird so aufbereitet, dass sie ihren >Niederschlag< auf der Lokalseite der Zeitung findet. Die >Öffnung der Schule< ist im Sinne der Public Relations längst vollzogen worden.'" (Gruschka 1991, S. 14, zit. n. Nolda 2002, S. 32). Kundenwerbung und -bindung etablieren sich also als wichtiges Ziel öffentlicher Erziehungsinstitutionen. In diesem Instrumentalisierungsverhältnis zwischen Erziehung und Öffentlichkeit macht sich ein (teil-) privatisierter Charakter der Öffentlichkeit der Erziehung bemerkbar.

So geht in diesem Zusammenhang die unmittelbare staatliche Kontrolle auf die Erziehung zurück. Die Öffentlichkeit der Erziehung wird nun durch starke Medienwirkungen verkörpert und verschmilzt mit außerinstitutionellen, privaten Räumen, so dass sie an Formung und eventuell an der Manipulation der Menschen beteiligt ist.[341] Die öffentlichen Erziehungsinstitutionen sind in einem solchen Ausmaß mit der massenmedial hergestellten Öffentlichkeit verbunden, dass sie selbst zu einer Art Massenmedium werden. Öffentlichkeit der Erziehung erlangt so die Funktion, mittels unsichtbarer, flächendeckender Führung und Kontrolle (Manipulation) das (zukünftige) Publikum gemeinsam mit den Massenmedien zu regieren (vgl. Horio 1992, S. 159f.).

5.2.2 Die Öffentlichkeit der Erziehung unter neoliberalen Vorzeichen

Die öffentlich institutionalisierte Erziehung war seit ihrer Entstehung in der Moderne stets – in unterschiedlichem Maße – durch die inhaltlich-formale Kontrolle sowie die finanzielle Subvention des Staates gekennzeichnet. Das Verhältnis des Erziehungssystems zu den anderen gesellschaftlichen Teilsystemen stellte sich entsprechend stabil dar, da die staatspolitische Förderung in unmittelbarer Weise die Bedeutung, Billigung sowie die Legitimation des Erziehungssystems in der Öffentlichkeit gewährleistete (vgl. Nolda/Kade 2002, S. 33). Aufgrund wachsender finanzieller Schwierigkeiten nehmen die westlichen Sozial- und Wohlfahrtsstaaten jedoch seit Ende der 1980er Jahre ihren Einfluss auf die flächendeckende Erziehungsversorgung zunehmend zurück (vgl. Hoffmann 2001, S. 30f.). Der Bezugspunkt Öffentlichkeit der Erziehung verlagert sich mehr und mehr von der regulierend wirkenden, politischen Sphäre hin zu privaten Mechanismen der freien Marktwirtschaft (vgl. Whitty 1994; Weiß 1998; 2001; Radkte/Weiß 2000; Hoffmann/Maack-Rheinländer 2001; Lohmann/Rilling 2002; Lohmann 2002a; Weißhaupt 2003; Frost 2006; GEW 2006). Mit dem Rückzug staatlicher Intervention wird die Öffentlichkeit der Erziehung fragil und

---

341   Oy ist mittlerweile von der These der Manipulation und Formung der Menschen durch die Medien abgerückt, auch wenn dies in der Öffentlichkeit und von einigen Wissenschaftlern teilweise noch vertreten wird. Vgl. dazu Oy 2001 (vgl. Nolda 2002, S. 34).

scheint den Halt zu verlieren. Die öffentliche Erziehung erfährt durch diese Entwicklung einerseits eine organisatorische und andererseits eine konzeptionelle Verschiebung.

Die organisatorische Verschiebung der öffentlichen Erziehungsinstitution geht einher mit marktwirtschaftlich orientierten Erziehungs- und Bildungsarrangements: Dezentralisierung und Budgetierung der Bildungspolitik, Deregulierung wie (Teil-)Privatisierung der administrativ bürokratischen Schulorganisation, Kommerzialisierung und Vermarktung der (öffentlichen) Bildungsindustrie, Verstärkung des Wettbewerbs der Erziehungs- und Bildungsinstitutionen um Personen und Mittel, Output-Orientierung, Elitenförderung statt Chancengleichheit usw. (vgl. Hoffmann 2001; Neuner 2001; Weber 2002; Brüsemeister/Eubel 2003). „An die Stelle zentraler Steuerung der Schulen tritt zunehmend die Bereitschaft, den Schulen eine begrenzte Selbstbestimmung zur Profilierung der einzelnen Schule und für den Wettbewerb zwischen den Schulen einzuräumen." (Weishaupt 2003, S. 85). Den Schulen soll mehr Freiheit zur Selbstgestaltung gegeben werden (vgl. Radtke 2003). Das Fortbestehen der Erziehungsinstitutionen hängt nun vom guten Management des Erziehungs- und Bildungsprozesses ab, welches in der Öffentlichkeit stets durch Evaluation kontrolliert wird. Für die öffentliche Erziehung handelt es sich „nicht mehr um einen einzigen Geldgeber, sondern um eine Vielzahl von zusätzlichen möglichen Sponsoren einerseits und um (zahlende) Kunden andererseits" (Nolda/Kade 2002, S. 33).[342] Durch Legitimationszwänge erlangen privatwirtschaftliche Strukturen des Erziehungssystems einen (neuen) öffentlichen Charakter (vgl. ebd., S. 39).[343]

Die organisatorische Verschiebung der Öffentlichkeit der Erziehung wird begleitet von einer *konzeptionellen Verschiebung*: Die Legitimation der öffentlichen Erziehung erfährt eine Verschiebung vom Bildungsideal der Schaffung eines mündigen Subjekts im klassisch modernen Sinn einerseits und dem sozialwohlfahrtsstaatlichen Erziehungskonzept für die breite Bevölkerung andererseits hin zur „Aktivierung eines nichtstaatlichen Steuerungspotentials" (Weishaupt 2003, S. 85). Sowohl von öffentlichen Erziehungsinstitutionen als auch von einzelnen Menschen wird erwartet, „nach dem Prinzip des über den (Bildungs-) Markt vermittelten freien Warentauschs" (Schöller 2004, S. 528) zu funktionieren. Öffentliche Erziehung und Bildung wird zum „Gegenstand privater Konsumentenentscheidungen" (Radtke 2003, S. 134). In der Öffentlichkeit der Erziehung zeigt sich die neoliberale Logik gerade im Versuch, die Wünsche der

---

342 Die „Verlagerung des öffentlichen Bildungssystems auf einzelne Schulen, die auf dem Markt um Klienten werben" ist verbunden mit „Aspekte(n) gesellschaftlicher Belange mit der Rede von ‚Consumer Rights' und eben nicht mit ‚Citizen Rights'" (Sünker 2002, S. 125).

343 Als Beispiele für die Selbstständigkeit und Eigenverantwortung der Organisation Schule ist das folgende Modellprojekt zu nennen: „Bildung gestalten – Selbstständige Schule" des Landes Nordrhein-Westfalen seit 2002/03 (vgl. Bildungskommission NRW: Zukunft der Bildung – Schule der Zukunft. Denkschrift der Kommission „Zukunft der Bildung – Schule der Zukunft" beim Ministerpräsidenten des Landes Nordrhein-Westfalen. Neuwied 1995).

einzelnen Privatperson zu erfüllen (vgl. Hata 1993, S. 22), jedoch nach markt-wirtschaftlichem Kalkül.[344] In den unterschiedlichen bildungspolitischen Pro-grammen werden in diesem Zusammenhang Anforderungen der Selbstorganisa-tion und -steuerung, Autonomie und Eigenverantwortung als Stichworte des neuen Erziehungs- und Bildungskonzepts aufgeführt.[345]

Die Zielsetzung, *„Akzeptanz* für die neoliberalistische Umstrukturierung des öffentlichen Bildungswesens" (Lohmann 2002a, S. 89) zu schaffen besteht in Deutschland, wie bereits erwähnt auf der politisch-programmatischen Ebene, seit den 1990er Jahren. Den Auftakt zu dieser Veränderung bildete u. a. eine Rede des damaligen Bundespräsidenten Roman Herzog, in der er öffentlich ausdrück-lich die Freiheit von Schulen und Hochschulen forderte (vgl. Herzog 1997). In der japanischen Öffentlichkeit der Erziehung lassen sich erste neoliberale Ten-denzen bereits in der Errichtung der Sonderkommission zu Bildungsfragen (臨時 教育審議会) von 1984 finden, die durch den regierenden Ministerpräsidenten geleitet wurde.[346] In ihrem Gutachten wird die Liberalisierung, Individualisie-rung und Privatisierung der Erziehung ausdrücklich formuliert (vgl. Takahashi et al. 2004. S. 12ff.; Nishihara 2004, S. 18ff.).[347]

Organisatorische und *konzeptionelle Verschiebung* hängen voneinander ab. Dies drückt sich z. B. darin aus, dass das Erziehungssystem in seiner Legitimati-onslogik immer häufiger den Begriff ,Humankapital' verwendet (vgl. Radtke

---

344 Das Hauptziel der Erziehung und Bildung in der öffentlichen Schule wird zunehmend der Erwerb von Kompetenzen in den Schlüsselqualifikationen, die im späteren Erwerbsleben eine wesentliche Rolle spielen sollen. Der Soziologe Oliver Schöller löst den Begriff des Bildungs-bürgertums durch den der *LernbürgerInnen* ab. Bildung wird als Arbeit begriffen, welche „lebenslanges Lernen in Form von beruflicher Weiterbildung" fordert (vgl. Schöller 2004, S. 520).

345 Als Beispiel für die Forderung nach Autonomie der Heranwachsenden in der öffentlichen Erziehungsinstitution kann das Zukunftsprojekt der Vereinigung der Bayerischen Wirtschaft e. V. (vbw) „Bildung neu denken!" genannt werden. Vgl. dazu vbw – Vereinigung der Bayeri-schen Wirtschaft (Hrsg.): Bildung neu denken! Das Zukunftsprojekt. Opladen 2003; ebd. (Hrsg.): Bildung neu denken! Das Finanzkonzept. Wiesbaden 2004.

346 Ergänzend zum Zentralen Bildungsrat (中央教育審議会), der 1952 als beratendes Organ des Kultusministeriums (文部省) zur Reform des Erziehungssystems eingerichtet wurde, entsteht die Sonderkommission als unmittelbares Organ des Ministerpräsidenten. Sie kommt bis 1987 ohne Beteiligung der Erziehungsexperten insgesamt viermal zusammen. Die Gutachten der Kommission werden in der späteren Bildungspolitik unmittelbar berücksichtigt.

347 Durch die neoliberale Bildungsreform wird die (Teil-)Privatisierung der öffentlichen Erzie-hung gefördert. D. h., administrativ ist beabsichtigt, sich von der zentralistischen Verwaltung der öffentlichen Erziehungsinstitutionen zu verabschieden und die staatliche Kontrolle über das Erziehungssystem generell zu verringern. Qualität und Effektivität der Erziehung werden am marktwirtschaftlichen Wettbewerbsprinzip gemessen. In diesem Zusammenhang soll das starre Schulbezirkssystem erweitert und die freie Schulwahl des Einzelnen verwirklicht werden. Den öffentlichen Schulen wird außerdem ermöglicht, ihren Schuldirektor aus der privaten Wirtschaft zu rekrutieren. Ferner werden die öffentlich-staatlichen Universitäten nicht mehr unmittelbar der staatlichen Verfügungsmacht unterstellt. Vielmehr wandelt sich ihre ju-ristische Organisationsform zu einer Körperschaft (öffentlich-)privaten Rechts (hôjinka) (vgl. Takahashi et al. 2004, S. 17).

2003, S. 134).[348] Erziehung und Bildung werden als Investition in die Zukunft der Privatperson als wertsteigerndes Mitglied der Gesellschaft und der Wirtschaft verstanden (vgl. Ichikawa 2002, S. 13; OECD 2001, S. 7). Das neoliberale Prinzip der Regierung setzt dabei seinen Schwerpunkt insbesondere auf meritokratische, an individuellen Fähigkeiten orientierte Erziehung und Bildung. Hier setzen sich „(n)icht mehr Bildungsexpansion und die Inklusion aller in ein umfassendes Bildungsangebot, sondern Konzentration auf einen Teil der Bevölkerung und die Förderung von Eliten (...) in den Zentren als neues bildungspolitisches Kalkül" (Radtke 2003, S. 134) durch. Diese individualisierende Tendenz zeigt sich vor allem in Japan. Anstelle einer flächendeckenden Bildungsexpansion, einer nach quantitativer Gerechtigkeit strebenden Bildungspolitik des Nachkriegsjapan ist das Ziel nun die qualitativ differenzierende Elitenbildung. [349] Damit verbunden ist die Einführung eines einheitlichen Bewertungssystems. Das neue Bewertungssystem geht zusammen mit dem meritokratischen, selektiven System und der daraus folgenden Eigenverantwortung der Individuen. In Japan sollen durch landesweite Zentraltests [350] und internationale Prüfungen (z. B. PISA) sowohl das Bildungsniveau der Schüler als auch das Leistungsniveau der Lehrer und der einzelnen Erziehungsinstitutionen evaluiert und transparent gemacht werden. Dementsprechend sind die öffentlichen Erziehungsinstitutionen für ihre Wissensvermittlungsprozesse rechenschaftspflichtig (vgl. Ichikawa 2002, S. 13f.; Takahashi et al. 2004, S. 17 ; Fujita 2005, S. 14f.). Das durch öffentliche Erziehung und Bildung vermittelte Wissen tendiert nun zum privaten Eigentum zu werden. Das Wissen jenseits des öffentlichen Verantwortungsbereiches kann zur Tauschware werden (vgl. Lohmann 2002c).

Es scheint, als ob diese dem Neoliberalismus entspringenden Anforderungen dem freien Willen souveräner Privatpersonen entsprechen. Die Öffentlichkeit der Erziehung wird aber durch ein neoliberales Einheitsbild und neoliberale Wertvorstellungen der neoliberal orientierten Öffentlichkeit kontrolliert und verabsolutiert. Öffentlichkeit der Erziehung beruht nicht länger auf einer auf Pluralität und Vielfältigkeit basierenden Entscheidungsfindung in der parlamentarischen (liberal-bürgerlichen) Demokratie, sondern unterliegt allein dem marktwirtschaftlichen Kontrollmechanismus. Dies drückt sich beispielsweise darin aus, dass die individuelle Rangstellung nach dem Wettbewerbsprinzip nicht – wie zu

---

348   Die Theorie zum Humankapital wird bereits in den 1960er Jahren durch Theodore W. Schultz sowie Gary S. Becker aufgestellt. Diese Theorie hat vor allem auf den Bereich der Bildungsökonomie einen großen Einfluss, weil sie davon ausgeht, dass „die Zukunftsaussichten der Menschheit weitgehend von Investitionen in die Bevölkerungsqualität und in das Wissen bestimmt werden" (vgl. Bröckling, 2003, S. 16).

349   Hintergrund dieser Akzentsetzung auf individuelle Fähigkeiten sind die als übertrieben geltenden, egalitären Maßnahmen der traditionellen öffentlichen Schule in Japan. Problematisiert werden z. B. das landesweit einheitliche Curriculum und der Bildungsprozess oder die gleichzeitige Versetzung einer Jahrgangsstufe abhängig vom Alter (vgl. Fujita 2005, S. 31).

350   Die Zentraltests wurden 2007 für die Abschlussklassen an öffentlichen Grund- und Mittelschulen eingeführt.

erwarten wäre – zur Pluralisierung und Vervielfältigung der Werte, sondern vielmehr zur Vereinheitlichung und Verallgemeinerung führt, denn der Wettbewerb findet nur innerhalb vorgegebener Rahmenbedingungen statt, die stark vom neoliberalen Prinzip geprägt sind (vgl. Horio 1998, S. 309f.; Takahashi et al. 2004, S. 14).[351] Der an Privatinteressen ausgerichteten, um Wettbewerbselemente ergänzten Öffentlichkeit der Erziehung scheinen sich formal flexible, unkonventionelle und vielfältige Möglichkeiten zu eröffnen. Faktisch wird sie jedoch eingeschränkt und ihre demokratisch offene, reflexive Logik droht verloren zu gehen.

Parallel zu den Änderungen durch die neoliberale Reformtendenz erfährt die Öffentlichkeit der Erziehung aktuell eine weitere Veränderung. Dies hängt mit dem gegenwärtigen Strukturwandel der Öffentlichkeit zusammen, der tendenziell (neo)konservativ geprägt ist. „Das Programm ist eine eingängige Mischung aus radikaler Marktorientierung und dem Glauben an einen starken Staat da, wo es zur Sicherung der bestehenden Ordnung (d. h. auch von Privilegien) notwendig ist." (Radtke 2000, S. 24). Obwohl die massenmediale bzw. neoliberale Öffentlichkeit mit wachsender Globalisierung einhergeht, tendiert die Öffentlichkeit der Erziehung durch den (neo)nationalstaatlichen Einfluss besonders in Japan seit Ende 1990er Jahre zunehmend zu einer Gemeinschaftsorientierung. Die außerordentliche Betonung auf die „Vervollkommnung der Individualität" in der öffentlichen Erziehung (Itô 1998) nach dem Erziehungsgrundgesetz (教育基本法) wird nun von einigen Intellektuellen aus Politik, Wissenschaft und Wirtschaftskreis als Mangel an Gemeinsinn und somit als Verachtung des Öffentlichen kritisiert.[352] Die grundlegenden Komponenten, die hier als öffentlich gelten, sind Normbewusstsein, Sittlichkeitsgefühl, Respekt vor der eigenen Tradition und Kultur sowie die Liebe zum Heimatland (vgl. Soga 2007, S.44ff.), die sich auf die „konservative(n) Vorstellung vom kulturhomogenen Nationalstaat" (Radtke 2000, S. 24) stützen. Öffentliche Erziehung soll entsprechend dem Aufbau (bzw. Wiederaufbau) eines volksgemeinschaftlichen, öffentlichen Bewusstseins dienen sowie zu einem aktiv an der Gemeinschaftsbildung teilnehmenden, öffentlichen Geist beitragen (vgl. Nishihara 2004, S. 44; Fujita 2005, S. 30f.). Öffentlichkeit der Erziehung wird nun durch eine starke (Re-)Politisierung der Erziehung gekennzeichnet.

---

351 Die nicht vorgesehene Vereinheitlichung findet trotz der sogenannten individuellen Orientierung statt, weil „nationale (Minimal-)Bildungsziele bzw. ein nationales Curriculum eingeführt (werden), zu denen unabdingbar standardisierte Abschlußprüfungen bzw. Tests für alle Schulen gehören (sollen). Deregulierung zieht Standardisierung nach sich" (Radtke 2000, S. 25). Laut Horio kann diese Art Wettbewerb als ‚conformistic competition' bezeichnet werden (vgl. Horio 1998, S. 309).

352 Aufgrund von Beobachtungen in der Praxis bezieht sich diese Kritik in weiten Teilen auf die rasante Zunahme der Jugendkriminalität, der Schulabgänger ohne feste Vollzeitarbeit (Freeter), sowie der Jugendlichen, die nicht in einer Ausbildung sind, nicht Vollzeit arbeiten und kein Praktikum machen (NEET; Not in Education, Employment, or Training) (vgl. Ichikawa 2002, S. 17; Fujita 2005, S. 30).

Offiziell lässt sich diese neokonservativ-nationalistische Tendenz in der japanischen Öffentlichkeit der Erziehung an dem im Jahr 2000 veranstalteten Nationalkongress zur Bildungsreform (教育改革国民会議) beobachten. Dieser wurde aus nationalistisch-strategischem Interesse als Vermittlungsinstanz für die Bildung der zukünftigen Eliten einberufen (vgl. Fujita 2005, S. 10).[353] Es gibt in der Öffentlichkeit der Erziehung bereits nationalgemeinschaftliche Bestrebungen: Seit Mitte der 1990er Jahre sind Nationalflagge und -hymne in öffentlichen Erziehungsinstitutionen verpflichtend. 2001 werden zwei Schulbücher für japanische Geschichte, welche durch eine rechtskonservative Arbeitsgemeinschaft für neue Schulbücher herausgegeben wurden, durch das staatliche Genehmigungsverfahren für Schulbücher zugelassen. Im Jahr 2002 wird vom Kultusministerium ein ‚Seelenheft' als Unterrichtshilfsmittel für den Moralunterricht an öffentlichen Grund- und Mittelschulen verteilt. Ferner wird der Grad der ‚Vaterlandsliebe' in der öffentlichen Grundschule im Zeugnis benotet (vgl. Nishihara 2004, S. 59; Takahashi et al. 2004, S.17, 43). Schließlich wird im Jahr 2006 eine seit Ende der 1990er Jahre diskutierte Revision des Erziehungsgrundgesetzes (教育基本法) im Parlament verabschiedet, wodurch die Kontrolle auf die moralisch normative Elemente der öffentlichen Erziehung verstärkt und in dem der öffentlichen Erziehung ausdrücklich eine in die Volksgemeinschaft integrierende Funktion beigemessen wird.[354]

Die Merkmale der neueren Entwicklung in der Öffentlichkeit der Erziehung bilden folglich, neben den im vorherigen Abschnitt gezeigten, massenmedial strukturierten Erscheinungen, ein Zusammenspiel neoliberaler und nationalistischer Tendenzen. Hier wird eine paradoxe Konstellation der konstruktiv-normativen Zielsetzung der Öffentlichkeit der Erziehung sichtbar: Auf der einen Seite wird in der neoliberalen Öffentlichkeit die Orientierung an Privatheit und individueller Leistung für unabdingbar gehalten und die Öffentlichkeit der Erziehung hebt, der privaten, marktwirtschaftlichen Logik entsprechend, die

---

353 Dies ist ein vom damaligen Ministerpräsidenten eingerichtetes, privates Beratungsorgan, dessen Untersuchungsbericht der Bildungspolitik großen Einfluss verschafft hat.

354 Seit der Einführung des modernen Erziehungssystems wird in Japan der sozialen und emotionalen (Aus)Bildung im Vergleich zu den kognitiven Lernzielen tendenziell ein höherer Wert beigemessen. Die ideale bzw. ‚richtige' innere Einstellung eines Menschen (bzw. eines Japaners) wird öffentlich diskutiert und die Rahmenrichtlinien werden ausdrücklich daran ausgerichtet. D. h., die moralische Bildung des Menschen gilt nicht etwa als heimlicher Lehrplan, sondern ist ein wichtiger Teil des offiziellen Lehrplans. An dieser Tendenz hat sich nach dem zweiten Weltkrieg nicht viel geändert. Seit Ende des letzten Jahrhunderts tritt sie jedoch verstärkt in Erscheinung. „Gewiß ist heute – zumindest in offiziellen Richtlinien – nicht mehr (oder nur unterschwellig, etwa in den vielen Wirtschaftsstatistiken) von der Überlegenheit Japans die Rede, aber das nationale Subjekt (‚wir Japaner') wird in der Schule – nicht nur im Moralunterricht – doch immer wieder beschworen. Auffällig ist überdies, daß offenbar sehr dezidierte Vorstellungen darüber bestehen, wie Japaner oder Japanerinnen sich zu verhalten, ja selbst wie sie zu denken, zu empfinden und zu fühlen haben." (Schubert 1992, S. 151). Diese Empfindungen werden durch das Leben in der spezifischen Öffentlichkeit Seken verstärkt (vgl. Abschn. 4.3).

individuelle Freiheit hervor. Auf der anderen Seite gilt in der tendenziell neo-konservativ-nationalistischen Öffentlichkeit der Erziehung gerade die Betonung des Individualismus als fatal (vgl. Fujita 2005, S. 30f.). Individuelle Freiheit als ein sicherzustellendes Motiv der Öffentlichkeit der Erziehung erhält daher rhetorisch diverse Bedeutungen: In der Administration des Erziehungssystems gilt es, Dezentralisierung, Deregulierung und Privatisierung fortzusetzen. Bezüglich der Inhalte der öffentlichen Erziehung, d. h. der Frage nach der konzeptionellen Orientierung der Erziehung, wird die Bildung eines freien, mündigen Individuums gewünscht, das sich als aktives, unternehmerisches und zugleich der gemeinschaftlichen Umwelt gegenüber verantwortungsvolles Subjekt erweist. Daraus lässt sich für die Öffentlichkeit der Erziehung in der Gegenwart folgern, dass das Hervorheben des privaten Interesses nicht länger als negativ konkurrierendes Element gegenüber dem Staatlichen (Öffentlichen) zu verstehen ist, sondern dies vielmehr positiv in den Regierungsstrategien der nationalstaatlichen Politik verwendet wird.[355] Ein durch private Initiative gefördertes, selbstständiges, verantwortungsbewusstes Individuum kann nützlich sein für die Stabilität und Weiterentwicklung der Nationalgemeinschaft. Dabei ist ein neues Verständnis von Erziehung unübersehbar: Erziehung trägt zur Bildung einer Öffentlichkeit bei, die privates und staatliches (Wirtschafts-)Interesse verbindet (vgl. Imai 2004, S. 65f.).

5.3 Ein anderer Blick auf die Öffentlichkeit der Erziehung im Hinblick auf den aktuellen Strukturwandel der Öffentlichkeit der Gesellschaft

Wie im vorangehenden Abschnitt dargelegt, bezieht sich die Öffentlichkeit der Erziehung der Gegenwart einerseits auf die globale, (massen-)medial strukturierte Öffentlichkeit und andererseits auf die immer dominanter werdende neoliberale Öffentlichkeit. Angesichts der durch die (Massen-)Medien entstehenden vielfältigen Kommunikationsräume der Öffentlichkeit bei gleichzeitiger neoliberaler Neustrukturierung verringert sich gegenwärtig die Bedeutung der Funktionen der öffentlichen Institution zunehmend (vgl. Kojita 2002, S. 55f.; Imhof 2003a, S. 407).[356] Auf die Abneigung gegen die starre Institutionalisierung wird durch

---

355 Die Orientierung am selbstständigen, aktiven und verantwortungsvollen Individuum, die vor allem mit einem neokonservativ-nationalistischen Akzent versehen ist, erhält im japanischen Kontext der Öffentlichkeit der Erziehung besondere Bedeutung. Die Orientierung am Nationalstaat bleibt im Diskurs der westlichen Länder teilweise auch unterschwellig erhalten, z. B. in der Reaktion auf die Konfrontation öffentlich institutionalisierter Erziehung mit den Adressaten anderer Kulturkreise. Die Auseinandersetzung mit den Themen öffentlich nationalstaatliche Erziehung und Migration, Vielfalt sowie Pluralität geht jedoch über den Rahmen der vorliegenden Arbeit hinaus und müsste an anderer Stelle behandelt werden.

356 Vernunft und rationales Handeln werden seit der Entstehung des modernen Staates auf die Institutionen übertragen. Öffentliche Erziehungsinstitutionen sind die Instanz, die die gesellschaftlichen Probleme minimiert und Integration erreicht. Sie zielen auf die (Re-)Produktion

unterschiedliche Anforderungen an die Öffentlichkeit der Erziehung reagiert: *Zum einen* wird das Bedürfnis nach Liberalisierung und Deregulierung der Institutionen von den politischen und wirtschaftlichen Systemen ausgedrückt, um so das freie, privat-marktwirtschaftliche Prinzip in die öffentlich institutionalisierte Erziehung einzuführen. Ebenso wird das Bedürfnis nach Autonomie und aktiver, leistungsfähiger Individualität, welche Selbstständigkeit und Eigenverantwortlichkeit voraussetzt, hervorgehoben. Die Wünsche nach Privatisierung und Individualisierung beruhen jedoch, neben dem wirtschaftspolitischen Kalkül, außerdem auf der Betonung der (klassischen) Ideen der Aufklärung im Erziehungssystem. *Zum anderen* generiert zugleich die Notwendigkeit des an der Allgemeinheit ausgerichteten, nach Offenheit strebenden und an gerechten, wohlfahrtsstaatlichen Perspektiven orientierten gesellschaftlichen Zusammenlebens den Versuch, durch öffentlich-staatliche Schutzfunktionen und Kontrollmaßnahmen die unsteuerbaren Folgen der Erziehung zu minimieren – so z. B. die der Chancenungleichheit.[357] Staatlichkeit der Erziehung betont hier, anstelle seiner kritischen Rolle als Kontroll- und Interventionsmacht, eher ihren positiven, wohlfahrtsstaatlichen Aspekt. Dementsprechend stellt die erziehungswissenschaftliche Diskussion die Frage, ob Erziehung der globalen Dominanz der Privatheit überlassen wird, mit Deregulierung, Flexibilisierung, Leistungseffizienz und Eigenverantwortung, oder ob sie ein öffentliches Gut innerhalb des (wohlfahrts-)staatlichen Einflusses bleibt (vgl. Richter 1996; Radtke/Weiß 2000; Weiss 2001; Hoffmann/Maack-Rheinländer 2001; Lohmann/Rilling 2002; Lohmann 2002a; 2002c; 2004; Weißhaupt 2003; Frost 2006; GEW 2006). Die jeweilige Argumentation basiert in ihren Grundzügen auf der historisch gewachsenen, antagonistischen Sicht auf Staat und Privatheit, welche staatliche Regierungsstruktur und private Lebensorganisation strikt getrennt betrachtet. Es stellt sich die Frage, woran die Institution öffentlicher Erziehung nun überhaupt festhalten kann. Angesichts der ausweglosen Diskussion über die Motive öffentlicher Erziehung, die auf die widersprüchliche Konstellation und damit auf das Strukturproblem der nationalstaatlichen Erziehung zurückzuführen ist, erscheint es sinnvoll, das zugrundeliegende Ordnungsprinzip mithilfe der Rekonstruktion der Struktureigenschaften der Öffentlichkeit neu zu justieren. Die neue Art der Beschreibung von Öffentlichkeit der Erziehung verlangt, die Strukturlogik der von neokonservativ-nationalistischen Tendenzen geprägten, massenmedialen und neoliberalen Öffentlichkeit, die sich stets im Spannungsfeld zwischen staatlicher Gemeinschaft und Privatheit bewegt, zu überwinden (vgl. Saitô 2002, S.

---

von in der Öffentlichkeit vernünftig handelnden Subjekten und dienen der Gesellschaft gleichzeitig als Sicherheitsmechanismen wie z. B. Kasernen, Fabriken, Kliniken oder Gefängnisse (vgl. Foucault 1994c; Saitô 2002, S. 126; 134f.).

357 „Öffentlichkeit kann als Ressource verstanden werden, die jedem zur Verfügung stehen soll, damit er seine politischen und sonstigen Entscheidungen informiert treffen kann. Gleichheit meint hier primär Gleichheit der Verfügung über diese Ressource im Sinne der Rezeption öffentlicher Kommunikationsangebote." (Peters 2001, S. 655).

114ff.). Es stellt sich die Frage, wie sich das Verhältnis von Staat und Gesellschaft sowie Öffentlichkeit und Privatheit in der aktuellen Struktur der Öffentlichkeit verorten lässt und wie (öffentliche) Erziehung in das so entstandene, neue Gedankengebilde eingebettet sein kann.

5.3.1 Kritik an den antagonistischen Ordnungsschemata der Öffentlichkeit

Die strikte Trennung von Staat, Öffentlichkeit und Privatheit beherrschte schon seit der Antike und in der modernen Aufklärung die wissenschaftlichen Ordnungsschemata.

Die ursprüngliche Erscheinung der griechisch-antiken Öffentlichkeit kann aus dem Werk von Aristoteles abgelesen werden. Ihm zufolge konstituiert sich Öffentlichkeit „als herrschaftsemanzipierte Sphäre eines umfassenden Diskurses, in der mündige Bürger kraft ihrer Unabhängigkeit von Herrschaftszwängen vernünftig über öffentliche Angelegenheiten zu urteilen und zu entscheiden in der Lage sind" (Imhof/Schulz 1998, S. 9). Herrschaftsfrei ist diese Sphäre allerdings nur dann, wenn „die materielle Reproduktion der Bürger einerseits als Privatsache ausgegrenzt, andererseits ihre Stellung als Eigentümer von Produktionsmitteln – d. h. als nicht Herrschaftszwängen unterliegende Gesellschaftsmitglieder – Bedingung ihrer Zulassung zur Öffentlichkeit ist" (ebd.). Die Unterscheidung „zwischen öffentlich und privat, zwischen dem Raum der Polis und dem Bereich des Haushalts und der Familie, schließlich zwischen den Tätigkeiten, die der Erhaltung des Lebens dienen, und denjenigen, die sich auf eine allen gemeinsame Welt richten" (Arendt 2007 (1958), S. 39), bildet die axiomatische Grundlage des gesamten politischen Denkens der Antike (vgl. Abschn. 1.1.1). Auf dieser Grundlage definiert die moderne Aufklärungsphilosophie Öffentlichkeit ebenfalls im Gegensatz zur Privatheit. In Analogie zum griechisch-antiken Dualismus konzipiert sie Öffentlichkeit auf dem Gegensatz von Kultur und Natur bzw. von Gesellschaft und Gemeinschaft (Tönnies 2005): Die sich zivilisierende Gesellschaft als öffentliche Sphäre steht der natürlichen Gemeinschaft/Privatheit gegenüber. Die Familie mit ihren primordialen Beziehungen gilt im Weltbild der Aufklärung als affektgesteuert, einfach und – anders als in der Antike – ungezwungen. Entsprechend werden hier die naturgegebenen Bedürfnisse abgedeckt. Währenddessen müssen die Mitglieder der Öffentlichkeit sich von der selbstverschuldeten Unmündigkeit (Privatheit) emanzipieren und kultivieren (vgl. Bollenbeck 1996; Imhof 1998, S. 19f.). Nachgewiesen wird dies am wirtschaftlichen, emanzipierten Bürgertum des 17.-18. Jh., als sich Bürgerliche aus Interesse am Staat und an Form und Inhalt politischer Herrschaft vereinigten. Ihr Anliegen war, gegenüber der staatlich organisierten Herrschaft eine nicht nur privat motivierte, sondern auch eine auf öffentlich diskutierten Grundsätzen der Vernunft basierende Gesellschaftskritik und Kontrolle auszuüben (vgl. Habermas 1990 (1962), S. 86f.; S.142f.). Das Bürgertum wird Habermas zufolge zum

Träger des herrschaftsemanzipierten Räsonnements und somit zum Akteur der Öffentlichkeit in dieser Zeit (vgl. Abschn. 1.1.3). Die dichotome Denkweise ist in Deutschland vor allem auf Hegels *Grundlinien der Philosophie des Rechts* zurückzuführen, in dem er die bürgerliche Gesellschaft und den Staat als zwei getrennte Sphären mit einem jeweils dominierenden Rechtsprinzip sieht (vgl. Kaufmann 2003, S. 18; Berner 2009, S. 31f.). Das Konzept der Gewaltenteilung nach dem liberalen Regierungsmodell setzt eine Trennung „zwischen Prozessen der allgemeinen demokratischen Willensbildung und Entscheidungsfindung einerseits und Prozessen der autorisierten Ausführung solcher Entscheidungen andererseits" voraus (Peters 2007, S. 38). In den deutschen Gesellschaftswissenschaften wird von Böckenförde die Diskussion um die Trennung und den Dualismus von Staat und Gesellschaft behandelt. „Der Staat als Herrschaftsorganisation stand gewissermaßen in sich selbst, d. h. soziologisch getragen von Königtum, Beamtentum und Heer, teilweise auch dem Adel, und war als solcher von der durch das Bürgertum repräsentierten Gesellschaft organisatorisch und institutionell >getrennt<" (vgl. Böckenförde 1976a, S. 191; 1976b, S. 403; Habermas 1990 (1962), S. 22).

Diese Trennung verweist auf die Grundbedingung für das Öffentlichkeitskonzept, an dem auch die grundlegende Sichtweise von Habermas und Arendt ausgerichtet ist. In dieser Denkfigur befinden sich der Staat als öffentliches Herrschaftsorgan auf der einen Seite und Individuen und Gesellschaft als frei Handelnde auf der anderen Seite stets in Konfrontation zueinander. Das Öffentlichkeitskonzept gründet sich gerade in der „Ausdifferenzierung und Institutionalisierung der Trennung öffentlicher und privater Sphären" (Thiessen 2004, S. 227). Der Strukturwandel der Öffentlichkeit basiert demnach auf der Grundlage der Wechselbeziehung zwischen dem Öffentlich-Staatlichen und dem Öffentlich-Privaten. So stellt Habermas die gesellschaftliche Entwicklung seit der Entstehung der sozial- und wohlfahrtsstaatlichen Regierungsweise als „Zerfall der Öffentlichkeit" dar. Ihm scheinen Teile des Privaten und der daraus bestehenden Öffentlichkeit von der Macht des Staates durchdrungen und „kolonialisiert" zu werden (vgl. Arendt 2007 (1958); Habermas 1990 (1962); Foucault 1994; 2000). Sowohl Arendt als auch Habermas haben die sukzessive Entwicklung der „Vergesellschaftung des Staates", der „Verstaatlichung der Gesellschaft" (Habermas 1990 (1962), S. 23), sowie der „Privatisierung des Öffentlichen" und der „Veröffentlichung des Privaten" (Imhof/Schulz 1998, S. 11) zum Gegenstand der Kritik gemacht und als Niedergangsgeschichte sogar negativ eingestuft (vgl. Arendt 2007 (1958), S.47f.; Habermas1990 (1962), 225f.; Imhof 1998, S. 22; vgl. Abschn. 1.1.4.1).

Über diese dichotomen Ordnungsschemata der modernen, demokratischen Gesellschaftsordnung wird in den Gesellschafts- wie Kommunikationswissenschaften umfangreich diskutiert. So wird u. a. auf den historischen Entwicklungsprozess hingewiesen, in dem Staat, Öffentlichkeit und Privatheit keineswegs immer in einem gegenseitigen, universellen, dichotomen Verhältnis zueinander gestanden haben. „Öffentlichkeit und Privatheit erweisen sich im historischen Rückblick vielmehr als relationale Kategorien mit höchst unterschiedlichen Grenzziehungen und Bedeutungsgehalten" (Thiessen 2004, S. 225).[358] Das antagonistische Verständnis kann unter drei Aspekten kritisch betrachtet werden: dem des Machtverhältnisses, dem der Steuerungsfiktion des Staates und dem des systemtheoretischen Ordnungsschemas.

Aus der Perspektive des Machtverhältnisses wird *erstens* die Trennung von Staat, Öffentlichkeit und Privatheit als eine das Soziale stets strukturierende Ordnungsmacht erkannt, welche normative Setzungen – ablesbar in der Rechts-, Sozial- und Kulturgeschichte – schafft und Machtverhältnisse legitimiert (vgl. Abe 2002, S. 200f.; Thiessen 2004, S. 225). D. h., die Klassifikation von Staat, Öffentlichkeit und Privatheit wird zumeist durch ein von einem bestimmten Kontext abhängigen Machtverhältnis bestimmt. Die Struktur der Öffentlichkeit, welche nach den oppositionellen Polen des Staatlichen und Privaten festgelegt wird, generiert die normative Verbindlichkeit, nach der sich eine unterschiedlich hohe soziale Funktion bemisst. Dieses Maß wird als Wert postuliert, der die Gegebenheiten der unmittelbaren Lebenswelt transzendiert (vgl. Thiessen 2004, S. 225). Die Diskurslogik ermöglicht dabei selbst, die normativen Einschränkungen des Diskurses und somit die traditionalistische Auffassung von der Trennung in Öffentliches und Privates in Frage zu stellen (vgl. Benhabib 1995, S. 120).[359]

Zu berücksichtigen ist *zweitens*, dass soziale Probleme, vor allem in der sozial- und wohlfahrtsstaatliche Öffentlichkeit, zwar als politisch lösbare Probleme definiert werden, sich aber prinzipiell nicht allein durch das politische System lösen lassen. Die Selbstwahrnehmung des politischen Systems ist zwar „mit dem Anspruch an den Staat verbunden, gesellschaftliche Prozesse und Verhältnisse zum Wohle der Bevölkerung gezielt zu steuern. Gerade die Denkfigur der Unterscheidung von Staat und Gesellschaft legt die Erwartung nahe, dass der Staat Gesetze erlässt, deren Beachtung erzwingt, die Handlungen nichtstaatlicher Akteure zielgerichtet steuert und auf diese Weise letztendlich die Lebenslagen von Individuen beeinflusst" (Berner 2009, S. 52). Dies kann jedoch gegenüber den anderen Funktionssystemen wie den privaten Sphären als „sozialstaatliche Steuerungsfiktion" (ebd., S. 56) angesehen werden. „Das fundierende

358   Die Probleme der strikt unterscheidenden Denkweise von modernem Staat und Gesellschaft bleiben der liberal-demokratischen Voraussetzung verhaftet. Am Beispiel des politischen Regierungssystems ist jedoch zu erkennen, dass „(das) Modell von Gewaltenteilung (...) niemals realisiert worden (ist). Stattdessen kamen sehr verschiedene Trennungen, Fusionierungen oder Kombinationen von Funktionen und Organen, etwa das Konzept einer Balance zwischen Volksvertretung und Exekutive im amerikanischen System oder die weitgehende Fusionierung von legislative und Regierung in Parlamentarischen Systemen nach dem englischen Modell" (Peters 2007, S. 37f.).

359   Die Quellen, aus denen sich das Diskursmodell der Öffentlichkeit speist, verhindern, die Grenze auf eine solche Weise zu ziehen, dass Autonomie und Einsicht der Betroffenen nicht respektiert werden (vgl. ebd., S. 127; Abschn. 1.2.1). Diese Sichtweise ist stark geprägt durch den Einfluss feministischer Theorien.

Paradox erscheint jetzt in neuer Gestalt: die zur Lösung anstehenden Probleme sind unlösbare Probleme, weil sie die funktional-strukturelle Differenzierung des Gesellschaftssystems in das politische System hineinspiegeln, zugleich aber darauf beruhen, daß das politische System nur ein Teilsystem eben dieser funktionalen Differenzierung des Gesellschaftssystems ist." (Luhmann 2000b, S. 215f.). [360] Mit diesem „Paradox" schafft die Öffentlichkeit dem politischen System Beschäftigung. „Mit der Redefinition von unlösbaren Problemen in politisch lösbare Probleme sichert der Wohlfahrtsstaat seine eigene Autopoiesis. Es gibt garantiert immer etwas zu tun." (ebd., S. 216; Berner 2009, S. 53). In dieser Fiktion ist die dichotome Ordnung von Staat gegenüber Gesellschaft/Öffentlichkeit automatisch angelegt, wobei die beiden Sphären im Grunde unabhängig bleiben.

Drittens kann die Struktur der Öffentlichkeit nach dem systemtheoretischen Ordnungsschema betrachtet werden, unabhängig von der Trennung von Staat und Gesellschaft. Nach deskriptiver Deutung ist der Staat, dem scheinbar eine übergeordnete Position beigemessen wird, als Ausprägung wie Selbstbezeichnung des politischen Systems zu verstehen. Wie im vorherigen Absatz bereits erwähnt, steht das politische System der Gesellschaft nicht gegenüber, sondern ist eines ihrer Teilsysteme neben anderen Teilsystemen der Gesellschaft (vgl. Berner 2009, S. 32). Die staatspolitische Intention wie die „wohlfahrtsstaatlichen Arrangements" (Kaufmann 2005, S. 232) bestehen in der Tat jenseits von „Verknüpfungen und Verflechtungen zwischen staatlichen und gesellschaftlichen Akteuren" (Berner 2009, S. 44). [361] Daraus resultiert „ein gleichzeitig auf mehreren Ebenen soziologisch rekonstruierbarer Prozeß, der gleichzeitig den Staat, die Erwerbswirtschaft, den Wohlfahrtssektor und die Privathaushalte involviert" (Kaufmann 2005, S. 232). Der Systemtheorie zufolge lässt sich Öffentlichkeit nicht durch Trennung, sondern durch Betrachtung der sozialen Kommunikation beschreiben. Der Sinn einer Unterscheidung liegt in der sozialen Kommunikation, nicht in der Trennung von Staat, Öffentlichkeit und Privatheit, sondern gerade im Zusammenspiel innerhalb des Unterschiedenen mittels Selbsterfah-

---

360 Der Staat (das politische System) spielt zwar eine koordinierende Rolle für die jeweiligen Interessen der Öffentlichkeit, aber eine Affirmation des politischen Systems allein kann nicht zum Sinnbild der Öffentlichkeit erhoben werden. Die gemeinsame Orientierung an der Vielfalt der Gesellschaft „führt weit über die politische Praxis im engeren Sinne hinaus, (...) [sie] bezieht sich ebenso auf Fragen und Probleme der Veränderung und Transformation vorgegebener Sitten und Moralen, Wahrnehmungen von Wirklichkeit, Herstellungsweisen von Produkten und Gütern und des Umgangs mit der Endlichkeit. [Sie] stellt darum keine alleinige Aufgabe der politischen Praxis dar, sondern betrifft ebenso das ökonomische, pädagogische, ethische, ästhetische und religiöse Handeln" (Benner 2001, S. 172).

361 Der demokratisch organisierte Staat kann seine Verantwortung für das Wohlergehen der Bevölkerung sowohl öffentlich-rechtlich, als auch privatrechtlich gestalten. Durch den staatlichen Eingriff in die private, frei-gemeinnützige Initiative entsteht daher „ein institutionelles Geflecht von Organisationen mit verschiedenen Rechtsformen" (ebd., S. 43). Frank Berner weist dies am Beispiel der Entwicklung der sozialen Alterssicherungen nach.

rung und -beobachtung (vgl. Abschn. 1.2.2). Luhmann erläutert in diesem Zusammenhang, dass „(d)ie Funktion und die Rationalität einer Unterscheidung (und erst recht: einer in das Unterschiedene wiedereingeführten Unterscheidung) (...) nicht in der Trennung, sondern gerade im Zusammenhang des Unterschiedenen (liegt). Differenzierung soll nicht Ablösung ermöglichen, sondern Spezifikation der Rekombination" (Luhmann 1987a, S. 72). Hier werden Selbst- und Fremdreferenz unterschieden und damit ergibt sich ein semantisches Einheitsbild von den Grenzen der eigenen Handlungsmöglichkeiten (vgl. Luhmann 1990, S. 181f.).[362]

5.3.2 Der neue Gegenstand der Öffentlichkeit jenseits der Konstellation von Staatlichkeit/Öffentlichkeit/Privatheit

Vor dem Hintergrund der kontroversen Debatte thematisiert Habermas im Vorwort zur Neuauflage seiner Arbeit *Strukturwandel der Öffentlichkeit* auch selbst das Problem der Trennung sowie des Sich-Gegenüberstehens von Staat und Gesellschaft, dem er in seiner vorliegenden Abhandlung verhaftet bleibt (vgl. Abschn. 1.2.1). Sein kritischer Rückblick, in dem er die Revision dieser Sichtsweise verlangt, wird schließlich legitim. Habermas stellt fest, dass seine kritische „Diagnose einer geradlinigen Entwicklung vom politisch aktiven zum privaten, vom »kulturräsonierenden zum kulturkonsumierenden Publikum«" zu kurz greife (Habermas 1990 (1962), S. 30). Er habe „(d)ie Resistenzfähigkeit und vor allem das kritische Potential eines in seinen kulturellen Gewohnheiten aus Klassenschranken hervortretenden pluralistischen, nach innen weit differenzierten Massenpublikums" ungerechterweise negativ und pessimistisch beurteilt (ebd.).

Vor allem der aktuelle Strukturwandel hin zur neoliberalen Öffentlichkeit sowie weiter zur global vernetzten Öffentlichkeit birgt die Möglichkeit, unabhängig von der antagonistischen Bestimmung des Staatlichen, Öffentlichen und Privaten eine selbständige Ordnung der funktional ausdifferenzierten Gesellschaft herzustellen. Gerade an den vom privaten Wirtschaftssystem und den (Massen-)Medien geprägten, vereinheitlichenden Gesellschaftskonstrukten und -orientierungen ist unübersehbar, dass sich aktuell eine immer größere Vielfalt der uns umgebenden Lebensfelder herausbildet. Dies äußert sich u. a. in der anhaltenden, globalen Vernetzung der Öffentlichkeit, die im vorangehenden Abschnitt in Bezug auf „elektronische Öffentlichkeit" (Jarren et al. 2000, S. 10),

---

362 Der übliche liberal-traditionelle Ansatz der Trennung von Polis und Oikos in der Antike sowie von Staat und Privatheit/Markt/Gesellschaft in der Moderne erweist sich lediglich als Theorie, die „eine *Unterscheidung* formuliert" (Luhmann 2000a, S. 11). In dieser klassischen Ordnungsvorstellung der Trennung von Staat und Gesellschaft wird „(d)ie *Einheit* der Unterscheidung, also der Grund der Zusammengehörigkeit des Differenten" nicht problematisiert und „nicht als Gegenstand besonderer Beobachtung und Beschreibung markiert" (ebd.).

Folge der Verbreitung der Internetnutzung, kurz skizziert wurde. Durch das räumlich und zeitlich ausgedehnte Netzwerk bietet sich in der Öffentlichkeit nun die Möglichkeit, unabhängig von Raum und Zeit, miteinander zu kommunizieren bzw. sich freiwillig zu öffentlich ausgerichteten (Interessen-)Gruppen zusammenzuschließen. In der (vernetzten) Öffentlichkeit kann sich eine neue, aktive *Bürgerschaft (Citizenship)* herausbilden (vgl. Saitô 2002, S. 114ff.),[363] welche sich mit ihren partiellen Ansichten mit gesellschaftspolitischen wie umwelttechnologischen Themen auseinandersetzen. Damit richtet sich der Blick auf ein der (politischen) Öffentlichkeit innewohnendes Potential zur gesellschaftlichen *Selbstorganisation.* Es sind nicht mehr allein die mit Macht ausgestatteten politischen Instanzen wie politische Parteien, Gewerkschaften oder Stiftungsorganisationen, die insbesondere seit Ende des 19. Jh. zunehmend die jeweiligen Systemgrenzen überschreiten, sich selbst und gegenseitig beobachten und in der Öffentlichkeit als (monopole) Vertreter des (konsumierenden) Publikums fungieren. Vielmehr können in der Öffentlichkeit auch das freiwillige Zusammenkommen und die Mitwirkung Einzelner auf ziviler Ebene unübersehbar im Zentrum stehen (vgl. ebd., S. 124f.). „Den institutionellen Kern der »Zivilgesellschaft« bilden jedenfalls nicht-staatliche und nicht-ökonomische Zusammenschlüsse auf freiwilliger Basis" (Habermas 1990 (1962), S. 46).[364] Diese kann z. B. aus (ehrenamtlichen) freiwilligen Gruppen von Handelnden bestehen, deren öffentliche Kommunikationsstruktur auf der Ebene der Lebenswelt angesiedelt ist (vgl. Satô et al.: 2003, S. 12).[365] Hier kommen pluralistische, horizontale Formen moderner Rationalitäten, Wertesysteme und Gesellschaftsorientierungen zur Geltung. Die (neue) Sphäre der Zivilgesellschaft verweist auf „Assoziationsverhältnisse (...), ‚die globalen Kategorien der Lebensform und der Lebenswelt, die der Diskursethik ein Widerlager im Sozialen sichern sollen'" (Offe 1989, S. 755; Habermas 1990 (1962), S. 46).[366] Walzer formuliert das wie folgt: „(D)ie klassischen Entwürfe des guten Lebens müssen also relativiert und zusammengebracht

---

363 Das Konzept von Bürgerschaft unterscheidet sich vom liberalen Bürgerlichen, Bourgeois. Bürgerschaft ist ein eindeutiger Begriff, der mit Citoyen identisch ist. Vor allem in der massendemokratischen Gesellschaft gewinnt dieses Konzept an Bedeutung.

364 Aktuell wird der Begriff der Bürgergesellschaft durch Zivilgesellschaft ersetzt, weil die Bürgergesellschaft eventuell Assoziationen zur bürgerlichen Gesellschaft durch moderne Bürgerliche (Bourgeois) hervorruft (vgl. Satô et al.: 2003, S. 12).

365 Das Ziel für Habermas ist „nicht mehr schlechthin die Aufhebung eines kapitalistisch verselbständigten Wirtschafts- und eines bürokratisch verselbständigten Herrschaftssystems, sondern die demokratische Eindämmung der kolonialisierenden Übergriffe des Systemimperative auf lebensweltliche Bereiche" (Habermas 1990 (1962), S. 36). Die von Habermas genannten Beispiele reichen „von Kirchen, kulturellen Vereinigungen und Akademien über unabhängige Medien, Sport- und Freizeitvereine, Debattierclubs, Bürgerforen und Bürgerinitiativen bis zu Berufsverbänden, politischen Parteien, Gewerkschaften und alternativen Einrichtungen" (ebd., S. 46). Sie bestehen durch ‚bürgerschaftliches Engagement'.

366 Offe bezeichnet Assoziationsverhältnisse als „institutionell überformte soziale Gemeinsamkeiten und Differenzen und (...) Verfahren der Konfliktregelung zwischen sozialen Kategorien" (Offe 1989, S. 755).

werden, und der richtige Ort, dies durchzuführen, ist die zivile Gesellschaft, der Handlungsraum von Handlungsräumen (...). Die zivile Gesellschaft ist ein Projekt von Projekten. Sie verlangt viele Organisationsstrategien und neue Formen staatlichen Handelns" (Walzer 1995, S. 69).[367]

Der Versuch, eine Stellung jenseits der oppositionellen Konstellation von Staat vs. Gesellschaft bzw. (staatlicher) Öffentlichkeit vs. Privatheit zu beziehen, scheint in diesem Zusammenhang leichter zu bewerkstelligen und ermöglicht eine alternative Sichtweise bzw. ein alternatives Verständnis der Öffentlichkeiten. „Die Idee einer Selbstorganisation, die über die öffentliche Kommunikation frei assoziierter Gesellschaftsmitglieder kanalisiert wird, verlangt (...) die Überwindung jener (...)»Trennung« von Staat und Gesellschaft." (Habermas 1990 (1962), S. 22).[368] Aufgrund der Konzepte aktueller Entwicklungen stellt sich die bisherige Charakterisierung des Strukturwandels der Öffentlichkeit, die am Verschränkungsgrad von Staat und Privatheit gemessen wurde, als unzulänglich heraus. Vielmehr liegt die Konzeption der Öffentlichkeit in der Integration und der Neutralisierung von aus engeren Teilsystemen der Gesellschaft stammenden Rollenanforderungen (vgl. Luhmann 1994 (1971), S. 21), wie am zivilgesellschaftlichen Modell sichtbar wird. Die neue Erscheinung der Öffentlichkeitsstruktur müsste sich gerade am Zusammenfallen der Selbstbindung von Polen des Staatlichen, Öffentlichen und Privaten zeigen – nicht mehr in konflikthaften, sondern gerade in aufeinander bezogenen, einheitlichen Gebilden. Die Grenzen zwischen Staat, Öffentlichkeit und Privatheit scheinen demzufolge fließend zu werden.

5.3.3 Die Neuordnung der Öffentlichkeit der Erziehung im Hinblick auf den aktuellen Strukturwandel der Öffentlichkeit

Die bisherige Argumentationslinie bezüglich der Öffentlichkeit der Erziehung ist dem Denkmodell, das auf der ‚Entweder-Oder' Logik basiert, verhaftet.[369] Die gegensätzlichen Schemata (staatlicher) Öffentlichkeit und Privatheit der Erziehung stützen sich auf die Tatsache, dass Erziehung einerseits ein natürliches, privates Recht von Heranwachsenden und Eltern ist, während sie andererseits

---

367 Hier ebenso siehe Abschn. 1.2.1.1 in dieser Arbeit. Die Genese dieser Sphäre ist u. a. darauf zurückzuführen, dass sich das gesellschaftliche Interesse von einer Besitz- und Verteilungsfrage (having) auf das Problem der Anerkennung und Selbstverwirklichung (being) verschiebt (vgl. Brink 1995, S. 12; Anderson 2000, S. 152; Saitô 2002, S. 125f.).
368 „Dann kann auch der Kontrast zwischen der frühen politischen Öffentlichkeit bis zur Mitte des 19. Jh. und einer vermachteten Öffentlichkeit in den sozialstaatlichen Massendemokratien etwas vom Gegensatz einer idealistisch überhöhten Vergangenheit und der kulturkritisch verzerrten Gegenwart verlieren." (ebd., S. 21).
369 In einem anderen Kontext verwendet Balzer den Begriff „oppositionale Bestimmungen" in der Erziehung, und zwar in Bezug auf die Subjektivierung und das Machtverhältnis nach Foucault (vgl. Balzer 2004, S. 31).

seit der Herausbildung des modernen Nationalstaates durch die staatliche Administration als Instrument zur nationalstaatlichen (gesellschaftlichen) Integration institutionalisiert wird. Der Staat beteiligt und mischt sich in die (private) Angelegenheit Erziehung ein (vgl. Fujita 2005, S. 74; vgl. Abschn. 2.1.1; 3.3.3.2). Hier stehen sich auf der einen Seite die Forderung des Erziehungssystems nach individueller Entfaltung des Einzelnen und auf der anderen Seite die des Staates nach sowohl in positiver als auch negativer Weise auf die Erziehung ausgeübter (wirtschafts-)politischer Macht[370] gegenüber. D. h., die Öffentlichkeit der Erziehung wird kategorisiert entweder anhand der zu schützenden, privaten, individuellen Angelegenheiten der Erziehung oder anhand der Staatlichkeit der Erziehung (vgl. Abschn. 2.1; 3.3).[371] Hinsichtlich der jüngsten massenmedialen und neoliberalen Entwicklung äußert sich dies beispielsweise darin, dass die deutschen Erziehungswissenschaften den verstärkt frei-marktwirtschaftlichen Einfluss auf Erziehung – also die Privatisierung (und vor allem Kommerzialisierung) der öffentlichen Erziehung – mit kritischem Blick thematisieren (vgl. Weiss 2001; Lohmann/Rilling 2002; Lohmann 2002a; 2002c; 2004; Frost 2006; GEW 2006). Dagegen behandeln die japanischen Erziehungswissenschaften die Öffentlichkeit der Erziehung gewöhnlich aus einer Perspektive, die versucht, die vom Staat monopolisierte Öffentlichkeit durch andere (durch die Bürger aufkommende) Öffentlichkeitskonzepte zu ersetzen (vgl. Imai 2004, S. 50).[372] Derartige oppositionelle Denkweisen über Staatliches, Öffentliches und Privates, in die die Öffentlichkeit der Erziehung eingeordnet wird, sind zu überwinden, denn diese Justierung der Öffentlichkeit enthält den normativen Anspruch der Erziehung, die öffentlich institutionalisierte Erziehung als Instrument je nach Ansatz zu legitimieren. Die antagonistischen Schemata von Öffentlichkeit und

---

370 Positiv wirkt die staatliche Intervention auf die Erziehung, wenn die Erziehung dadurch im Sinne der Chancengleichheit allen Bevölkerungsteilen ohne Auflage gleichermaßen zugutekommt. Dies gilt sowohl auf der administrativen Ebene als auch auf der inhaltlichen Ebene (Neutralität). Im Gegensatz dazu wirkt die staatliche Intervention negativ, wenn ein Staat dazu neigt, seine Kontrollmacht auf das Erziehungssystem auszudehnen und zu missbrauchen. Eklatante Beispiele dafür sind die Zeit des Nationalsozialismus in Deutschland bzw. die Vorkriegszeit in Japan.

371 Innerhalb der Kontroverse über öffentliche Erziehung werden die Begriffe „Staatliches" und „Öffentliches" häufig synonym verwendet. Daraus entsteht die Gegenüberstellung des Öffentlich-Staatlichen vs. des Privaten, wie sie im kritischen Diskurs über Öffentlichkeit der Erziehung im neoliberalen Zeitalter zu finden ist. Dieser Standpunkt steht im Gegensatz zum liberalen Modell der Öffentlichkeit, in dem Öffentlichkeit als dem Staat gegenüberstehende, mit dem privat-bürgerlichen Leben verbundene Sphäre verstanden wird (vgl. Abschn. 1.1.3).

372 Für diese Zweiteilung hat in den japanischen Erziehungswissenschaften vor allem das Konzept von Horio eine wichtige Rolle gespielt. Unter Bezugnahme auf die von Condorcet thematisierte Kontroverse sieht er die Bedeutung der öffentlichen Erziehung im Wesentlichen in der Vergemeinschaftlichung der Pflichten der Eltern bzw. in der gemeinschaftlichen Organisation der Privatheit Einzelner (vgl. Horio 1992, S. 15ff.; S. 322ff.; Fujita 2005, S. 72). Für ihn gilt es, die inhaltliche Intervention des Staates und der Regierung in die öffentliche Erziehung zu verhindern, denn die Öffentlichkeit der Erziehung sei grundsätzlich privater Natur. Zum theoretischen Ansatz Horios siehe Imai 1997 (vgl. Abschn. 4.4, Fußnote 300).

Privatheit können vielmehr anhand der Erziehung thematisiert und problematisiert werden (vgl. ebd., S. 58).[373] Der Perspektivwechsel durch Reorganisation der Bedeutungsinhalte der öffentlichen Erziehung bietet Vorteile, gerade weil die Argumentationsweise über öffentliche Erziehung aktuell verstärkt durch die ausweglose ‚Entweder – Oder' Logik geprägt zu sein scheint. Damit kann für die unproduktiven, hoffnungslosen Auseinandersetzungen eine Lösung aufgezeigt werden.

Öffentlichkeit der Erziehung wird grundsätzlich an der Schnittstelle allgemeiner Bedürfnisse sichtbar, wo sich innerhalb der verschiedenen Funktionssysteme Wünsche und Notwendigkeiten des Privaten wie Gesellschaftlichen treffen bzw. zu integrieren versuchen. Sie kann z. B. auf dem Bedürfnis nach Abwendung von Gefahr für die individuelle wie gesellschaftliche Existenz, auf dem Bedürfnis nach Wohlergehen im Leben des Einzelnen wie der Gesellschaft oder auf dem Bedürfnis nach Gerechtigkeit beruhen (vgl. Saitô 2002, S. 126; 134f.). Systemtheoretisch betrachtet, lässt sich sagen, dass die Bedürfnisse des Erziehungssystems in der Öffentlichkeit mit den Bedürfnissen der anderen Funktionssysteme der Gesellschaft in Berührung kommen und reflektiert/retuschiert und zur (Re-)Integration hin verarbeitet werden. Aufgrund der Selbst- und Fremdreferenz der verschiedenen Funktionssysteme treffen unterschiedliche Bedürfnisse aufeinander, die, wenn mit Nachdruck verfolgt, den Öffentlichkeitsdiskurs befördern. Dieser Öffentlichkeitsdiskurs strukturiert die Öffentlichkeit der Erziehung. Die Vernunft, die in der okzidentalen Aufklärung auf die Öffentlichkeit einen wesentlichen Einfluss ausübt, hat zwar nach wie vor eine koordinierende Funktion für die öffentlich zu äußernden Bedürfnisse, sie stellt jedoch nun, unter den horizontal aufeinander folgenden Bedingungen, kein absolut höchstes Potenzial der Öffentlichkeit der Erziehung mehr dar, sondern ist einer neben anderen Parametern. Ebenso ist in Erwägung zu ziehen, dass die, auf die moderne Aufklärung zurückzuführenden, widersprüchlichen Verhältnisse, wie im Abschnitt 3.3.3 gezeigt, z. B. die Orientierung an der individuellen Entfaltung des Einzelnen und an der (Chancen-)Gleichheit aller Beteiligten, bzw. das ökonomische Kalkül der Einzelnen und des ganzen Landes, sich nicht in die hierarchischen Ordnungsschemata mit ihren spezifischen Rollenanforderungen einordnen lassen. Diese konkurrierenden Bedeutungsinhalte müssen nicht zwangsläufig im Wiederspruch zueinander stehen (vgl. Imai 2004, S. 59). Wünsche und Notwendigkeiten, die im Spiegel der Öffentlichkeit erscheinen, sind in der Tat voneinander abhängige Bedürfnisse, welche die Öffentlichkeit der Erziehung strukturieren. Ebenbürtigkeit wie Gleichzeitigkeit der unterschiedlichen Bedürfnisse lassen sich vor allem anhand der aktuellen Entwicklung des Gegenstandes Öffentlichkeit zeigen. Vor dem Hintergrund der möglichen Herausbildung einer Zivilgesellschaft durch die aktive Bürgerschaft (Citizenship) lässt sich die Öffentlichkeit der Erziehung

---

373 In Bezug auf Macht und Freiheit gibt es bereits den Versuch, dieses antinomische Verhältnis zu lösen und auf andere Weise zu ordnen vgl. dazu Ricken/Rieger-Ladich 2004; Kojima 2009.

nicht länger nur durch staatliche Obrigkeit und monopolistische Gesellschaftsorganisationen formen, sondern entspringt vielmehr der Selbstorganisationskraft der Gesellschaft (vgl. Fujita 2005, S. 16). In der Verbindung der neueren Entwicklung der Öffentlichkeit mit dem Konzept der Selbstorganisation der Zivilgesellschaft als „Handlungsraum von Handlungsräumen" (Walzer 1995, S. 69) lässt sich die Stärke der öffentlichen Erziehung dort verankern, wo die Erfahrungswelten der einzelnen Beteiligten – seien es Schüler, Lehrpersonen oder Eltern – qua Erziehungsprozess zusammentreffen, konstituiert und (re)organisiert werden. Die Öffentlichkeit der Erziehung erhält die Funktion, über Kommunikation die Komplexität der Bedürfnisse des Einzelnen zu regulieren bzw. zu koordinieren (vgl. Sanuki 2007, S. 499). Neue Öffentlichkeit als *bürgerschaftliche Öffentlichkeit* wird hier als eine Sphäre aufgefasst, in der die plural unterschiedlichen Menschen, Dinge und Teilsysteme frei handeln und nach Selbstverwirklichung suchen.[374] Diese Ansicht ist mit dem Konzept der Arendt'schen Agora vergleichbar (vgl. Kodama 1999, S. 203; Imai 2004, S. 103). In Bezug auf die anderen Funktionssysteme ist Öffentlichkeit der Erziehung in dieser Hinsicht nicht nur als äußerer Rahmen der politischen Strategien bzw. der Fortschrittsfrage zu betrachten, die sich innerhalb des Machtverhältnisses abspielt, sondern ebenso als Kraft, welche die Erziehung selbst hervorbringen kann (vgl. Imai 2004, S. 102). Öffentlichkeit der Erziehung ermöglicht, die spezifischen, kontingenten Bedürfnisse aus der Komplexität der verschiedenen gesellschaftlichen Teilbereiche aufzufangen, die von Grunde aus verschiedenartigen Menschen in die komplexe Lebenswelt hineinzuführen und über frei assoziierte Kommunikation im Erziehungsprozess die selbstorganisierende Kraft des Einzelnen zu erreichen. Anstelle des dichotomen Bestimmungsversuchs äußern sich die Eigenschaften der Öffentlichkeit der Erziehung gerade in der Abhandlung der konkreten Themeninhalte wie Rahmenbedingungen der Erziehung, welche die gesellschaftlichen Interessen widerspiegeln. So scheint der Einblick in den aktuellen Strukturwandel der Öffentlichkeit, die Möglichkeit zu eröffnen, die Sicht auf die öffentliche Erziehung mit den Differenzen zwischen Staatlichkeit und Privatheit in Einklang zu bringen und damit von den jeweiligen historisch-gesellschaftli-

---

374 Die Menschen sind hier nicht zu beherrschende Objekte, sondern aktiv an den (politischen) Angelegenheiten zu beteiligende Subjekte. Im angelsächsischen Diskurs wird der Bezug zur Zivilgesellschaft im Rahmen des *Citizenship* behandelt. Citizenship betont „(s)tärker als der deutsche Begriff »Staatsbürgertum« (...) die Macht des Bürgers gegenüber dem Staat und sieht in der Handlungsfähigkeit der Bürger zugunsten des Gemeinwesens das grundlegende Prinzip einer funktionsfähigen Demokratie" (Sliwka 2009, S. 119). Öffentliche Erziehung wird in diesem Kontext als „Citizenship Education" aus der Ermöglichung von Citizenship diskutiert. Im deutschsprachigen Raum hat eine diesbezügliche Erziehung zur aktiven Bürgerschaft keine den angelsächsischen Ländern vergleichbare Tradition (vgl. ebd., S. 129). Jedoch hat das praktische Erfahren von Demokratie als politische Bildung in der öffentlich institutionalisierten Erziehung einen neuen Stellenwert bekommen. Dies wird mit den (strittigen) Ansätzen zum Politik- vs. Demokratie-Lernen vertreten. Vgl. dazu Massing 2002; Henkenborg 2005; Himmelmann 2006; Sliwka 2009.

chen Schwerpunktsetzungen der Öffentlichkeit – mal ein Mehr an Staat, mal ein Mehr an Privatheit – unabhängig zu machen.[375]

---

375 Mit Bezug auf die erziehungswissenschaftliche Diskussion der Gegenwart in Japan kann hierzu auf eine konzeptionelle Neuorientierung der Öffentlichkeit der Erziehung aufmerksam gemacht werden. Demnach kann die Öffentlichkeit der Erziehung jenseits der dualistischen Grundbestimmung im japanischen Kontext – entweder ‚Unterdrückung der Privatheit durch Dienen der Obrigkeit (Staat)/Gemeinschaft' (Messhi-Hôkô 滅私奉公) oder ‚Verfall der Obrigkeit (des Staates)/Gemeinschaft durch die Fixiertheit auf die Privatheit' (Mekkô-Hôshi 滅公奉私) – so begründet werden: Öffentlichkeit der Erziehung erhält ihre Funktion dadurch, dass sie die demokratische Gesellschaft durch die Aktivierung der privaten Einzelnen (wie sich in der gegenwärtigen Tendenz darstellt) und die Aktivierung der offenen Interaktion innerhalb der Öffentlichkeit ermöglicht und somit die staatspolitischen Rolle eröffnet und ihre Aktivierung verstärkt (Katsushi-Kaikô, 活私開公) (vgl. Sasaki/Kim 2002; Yamawaki 2007). In diesem Modell werden alle Sphären gleichermaßen eingeschlossen. Dabei wird die unübersehbare neue Tendenz mit ihrer privatwirtschaftlichen Vielfalt, den zunehmenden Aktivitäten von NGO/NPO, der medizinischen Entwicklung sowie dem verstärkten Umweltbewusstsein als Chance zur Erweiterung der zivilen Öffentlichkeitssphäre verstanden (vgl. Abschn. 4.1).

Resümee: Die Deutungsverschiebungen und die weitere Aussicht auf die Ausformulierung öffentlicher Erziehung

Der Strukturwandel der öffentlichen Erziehung

Die moderne, öffentlich institutionalisierte Erziehung versteht sich als ein wichtiger Bestandteil in der Realisierung der aufklärerischen Ideen und ihrer Gesellschaftskonstruktion. Wie in der vorliegenden Arbeit dargestellt wurde, zeigt die Öffentlichkeit der Erziehung in der Moderne die Eigenschaft, Erziehung als allgemein zugängliches, offenes System mit Beziehung zu den anderen Gesellschaftssystemen zu konzipieren. So ist die öffentlich institutionalisierte Erziehung u. a. in ihrer Qualifikationsfunktion mit dem öffentlichen und privaten Beschäftigungssystem (Wirtschaftssystem) verbunden (vgl. Fend 1980, S. 19f.; 2008, S. 49ff.; vgl. Abschn. 2.2.2). Die Korrelation von Erziehung und Öffentlichkeit ist nach der Systematisierung von Kade und Nolda in drei unterschiedliche Beziehungsmöglichkeiten – Voraussetzungs-, ‚Kommentierungs-‘ bzw. Instrumentalisierungs-, und Mischungsverhältnisse – klassifiziert (vgl. Kade/ Nolda 2002; Nolda 2002; vgl. Abschn. 2.2.1). Diese Verhältnisse werden durch den jeweiligen sozialen Kontext, aber auch durch den jeweiligen politischen Kurs des Staates beeinflusst. Die moderne öffentliche Erziehung unterliegt der Obhut des Staates und wird durch die jeweiligen politischen Programme gesteuert. Öffentlichkeit der Erziehung ist abhängig vom historischen *Strukturwandel der Öffentlichkeit* und bewegt sich innerhalb der Ordnungsschemata – Staat, Gesellschaft, Öffentlichkeit und Privatheit. So wird Erziehung häufig nach diesem gesellschaftlichen Ordnungsschema konzipiert. Die Position bzw. der Anspruch der öffentlichen Erziehung wird aufgrund der jeweiligen historischen Bedingungen gesellschafts- und landesspezifisch unterschiedlich bestimmt.

Wie in der vorliegenden Arbeit gezeigt wurde, lässt sich die wechselseitige Beziehung von Erziehung und Öffentlichkeit bereits in der Antike beobachten. Öffentlichkeit war in der Antike eine Sphäre, in der die aus ihrer privaten Lebensnotwendigkeit emanzipierten Bürger handeln und miteinander kommunizieren. Öffentlichkeit war strikt vom privaten Leben getrennt, wobei die beiden Sphären, Öffentlichkeit und Privatheit, im kausalen Zusammenhang standen. Die öffentliche Erziehung, wie vor allem das Beispiel Gymnasion zeigt, war unmittelbar in den Kontext der Öffentlichkeit eingebettet. Sie fungierte als Vorbereitungs-, aber ebenso als Realisierungsinstanz des öffentlichen Lebens. Öffentlichkeit setzte die öffentliche Erziehung voraus und umgekehrt. Zwischen beiden bestand teilweise sogar ein Mischungsverhältnis. Aufgrund des Gedankenguts der Antike entstehen später die moderne Öffentlichkeit und öffentliche Erziehungsinstitutionen. Seit der Herausbildung der modernen Form von Öffentlichkeit unterliegt Öffentlichkeit stets einer strukturellen Veränderung, wie Habermas in *Strukturwandel der Öffentlichkeit* thematisiert. Erziehung ist ebenso in ihre strukturellen Veränderungen eingebettet. So zeigen sich in der Zeit der repräsentativen Öffentlichkeit mit ihrer merkantilistisch-absolutistischen Ausprägung und Gleichsetzung der Öffentlichkeit mit der (höfischen) Staatlichkeit erste Anzeichen einer durch den Staatsapparat ausgeübten Reglementierung der Erziehungsinstitutionen. Erziehung wird erstmals als Vermittlungsinstanz zwischen der absolutistisch-staatlichen Herrschaft und dem privaten Lebensumfeld konstruiert und zwecks Regierung eines Landes öffentlich institutionalisiert und instrumentalisiert. Dieses Gesicht öffentlicher Erziehung ändert sich semantisch mit der Herausbildung der (liberal-)bürgerlichen Öffentlichkeit, die hauptsächlich durch das kritisch räsonierende Publikum geprägt ist und sich von der staatlichen Obrigkeit abgrenzt. Das mit der Aufklärung einhergehende, neue Menschenbild, vor allem in der Bedeutung von ‚Privatperson‘, führt dazu, dass die öffentliche Erziehung vorwiegend als Realisierungsinstanz der aus privatindividuellen Interessen entstehenden, volkssouveränen Staatsgebilde verstanden wird. Die eigenständige, von Privatpersonen getragene Sphäre der Öffentlichkeit indiziert im Ganzen „das Bewusstsein von einer fortschreitenden geistigen, politischen und räumlichen Integration des Volkes" (Hölscher 1978, S. 459). Die gesellschaftliche Integration manifestiert sich „im zunehmenden Verkehr von Meinungen und Menschen über landes- und ständische Grenzen hinweg (...). Er [Der Begriff der ‚Öffentlichkeit‘; T. K.] erschloß damit die Vorstellung von einem politisch homogenen sozialen Raum und bereitete so den Bedeutungswandel in der 2. Jahrhunderthälfte [des 19. Jh.; T. K.] vor, als ‚Öffentlichkeit‘ die Bedeutung eines Personenkollektivs annahm" (ebd.). Öffentlichkeit der Erziehung spiegelt zugleich die öffentlich kontroverse Auseinandersetzung hinsichtlich der jeweiligen Wünsche und Notwendigkeiten der funktional ausdifferenzierten Gesellschaftssysteme wider, vor allem im Zusammenhang mit dem Wirtschaftssystem. Überhaupt beginnt sie, sich mit den unterschiedlichen, häufig widersprüchlichen Anforderungen der Gesellschaft auseinanderzusetzen, die als unlösbare Paradoxien der öffentlichen Erziehung bis zur Gegenwart ihre Geltung behalten. Die (liberal-)bürgerliche Öffentlichkeit wird allmählich von der sozial- und wohlfahrtsstaatlichen Öffentlichkeit verdrängt, wobei der Staat erneut beginnt, in die Gesellschaft einzugreifen. Die Voraussetzung für die Öffentlichkeit ändert sich vor allem, als nicht nur bürgerliche Schichten, sondern auch die Massen der Bevölkerung den Zugang zur öffentlichen Sphäre erlangen. Durch Sichtbarwerden von Bevölkerungsmassen wird die der Privatheit zugeordnete materielle Reproduktion immer öffentlicher, und die Teilnehmer öffentlichen Räsonnements werden immer zahlreicher (vgl. Imhof/Schulz 1998, S. 11). In dieser (massen-demokratischen) Situation reicht die Ordnungsfunktion eines liberal-demokratischen Staates zur gesellschaftlichen Integration nicht mehr aus. Zur neuen Regierungsstrategie kommt nun die aktive Gestaltungsfunktion in Form des Wohlfahrtsstaats hinzu (vgl. Habermas 1990 (1962), S. 231). Vor diesem Hintergrund dehnt sich die öffentlich institutionalisierte Erziehung quantitativ aus und die Massenbevölkerung wird als Erziehungsobjekt inkludiert. Öffentlichkeit der Erziehung zeigt die politische Ambition, das Wohlergehen der Gesamtbevölkerung zu steigern. Das Funktionieren der Öffentlichkeit wird zugleich anstatt durch den einzelnen, vernünftig handelnden, mündigen Bürger zunehmend durch Tätigkeiten organisierter Verbände, Vereine, Gewerkschaften sowie politischer Parteien gewährleistet. Öffentlichkeit wird nicht länger nur durch die einzelnen, privaten Interessen sichergestellt, sondern sie scheint zum Objekt kategorisierter Masse zu werden. „Das Gesellschaftliche" (Arendt 2007 (1958), S. 38f.; S. 50) bzw. die „Sphäre des »Sozialen«" (Habermas 1990 (1962), S. 225) entstehen. Die privaten Probleme werden repolitisiert. Auch öffentliche Erziehung wird (re-)politisiert und zunehmend durch die Staatspolitik zentral gesteuert. Sie „diene der sittlichen und politischen Erziehung der Nation, der Herausbildung eines allgemeinen Interesses für die öffentlichen Angelegenheiten, der nationalen Opferbereitschaft, Wehrkraft und Stärke, vor allem aber der Kontrolle der Staatsorgane" (Hölscher 1984, S. 1138).[376]

Die sozial- und wohlfahrtsstaatliche Öffentlichkeit, die als öffentliche Sphäre, nach der Auffassung von Habermas und Arendt, als solche nicht mehr existiere, zeigt in der Gegenwart jedoch erneut einen Wandel hin zur Öffentlichkeit mit (massen-)medialem und neoliberalem Ausdruck. Die massenmedial hergestellte Öffentlichkeit dringt in der Gegenwart zunehmend in die öffentlich institutionalisierte Erziehung ein. Massenmedien werden Voraussetzung und Instrument der Erziehung im Kontakt mit der äußeren Welt. Zugleich wird Öffentlichkeit der Erziehung erneut von privaten Interessen geprägt. Im Gegensatz zum liberal-bürgerlichen Zeitalter unterliegt sie nun beinahe vollständig dem ökonomischen Kalkül, dominiert vom Wirtschaftssystem. Die staatliche Kontrolle über die öffentliche Erziehung geht zurück. Der neue Diskurs verlangt, dass sich die öffentliche Erziehung innerhalb der privatwirtschaftlichen Struktur als frei bestimmendes, selbstverantwortliches Subjekt verselbständigt, ohne (wohlfahrts-)staatliche Führung. Öffentlichkeit der Erziehung soll sich nun an freien, aktiven Privatpersonen bzw. an privaten Wirtschaftsorganisationen orientieren.

---

376 Orig. aus: Welcker, Carl: Art. Öffentlichkeit. In: Rotteck, Carl v. / ders. (Hrsg.): Staats-Lexikon. 12, 1841.

Die antagonistischen Ordnungsschemata: die grundlegende Denkfigur im Strukturproblem der Öffentlichkeit der Erziehung

Öffentlichkeit zeigt sich als offene Kommunikationssphäre, in der unterschiedliche Bedürfnisse zusammentreffen und durch Räsonnement gesellschaftlich integriert werden. Die Verfahrensweise, nach der die öffentliche Auseinandersetzung geschieht, wird je nach Theorieströmung unterschiedlich verstanden. So stehen z. B. nach normativer Auffassung die zur Vernunft gebildeten Menschen im Mittelpunkt des öffentlichen Handelns. „Das Vertrauen in die Politik hängt ab vom öffentlichen Konsens; Diskussionen, die Konsens oder Dissens erzeugen, sind dann öffentlich, wenn unbeschränkte Zugänglichkeit gegeben ist und das Prinzip allgemeiner Partizipation vorausgesetzt werden kann. Das allein wäre aber zuwenig, hinzu kommen kognitive Anforderungen und so die Verteilung des öffentlichen gebrauchten Wissens" (Oelkers 1997, S. 40f.). Damit gewinnt der Erziehungs- und Bildungsprozess des Einzelnen an Bedeutung: Öffentliche Erziehung übernimmt hier die Funktion, die Heranwachsenden immer stärker auf das Niveau moralischer Reflexion zu bringen, was einem autonomen, postkonventionellen Selbstverständnis des Bürgertums entspricht, um am Prozess der diskursiven Willensbildung teilhaben zu können (vgl. Benhabib 1995, S. 129). Aus diesem normativ idealen Blick auf die Öffentlichkeit als mit der privatbürgerlichen Person verbundenen Sphäre wird die Struktur der Öffentlichkeit innerhalb der Konstellation von Staat – Gesellschaft/Öffentlichkeit – Privatheit hergestellt. Die Öffentlichkeitsstruktur basiert auf dem antagonistischen Denkmodell, das bereits in der antiken Philosophie zu finden ist und sich vor allem seit dem 19. Jh. sukzessive in der liberal intellektuellen Reflexion der philosophischen und politischen Wissenschaften herausbildet (vgl. Abschn. 5.3.1). Nach Habermas'schem Ansatz lässt sich Öffentlichkeit dabei als die dem Staat gegenüberstehende, kritische Kontrollinstanz verstehen. Öffentlichkeit wird hier synonym mit Gesellschaft aufgefasst, mit der Grundannahme, dass der Staat und die Gesellschaft (Öffentlichkeit/privates Interesse) klar getrennt sind (vgl. Brückenförde 1976a; 1976b). Diese Klassifizierung wird ebenso in die Diskussion der Erziehungswissenschaft über öffentliche Erziehung aufgenommen. „(D)ie Entstehung des modernen Schulwesens gehört dem (...) Prozeß selbst an, in dessen Verlauf das Gegenüber von einheitlicher politischer Zentralgewalt und ihr unterworfener, ‚entpolitisierter' Gesellschaft sich herausbildete" (Leschinsky/ Roeder 1983, S. 39). Geht es um die Thematisierung von Verstaatlichung, Veröffentlichung und Privatisierung im Allgemeinen sowie die von öffentlicher Schule, staatlicher Schule und Privatschule im Speziellen, wird häufig mit antagonistischen Standpunkten argumentiert. Der Versuch einer Einordnung der Erziehung in die jeweiligen Kategorien von entweder staatlich, öffentlich oder privat ist eine weit verbreitete Haltung. Wie in der historischen Rekonstruktion gezeigt wurde, wird die öffentliche Erziehung im Prozess der historischen Entwicklung immer wieder in dieses Schema eingeordnet.

So bedeutet die spätmoderne Entwicklung hin zur sozial- und wohlfahrts-staatlichen Öffentlichkeit, sowohl für Arendt als auch für Habermas, den Zerfall der Öffentlichkeit im ursprünglichen (normativen) Sinne, wobei die Grenzzie-hung zwischen privater Sphäre und staatlicher Gewalt nicht mehr zulässig ist. Die Erosion der Dichotomie wird von Arendt und Habermas negativ als Ver-schwinden der herrschaftsemanzipierten Sphäre und selbstverschuldeter Rückfall in die Unmündigkeit eingestuft (vgl. Otfried et al. 2000, S. 13f.). Die Qualitäts-vorstellungen und Erwartungen an die Öffentlichkeit als kritisch räsonierende Sphäre fallen in sich zusammen. Öffentlichkeit wird schließlich als „Ruin des Staates wie der Vernunft" (Baecker 1996, S. 88) beschrieben und als Nieder-gangsgeschichte gebrandmarkt (vgl. Arendt 2007 (1958), S.47f.; Habermas 1990 (1962), 225f.; Imhof 1998, S. 22; Otfried et al. 2000, S. 13f.). Vor allem im massendemokratischen Zeitalter, charakterisiert durch die massenmediale Kom-munikation, verschwindet (bürgerliche) Öffentlichkeit im Habermas'schen Sinn und stellt sich nur noch als „konsumkulturelle" und „manipulative" Sphäre dar (vgl. Habermas 1990 (1962), S. 250; vgl. Schelsky 1967, S. 33ff.). Diesbezüglich gerät, sowohl für Arendt als auch für Habermas, die sukzessive Entwicklung der *Veröffentlichung des Privaten* (vgl. Imhof/Schulz 1998, S. 11; Donges/Imhof 2001, S. 126) zur umfassenden Kolonisation der privaten Sphäre durch den Staat (vgl. Arendt 2007 (1958); Habermas 1990 (1962); Foucault 1994; 2000; vgl. Abschn. 1.1.4.1). Demzufolge übernimmt öffentlich institutionalisierte Erzie-hung, indem sie sich in die Angelegenheiten der Bürger einmischt, die Stelle (nationaler) staatlicher Macht.

Im Gegensatz zu dieser Schlussfolgerung entsteht jedoch in der Gegenwart aus der Erosion der Dichotomie staatlicher Gewalt und privater Sphäre etwas anderes: Bezüglich der massenmedialen und neoliberalen Öffentlichkeit drückt sich das als *Privatisierung des Öffentlich-Staatlichen* aus (vgl. Imhof/Schulz 1998, S. 11; Donges/Imhof 2001, S. 126). Während Themen der privat-intimen Sphäre zunehmend öffentlich über die Massenmedien ausgetragen werden, verlangt andererseits der neue, von privat-marktwirtschaftlicher Logik beherrsch-te Diskurs von den öffentlichen Bereichen die Deregulierung, Privatisierung, Kommerzialisierung, Aktivierung sowie die Selbstverantwortung des Einzelnen. Dementsprechend tritt das unmittelbare Erziehungsengagement des Staates zurück (vgl. Oelkers et al. 1998, S. 7). Dieses jüngste, neoliberale Phänomen wird, insbesondere mit Blick auf die Chancengleichheit, kontrovers diskutiert. Die von der staatlichen Gestaltungsfunktion geprägte Öffentlichkeit wird dabei nicht als manipulative, zerfallende Sphäre betrachtet, sondern, nach Ansicht der wohlfahrtsstaatlichen Öffentlichkeit, als vorteilhaft positiv hervorgehoben. Mit der antagonistischen Herangehensweise von mehr Staat oder mehr Privatheit lässt sich mithin eine kritische Auffassung von der aktuellen, von Privatheit dominierten, neoliberal gesteuerten Tendenz der Öffentlichkeit der Erziehung beobachten (vgl. Weiss 2001; Lohmann/Rilling 2002; Lohmann 2002a; 2002c; 2004; Frost 2006; GEW 2006). Der sich mit der Aufklärung und der liberalen

Idee entfaltende, kollektive Anspruch auf Teilhabe an den technischen wie kulturellen Errungenschaften der modernen Gesellschaft verlange nationales, sozialstaatliches Engagement.[377] Öffentlichkeit der Erziehung solle ihre Bedeutungsinhalte gerade durch die Zugehörigkeit zu den Elementen dieses „wohlfahrtsstaatlichen Arrangements" (Kaufmann 2005, S. 232) zeigen.

Sowohl der einseitigen Befürwortung als auch der einseitigen Kritik an der aktuellen Ökonomisierungstendenz der öffentlichen Erziehung, mit Deregulierung und Privatisierung, welche ein Strukturproblem der öffentlichen Erziehung darstellt, ist jedoch mit der vorliegenden Studie zu widersprechen. Die einseitige Befürwortung oder moralisch begründete Kritik an der Veröffentlichung des Privaten bzw. Privatisierung des Öffentlich-Staatlichen in der Gegenwart zeigt mit dieser theoretischen Ausgangsposition der Öffentlichkeit, d. h. Trennung von Staat, Gesellschaft, Individuum/Privatheit, eine fundamentale Schwäche. „Die Unterscheidung ist prekär und sie bezeichnet zwei Sphären, die je auf ihre Weise bedroht scheinen: Die Sphäre des Privaten wird von Übergriffen der Öffentlichkeit und Zumutungen der ,Veröffentlichung' heimgesucht, das ,öffentliche Leben' hingegen ist, der vieldiskutierten These von Sennett (1986) zufolge, durch Personalisierung, Psychologisierung und die moderne ,Tyrannei der Intimität' gefährdet" (Kelle/Breidenstein 2006, S. 69f.).

Revision der antagonistischen Bestimmung der Öffentlichkeit

Wie im ersten Kapitel dargestellt, beinhaltet Öffentlichkeit vielschichtige Begrifflichkeiten. Der Begriff ,Öffentlichkeit' steht dabei im Spannungsfeld seiner *normativen* und seiner *deskriptiven* Verwendung (vgl. Hohendahl 2000, S. 3; Kelle/Breidenstein 2006, S. 69). In dieser Arbeit wurde versucht, sowohl die normativ-emphatischen Bedeutungsinhalte der Öffentlichkeit (Arendt/Habermas) als auch den deskriptiv-empirischen Aspekt der Öffentlichkeit (Luhmann/Baecker) in Betracht zu ziehen, um das Verhältnis von Erziehung und Öffentlichkeit unter einem möglichst breiten Spektrum sichtbar zu machen. Der Bezug auf die beiden Denkmodelle ist notwendig gewesen, um Öffentlichkeit der Erziehung im jeweiligen historischen Rahmen, vor allem dem der Gegenwart, möglichst adäquat zu beschreiben, zwar gemäß den moralisch-normativen Anforderungen an Erziehung aber ohne der grundlegenden oppositionellen Denkfigur der Konstellation Staat, Öffentlichkeit und Privatheit verhaftet zu bleiben. Gerade im Hinblick auf die gegenwärtige Entwicklung ist es unabdingbar, den herkömmlichen, dichotomen Ansatz von Staatlichkeit, Öffentlichkeit oder Privatheit zu revidieren und eine alternative Perspektive zu eröffnen. Die

---

377 Diese Aufforderung verweist auf die revidierte Form der modernen, liberal-demokratischen Regierungsweise, welche die Unzulänglichkeiten des frei konkurrierenden Gesellschaftsdiskurses des Liberalismus zu korrigieren versucht.

Lösung liegt sowohl in der normativ-emphatischen als auch in der deskriptiv-empirischen Vorgehensweise:

Aus der normativen Perspektive teilen neuerdings feministische Theorien sowie Habermas'sche Diskursmodelle die Ansicht, dass gerade für eine gut funktionierende Öffentlichkeit keine scharfe Trennung zwischen Staat und Gesellschaft sowie Öffentlichem und Privatem notwendig sei. Beide Ansätze setzen eine von diversen Möglichkeiten geprägte Öffentlichkeitsstruktur voraus, welche die durch die Aufhebung dieser Trennung in der Massengesellschaft entstandene soziale Frage aufzunehmen bereit ist. Die eindeutige Unterscheidung zwischen Staat und Individuum (Privat), Staat und Öffentlichkeit bzw. zwischen Öffentlichkeit und Privatheit sei auf vielen Feldern verschwunden. Die Kräfteverhältnisse erscheinen nicht länger als konflikthaft, sondern als aufeinander bezogene, einheitliche Gebilde. Die dezentrierten und häufig unterschiedlichen Zivilgesellschaften werden hier sichtbar gemacht. Während Öffentlichkeit in der feministischen Theorie auf eine Arena für die Verhandlung bestimmter Typen von Themen und Problemen verweist (vgl. Fraser 2001, S. 141), deutet die später von Habermas konzipierte Öffentlichkeit auf einen prozeduralen Diskursraum von öffentlich Debattierenden, die sich verfahrensorientiert auf eine ständige intersubjektive Kommunikation stützen (vgl. Benhabib 1995, S. 118; Habermas 1996, S. 288). Die zahlreichen Öffentlichkeiten bestehen aus den von autonomen Einzelnen ausgetragenen, praktischen Diskursen (vgl. Benhabib 1995, S. 127; vgl. Abschn. 1.2.1). Die Trennungslinie zwischen Öffentlichem und Privatem bleibt variabel und stets verhandelbar und zwar je nachdem, was als diskursiv dem Privaten angehörend verstanden wird. Sie ist durch Beweglichkeit der Inhalte und Formen der Kommunikation geprägt.

Wenn man von einem deskriptiven, wertneutralen Standpunkt aus den Blick auf die gesellschaftliche Integration und die Aufrechterhaltung der Gesellschaftsordnung durch horizontal und funktional ausdifferenzierte, pluralistische Funktionssysteme wirft, so kann Öffentlichkeit in der Moderne im Allgemeinen als ein dynamisches Wechselverhältnis zwischen den Individuen bzw. den Funktionssystemen verstanden werden. Sie wird vom volkssouveränen Prinzip des modernen Staates verkörpert und ist für die demokratische Gesellschaftsintegration eine Vermittlungsinstanz der unterschiedlichen Interessensäußerungen der Funktionssysteme, die im Prinzip trotz der operativen Geschlossenheit durch ständige Offenheit nach außen gekennzeichnet sind. Damit kann man Öffentlichkeit ebenso wie beim Diskursmodell im Plural und mehrdeutig als Öffentlichkeiten bezeichnen. Die Funktionen der Öffentlichkeiten liegen hier nicht allein in der Konsensfindung, ausgelöst durch das antagonistische Verhältnis der öffentlichen und privaten Interessen, sondern vielmehr im vielfältigen Zusammenfügen von Unterschieden, d. h. in einer Komplexitätssteigerung im Luhmann'schen Sinne (vgl. Luhmann 1969, S. 319f.; 2000a, S. 11; Kodama 2002, S. 30). Die Wechselbeziehung zwischen den sowohl konfliktbeladenen als auch konsensfähigen Kommunikationen in der Öffentlichkeit führt zum integrierten

Zusammenleben innerhalb der Gesellschaft/des Staates. Öffentlichkeiten, die sich auf demokratisch offene Kommunikationen sowie auf Gerechtigkeit beziehen, können sich außerdem über ein weites Gebiet erstrecken. Vor allem mit Blick auf die globale Verschränkung der Funktionssysteme im massenmedialen Zeitalter lassen sich Öffentlichkeiten nicht länger innerhalb eines Landes einordnen, sondern unterliegen, um auf globale Angelegenheiten wie Risiken zu reagieren, stets der weltweiten Vernetzung (vgl. Saitô 2002, S. 119f.).

Im gesellschaftlichen Integrationsprozess existieren in diesen Kontexten keine klaren „Kategorien des Öffentlichen und Privaten als Markierungen für zwei eindeutige Bereiche" (Kelle/Breidenstein 2006, S. 69f.). Dies wird in der vorliegenden Arbeit *zum Einen* mit der diachronen Betrachtung sichtbar gemacht. Dabei wird deutlich, dass das Denkmuster der antagonistischen Konstellation von Öffentlichkeit ihren Schwerpunkt in der historischen Entwicklung unterschiedlich setzt und somit zu keiner eindeutigen Bestimmung führt. Die Vorstellung davon, welche Bereiche der Lebenswelt als ‚staatlich', ‚öffentlich' oder ‚privat' gelten, steht keineswegs fest, sondern unterliegt dem historischen Wandel (ebd.). Dies bedeutet nicht, wie Habermas einst konstatierte, dass die öffentliche Sphäre des Sozial- und Wohlfahrtsstaates durch die staatliche Regierungsmacht absorbiert und zunichte gemacht wird. Aus den bereits erwähnten neueren Ansichten über normative und deskriptive Vorgehensweisen jenseits des *Strukturwandels der Öffentlichkeit* lässt sich folgern, dass Öffentlichkeit, trotz der Schlussfolgerung von Habermas, weiterhin existierte und existiert.[378] Öffentlichkeit kann in einer Sphäre zwischen dem Staat und dem Privaten liegen. Sie kann zugleich verschiedene Räume implizieren, die sowohl auf staatliche als auch auf private Bereiche angewiesen sein können. Man kann feststellen, dass es sich stets um ein Mischungsverhältnis dieser Konstellation handelt. In diesem Zusammenhang kann Öffentlichkeit vielmehr einen (sozial- und wohlfahrtsstaatlich) institutionellen Komplex aus „Zwischen- und Überlappungsstruktur(en) im Hinblick auf die Systeme Politik, Wirtschaft, Familie usw." (Berner 2009, S. 46) darstellen, wie dies in der Systemtheorie mit ihren beobachtenden und grenzmarkierenden Funktionen charakterisiert wird.

Zum Anderen wird es, wie am Beispiel Japan gezeigt, möglich, die jeweilige Orientierung an Verstaatlichung oder Privatisierung in Relation zu setzen. Die unterschiedliche Gewichtung von Staatlichem, Öffentlichem und Privatem hängt nicht nur von der zeitlichen, sondern ebenso von der gesellschaftsspezifischen

---

378 Die Abhandlung von Arendt und Habermas hat, insbesondere bezüglich der neuen Erscheinungsform von Öffentlichkeit als der vom Staat absorbierten, konsumkulturellen und manipulativen Sphäre, im weiteren Verlauf diverse Debatten ausgelöst und wurde inzwischen – auch von Habermas selbst – revidiert (vgl. Habermas 1990 (1962), S. 11f.; Donges/Imhof 2001, S. 120; vgl. Abschn. 1.2.1.2). Die Möglichkeit einer diskursiven Figur der Öffentlichkeit, im Sinne einer Zivilgesellschaft, steht nun im Vordergrund. D. h., Öffentlichkeit wird nicht allein als Gegensatz zum Staat verstanden, sondern vielmehr mit den verschiedenen Akteuren der Gesellschaft in Verbindung gebracht (vgl. Abschn. 5.3.2).

Reflexion ab (vgl. Ishido 1993, S. 12f.). So liefert das japanische Beispiel eine andere Öffentlichkeitsstruktur, wobei das Öffentlich-Staatliche und das Private traditionell im Multilayerverhältnis zueinander stehen (vgl. Ishido 1993, S. 9; Higashijima 2002, S. 66; vgl. in 4. Kapitel). Hier findet man eine andere Lösung für die gesellschaftliche Integration durch Öffentlichkeit: Neben der offiziellen, auf okzidentalen Ideen basierenden formalen Ausprägung der Öffentlichkeit spielt gleichzeitig eine aus der Tradition heraus entstandene, besondere Art von Öffentlichkeit (Seken) eine wesentliche Rolle. Trotz der ‚Diffusions- bzw. Isomorphietendenz' der okzidentalen Modernisierung/Rationalisierung (vgl. Meyer/Boli/Thomas/Ramirez 2005) wird hier eine historisch begründbare, traditionelle Besonderheit sichtbar (vgl. Abschn. 4.1).

Aus dieser Perspektive bleibt die Erscheinung der Öffentlichkeit kontingent ohne endgültige Bestimmung und muss daher stets, je nach gesellschaftlichem Kontext, neu justiert werden. Dies wird damit begründet, dass die Konstellation von Öffentlichkeit (der Erziehung) je nach den historischen und gesellschaftlichen/ökonomischen Bedingungen unterschiedlich sein kann. Das Strukturproblem der Öffentlichkeit wird im historischen und gesellschaftlichen Kontext so gelöst, dass Gegensätze von staatlich vs. privat bzw. moralisch-normativ vs. rational-effizient beständig oszillieren. So sind die jüngsten Tendenzen, zum einen öffentliche Erziehung dominiert von der Privatisierung, zum anderen die Betrachtung der Erziehung als öffentliches Gut, nicht etwa sich ausschließende Gegenpositionen. Vielmehr stehen sie in einer vertikal-historischen und einer horizontalen, ortsabhängigen Relation zueinander.

Eine andere Beschreibung der Öffentlichkeit der Erziehung

Der Ausdruck der Öffentlichkeit der Erziehung sowie die Ausrichtung des öffentlichen Erziehungskonzepts sind Teile der veränderbaren Struktur der Öffentlichkeiten und können daraus hergeleitet werden. Anhand der bisherigen Diskussionen sowie der Rekonstruktion alternativer Perspektiven der Öffentlichkeit lassen sich schließlich zwei andere Sichtweisen auf Öffentlichkeit der Erziehung ausformulieren: von den aus der antagonistischen Betrachtung resultierenden Strukturproblemen befreite Öffentlichkeit der Erziehung (i), sowie Öffentlichkeit der Erziehung als aktiver Teil der demokratischen Gesellschaftsordnung (ii).

(i) *Zum einen* hat sich die Sichtweise auf Öffentlichkeit der Erziehung von dem seit der Entstehung der modernen demokratischen Gesellschaft dominanten Öffentlichkeitskonzept zu befreien, dass sich mit seinen antagonistischen Schwerpunkten entweder mehr am Staat oder mehr an der Privatheit orientiert. Wie im Abschnitt 3.3.3 als widersprüchliche Forderungen an die Öffentlichkeit der Erziehung beschrieben, existieren in der Öffentlichkeit der Erziehung grundsätzliche, unlösbare Probleme wie die von Freiheit vs. Chancengleichheit, von Autonomie vs. staatlicher Macht und von allgemeiner vs. praktisch-realistischer Erziehung. Sie sind die Folge des doppelten Anspruchs der öffentlichen Erziehung – als menschenrechtliche Grundlage zur Entfaltung der Individualität einerseits und als Funktionsträger der Integration, der Aufrechterhaltung, der Reproduktion und der Entwicklung der Gesellschaft andererseits. Die Strukturprobleme waren und sind in der Öffentlichkeit der Erziehung stets und überall vorhanden. D. h., Öffentlichkeit der Erziehung beinhaltet grundsätzlich derartige doppelte Ziele und Funktionen: Einerseits ist öffentliche Erziehung ein Handlungsprozess, der mit dem Aufrechterhalten der unterschiedlichen Interessen und des Wohlergehens der einzelnen Mitglieder der Gesellschaft verbunden ist. Andererseits verweist sie gleichzeitig auf einen Prozess, der mit den unterschiedlichen Interessen und dem Wohlergehen der Gesellschaft als Ganzes zusammenhängt. Sowohl die historische Rekonstruktion als auch der Querschnitt durch Japan zeigen, dass beide Motive auf nicht fixierbaren, stets sich verändernden Gegebenheiten basieren. Öffentlichkeit der Erziehung wird gerade in der Wechselwirkung zwischen unterschiedlichen Bedürfnissen/Interessen von Individuen (Privatheit) und der Gesellschaft (Öffentlichkeit) strukturiert. Öffentliche Erziehung kann ein Ventil der Gesellschaft sein – Hoffnungsträger der Übereinkunft unterschiedlicher Interessen. Die Öffentlichkeit der Erziehung, angesiedelt zwischen Staatlichkeit und Privatheit, wird nach dieser Sichtweise eher als in Bewegung gesehen als fixiert (vgl. Thiessen 2004, S. 255; Saitô 2002, S. 126; 134f.). Öffentlichkeit der Erziehung befindet sich stets im Fluss. Die als unvereinbar erscheinenden Komponenten des Staatlichen, Gesellschaftlichen und des Privaten/Individuums hängen voneinander ab, setzen sich gegenseitig voraus und stellen sich als unabdingbare Bestandteile der Öffentlichkeit der Erziehung dar (vgl. Abschn. 5.3).

Dies belegt vor allem die deskriptive Perspektive: Öffentlich institutionalisierte Erziehung befindet sich grundsätzlich in einer, sich im Laufe der Zeit verändernden, strategischen Wechselbeziehung mit der Gesamtgesellschaft, wobei sie in engem Verhältnis zur Öffentlichkeit, dem zwischensystemisch koordinierenden Funktionsträger, steht (vgl. Abschn. 1.2.2.2). Die Fragen zur Öffentlichkeit der Erziehung stellen sich innerhalb des konkurrierenden und zusammenwirkenden Verhältnisses der Öffentlichkeit des Erziehungssystems (Legitimation der öffentlichen Erziehungsinstitutionen) zur Öffentlichkeit des politischen Systems (Legitimation der staatlich-politischen Macht), zur Öffentlichkeit des Wirtschaftsystems (Legitimation des ökonomischen Kalküls) usw. Wesentlich ist, dass sich die verschiedenen Öffentlichkeiten der Funktionssysteme gegenseitig beeinflussen und sich so die jeweiligen Handlungsformen herausbilden (vgl. Sanuki 2007, S. 497). Unter dieser theoretischen Bedingung ist die Öffentlichkeit der Erziehung anstelle einer tendenziellen Positionierung, entweder der Verstaatlichung oder der Privatisierung, eher innerhalb der komplexen gesellschaftlichen Teilbereiche zu verorten. Auch wenn sich der proportionale Anteil staatlicher und privater Schulen sowie die Ziele und Inhalte der jeweiligen

Schulformen ändern,[379] lässt sich die Öffentlichkeit der Erziehung nicht an der konträren Konstellation von Staatlichkeit vs. Gesellschaft/Privatheit bzw. Staatlichkeit/Gesellschaft vs. Privatheit messen. Vielmehr lässt sie sich innerhalb der nebeneinander existierenden, voneinander abhängenden, staatlichen, gesellschaftlichen und privaten Initiativen einordnen, welche aus der Reflexion (Fremd- und Selbstreferentialität) der jeweiligen Gesellschaftssysteme horizontal als Spiegel der Öffentlichkeit(en) entstehen.

Vor diesem Hintergrund ist schlussendlich zu überlegen, ob der Zusammenhang zwischen den Zielen wie Programmatiken der staatlich-politischen Intervention und den Wirkungen der öffentlichen Erziehung auf die privaten Einzelnen stets kontingent bleibt. Im Gegensatz zur sozial- und wohlfahrtsstaatlichen Vision/Illusion politischer Steuerbarkeit entspricht die bildungspolitische Intention des Staates oft nicht der erzielten Wirkung (vgl. Abschn. 5.3.1). Der Steuerungserfolg des staatspolitischen Systems bleibt ungewiss (vgl. Berner 2009, S. 51f.).[380] Nach Luhmann kann der Prozess der Bildungsreform mit der paradoxen Zielsetzung – z. B. die auf geringes Potenzial konzentrierte Form der Qualitätssicherung (Elitenbildung) einerseits und die auf die Masse der Bevölkerung ausgerichtete (Chancen-)Gleichheit andererseits – als „‚Reform-Karussell' von Rekursivität und Reflexion" (Luhmann/Schorr 1988, S. 475) bezeichnet werden. Der antinomische Charakter des Reforminhalts öffentlicher Erziehung impliziert eine zirkulierende Struktur, die nie zum Ende kommt.[381] Öffentlichkeit der Erziehung ist gerade deshalb in den Kommunikationsprozess dieser Zirkulation von Reform und Reflexion verwickelt, weil die paradoxen Bedeutungsinhalte als Strukturprobleme in der Öffentlichkeit der Erziehung stets erhalten bleiben. Widersprüche wie Konflikt/Dissens bleiben der Öffentlichkeit der Erziehung immanent. Öffentlichkeit der Erziehung kann sich hier nur als ein Ergebnis von Kompromissen darstellen. Sie kommt bei der Konfrontation von Privatheit mit Staatlichkeit, Excellenz mit Chancengleichheit oder qualitativer mit quantitativer

---

379 Die Veränderung kann sich als zeitliche Entwicklung darstellen, aber ebenso, je nach Land, grundsätzlich unterschiedlich ausfallen.

380 Im Allgemeinen lässt sich dieses Problem auf das Technologiedefizit des Erziehungshandels zurückführen (vgl. Luhmann/Schorr 1979). Ein wesentlicher Auftrag der Organisation Schule ist die Veränderung von Personen, „die auf den Einzelfall gerichtet, situativ zu vollziehen (ist) und sich eben durch Nicht-Vorhersehbarkeit, Unübersichtlichkeit und Nicht-Planbarkeit auszeichne(t)" (Radtke 2004, S. 104) – people processing organizations. Hier ist man mit einer unveränderbaren antinomischen Komponente pädagogischer Interaktion konfrontiert, dem Kausalitätsproblem. Dieses Problem kann sich auf unterschiedliche Aspekte beziehen, wie z. B. das Zeitproblem, das Kontingenzproblem, das Rationalitätsproblem. Sowohl die erzieherische Intention mit entsprechenden Handlungen (Vermittlungen) als auch der dadurch erzeugte Wirkungszustand sind teleologisch grundsätzlich nicht absehbar (vgl. Luhmann/Schorr 1979; Luhmann 2002b, S. 157; Lenzen 2004; Scheunpflug 2004).

381 So kann der Reformprozess mit immer wieder vorkommenden Orientierungen befasst sein: Orientierung an der Chancengleichheit der Massen => keine Excellenz => Orientierung am geringen Potenzial => Verstärkung der Selektion => Ungleichheit => Orientierung an der Chancengleichheit der Massen => => keine Excellenz usf. (vgl. Ishido 1993, S. 13).

Aufgabe lediglich auf der Grundlage des jeweiligen Versuchs einer Übereinkunft zustande (vgl. Ishido 1993, S. 13). Öffentlichkeit der Erziehung oszilliert demnach zwischen widersprüchlichen Bedeutungsinhalten (vgl. ebd.; Baecker 1996). Mit den Worten von Frank Berner lässt sich zusammenfassen, dass Öffentlichkeit der Erziehung grundsätzlich eine hybride Struktur aufweist, welche sämtliche Forderungen der gesellschaftlichen Bestandteile enthält (vgl. Berner 2009). [382] Wie die Öffentlichkeit der Erziehung in diesem Kontext konkret aussieht, hängt damit zusammen, wie die voneinander abhängigen unterschiedlichen Interessen unter dem Einfluss des staatspolitischen Regelwerks realisiert werden. Die Ausgangsfrage ist daher nicht, ob die öffentliche Erziehung sich an den staatlichen, gesellschaftlichen, individuellen und privaten Interessen orientiert/orientieren soll, ob sie ein öffentliches oder privates Gut ist, sondern vielmehr, wie die Integration der öffentlich-staatlichen und privaten Interessen und somit die horizontale Interdependenz der einzelnen Bestandteile der Öffentlichkeit und der Privatheit qua öffentlicher Erziehung realisiert werden können (vgl. Fujita 2005, S. 20; S. 84ff.).

(ii) Auf diese vorangegangene Frage antwortet die Öffentlichkeit der Erziehung möglicherweise mit ihrer Rolle als aktiver Teil der demokratischen Gesellschaft. Die Überwindung der aus der antagonistischen Betrachtung resultierenden Strukturprobleme der Öffentlichkeit der Erziehung bedeutet schließlich, Öffentlichkeit der Erziehung aus einem paradoxen Gedankenkomplex der liberal-demokratischen Öffentlichkeit, der einerseits autoritäre Herrschaft ablehnt und Individualität in den Vordergrund stellt, aber gleichzeitig gewisse Tugenden für ein freiwilliges Zusammenleben voraussetzt, zu befreien. Erziehung bedeutet nicht einfach die Entfaltung immanenter Kräfte *oder* die Verinnerlichung und Übernahme äußerer Herrschaftsdiskurse. Dem Humboldt'schen Bildungskonzept folgend lässt sich sagen: Erziehung (und darauf folgende Bildung) bedürfen „der Konfrontation mit anderen, mit dem, was nicht Mensch, sondern Welt ist. Die Verausgabung der individuellen Kraft (...) an die Gegenstände der Welt erfordert Anstrengung und Mühe. Die Beschäftigung mit der Welt soll sich das Individuum zur sittlichen Pflicht machen und auch gegen augenblickliche Stimmungen und zufällige Schwierigkeiten durchhalten" (Musolff/Hellekamps 2006, S. 90; vgl. Humboldt (1960 (1793), S. 235ff.).[383] In diesem Zusammenhang versucht

---

382 Diese Vorgehensweise wird bereits von Berner 2009 in Bezug auf den Wohlfahrtsstaat und die sozialen Versicherungen zusammengefasst. Dabei stellt er fest: „Die kollektiven Vorstellungen haben – zurückgehend auf die Leitunterscheidung von Staat und Gesellschaft – eine dualistisch-antagonistische Struktur, die Institutionen der Wohlfahrtsproduktion und ihre Gesamtheit als Sozialsektor sind hingegen hybrid" (ebd., S. 54). Im erziehungswissenschaftlichen Bereich wird dies deutlich, wenn man den Blick auf die tatsächliche Ausgestaltung der öffentlichen Erziehungs- und Bildungsinstitutionen wirft. Als ‚öffentliche Schule' gilt hierzulande sowohl die staatliche als auch die private Schule. Hier ist von öffentlich-staatlicher und öffentlich-privater Schule die Rede.

383 Hier ist jedoch anzumerken, dass in Humboldts Konzept Individualität und Befähigung der Menschen zur Selbstverwirklichung als Selbststeigerung im Vordergrund steht (ebd.).

Dietrich Benner in seiner *allgemeinen Pädagogik*, eine „nicht-affirmative Bildungstheorie" zu entwerfen, die „weder die Subjektivität neuzeitlicher Subjekte noch die gesellschaftlichen Anforderungen an deren Erziehung" (Benner 2001, S. 155) bejaht. Sie sucht „die Prinzipien individueller Bildsamkeit und eines nicht-hierarchischen Verhältnisses der ausdifferenzierten Formen menschlichen Handelns im Zusammenhang zu betrachten" (ebd.). Im Sinne Humboldts kann Erziehung dabei auf ein „Mensch-Welt-Verhältnis" begründet werden, „in dem nicht formale Kräfte der Einzelnen und objektive Anforderungen der Gesellschaft unvermittelt einander gegenüberstehen" (ebd.), sondern Erziehung und Bildung „als eine Wechselwirkung von Menschen und Welt gedacht und konzipiert wird, in der der Mensch sich in Auseinandersetzung mit der Welt selbst bestimmt" (ebd., S. 155f.). Öffentlichkeit der Erziehung gründet damit als intermediäres System auf dem Verhältnis von Menschen und Welt bzw. von Individuum (Privatheit) und Gesellschaft, die nicht in einfacher, sondern stets in pluraler Dimension und Struktur zueinander stehen (vgl. Saitô 2007, S. 101).[384] Gerade wenn man den Blick auf den Strukturwandel der heutigen Öffentlichkeit, mit der Zunahme an Pluralität durch die massendemokratische Gesellschaft, wirft, so erhält besonders diese Ansicht eine neue Bedeutung für die Öffentlichkeit der Erziehung: Es wird möglich, gerade die Aushandlungsprozesse und Wechselwirkungen der Einzelnen mit der vielfältiger werdenden Welt/Öffentlichkeit als Basis für das Konzept der öffentlich institutionalisierten Erziehung zu sehen. Die spezifisch kontingente Erfahrungswelt der einzelnen Beteiligten wird im öffentlichen Erziehungsprozess kommuniziert, (re)organisiert und so die selbstorganisierende Kraft des Einzelnen entfaltet und (re)integriert. Damit wird der Anschluss an die äußere Erfahrungswelt hergestellt. Die die Komplexität reduzierende bzw. steigernde Kommunikation, die auf die Integration der zahlreichen Öffentlichkeiten der Funktionssysteme zielt, wird im Vorfeld qua öffentlicher Erziehung vorbereitet und strukturiert. Die unvermittelbare Verkörperung der öffentlichen Erziehung nach demokratischem Prinzip äußert sich z. B. in der kontingenten Haltung, „Heranwachsende darauf vorzubereiten und darin einzuüben, über ökonomische Fragen auch ethisch, politisch, ästhetisch und religiös und über politische Fragen ebenso ökonomisch, ethisch und ästhetisch usw. nachzudenken, (...) (um) Tendenzen zur Monopolisierung, Dogmatisierung und Regionalisierung von Kritik entgegenzuwirken und verschiedene Formen von Kritik in einem sowohl selbstbezüglichen als auch wechselseitigen Sinne zu kultivieren" (Benner 2001, S. 181).[385] Aufgrund der Austauschprozesse, der

---

384 Das Ich als Individuum enthält mehrere Lebensstrukturen und Identitäten, die in Beziehung zu mehreren Öffentlichkeiten stehen. Offenheit und Pluralität sind in der (westlich modernen) massendemokratischen Gesellschaft Bedingungen individuellen Lebens und somit des Öffentlichen (Politischen) (ebd.).

385 Diese Haltung kann nur „in einer kritischen Überwindung des Dualismus von modernen Einzelwissenschaften und staatlicher (sic) Politik gefunden werden. Überwindung staatlicher Politik meint dabei nicht einen Ausstieg aus der bisherigen Geschichte und einen Sprung in

„Wechselwirkung, in der die Erfahrung [der Individuen und der Gesellschaft; T. K.] durch fortlaufende Selbstkorrektur angepasst wird" (Oelkers 2009, S. 254), wird Öffentlichkeit der Erziehung durch „soziale Interaktion mit offenem Ausgang" (ebd.) markiert. Öffentlichkeit der Erziehung setzt damit nie abschließende Kommunikation und Handeln voraus.[386] Dies entspricht dem Konzept der demokratischen Gesellschaft als nie vollendetes Projekt (vgl. Himmelmann 2006, S. 36f.).

Unter dieser Bedingung lässt sich öffentlich institutionalisierte Erziehung konkret in das alltägliche Öffentlichkeitsgeschehen integrieren, wobei sie als lokale, sich in einem kleinen Rahmen abspielende Handlungseinheit, neben anderen (zivilen) Organisationen die öffentliche Kommunikation zu ergänzen weiß, z. B. als Versuch, „die Formen eines kommunalen Lebens zu stützen, in denen Dialog, Konversation, (...) praktische Diskurse und Urteile in einer konkreten Weise in unserer Alltagspraxis verkörpert sind" (Bernstein 1983, S. 229, zit. n. Englund 1994, S. 241). Vor allem bezüglich der gegenwärtigen Diskussion wird die Frage der Bürgerschaft zu einem konstituierenden Element der Öffentlichkeit der Erziehung. In der (neuen) bürgerschaftlichen Öffentlichkeit, die ausschließlich innerhalb der demokratischen Gesellschaftsordnung durch die Selbstorganisationskraft der Einzelnen/Gesellschaft entsteht (vgl. Habermas 1990 (1962), S. 22; vgl. Abschn. 5.3.2; 5.3.3), kann öffentlich institutionalisierte Erziehung sich selbst als einen Teil dieser Öffentlichkeiten aktiv situieren und zugleich darauf abzielen, neue (Teil/Gegen-)Öffentlichkeiten (vgl. Fraser 2001) prozedural herzustellen. Diese Sichtweise gewinnt vor allem durch die jüngsten Tendenzen von Globalisierung, Dezentralisierung und Entstaatlichung an Bedeutung, wobei die Staatsbürger (Nation) innerhalb eines Nationalstaates nicht länger mit dem Zivilbürger (Citizen) identisch sein müssen. Eine in der gegenwärtigen öffentlichen Erziehung (vor allem in Japan zu beobachtende) synchron verlaufende Tendenz (neo)konservativer Haltung mit stärkerer Orientierung am Nationalstaat und am nationalen Kulturgut (vgl. Abschn. 5.2.2) kann dabei nur Geltung erlangen, wenn sie sich nicht auf das hierarchisch-antagonistische Verhältnis von Staat und Gesellschaft/Privat stützt, sondern durch die aktive Teilnahme des Zivilbürgers (Citizen) konstruiert wird (vgl. Kodama 2006, S. 109). Öffentliche Erziehung kann die demokratische Gesellschaftsstruktur in unmittelbarer Weise unterstützen, indem sie die Herausbildung der Bürgerschaft,

---

eine Weltbürgergesellschaft, sondern zielt auf eine Neukonstitution menschlicher Praxis, welche deren Reduktion auf technisches Handeln einerseits und staatliche Politik andererseits zurücknimmt und die in Wissenschaft und Politik sich äußernden Weltverhältnisse um andere erweitert" (ebd., S. 177f.).

386 „Bildungstheorie, die dies bedenkt, kommt ohne den Begriff eines fertig Gebildeten aus. Sie ist weder auf eine ursprüngliche oder anfängliche noch auf eine ausstehende oder einzulösende Versöhnung von Mensch und Welt, Vernunft und Natur ausgerichtet. In ihrer Kritik affirmativer Bildungskonzepte kommt sie ohne Inanspruchnahme solcher Ideale aus." (Benner 2001, S. 166).

d. h. die Übergangszeit vom Unmündigen zum Mündigen, begleitet, die Potentiale der Selbstorganisationskraft der Gesellschaft steigert und somit zur Entstehung und zum Zusammenhalt der Öffentlichkeiten beiträgt.[387] Dabei verstehen sich die widersprüchlichen Strukturprobleme gerade als konstruktive Momente, die die andauernde Wechselwirkung der öffentlichen Erziehung mit den ausdifferenzierten Funktionssystemen fördert.

Öffentlichkeit der Erziehung lässt sich überhaupt nur in einer andauenden Wechselbeziehung innerhalb der Verhältnisse von Staat, Gesellschaft und Privatheit bestimmen – als Wechselbeziehung, die die soziale Struktur im Ganzen darstellt und gemeinsam von den öffentlichen Akteuren getragen wird. Anstelle der Aktivierung des Staatlichen *oder* des Privaten kann die Gesamtheit der (zivilen) Gesellschaft aktiviert und gestärkt werden. Damit zeigt sich Öffentlichkeit der Erziehung – gerade unter den aktuellen Gesellschaftsbedingungen mit Massenmedien und neoliberalem Diskurs – die sich zunehmend dezentralisiert und an Privatheit orientiert, als ein nicht wegzudenkendes Moment für das Fortbestehen einer demokratischen Gesellschaft. Die öffentlichen Aushandlungsprozesse, die die vielfältigen Interessen des Einzelnen wie der Gesellschaftssysteme aufgreifen und widerspiegeln, finden stets innerhalb der öffentlichen Erziehung statt und werden durch öffentliche Erziehung ermöglicht.

---

387 Diese Art der Schlussfolgerung, welche die positive Bewertung über die Selbstorganisationskraft der Gesellschaft hervorhebt und diese als Anlass der Öffentlichkeit der Erziehung vorsieht, kann mit Bezug auf die Subjektivierungsweise und den Gouvermentalität-Ansatz (vgl. Lemke/Krasmann/Bröckling 2000) als Zustand von „Handeln auf ein Handeln" bzw. von „Führen der Führungen" (Foucault 1994a, S. 255) kritisch betrachtet werden. Diese Überlegung geht jedoch über den Rahmen der vorliegenden Arbeit hinaus und müsste an anderer Stelle behandelt werden.

Bibliographie

Abe, Kinya (2001/1995): Über ‚Seken‘(Öffentlichkeit) (「世間」とは何か). Kôdansha, Tokyo

Abe, Kinya (2002/1997): Über ‚Kyôyô‘(Kultiviertheit) (「教養」とは何か). Kôdansha, Tokyo

Abe, Kiyoshi (2002): Öffentlichkeit und Privatheit im Kontext der hochentwickelten japanischen Informationsgesellschaft (高度情報化社会としての日本における公と私). In: Sasaki, Takeshi / Kim, Tae-Chang (Hrsg.): Public and Private in Japanese Context. Public Philosophy 3. University of Tokyo Press, Tokyo, S. 191-228

Amano, Ikuo (2001): The Japanese Educational System. Structure and Changes (日本の教育システム。構造と変動). University of Tokyo Press, Tokyo

Ameling, Walter (2004): Wohltäter im hellenistischen Gymnasion. In: Kah, Daniel / Scholz, Peter (Hrsg.): Das hellenistische Gymnasion. Berlin, S. 129-161

Amos, Sigrid Karin / Meseth, Wolfgang / Proske, Matthias (2011): Öffentliche Erziehung – Revisited: Eine Einleitung. In: ders. / ders. / ders. (Hrsg.): Öffentliche Erziehung Revisited. Erziehung, Politik und Gesellschaft im Diskurs. Wiesbaden. S. 9-30

Anderson, Benedict (1996): Die Erfindung der Nation. Zur Karriere eines folgenreichen Konzepts. Frankfurt/New York

Anderson, Elizabeth S. (2000): Warum eigentlich Gleichheit? In: Krebs, Angelika (Hrsg.): Gleichheit oder Gerechtigkeit. Texte der neuen Egalitarismuskritik. Frankfurt, S. 117-171

Angermann, Erich (1976): Das Auseinandertreten von „Staat" und „Gesellschaft" im Denken des 18. Jahrhunderts. In: Böckenförde, Ernst-Wolfgang (Hrsg.): Staat und Gesellschaft. Darmstadt, S. 109-130

Anträge der Provinziallehrerkonferenzen zur Reorganisation des Volksschulwesens (1848/1980). In: Berg, Christa (Hrsg.): Staat und Schule oder Staatsschule? Stellungnahmen von Pädagogen und Schulpolitikern zu einem unerledigten Problem 1787-1889. Königstein/Ts. 1980, S. 122-133

Arendt, Hannah (1958/1994): Die Krise in der Erziehung. Bremen 1958. ebenso In: ders.: Zwischen Vergangenheit und Zukunft. Übungen im politischen Denken I. München 1994, S. 255-276

Arendt, Hannah (2007/1958): Vita activa. oder Vom tätigen Leben. München. Originale Fassung: The Human Condition. The University of Chicago Press

Ariès, Philippe (1978): Geschichte der Kindheit. München

Aristoteles (1955): Achtes Buch. In: ders.: Politik und Staat der Athener. Eingeleitet und übertragen von Olof Gigon. Zürich, S. 307-322

Baacke, Dieter (1997): Medienpädagogik. Tübingen

Baecker, Dirk (1996): Oszillierende Öffentlichkeit. In: Maresch, Rudolf (Hrsg.): Medien und Öffentlichkeit, Positionierungen, Symbole, Simulationsbrüche. Regensburg, S. 89-107

Balzer, Nicole(2004): Von den Schwierigkeiten, nicht oppositional zu denken. Linien der Foucault-Rezeption in der deutschsprachigen Erziehungswissenschaft. In: Ricken, Norbert / Rieger-Ladich, Markus: Michel Foucault: Pädagogische Lektüren. Wiesbaden, S. 15-35

Bank, Volker (Hrsg.) (2005): Vom Wert der Bildung. Bildungsökonomie in wirtschaftspädagogischer Perspektive neu gedacht. Bern/Stuttgart/Wein

Beck, Ulrich (1986): Risikogesellschaft. Auf dem Weg in eine andere Moderne. Frankfurt

Beck, Ulrich / Giddens, Anthony / Lash, Scott (1996): Reflexive Modernisierung. Eine Kontroverse. Frankfurt

Beckedorff, Ludolph von: Beurteilung des Süvernschen Unterrichtsgesetzentwurfs (um 1819/1822) (1993). In: Berthold, Michael / Schepp, Heinz-Hermann (Hrsg.): Die Schule in Staat und Gesellschaft. Dokumente zur deutschen Schulgeschichte im 19. und 20. Jahrhundert. Göttingen/Zürich, S. 113-123

Beetz, Michael (2003): Organisation und Öffentlichkeit als Mechanismen politischer Koordination. In: Hellmann, Kai-Uwe / Fischer, Karsten / Bluhm, Harald (Hrsg.): Das System der Politik. Niklas Luhmanns politische Theorie. Wiesbaden, S. 108-120

Benhabib, Seyla (1995): Modelle des »öffentlichen Raums«. Hannah Arendt, die liberale Tradition und Jürgen Habermas. In: ders.: Selbst im Kontext. Kommunikative Ethik im Spannungsfeld von Feminismus, Kommunitarismus und Postmoderne. Frankfurt, S. 96-130. Originale Fassung: ders.: Models of Public Space: Hannah Arendt, the Liberal Tradition, and Jürgen Habermas. In: Calhoun, Craig J. (Hrsg.): Habermas and the Public Sphere. Massachusetts 1992, S. 73-98

Benhabib, Seyla (1998): Hannah Arendt. Die melancholische Denkerin der Moderne. Hamburg

Benner, Dietrich (2001): Allgemeine Pädagogik. Eine systematisch-problemgeschichtliche Einführung in die Grundstruktur pädagogischen Denkens und Handelns. Weinheim und München

Berg, Christa (Hrsg.) (1980): Staat und Schule oder Staatsschule? Stellungnahmen von Pädagogen und Schulpolitikern zu einem unerledigten Problem 1787-1889. Königstein/Ts.

Berner, Frank (2009): Der hybride Sozialstaat. Die Neuordnung von öffentlich und privat in der sozialen Sicherung. Frankfurt/New York

Bernfeld, Siegfried (1994/1925): Sisyphos oder die Grenzen der Erziehung. Frankfurt

Bernstein Richard J. (1983): Beyond Objectivism and Relativism. Science, Hermeneutics, and Praxis. Philadelphia

Berthold, Michael / Schepp, Heinz-Hermann (Hrsg.) (1993): Die Schule in Staat und Gesellschaft. Dokumente zur deutschen Schulgeschichte im 19. und 20. Jahrhundert. Göttingen/Zürich

Blankertz, Herwig (1992): Die Geschichte der Pädagogik. Von der Aufklärung bis zur Gegenwart. Wetzler

Böckenförde, Ernst-Wolfgang (1976a): Staat, Gesellschaft, Freiheit. Studien zur Staatstheorie und zum Verfassungsrecht. Frankfurt 1976

Böckenförde, Ernst-Wolfgang (1976a/1976b): Die Bedeutung der Unterscheidung von Staat und Gesellschaft im demokratischen Sozialstaat der Gegenwart. In: ders: Staat Gesellschaft Freiheit. Studien zur Staatstheorie und zum Verfassungsrecht. Frankfurt, S. 185-220; ebenso In: ders.: Staat und Gesellschaft. Darmstadt, S. 395-431

Böckenförde, Ernst-Wolfgang (Hrsg.)(1976b): Staat und Gesellschaft. Darmstadt

Bollenbeck, Georg (1996): Bildung und Kultur. Glanz und Elend eines deutschen Deutungsmusters. Frankfurt

Bonacker, Thorsten (1997): Kommunikation zwischen Konsens und Konflikt. Möglichkeiten und Grenzen gesellschaftlicher Rationalität bei Jürgen Habermas und Niklas Luhmann. Oldenburg

Bourdieu, Pierre / Passeron, Jean-Claude (1971): Die Illusion der Chancengleichheit. Untersuchungen zur Soziologie des Bildungswesens am Beispiel Frankreichs. Stuttgart

Bowles, Samuel / Gintis, Herbert (1978): Pädagogik und die Widersprüche der Ökonomie. Das Beispiel USA. Frankfurt. Originale Fassung: Schooling in Capitalist America. Educational Reform and the Contradictions of Economic Life. Basic Books, Inc., New York 1976

Bowles, Samuel / Gintis, Herbert (1987): Democracy and Capitalism. Property, Community, and the Contradictions of Modern Social Thought. London

Brink, Bert van den (1995): Die politisch-philosophische Debatte über die demokratische Bürgergesellschaft. In: ders. / Reijen, Willem van (Hrsg.): Bürgergesellschaft, Recht und Demokratie. Frankfurt, S. 7-23

Brink, Bert van den / Reijen, Willem van (Hrsg.) (1995): Bürgergesellschaft, Recht und Demokratie. Frankfurt

Bröckling, Ulrich (2003): Menschenökonomie, Humankapital. Eine Kritik der biopolitischen Ökonomie. In: Mittelweg 36, 1

Brück, Brigitte / Kahlert, Heike / Krüll, Marianne (Hrsg.) (1992): Feministische Soziologie. Eine Einführung. Frankfurt

Brüggen, Friedhelm (2004): Historisches Wörterbuch der Pädagogik. Hrsg. v. Dietrich Benner und Jürgen Oelkers. Weinheim und Basel

Brüggen, Friedhelm (2004): Öffentlichkeit. In: Historisches Wörterbuch der Pädagogik. Hrsg. v. Dietrich Benner und Jürgen Oelkers. Weinheim und Basel, S. 724-749

Brunnengräber, Achim (Hrsg.) (2003): Globale Öffentliche Güter unter Privatisierungsdruck. Festschrift für Elmar Altvater. Münster

Brüsemeister, Thomas (2003): Soziologie. Kommentar. In: ders. / Eubel, Klaus-Dieter (Hrsg.): Zur Modernisierung der Schule. Leitideen – Konzepte – Akteure. Ein Überblick. Bielefeld, S. 37-40

Brüsemeister, Thomas / Eubel, Klaus-Dieter (Hrsg.) (2003): Zur Modernisierung der Schule. Leitideen – Konzepte – Akteure. Ein Überblick. Bielefeld

Caruso, Marcelo / Tenorth, Heinz-Elmar (2002): „Internationalisierung" vs. „Globalisierung": Ein Versuch der Historisierung. Zur Einführung in den Band. In: ders. / ders. (Hrsg.): Internationalisierung, Internationalisation. Semantik und Bildungssystem in vergleichender Perspektive. Frankfurt, S. 13-32

Christes, Johannes / Klein, Richard / Lüth, Christoph (Hrsg.) (2006): Handbuch der Erziehung und Bildung in der Antike. Darmstadt

Condorcet, Jean Marie de (1976): Entwurf einer historischen Darstellung der Fortschritte des menschlichen Geistes. Köln

Condorcet, Jean Marie de (1993/1792): Bericht und Entwurf einer Verordnung über die allgemeine Organisation des öffentlichen Unterrichtswesens (1792). In: Berthold, Michael / Schepp, Heinz-Hermann (Hrsg.): Die Schule in Staat und Gesellschaft. Dokumente zur deutschen Schulgeschichte im 19. und 20. Jahrhundert. Göttingen/Zürich, S. 84-86

Condorcet, Jean Marie de (1994): Cinq mémoires sur l'instruction publique. Paris

Dahrendorf, Ralf (1966): Bildung ist Bürgerrecht. Plädoyer für eine aktive Bildungspolitik. Bramsche/Osnabrück, S. 9-27

Dahrendorf, Ralf (1993): Aktive und Passive Öffentlichkeit. Über Teilnahme und Initiative im politischen Prozeß moderner Gesellschaften. In: Langenbucher, Wolfgang (Hrsg.): Politische Kommunikation. Grundlagen, Strukturen, Prozesse. Wien, S. 42-51

Dahrendorf, Ralf (2010/1958): Homo Sociologicus. Ein Versuch zur Geschichte, Bedeutung und Kritik der Kategorie der sozialen Rolle. 17. Aufl. Wiesbaden

Deutscher, Eckhard K. (1976): Private Schulen in der deutschen Bildungsgeschichte. Ein Beitrag zum Verhältnis von Schule und Staat. Kelkheim /Ts.

Dewey, John (1993/1916): Demokratie und Erziehung. Eine Einleitung in die philosophische Pädagogik. Weinheim und Basel

Donges, Patrick / Imhof, Kurt (2001): Öffentlichkeit im Wandel. In: Jarren, Otfried / Bonfadelli, Heinz (Hrsg.): Einführung in die Publizistikwissenschaft. Bern/Stuttgart/Wien, S. 101-133

Dreiyer, Boris (2004): Die Neoi im hellenistischen Gymnasion. In: Kah, Daniel / Scholz, Peter (Hrsg.): Das hellenistische Gymnasion. Berlin, S. 211-236

Dreßen, Wolfgang (1982): Die pädagogische Maschine. Zur Geschichte des industrialisierten Bewusstseins in Preußen/Deutschland. Frankfurt

Eisenstadt, Shmuel N. (2000): Die Vielfalt der Moderne. Weilerswist

Elias, Norbert (1997): Über den Prozeß der Zivilisation. Soziogenetische und psychogenetische Untersuchungen. Erster Band. Wandlungen des Verhaltens in den weltlichen Oberschichten des Abendlandes. Frankfurt

Englund, Tomas (1994): Pädagogische Diskurse und die Konstitution von Öffentlichkeit. In: Sünker, Heinz / Timmermann, Dieter / Kolbe, Fritz-Ulrich (Hrsg.): Bildung, Gesellschaft, soziale Ungleichheit. Internationale Beiträge zur Bildungssoziologie und Bildungstheorie. Frankfurt, S. 226-245

Eswein, Mikiko (1996): Erziehung zwischen Konfuzius und Bismarck. Schule und Erziehungssystem in Japan. Aus: Duisburger Arbeitspapiere Ostasienwissenschaften. http://www.uni-due.de/in-east/fileadmin/publications/gruen/paper10.pdf. Stand vom 25.01.2012

Feldmann, Klaus (2005): Erziehungswissenschaft im Aufbruch. Eine Einführung. Weisbaden

Fend, Helmut (1980): Theorie der Schule. München/Wien/Baltimore

Fend, Helmut (2008): Neue Theorie der Schule. Einführung in das Verstehen von Bildungssystem. Wiesbaden

265

Fichte, Johann Gottlieb (2008): Reden an die deutsche Nation. Hamburg (aus dem 1807/1808)

Forderungen der Gründungsversammlung des Allgemeinen Deutschen Lehrervereins zur Organisation der Volksschule und zum Grundrecht auf Bildung (1848/1993). In: Berthold, Michael / Schepp, Heinz-Hermann (Hrsg.): Die Schule in Staat und Gesellschaft. Dokumente zur deutschen Schulgeschichte im 19. und 20. Jahrhundert. Göttingen/Zürich 1993, S. 159-161

Foucault, Michel (1978): Dispositive der Macht. Über Sexualität, Wissen und Wahrheit. Berlin

Foucault, Michel (1993): Technologien des Selbst. In: Martin, Luther H. / Gutman, Huck / Hutton, Patrick H. (Hrsg.): Technologien des Selbst. Frankfurt, S. 24-62

Foucault, Michel (1994a): Das Subjekt und die Macht. In: Dreyfus, Hubert L. / Rabinow, Paul (Hrsg.): Michel Foucault: jenseits von Strukturalismus und Hermeneutik. Frankfurt, S. 243-261

Foucault, Michel (1994b): Omnes et singulatim. Zu einer Kritik der politischen Vernunft. In: Vogl, Joseph (Hrsg.): Gemeinschaften. Positionen zu einer Philosophie des Politischen. Frankfurt, S. 65-93

Foucault, Michel (1994c): Überwachen und Strafen. Die Geburt des Gefängnisses. Frankfurt

Foucault, Michel (2000): Die »Gouvernementalität«. In: Bröckling, Ulrich / Krasmann, Susanne / Lemke, Thomas: Gouvernementalität der Gegenwart. Studien zur Ökonomisierung des Sozialen. Frankfurt, S. 41-67

Foucault, Michel (2004): Geschichte der Gouvernementalität I. Sicherheit, Territorium, Bevölkerung. Vorlesung am Collège de France 1977-1978. Hrsg. von Michel Sennelart. Frankfurt

Fraser, Nancy (1994): Widerspenstige Praktiken. Macht, Diskurs, Geschlecht. Frankfurt

Fraser, Nancy (2001): Neue Überlegungen zur Öffentlichkeit. Ein Beitrag zur Kritik der real existierenden Demokratie. In: ders.: Die halbierte Gerechtigkeit. Schlüsselbegriffe des postindustriellen Sozialstaats. Frankfurt, S. 107-150. Originale Fassung: ders.: Rethinking the Public Sphere: A Contribution to the Critique of Actually Existing Democacy. In: Calhoun, Craig J. (Hrsg.) : Habermas and the Public Sphere. Massachusetts 1992, P. 109-142

Friedeburg, Ludwig von (1992): Bildungsreform in Deutschland. Geschichte und gesellschaftlicher Widerspruch. Frankfurt

Frost, Ursula (Hrsg.) (2006): Unternehmen Bildung. Die Frankfurter Einsprüche und kontroverse Positionen zur aktuellen Bildungsreform. Sonderheft zur Vierteljahrsschrift für wissenschaftliche Pädagogik. Paderborn

Fuhrmann, Manfred (2002): Bildung. Europas kulturelle Identität. Stuttgart

Fujita, Hidenori (2005): Überlegungen zur Pflicht der schulischen Erziehung (義務教育を問いなお す). Chikuma, Tokyo

Fujita, Hidenori (2006): Die Zukunft der Bildungsreform (教育改革のゆくえ。格差社会か共生社 会か). Iwanami booklet No.688. Tokyo

Fukuzawa, Yukichi (1971): Eine autobiographische Lebensschilderung (original: Fukuo-Jiden). Übersetzt von Gerhard Linzbichler. Tokyo

Fukuzawa, Yukichi (2007/1876): Aufruf zur Wissenschaft (学問のすゝめ). Iwanami, Tokyo, 88. Aufl.

Fulcher, James (2007): Kapitalismus. Stuttgart

Gauchet, Marcel (1991): Die Erklärung der Menschenrechte. Die Debatte um die bürgerlichen Freiheiten 1789. Hamburg

Gehrke, Hans-Joachim (2004): Eine Bilanz: Die Entwicklung des Gymnasions zur Institution der Sozialisierung in der Polis. In: Kah, Daniel / Scholz, Peter (Hrsg.): Das hellenistische Gymnasion. Berlin, S. 413-419

Gellner, Ernest (1995): Nationalismus und Moderne. Hamburg

Gerhards, Jürgen (1994): Politische Öffentlichkeit. Ein system- und akteurstheoretischer Bestimmungsversuch. In: Neidhardt, Friedhelm (Hrsg.): Öffentlichkeit, Öffentliche Meinung, Soziale Bewegungen. Kölner Zeitschrift für Soziologie und Sozialpsychologie, Sonderheft 34. Opladen, S. 77-105

Gerhards, Jürgen (1997): Diskursive versus liberale Öffentlichkeit. Eine empirische Auseinandersetzung mit Jürgen Habermas. In: Kölner Zeitschrift für Soziologie und Sozialpsychologie, Jg. 49, Heft 1, S. 1-34

Gerhards, Jürgen (1998): Öffentlichkeit. In: Jarren, Otfried / Sarcinelli, Ulrich / Saxer, Ulrich (Hrsg.):Politische Kommunikation in der demokratischen Gesellschaft. Ein Handbuch mit Lexikonteil. Opladen/Wiesbaden, S. 268-274

Gerhards, Jürgen / Neidhardt, Friedhelm (1993): Strukturen und Funktionen moderner Öffentlichkeit. Fragestellung und Ansätze. In: Langenbucher, Wolfgang R. (Hrsg.): Politische Kommunikation. Grundlagen, Strukturen, Prozesse. Wien, S. 52-88

Gesetz betr. Die Beaufsichtigung des Unterrichts- und Erziehungswesens („Schulaufsichtsgesetz" 1872) (1993). In: Berthold, Michael / Schepp, Heinz-Hermann (Hrsg.): Die Schule in Staat und Gesellschaft. Dokumente zur deutschen Schulgeschichte im 19. und 20. Jahrhundert. Göttingen/Zürich, S. 177-179

GEW – Gewerkschaft Erziehung und Wissenschaft (2006): Privatisierungsreport. Vom Rückzug des Staates aus der Bildung. Frankfurt

Görke, Alexander (2003): Das System der Massenmedien, öffentliche Meinung und Öffentlichkeit. In: Hellmann, Kai-Uwe / Fischer, Karsten / Bluhm, Harald (Hrsg.): Das System der Politik. Niklas Luhmanns politische Theorie. Wiesbaden, S. 121-135

Gruschka, Andreas (1991): Pädagogik und Marketing. In: Pädagogische Korrespondenz, H. 9, S. 5-16

Haasch, Günther (Hrsg.) (2000): Bildung und Erziehung in Japan. Ein Handbuch zur Geschichte, Philosophie, Politik und Organisation des japanischen Bildungswesens von den Anfängen bis zu Gegenwart. Berlin

Habermas, Jürgen (1974): Vorbereitende Bemerkungen zu einer Theorie der kommunikativen Kompetenz (Vorlage für Zwecke einer Seminardiskussion). In: ders. / Luhmann, Niklas: Theorie der Gesellschaft oder Sozialtechnologie – Was leistet die Systemforschung? Frankfurt, S. 101-141

Habermas, Jürgen (1990/1962): Strukturwandel der Öffentlichkeit. Untersuchungen zu einer Kategorie der bürgerlichen Gesellschaft. Frankfurt

Habermas, Jürgen (1994): Faktizität und Geltung. Beiträge zur Diskurstheorie des Rechts und des demokratischen Rechtsstaats. Frankfurt

Habermas, Jürgen (1995/1981): Theorie des kommunikativen Handelns. Zweiter Band. Zur Kritik der funktionalistischen Vernunft. Frankfurt

Habermas, Jürgen (1999): Drei normative Modelle der Demokratie. In: ders.: Die Einbeziehung des Anderen: Studien zur Politischen Theorie. Frankfurt, S. 277-292

Habermas, Jürgen / Luhmann, Niklas (1974): Theorie der Gesellschaft oder Sozialtechnologie – Was leistet die Systemforschung? Frankfurt

Hata, Takashi (1993): The Privatization of Education and the Problem of Public Education (自由化論と公教育論の課題). In: The Journal of Educational Sociology. Hrsg. v. The Japan Sociey of Educational Sociology. No. 52, S. 20-35

Hegner, Friedhart (1982): Haushaltsfamilie und Familienhaushalt: Vorüberlegungen zu einer Typologie der Verknüpfung familialer und ökonomischer Aktivitäten. In: Kaufmann, Franz-Xaver (Hrsg.): Staatliche Sozialpolitik und Familie. München, S. 23-47

Heinemann, Manfred (1974): Schule im Vorfeld der Verwaltung. Die Entwicklung der preußischen Unterrichtsverwaltung von 1771-1800. Göttingen

Hellekamps, Stephanie (2006): Hannah Arendt über die Krise in der Erziehung – Wiedergelesen. In: Zeitschrift für Erziehungswissenschaft, 9. Jg., Heft 3, S. 413-423

Helsper, Werner (1990): Schule in den Antinomien der Moderne. In: Krüger, Heinz-Hermann (Hrsg.): Abschied von der Aufklärung. Perspektiven der Erziehungswissenschaft. Opladen, S. 175-194.

Helsper, Werner (1995): Pädagogisches Handeln in den Widersprüchen der Moderne. In: Krüger, Heinz-Hermann / ders. (Hrsg.): Einführung in Grundbegriffe und Grundfragen der Erziehungswissenschaft. Opladen, S. 15-35.

Helsper, Werner (1996): Antinomien des Lehrerhandelns in modernisierten pädagogischen Kulturen. Paradoxe Verwendungsweisen von Autonomie und Selbstverantwortlichkeit. In: Combe, Arno /

Helsper, Werner (Hrsg.): Pädagogische Professionalität. Untersuchungen zum Typus pädagogischen Handelns. Frankfurt, S. 521-569.

Helsper, Werner (2004): Antinomien, Widersprüche, Paradoxien: Lehrerarbeit – ein unmögliches Geschäft? Eine strukturtheoretisch-rekonstruktive Perspektive auf das Lehrerhandeln. In: Koch-Priewe, Barbara / Kolbe, Fritz-Ulrich / Wildt, Johannes (Hrsg.): Grundlagenforschung und mikrodidaktische Reformansätze zur Lehrerbildung. Bad Heilbrunn, S. 49-98.

Henkenborg, Peter (2005): Politische Bildung als Schulprinzip: Demokratie-Lernen im Schulalltag. In: Sander, Wolfgang (Hrsg.): Handbuch politische Bildung. Schwalbach/Ts., S. 265-281

Herrlitz, Hans-Georg / Hopf, Wulf / Titze, Hartmut / Cloer, Ernst (2005): Deutsche Schulgeschichte von 1800 bis zur Gegenwart. Eine Einführung. Weinheim und München

Herrmann, Ulrich (1993): Erziehungsstaat – Staatserziehung – Nationalbildung. Staatliche und gesellschaftliche Funktionen und Leistungen von Erziehung und Unterricht im Übergang vom Untertanenverbands-Staat zur modernen Staatsbürger-Gesellschaft. In: Zeitschrift für Pädagogik. 39. Jg. Nr. 4, S. 567-582

Herrmann, Ulrich / Oelkers, Jürgen (1989): Pädagogisierung der Politik und Politisierung der Pädagogik. Zur Konstituierung des pädagogisch-politischen Diskurses der modernen ‚Pädagogik. In: Zeitschrift für Pädagogik. 24. Beiheft, S. 15-29

Herzog, Roman (1997): Entlassen wir Schulen und Hochschulen in die Freiheit. Dokumentation einer Rede des Bundespräsidenten. In: Frankfurter Rundschau, 06. 11.1997, S. 14

Higashijima, Makoto (2002): Ist Kô (公) gleich zu setzen mit ‚public'? (公はパブリックか？). In: Sasaki, Takeshi / Kim, Tae-Chang (Hrsg.): Public and Private in Japanese Context (Public Philosophy 3). University of Tokyo Press, Tokyo, S. 63-100

Hillmann, Karl-Heinz (Hrsg.) (1994): Wörterbuch der Soziologie. 4. Aufl. Stuttgart: Kröner, davon Öffentlichkeit, S. 625f.

Himmelmann, Gerhard (2006): Leitbild Demokratieerziehung: Vorläufer, Begleitstudien und internationale Ansätze zum Demokratie-Lernen. Hrsg. und eingeleitet v. Dirk Lange und Detlef Eichner. Schwalbach/Ts.

Hofer, Ursula (1998): „Instruction publique" im französischen Modernisierungsdiskurs des 18. Jahrhunderts La leçon de condorcet. In: Oelkers, Jürgen / Osterwalder, Fritz / Rhyn, Heinz (Hrsg.): Bildung, Öffentlichkeit und Demokratie. Zeitschrift für Pädagogik. 38. Beiheft, Weinheim und Basel, S. 29-44

Hoffmann, Dietrich (2001): Die Auswirkung der ‚unsozialen Marktwirtschaft' auf den pädagogischen Zeitgeist. In: ders. / Maack-Rheinländer, Kathrin (Hrsg.): Ökonomisierung der Bildung. Die Pädagogik unter den Zwängen des »Marktes«. Weinheim und Basel, S. 23-48

Hoffmann, Dietrich / Maack-Rheinländer, Kathrin (Hrsg.) (2001): Ökonomisierung der Bildung. Die Pädagogik unter den Zwängen des »Marktes«. Weinheim und Basel

Hohendahl, Peter (2000): Öffentlichkeit: Geschichte eines kritischen Begriffs. Stuttgart

Hölscher, Lucian (1978): Öffentlichkeit. In: Brunner, Otto / Conze, Werner / Koselleck, Reinhart (Hrsg.): Geschichtliche Grundbegriffe. Historisches Lexikon zur Politisch-Sozialen Sprache in Deutschland. Bd. 4. Stuttgart, S. 413-467

Hölscher, Lucian (1979): Öffentlichkeit und Geheimnis. Eine begriffsgeschichtliche Untersuchung zur Entstehung der Öffentlichkeit in der frühen Neuzeit. Stuttgart

Hölscher, Lucian (1984): Öffentlich/privat. / Öffentlichkeit. In: Ritter, Joachim / Gründer, Kartfried (Hrsg.): Historisches Wörterbuch der Philosophie. Bd. 6, Sasel/Stuttgart, S. 1131-1140

Honneth, Axel (Hrsg.) (1993): Kommunitarismus. Eine Debatte über die moralischen Grundlagen moderner Gesellschaften. Frankfurt

Horio Teruhisa (1992): Ideen und Strukturen der modernen Erziehung (現代教育の思想と構造). Tokyo: Iwanami Dojidai Library 123

Horio, Teruhisa (1998): Education in Modern Japan (日本の教育). University of Tokyo Press, Tokyo, 4. Aufl.

Hörster, Detlef (2002): Keine Angst vor Niklas Luhmann; er hat ja nur die Wahrheit über die Schule gesagt. In: Manuskript eines Tagungsvortrags vom 2. 1. 2002

Humboldt, Wilhelm von (1960/1792): Ideen zu einem Versuch, die Gränzen der Wirksamkeit des Staats zu bestimmen (1792). In: ders: Schriften zur Anthropologie und Geschichte. Werke in fünf Bänden. Bd. I. Hrsg. v. Andreas Flitner / Klaus Giel. 3. Aufl. Darmstadt, S. 56-233

Humboldt, Wilhelm von (1960/1793): Theorie der Bildung des Menschen. Bruchstück (1793). In: ders.: Schriften zur Anthropologie und Geschichte. Werke in fünf Bänden. Bd. I, Hrsg. v. Andreas Flitner und Klaus Giel. Darmstadt, S. 234-240

Humboldt, Wilhelm von (1964/1809a): Der Königsberger und der Litauische Schulplan (1809). In: ders.: Schriften zur Politik und zum Bildungswesen. Werke in fünf Bänden. Bd. IV. Hrsg. v. Andreas Flitner / Klaus Giel, Darmstadt, S. 168-195

Humboldt, Wilhelm von (1964/1809b): Bericht der Sektion des Kultus und Unterrichts an den König. Dezember 1809. In: ders.: Schriften zur Politik und zum Bildungswesen. Werke in fünf Bänden. Bd. IV. Hrsg. v. Andreas Flitner / Klaus Giel, Darmstadt, S. 210-238

Ichikawa, Shogo (2002): Structural Changes in the Japanese Educational System in the 1990s. In: The Journal of Educational Sociology. Hrsg. v. The Japan Sociey of Educational Sociology. No.70, S. 5-20

Imai, Yasuo (1997): Auf der Suche nach der vermißten Öffentlichkeit – Diskussionen in der japanischen Pädagogik der Nachkriegszeit. In: Krüger, Heinz-Hermann / Olbertz, Jan H. (Hrsg.): Bildung zwischen Staat und Markt. Opladen, S.179-204

Imai, Yasuo (2004): Medial Perspective on Education: Toward a Transformation of the Concept of Education (メディアの教育学。「教育」の再定義のために). University of Tokyo Press, Tokyo

Imhof, Kurt (1998): Die Verankerung der Utopie herrschaftsemanzipierten Raisonnements im Dualismus Öffentlichkeit und Privatheit. Einführung. In: ders. / Schulz, Peter (Hrsg.): Die Veröffentlichung des Privaten – Die Privatisierung des Öffentlichen. Wiesbaden, S. 15-24

Imhof, Kurt (2003a): Politik im „neuen" Strukturwandel der Öffentlichkeit. In: Nassehi, Armin / Schroer, Markus (Hrsg.): Der Begriff des Politischen. Baden-Baden, S. 401-417

Imhof, Kurt (2003b): Öffentlichkeitstheorien. In: Bentele, Günter / Brosius, Hans-Bernd / Jarren, Otfried (Hrsg.): Öffentliche Kommunikation. Handbuch Kommunikations- und Medienwissenschaft. Wiesbaden, S. 193-209

Imhof, Kurt / Schulz, Peter (1998): Einleitung. Die Veröffentlichung des Privaten – die Privatisierung des Öffentlichen. In: ders. /ders. (Hrsg.): Die Veröffentlichung des Privaten – Die Privatisierung des Öffentlichen. Wiesbaden, S. 9-14

Ishido, Noritsugu (1993): The Idea of the „public" and the „privat" in Japanese Education (教育における「公」と「私」：その理念的考察). In: The Journal of Educational Sociology. Hrsg. von The Japan Sociey of Educational Sociology. No. 52, S. 5-19

Itô, Kazue (Hrsg.) (1988): Geschichte der öffentlichen Bildung (公教育の歴史). Aus der Reihe: Kurs Öffentliches Bildungssystem 2 (講座 公教育体系 2). Tokyo

Itô, Toshiko (1998): Die Vervollkommnung der Individualität. Erziehungsideal und Reformabsichten in Japan. In: Oelkers, Jürgen; Osterwalder, Fritz; Rhyn, Heinz (Hrsg.): Bildung, Öffentlichkeit und Demokratie. In: Zeitschrift für Pädagogik. 38. Beiheft, Weinheim und Basel, S. 225-238

Jarren, Otfried (1998): Medien, Mediensystem und politische Öffentlichkeit im Wandel. In: Sarcinelli, Ulrich (Hrsg.): Politikvermittlung und Demokratie in der Mediengesellschaft. Beiträge zur politischen Kommunikationskultur. Bonn, S. 74-94

Jarren, Otfried / Imhof, Kurt / Blum, Roger (2000): Einleitung: „Zerfall der Öffentlichkeit". In: ders. / ders. / ders. (Hrsg.) Zerfall der Öffentlichkeit? Wiesbaden, S. 9-15

Kabinettordre Kaiser Wilhelms II. zur Bekämpfung sozialistischer und kommunistischer Ideen durch die Schule (1993/1980). In: Berthold, Michael / Schepp, Heinz-Hermann (Hrsg.): Die Schule in Staat und Gesellschaft. Dokumente zur deutschen Schulgeschichte im 19. und 20. Jahrhundert. Göttingen/Zürich 1993, S. 184-186; ebenso In: Berg, Christa (Hrsg.): Staat und Schule oder Staatsschule? Stellungnahmen von Pädagogen und Schulpolitikern zu einem unerledigten Problem 1787-1889. Königstein/Ts. 1980, S. 151-153

Kade, Jochen / Nolda, Sigrid (2002): Erziehungswissenschaft im Diskurs medialer Öffentlichkeit. In: Otto, Hans-Uwe / Rauschenbach, Thomas / Vogel. Peter (Hrsg.): Erziehungswissenschaft: Politik und Gesellschaft. Opladen, S. 29-42

Kant, Immanuel (1964/1784): Beantwortung der Frage: Was ist Aufklärung? Berlinische Monatsschrift, Dezember 1784, S. 481-494. In: ders.: Schriften zur Anthropologie. Geschichtsphilosophie. Politik und Pädagogik. Werke in sechs Bänden. Bd. VI. Hrsg. v. Wilhelm Weischedel. Darmstadt, S. 53-61

Kant, Immanuel (1992/1793): Über den Gemeinspruch: Das mag in der Theorie richtig sein, taugt aber nicht für die Praxis. Berliner Monatsschrift Dezember 1793, S. 201-284. In; ders.: Über den Gemeinspruch: Das mag in der Theorie richtig sein, taugt aber nicht für die Praxis. Hrsg. von Heiner F. Klemme, Hamburg, S.1-48

Kant, Immanuel (1992/1795): Zum ewigen Frieden. Ein philosophischer Entwurf. Hrsg. von Heiner F. Klemme, Hamburg, S.49-103

Kaufmann, Franz-Xaver (2003): Sozialpolitisches Denken. Die deutsche Tradition. Frankfurt

Kaufmann, Franz-Xaver (2005): Staat und Wohlfahrtsproduktion. In: ders.: Sozialpolitik und Sozialstaat. Soziologische Analysen. Wiesbaden, S. 219-242

Kaufmann, Franz-Xaver (2009): Sozialstaat. In: ders.: Sozialpolitik und Sozialstaat: Soziologische Analysen. Wiesbaden, S. 227-418

Kelle, Helga / Breidenstein, Georg (2006): Öffentlichkeit und Privatheit unter Schulkindern. In: Baader, Meike Sophia / Kelle, Helga / Kleinau, Elke (Hrsg.): Bildungsgeschichten. Geschlecht, Religion und Pädagogik in der Moderne. Köln, S. 69-89

Kerner, Ina (2005): Forschung jenseits von Schwesternschaft. Zu Feminismus, postkolonialen Theorien und Critical Whiteness Studies. In: Harders, Cilja / Kahlert, Heike / Schindler, Delia (Hrsg.): Forschungsfeld Politik. Geschlechtskategoriale Einführung in die Sozialwissenschaften. Wiesbaden, S. 217-238

Kerschensteiner, Georg (1925): Staatsbürgerliche Erziehung der deutschen Jugend. 8. Aufl. Erfurt

Kerschensteiner, Georg (1958): Begriff der staatsbürgerlichen Erziehung. Hrsg. Von Josef Dolch. 8. Aufl. München

Kobes, Jörn (2004): Teilnahmeklauseln beim Zugang zum Gymnasion. In: Kah, Daniel / Scholz, Peter (Hrsg.): Das hellenistische Gymnasion. Berlin, S. 237-245

Kodama, Shigeo (1999): Educational Reforms aud the Public. From Bowes-Gintis to Hannah Arendt (教育改革と公共性。ボウルズ=ギンタスからハナ・アレントへ). University of Tokyo Press, Tokyo

Kodama, Shigeo (2002): The Restructuring of Public Education: The Paradox of Liberalization and the Return of the Political. In: The Journal of Educational Sociology. Hrsg. von The Japan Society of Educational Sociology. No. 70, S. 21-38

Kodama, Shigeo (2006): Educational Thought of Citizenship (シティズンシップの教育思想). Hakutaku-sha, Tokyo

Kojima, Tomoko (2009): Eine Antwort auf die pädagogischen Antinomien? In: Vierteljahrsschrift für wissenschaftliche Pädagogik. Heft 1, S. 113-129

Kojita, Yasunao (2002): „Öffentlichkeit vs. Privatheit' und Modernisierung in Japan (日本的公私観念と近代化). In: Sasaki, Takeshi / Kim, Tae-Chang (Hrsg.): Public and Private in Japanese Context (Public Philosophy 3). University of Tokyo Press, Tokyo, S. 37-61

Koselleck, Reinhart (1972): Einleitung. In: Brunner, Otto / Conze, Werner / ders. (Hrsg.): Geschichtliche Grundbegriffe. Historisches Lexikon zur politisch-sozialen Sprache in Deutschland. Bd. 1, Stuttgart, XIII-XXVII

Krause, Detlef (2005): Luhmann-Lexikon. Eine Einführung in das Gesamtwerk von Niklas Luhmann. Stuttgart

Kunczik Michael (1998): Öffentlichkeitsarbeit im Preußen des frühen 19. Jahrhunderts oder: Politik wird öffentlich. In: Imhof, Kurt / Schulz, Peter (Hrsg.): Die Veröffentlichung des Privaten – Die Privatisierung des Öffentlichen. Opladen/Wiesbaden, S. 195-209

Kurosaki, Isao (2006): Politische Ökonomie der Erziehungswissenschaft (教育の政治経済学). Dojidai-Scha, Tokyo

Kurozumi, Makoto (2002): Öffentlich und privat im japanischen Kontext (日本における公私問題). In: Sasaki, Takeshi / Kim, Tae-Chang (Hrsg.): Public and Private in Japanese Context (Public Philosophy 3). University of Tokyo Press, Tokyo, S. 229-239

Lange, Elmer (2005): Soziologie des Erziehungswesens. Wiesbaden

Langewand, Alfred (1996): Aufklärung. In: Lenzen, Dieter (Hrsg.): Pädagogische Grundbegriffe. Bd.1, Reinbek bei Hamburg, S. 93-101

Lemke, Thomas (1997): Eine Kritik der politischen Vernunft. Foucaults Analyse der modernen Gouvernementalität. Berlin/Hamburg

Lemke, Thomas (2001): Max Weber, Norbert Elias und Michel Foucault über Macht und Subjektivierung. In: Berliner Journal für Soziologie, Heft 1, S. 77-95

Lemke, Thomas / Krasmann, Susanne / Bröckling, Ulrich (2000): Gouvernementalität, Neoliberalismus und Selbsttechnologien. Eine Einleitung. In: ders.: Gouvernementalität der Gegenwart. Studien zur Ökonomisierung des Sozialen. Frankfurt, S. 7-40

Lenzen, Dieter (Hrsg.) (2004): Irritationen des Erziehungssystems. Pädagogische Resonanzen auf Niklas Luhmann. Frankfurt

LePeletier, Michel (1993/1794): Plan einer Nationalerziehung (1794). In: Berthold, Michael / Schepp, Heinz-Hermann (Hrsg.): Die Schule in Staat und Gesellschaft. Dokumente zur deutschen Schulgeschichte im 19. und 20. Jahrhundert. Göttingen/Zürich, S. 87-90

Leschinsky, Achim / Roeder, Peter Martin (1983): Schule im historischen Prozeß. Zum Wechselverhältnis von institutioneller Erziehung und gesellschaftlicher Entwicklung. Frankfurt – Berlin – Wien

Liebert, Tobias (1999): Historische Phasen und Typen von Öffentlichkeit und die Entwicklung von Öffentlichkeitsarbeit. Entwurf eines Modells. In: Szyszka, Peter (Hrsg.): Öffentlichkeit. Diskurs zu einem Schlüsselbegriff der Organisationskommunikation. Opladen/Wiesbaden, S. 93-111

Locke, John (1992/1690): Der Staat als Zusammenschluß zur Sicherung natürlicher Grundrechte. Auszug aus: ders.: Zwei Abhandlungen über die Regierung. Frankfurt 1967 (1690). In: Hoerster, Norbert (Hrsg.) Klassische Texte der Staatsphilosophie. München, S. 133-152

Locke, John (2007/1693): Gedanken über Erziehung. Stuttgart

Lohmann, Ingrid (2002a): After Neoliberalism. Können nationalstaatliche Bildungssysteme den ‚freien Markt‘ überleben? In: dies. / Rilling, Rainer (Hrsg.): Die verkaufte Bildung. Kritik und Kontroversen zur Kommerzialisierung von Schule, Weiterbildung, Erziehung und Wissenschaft. Opladen, S. 89-107

Lohmann, Ingrid (2002b): Bildung und Gesellschaft. Die Entstehung ihrer Beziehung am Beginn der Moderne. Überarbeitetes Vorlesungsmanuskript. Universität Hamburg. In: http://www.erzwiss.uni-hamburg.de/Personal/Lohmann/Publik/Lohmann-2002c.pdf. Stand vom Jul. 2012

Lohmann, Ingrid (2002c): Bildung – Ware oder öffentliches Gut? Auswirkungen des General Agreement on Trade in Services (GATS) auf den Bildungsbereich. Manuskript für die 22. GEW-Sommerschule: Bildung – Ware oder öffentliches Gut? Über die Finanzierung von Bildung und Wissenschaft. 25.-31. August 2002. In: http://www.erzwiss.uni-hamburg.de/Personal/Lohmann/Publik/debt.pdf. Stand vom Jul. 2012

Lohmann, Ingrid (2004): Tektonische Verschiebungen. Neue Weltmarktordnungen, Globalisierungspolitiken und die Folgen für die nationalen Bildungs- und Sozialsysteme. Überarbeitete und ergänzte Fassung des Vortrags auf dem Kongress „Bildung über die Lebenszeit" der deutschen, schweizerischen und österreichischen erziehungswissenschaftlichen Fachgesellschaften an der Universität Zürich, 21.-24.3.2004. In: http://www.erzwiss.uni-hamburg.de/Personal/Lohmann/Publik/zuerich-sy-19.doc. Stand vom Jul. 2012

Lohmann, Ingrid / Rilling, Rainer (Hrsg.) (2002): Die verkaufte Bildung. Kritik und Kontroversen zur Kommerzialisierung von Schule, Weiterbildung, Erziehung und Wissenschaft. Opladen

Luhmann, Niklas (1969): Diskussion. Komplexität und Demokratie. Zu Frieder Naschhod: »Demokratie und Komplexität«(PVS 4/1968, S. 494ff.). In: Politische Vierteljahresschrift. X. Jg., S. 364-325

271

Luhmann, Niklas (1981): Veränderungen im System gesellschaftlicher Kommunikation und die Massenmedien. In: ders.: Soziologische Aufklärung 3. Soziales System, Gesellschaft, Organisation. Opladen, S. 309-320

Luhmann, Niklas (1982): Interaktion, Organisation, Gesellschaft. In: ders.: Soziologische Aufklärung 2. Aufsätze zur Theorie der Gesellschaft. Opladen, S. 9-20

Luhmann, Niklas (1987a): Die Unterscheidung von Staat und Gesellschaft. In: ders.: Soziologische Aufklärung 4. Beiträge zur funktionalen Differenzierung der Gesellschaft. Opladen, S. 67-73

Luhmann, Niklas (1987b): Staat und Politik. Zur Semantik der Selbstbeschreibung politischer Systeme. In: ders.: Soziologische Aufklärung 4. Beiträge zur funktionalen Differenzierung der Gesellschaft. Opladen, S. 74-103

Luhmann, Niklas (1987c): Sozialisation und Erziehung. In: ders.: Soziologische Aufklärung 4. Beiträge zur funktionalen Differenzierung der Gesellschaft. Opladen, S. 173-181

Luhmann, Niklas (1990): Gesellschaftliche Komplexität und öffentliche Meinung. In: ders: Soziologische Aufklärung 5. Konstruktivistische Perspektiven. Opladen, S. 170-182

Luhmann, Niklas (1994/1971): Öffentliche Meinung. In: ders.: Politische Planung. Aufsätze zur Soziologie von Politik und Verwaltung. Opladen, S. 9-34

Luhmann, Niklas (1996): Die Realität der Massenmedien. Opladen

Luhmann, Niklas (2000): Die Politik der Gesellschaft. Frankfurt

Luhmann, Niklas (2000a): Die Politik der Gesellschaft: Zur Fragestellung. In: ders.: Die Politik der Gesellschaft. Frankfurt, S. 7-17

Luhmann, Niklas (2000b): Der Staat des politischen Systems. In: ders.: Die Politik der Gesellschaft. Frankfurt, S. 189-227

Luhmann, Niklas (2000c): Öffentliche Meinung. In: ders.: Die Politik der Gesellschaft. Frankfurt, S. 274-318

Luhmann, Niklas (2002): Das Erziehungssystem der Gesellschaft. Frankfurt

Luhmann, Niklas (2002a): Mensch und Gesellschaft. In: ders.: Das Erziehungssystem der Gesellschaft. Frankfurt, S. 13-47

Luhmann, Niklas (2002b): Respezifikation: Profession und Organisation. In: ders.: Das Erziehungssystem der Gesellschaft. Frankfurt, S. 142-167

Luhmann, Niklas / Schorr, Karl Eberhard (1979): Reflexionsprobleme im Erziehungssystem. Stuttgart

Luhmann, Niklas / Schorr, Karl Eberhard (1988): Strukturelle Bedingungen von Reformpädagogik. Soziologische Analysen zur Pädagogik der Moderne. In: Zeitschrift für Pädagogik. 34. Jg., Nr. 4, S. 475

Mandeville, Bernard (1998): Die Bienenfabel oder Private Laster, öffentliche Vorteile. Mit einer Einleitung von Walter Euchner. Frankfurt, davon S. 59-92

Marcinkowski, Frank (2002): Politische Öffentlichkeit. Systemtheoretische Grundlagen und politikwissenschaftliche Konsequenzen. In: Hellmann, Kai-Uwe / Schmalz-Bruns, Reiner (Hrsg.): Theorie der Politik. Niklas Luhmanns politische Soziologie. Frankfurt, S. 85-108

Marquardt, Wolfgang (1975): Geschichte und Strukturanalyse der Industrieschule. Arbeiterziehung, Industrieunterricht, Kinderarbeit in niederen Schulen (1770-1850/70). Hannover

Marrou, Henri-Irénée (1957): Geschichte der Erziehung im klassischen Altertum. Hrsg. v. Richard Harder. Freiburg/München

Marshall, Thomas H. (1992): Bürgerrechte und soziale Klassen: Zur Soziologie des Wohlfahrtsstaates. Frankfurt/New York

Maruyama, Masao (1988): Was man ist und was man tut. In: ders.: Denken in Japan. Frankfurt 1988, S. 135-156. Originale Fassung: ders.: (日本の思想。四章「である」ことと「する」こと) Iwanami, Tokyo, 2007 (1961)

Masschelein, Jan (2003): Trivialisierung von Kritik. Kritische Erziehungswissenschaft weiterdenken. In: Zeitschrift für Pädagogik 46. Beiheft, S. 124-141

Massing, Peter (2002): Demokratie-Lernen oder Politik-Lernen? In: Breit, Gotthard / Schiele, Siegfried (Hrsg.): Demokratie-Lernen als Aufgabe der politischen Bildung. Schwalbach/Ts., S. 160-187

Maresch, Rudolf (Hrsg.) (1996): Medien und Öffentlichkeit. Positionierung, Symptome, Simulationsbrüche. München

Merkens, Hans (2006): Pädagogische Institutionen. Pädagogisches Handeln im Spannungsfeld von Individualisierung und Organisation. Wiesbaden

Meyer, Folkert (1976): Schule der Untertanen. Lehrer und Politik in Preußen 1848-1900. Hamburg

Meyer, John W. / Boli, John / Thomas, George M. / Ramirez, Francisco O. (2005): Die Weltgesellschaft und der Nationalstaat. In: Meyer, John W.: Weltkultur. Wie die westlichen Prinzipien die Welt durchdringen. Hrsg. v. Georg Krücken. Frankfurt, S. 85-132

Meyer-Drawe, Käte (1989): Strukturwandel der Öffentlichkeit: Zerfall oder Befreiung von Vernunft? Merkmale und Konsequenzen postmoderner Rationalitätskritik. In: Oelkers, Jürgen / Peukert, Helmut / Ruhloff, Jörg (Hrsg.): Öffentlichkeit und Bildung in erziehungsphilosophischer Sicht. Beiträge der Kommission „Erziehung und Bildungsphilosophie" zur 11. Jahrestagung der Deutschen Gesellschaft für Erziehungswissenschaft. Köln, S. 63-88

Meyer-Drawe, Käte (1998): Streitfall „Autonomie". Aktualität, Geschichte und Systematik einer modernen Selbstbeschreibung von Menschen. In: Jahrbuch für Bildungs- und Erziehungsphilosophie 1. Baltmannsweiler, S. 31-49

Minamoto, Ryôen (2002): Shônan Yokoi und sein Beitrag zur Öffentlichkeitsphilosophie (横井小楠における公共の思想とその公共哲学への寄与). In: Sasaki, Takeshi / Kim, Tae-Chang (Hrsg.): Public and Private in Japanese Context (Public Philosophy 3). University of Tokyo Press, Tokyo, S. 241-261

Mitter, Wolfgang (2006): Bildungssouveränität und Schulträgerschaft in Europa in historisch-vergleichender Sicht. In: Bildung und Erziehung 59. 1, S. 5-20

Mizubayashi, Takeshi (2002): Der Prototyp und die Entwicklung der japanischen Vorstellung von Öffentlichkeit und Privatheit (日本的「公私」観念の原型と展開). In: Sasaki, Takeshi / Kim, Tae-Chang (Hrsg.): Public and Private in Japanese Context (Public Philosophy 3). University of Tokyo Press, Tokyo, S. 1-36

Musolff, Hans-Ulrich / Hellekamps, Stephanie (2006): Geschichte des pädagogischen Denkens. München

Namimoto, Katsutoshi / Nakatani, Aya (Hrsg.) (2000): Überlegungen zum Erziehungsgrundgesetz (教育基本法を考える), Hokuju, Tokyo

Negt, Oskar. / Kluge, Alexander (1977): Öffentlichkeit und Erfahrung. Zur Organisationsanalyse von bürgerlicher und proletarischer Öffentlichkeit. Frankfurt

Neidhardt, Friedhelm (1994): Einleitung. Öffentlichkeit, öffentliche Meinung, soziale Bewegung. In: ders. (Hrsg.): Öffentlichkeit, öffentliche Meinung, soziale Bewegungen. Kölner Zeitschrift für Soziologie und Sozialpsychologie. Sonderheft 34, Opladen, S. 7-41

Neuner, Gerhart (2001): Ende der Arbeitsgesellschaft – Ende der Bildung? In: Hoffmann, Dietrich / Maack-Rheinländer, Kathrin (Hrsg.): Ökonomisierung der Bildung. Die Pädagogik unter den Zwängen des »Marktes«. Weinheim und Basel, S. 49-63

Nieser, Bruno (1978): Die Entstehung der Schule als Institution bürgerlicher Gesellschaft. Vergleichende Untersuchung der institutionalisierten Erziehung und Bildung am Beispiel Frankreichs. Frankfurt/New York

Nilsson, Martin Persson (1955): Die hellenistische Schule. München

Nishihara, Hiroshi (2004): ‚Revision' des Erziehungsgrundgesetzes (教育基本法「改正」。私たちは何を選択するのか). Iwanami booklet No.615. Tokyo

Nohl, Herman (1988/1935): Die pädagogische Bewegung in Deutschland und ihre Theorie. Frankfurt

Nolda, Sigrid (2002): Pädagogik und Medien. Eine Einführung. Stuttgart

OECD – Organisation für Wirtschaftliche Zusammenarbeit und Entwicklung: Bildungspolitische Analyse. Paris 2001

Oelkers Jürgen (2000): Demokratie und Bildung: Über die Zukunft eines Problems. Antrittsvorlesung in der Universität Zürich am 22. Nov. 1999. In: Zeitschrift für Pädagogik. 46. Jg., Heft 3, S. 333-347

Oelkers Jürgen (2004): Erziehung. In: Benner, Dietrich / Oelkers, Jürgen (Hrsg.): Historisches Wörterbuch der Pädagogik. Weinheim und Basel, S. 303-340

Oelkers, Jürgen (1988): Öffentlichkeit und Bildung: Ein künftiges Mißverhältnis? In: Zeitschrift für Pädagogik. 34 Jg., Nr. 5, S. 579-599

Oelkers, Jürgen (1992): Einleitung: Aufklärung als Lernprozeß. In: ders. (Hrsg.): Aufklärung, Bildung und Öffentlichkeit. Pädagogische Beiträge zur Moderne. Zeitschrift für Pädagogik. 28. Beiheft. Weinheim und Basel, S. 9-23

Oelkers, Jürgen (1996): Ästhetische Moderne und Erziehungstheorie: Heilsame Destruktionen. In: Combe, Arno / Helsper, Werner (Hrsg.): Pädagogische Professionalität. Untersuchungen zum Typus pädagogischen Handelns. Frankfurt, S. 842-886

Oelkers, Jürgen (1997): Öffentlichkeit und Bildung: Zur historischen Genesis eines europäischen Konzepts. In: Braun, Karl-Heinz / Krüger, Heinz-Hermann (Hrsg.): Pädagogische Zukunftsentwürfe. Festschrift zum siebzigsten Geburtstag von Wolfgang Klafki. Opladen, S. 29-49

Oelkers, Jürgen (2003): Schulen in erweiterter Verantwortung. Eine Positionsbestimmung aus erziehungswissenschaftlicher Sicht. In: Brüsemeister, Thomas / Eubel, Klaus-Dieter (Hrsg.): Zur Modernisierung der Schule. Leitideen – Konzepte – Akteure. Ein Überblick. Bielefeld, S. 54-63

Oelkers, Jürgen (2009): Erziehung. In: Andresen, Sabine et al. (Hrsg.): Handwörterbuch Erziehungswissenschaft. Weinheim und Basel, S. 248-262

Oelkers, Jürgen (Hrsg.) (1992): Aufklärung, Bildung und Öffentlichkeit. Pädagogische Beiträge zur Moderne. In: Zeitschrift für Pädagogik. 28. Beiheft. Weinheim und Basel

Oelkers, Jürgen / Osterwalder, Fritz / Rhyn, Heinz (Hrsg.) (1997): Bildung, Öffentlichkeit und Demokratie. In: 38. Beiheft der Zeitschrift für Pädagogik. Weinheim und Basel 1998

Offe, Claus (1989): Fessel und Bremse. Moralische und institutionelle Aspekte »intelligenter Selbstbeschränkung«. In: Honneth, Axel / McCarthy, Thomas / ders. / Wellmer, Albrecht (Hrsg.): Zwischenbetrachtungen. Im Prozeß der Aufklärung. Jürgen Habermas zum 60. Geburtstag. Frankfurt, S. 739-774

Okamura, Tatsuo (1988): Öffentliche Bildung und Staat. Entwicklung und Aufgabe der Theorie öffentlicher Bildung (公教育と国家-公教育論の展開と課題). In: Itô, Kazue (Hrsg.): Theorie der öffentlichen Bildung (公教育の理論). Kyoikukaihatsu Kenkyûjo, Tokyo, S. 35-70

Osterwalder, Fritz (1989): Die pädagogischen Vorstellung in der Helvetischen Gesellschaft und die Französische Revolution. Über die Zusammenhänge von Nationalerziehung, Volksbildung, Staatschule und Öffentlichkeit. In: Zeitschrift für Pädagogik. 24. Beiheft, S. 255-272

Osterwalder, Fritz (1992): Condorcet – Instruction publique und das Design der Pädagogik als öffentlich-rechtliche Wissenschaft. In: Oelkers, Jürgen (Hrsg.): Aufklärung, Bildung und Öffentlichkeit. Pädagogische Beiträge zur Moderne. In: 28. Beiheft der Zeitschrift für Pädagogik. Weinheim und Basel, S. 157-193

Osterwalder, Fritz (1993): Markt, Staat, Öffentlichkeit und Bildung. In: Gonon, Philipp / Oelkers, Jürgen (Hrsg.): Die Zukunft der öffentlichen Bildung. L'avenir de l'éducation publique. Bern, S. 55-76

Ottmann, Henning (2006): Liberale, republikanische, deliberative Demokratie. In: Synthesis Philosophica. Vol. 21. 2, S. 315-325

Otto, Hans-Uwe / Rauschenbach, Thomas / Vogel Peter (Hrsg.) (2002): Erziehungswissenschaft: Politik und Gesellschaft. Opladen

Oy, Gottfried (2001): Die Gemeinschaft der Lüge. Medien- und Öffentlichkeitskritik sozialer Bewegung in der Bundesrepublik. Münster

Patzner, Gerhard (2005): Schule im Kontext neoliberaler Gouvernementalität. In: Breit, Helmut / Rittberger, Michael / Sertl, Michael (Hrsg.): Kontrollgesellschaft und Schule. Schulheft 118, 30. Jg. Innsbruck-Wien-Bozen, S. 53-71

Peters, Bernhard (1994): Der Sinn von Öffentlichkeit. In: Neidhardt, Friedhelm (Hrsg.): Öffentlichkeit, öffentliche Meinung, soziale Bewegungen. In: Kölner Zeitschrift für Soziologie und Sozialpsychologie. 34. Sonderheft. Opladen, S. 42-76

Peters, Bernhard (2001): Deliberative Öffentlichkeit. In: Wingert, Lutz / Günther, Klaus (Hrsg.): Die Öffentlichkeit der Vernunft und die Vernunft der Öffentlichkeit. Festschrift für Jürgen Habermas. Frankfurt, S. 655-677

Peters, Bernhard (2007): Der Sinn von Öffentlichkeit. Hrsg. von Hartmut Weßler. Frankfurt

Peters, Bernhard (2007): Der Sinn von Öffentlichkeit. In: ders.: Der Sinn von Öffentlichkeit. Frankfurt, S. 55-102

Plake, Klaus (2010): Schule als Konstrukt der Öffentlichkeit. Bilder – Strategien – Wirklichkeiten. Wiesbaden

Platon (1993): Gesetze. Übersetzt v. Otto Apelt. Zweiter Band: Buch VII-XII, davon Buch VII. In: ders.: Sämtliche Dialoge. Bd. VII. Hrsg. v. Otto Apelt. Die philosophische Bibliothek, Band 160. Leipzig, Nachgedruckt Hamburg, S. 263-317

Pölitz, Karl Heinrich Ludwig (1806): Die Erziehungswissenschaft, aus dem Zwecke der Menschheit und des Staates practisch dargestellt. 2 Theile, Leipzig

Prondczynsky, Andreas von (1998): Öffentlichkeit und Bildung in der pädagogischen Historiographie. In: Oelkers, Jürgen / Osterwalder, Fritz / Rhyn, Heinz (Hrsg.): Bildung, Öffentlichkeit und Demokratie. In: Zeitschrift für Pädagogik. 38. Beiheft. Weinheim und Basel, S. 71-86

Radtke, Frank-Olaf (2000): Einleitung: Schulautonomie, Sozialstaat und Chancengleichheit. In: ders. / Weiß, Manfred (Hrsg.): Schulautonomie, Wohlfahrtsstaat und Chancengleichheit. Ein Studienbuch. Opladen, S. 13-32

Radtke, Frank-Olaf (2003): Schulautonomie: Bildungspolitisches Ringen um Definitionsmacht. In: Brüsenmeister, Thomas / Eubel, Klaus-Dieter (Hrsg.): Zur Modernisierung der Schule. Leitideen – Konzepte – Akteure. Ein Überblick. Bielefeld, S. 131-138

Radtke, Frank-Olaf (2004): Der Eigensinn pädagogischer Professionalität jenseits von Innovationshoffnungen und Effizienzerwartungen. Übergangene Einsichten aus der Wissensverwendungsforschung für die Organisation der universitären Lehrerbildung. In: Koch-Priewe, Barbara / Kolbe, Fritz-Ulrich / Wildt, Johannes (Hrsg.): Grundlagenforschung und mikrodidaktische Reformansätze zur Lehrerbildung. Bad Heilbrunn, S. 99-149

Radtke, Frank-Olaf / Weiß, Manfred (Hrsg.) (2000): Schulautonomie, Wohlfahrtsstaat und Chancengleichheit. Ein Studienbuch. Opladen

Raupp, Juliana (1999): Zwischen Akteur und System. Akteure, Rollen und Strukturen von Öffentlichkeit. In: Szyszka, Peter (Hrsg.): Öffentlichkeit. Diskurs zu einem Schlüsselbegriff der Organisationskommunikation. Opladen/Wiesbaden, S. 113-130

Reinhardt, Klaus (1992): Öffnung der Schule. Community Education als Konzept für die Schule der Zukunft? Studien Schulpädagogik und Didaktik. Bd 6.Weinheim und Basel

Richter, Ingo (1996): Die öffentliche Schule im Umbau des Sozialstaats. In: Leschinsky, Achim (Hrsg.): Die Institutionalisierung von Lehren und Lernen. Beiträge zu einer Theorie der Schule. Weinheim und Basel, S. 107-118

Richter, Ingo (2006): Recht im Bildungssystem. Eine Einführung. Stuttgart

Ricken, Norbert (1999): Subjektivität und Kontingenz. Markierungen im pädagogischen Diskurs. Würzburg

Ricken, Norbert / Rieger-Ladich, Markus (Hrsg.) (2004): Michel Foucault: Pädagogische Lektüren. Wiesbaden

Rieger, Elmar (1992): Die Institutionalisierung des Wohlfahrtsstaates. Opladen

Rixius, Norbert (2001): Öffnung von Schule. In: Döbert, Hans / Ernst, Christian (Hrsg.): Finanzierung und Öffnung von Schule. Basiswissen Pädagogik. Aktuelle Schulkonzepte Bd. 2. Hohengehren, S. 73-95

Roesler, Alexander (1997): Bequeme Einmischung. Internet und Öffentlichkeit. In: Münker, Stefan / Roesler, Alexander (Hrsg.): Mythos Internet. Frankfurt, S. 171-192

Rohmberg, Markus (2008): Mediendemokratie. Die Agenda-Setting-Frunktion der Massenmedien. München

Röseberg, Dorothee (1992): Literarische Kultur in Frankreich. Literatur als Institution in der Sekundarschule des 19./20. Jh. Frankfurt; Berlin; Bern; New York; Paris; Wien

Rousseau, Jean-Jacques (1995/1762): Emil oder Über die Erziehung. 12. Aufl. Paderborn/München/Wien/Zürich

Saage, Richard (2005): Demokratietheorien. Eine Einführung. Wiesbaden

Saitô, Hiroshi (1988): Der Allgemeinheitsanspruch öffentlicher Bildung (公教育の普遍性). In: Itô, Kazue (Hrsg.): Theorie der öffentlichen Bildung (公教育の理論). Kyoikukaihatsu Kenkyûjo, Tokyo, S. 71-106

Saitô, Junichi (2002): Über den Diskurs zur Öffentlichkeit im modernen Japan (現代日本における 公共性の言説をめぐって). In: Sasaki, Takeshi / Kim, Tae-Chang (Hrsg.): Public and Private in Japanese Context (Public Philosophy 3). University of Tokyo Press, Tokyo, S. 101-141

Saitô, Junichi (2007): Publicness (公共性). Iwanami, Tokyo

Sanuki, Hiroshi (2003): Neoliberalismus und Bildungsreform. Gründe für die 'Revision' des Erziehungsgrundgesetzes (新自由主義と教育改革。なぜ、教育基本法「改正」なのか). Jun-pôsha, Tokyo

Sanuki, Hiroshi (2007): A Consideration about the Relationship between the Public Nature of the World of Politics and the Public Nature of the World of Education (政治世界の公共性と教育 世界の公共性). In: The Japanese Journal of Educational Research. Vol. 74 No. 4, S. 493-504

Sarcinelli, Ulrich (1998): Legitimität. In: Jarren, Otfried / ders. / Saxer, Ulrich (Hrsg.): Politische Kommunikation in der demokratischen Gesellschaft. Ein Handbuch mit Lexikonteil. Opla-den/Wiesbaden, S. 253-267

Sasaki, Takeshi / Kim, Tae-Chang (Hrsg.) (2002): Public and Private in Japanese Context (日本にお ける公と私). Public Philosophy 3. University of Tokyo Press, Tokyo (Sammelband zum Sym-posium der Arbeitsgemeinschaft öffentlicher Philosophie, 12.05-14.05.2000 in Tokyo)

Satô, Manabu (2001): Öffentlichkeit und Marktprinzip der Schule in den politischen Wissenschaften (学校の公共性と市場原理の政治学). In: Studies in the Philosophy of Education. Hrsg. von The Japanese Society fo the Philosophy of Education. Nr. 83, Tokyo, S. 28-37

Satô, Yoshiyuki et al. (2003): Zivilgesellschaft und kritische Öffentlichkeit (市民社会と批判的公共 性). Bunshin-do, Tokyo

Saxer, Ulrich (2007): Politik als Unterhaltung. Zum Wandel politischer Öffentlichkeit in der Mediengesellschaft. Konstanz

Scheidt, Katja (2006): Schulen in der Mediengesellschaft – Krise als Chance? Zur Selbstdarstellung von Schulen. Tipps, Tricks, Hintergründe. In: Veränderung von Schule durch die Mediengesell-schaft. Tagungsbericht zum 39. Mülheimer Kongress vom 9. bis 10. November 2006. Düssel-dorf, S. 33- 44

Schelsky, Helmut (1967): Schule und Erziehung in der industriellen Gesellschaft. Würzburg

Scheuerl, Hans (1985): Geschichte der Erziehung. Ein Grundriß. Stuttgart

Scheunpflug, Annette (2004): Das Technologiedefizit. Nachdenken über Unterricht aus systemtheo-retischer Perspektive. In: Lenzen, Dieter (Hrsg.): Irritationen des Erziehungssystems. Pädagogi-sche Resonanzen auf Niklas Luhmann. Frankfurt, S. 65-87

Schiewe, Jürgen (2004): Öffentlichkeit. Entstehung und Wandel in Deutschland. Paderborn

Schimank, Uwe (2003): Teilsysteminterdependenzen und Inklusionsverhältnisse. Ein differenzie-rungstheoretisches Forschungsprogramm zur System- und Sozialintegration der modernen Ge-sellschaft. In: Brüsemeister, Thomas / Eubel, Klaus-Dieter (Hrsg.): Zur Modernisierung der Schule. Leitideen – Konzepte – Akteure. Ein Überblick. Bielefeld, S. 40-48

Schleiermacher, Friedrich Ernst Daniel (1994): Über den Beruf des Staates zur Erziehung. Abhand-lung der Kgl. Pr. Akademie der Wissenschaften (1814). In: ders.: Ausgewählte pädagogische Schriften. Paderborn, S. 18-32

Schöller, Oliver (2004): Vom Bildungsbürger zum Lernbürger. Bildungstransformationen in neoliberalen Zeiten. In: PROKLA. Zeitschrift für kritische Sozialwissenschaft, Heft 137, 34. Jg. Nr.4, S. 515-534

Scholz, Peter (2004): Elementarunterricht und intellektuelle Bildung im Hellenistischen Gymnasion. In: Kah, Daniel / Scholz, Peter (Hrsg.): Das hellenistische Gymnasion. Berlin, S. 103-128

Schriewer, Jürgen (2007): Weltkultur und kulturelle Bedeutungswelten – zum Thema des Bandes. In: ders. (Hrsg.): Weltkultur und kulturelle Bedeutungswelten. Zur Globalisierung von Bildungsdis-kursen. Frankfurt / New York, S. 7-20

Schriewer, Jürgen (Hrsg.) (2000): Discourse Formation in Comparative Education. Frankfurt

Schriewer, Jürgen / Holmes, Brian (Hrsg.) (1988): Theories and Methods in Comparative Education. Frankfurt

Schubert, Volker (1992): Die Inszenierung der Harmonie. Erziehung und Gesellschaft in Japan. Darmstadt

Schubert, Volker (2005): Pädagogik als vergleichende Kulturwissenschaft. Erziehung und Bildung in Japan. Wiesbaden

Schuler, Christof (2004): Die Gymnasiarchie in hellenistischer Zeit. In: Kah, Daniel / Scholz, Peter (Hrsg.): Das hellenistische Gymnasion. Berlin, S. 163-192

Sennett, Richard (1986): Verfall und Ende des öffentlichen Lebens. Die Tyrannei der Intimität. Frankfurt

Sliwka, Anne (2009): Citizenship. In: Andresen, Sabine et al. (Hrsg.): Handwörterbuch Erziehungs-wissenschaft. Weinheim und Basel, S. 119-133

Smith, Adam (1993 (1776/1789)): Der Wohlstand der Nationen. Eine Untersuchung seiner Natur und seiner Ursachen. München

Smula, Hans-Jürgen (2006): Veränderung von Schule durch die Mediengesellschaft. Einführung in das Thema des 39. Mühlheimer Kongresses 2006. In: Veränderung von Schule durch die Medi-engesellschaft. Tagungsbericht zum 39. Mülheimer Kongress vom 9. bis 10. November 2006. Düsseldorf, S. 12-14

Soga, Masahiko (2007): Öffentliche Bildung und Bildungsadministration (公教育と教育行政). Daigakukyôiku, Okayama

Stephani, Heinrich (1797): Grundriß der Staatserziehungs-Wissenschaft. Weißenfels/Leipzig

Stephani, Heinrich (1813): System der öffentlichen Erziehung. Ein nöthiges Handbuch für alle, welche an derselben zweckmäßigen Antheil nehmen wollen. Zweite verbesserte und wohlfeilere Ausgabe. Erlangen

Sünker, Heinz (2002): Wie viel Staat braucht die Bildung? In: Otto, Hans-Uwe / Rauschenbach, Thomas / Vogel. Peter (Hrsg.): Erziehungswissenschaft: Politik und Gesellschaft. Opladen, S. 119-128

Süvern, Johann Wilhelm (1993): Entwurf eines allgemeinen Gesetzes über die Verfassung des Schulwesens im preußischen Staate (1817-1819). In: Berthold, Michael / Schepp, Heinz-Hermann (Hrsg.): Die Schule in Staat und Gesellschaft. Dokumente zur deutschen Schulge-schichte im 19. und 20. Jahrhundert. Göttingen/Zürich, S. 108-113

Swaan, Abram de (1993): Der sorgende Staat. Wohlfahrt, Gesundheit und Bildung in Europa und den USA der Neuzeit. Frankfurt/New York

Takahashi, Tetsuya et al. (2004): Gegen die ‚Revision' des Erziehungsgrundgesetzes (教育基本法「改正」に抗して。全国各地からの声). Iwanami booklet No.626. Tokyo

Takahashi, Yasutada (2003): Schulsystem und Gesellschaft (学校制度と社会). Tamagawa, Tokyo

Tanaka, Katsuyoshi (Hrsg.) (1992): Geschichte der Bildung. Übersicht über die abendländische und japanische Bildung von der Antike bis zur Gegenwart (教育史。古代から現代までの西洋と日本を概説). Tokyo

Tennstedt, Florian (1981): Sozialgeschichte der Sozialpolitik in Deutschland. Göttingen

Tenorth, Heinz-Elmar (1986): Bildung, allgemeine Bildung, Allgemeinbildung. Zum Thema dieses Bandes. In: ders. (Hrsg.): Allgemeine Bildung. Analysen zu ihrer Wirklichkeit, Versuche über ihre Zukunft. Weinheim und München, S. 7-30

Tenorth, Heinz-Elmar (1998): „Erziehungsstaaten". Pädagogik des Staates und Etatismus der Erziehung. In: Benner, Dietrich / Schriewer, Jürgen / ders. (Hrsg.): Erziehungsstaaten. Histo-risch-vergleichende Analysen ihrer Denktraditionen und nationaler Gestalten. Weinheim, S. 13-53

Tenorth, Heinz-Elmar (2000): Geschichte der Erziehung. Einführung in die Grundzüge ihrer neuzeitlichen Entwicklung. Weinheim und München

Thiessen, Barbara (2004): Re-Formulierung des Privaten. Professionalisierung personenbezogener, haushaltsnaher Dienstleistungsarbeit. Wiesbaden

Titze, Hartmut (1973): Die Politisierung der Erziehung. Frankfurt

Tönnies, Ferdinand (2005): Gemeinschaft und Gesellschaft. Grundbegriffe der reinen Soziologie. Darmstadt

Trapp, Ernst Christian (1980): Von der Notwendigkeit öffentlicher Schulen und von ihrem Verhältnisse zu Staat und Kirche. In: Berg, Christa (Hrsg.): Staat und Schule oder Staatsschule? Stellungnahmen von Pädagogen und Schulpolitikern zu einem unerledigten Problem 1787-1889. Königstein/Ts., S. 22-36

Treiber, Hubert / Steinert, Heinz (2005): Die Fabrikation des zuverlässigen Menschen. Über die "Wahlverwandtschaft" von Kloster- und Fabrikdisziplin. Münster

Treml, Alfred K. (2005): Pädagogische Ideengeschichte. Ein Überblick. Stuttgart

Vanderstraeten, Raf (2006): Die Unwahrscheinlichkeit der pädagogischen Kommunikation. In: Ehrenspeck, Yvonne / Lenzen, Dieter (Hrsg.): Beobachtungen des Erziehungssystems. Systemtheoretische Perspektiven. Wiesbaden, S. 95-112

Varela, María do Mar / Dhawan, Nikita (2005): Postkoloniale Theorie. Eine kritische Einführung. Bielefeld

Walzer, Micahel (1995): Was heißt zivile Gesellschaft? In: Brink, Bert van den / Reijen, Willem van (Hrsg.): Bürgergesellschaft, Recht und Demokratie. Frankfurt, S. 44-70

Weber, Peter J. (2002): Technisierung und Marktorientierung von Bildung in Europa. In: Lohmann, Ingrid / Rilling, Rainer (Hrsg.): Die verkaufte Bildung. Kritik und Kontroversen zur Kommerzialisierung von Schule, Weiterbildung, Erziehung und Wissenschaft. Opladen, S. 29-43.

Weishaupt, Horst (2003): Die Situation des Schulwesens im Kontext der veränderten Wahrnehmung öffentlicher Aufgaben durch den Staat. In: Brüsenmeister, Thomas / Eubel, Klaus-Dieter (Hrsg.): Zur Modernisierung der Schule. Leitideen – Konzepte – Akteure. Ein Überblick. Bielefeld, S. 84-89

Weiß, Manfred (1998): Schulautonomie im Licht mikroökonomischer Bildungsforschung. In: Weizsäcker, Robert K. von (Hrsg.): Deregulierung und Finanzierung des Bildungswesens. Berlin, S. 15-47

Weiß, Manfred (2000): Privatisierung des Bildungsbereichs – Internationale Tendenzen. In: Radtke, Frank-Olaf/ ders. (Hrsg.): Schulautonomie, Wohlfahrtsstaat und Chancengleichheit. Ein Studienbuch Obladen, S. 35-51

Weiss, Manfred (2001): Quasi-Märkte im Schulbereich. Eine ökonomische Analyse. In: Oelkers, Jürgen (Hrsg.): Zukunftsfragen der Bildung. Zeitschrift für Pädagogik. 43. Beiheft, Weinheim und Basel, S. 69-85

Wellendorf, Franz (1974): Schulische Sozialisation und Identität. Weinheim und Basel

Welsch, Wolfgang (1991): Unsere postmoderne Moderne. Weinheim

Wenning, Norbert (1996): Die Nationale Schule. Öffentliche Erziehung im Nationalstaat. In: Lernen für Europa, Bd. 2. Münster/New York

Whitty, Geoff (1994): Ist die jüngste Bildungsreform ein postmodernes Phänomen? In: Sünker, Heinz / Timmermann, Dieter / Kolbe, Flitz-Ulrich (Hrsg.): Bildung Gesellschaft, soziale Ungleichheit. Frankfurt, S. 64-88

Whitty, Geoff (1997): Creating Quasi-Markets in Education: A Review of Recent Research on Parental Choice and School Autonomy in Three Countries. In: Review of Research in Education. Vol. 22, S. 3-47

Whitty, Geoff / Gewirtz, Sharon / Edwards, Tony (1994): Neue Schulen für neue Zeiten? Zum Verständnis der neuen Bildungspolitik. In: Widersprüche 14. H.51, S. 39-52

Wilke, Jürgen (2003): Kommunikations- und Mediengeschichte. In: Bentele, Günter / Brosius, Hans-Bernd / Jarren, Ortfried (Hrsg.): Öffentliche Kommunikation. Handbuch Kommunikations- und Medienwissenschaft. Wiesbaden, S. 151-167

Wolff, Christian (1980/1754): Grundsätze des Natur- und Völkerrechts, worin alle Verbindlichkeiten und alle Rechte aus der Natur des Menschen in einem beständigen Zusammenhange hergeleitet werden (1754). Hrsg. v. Jörn Garber. Massenheim/Glan

Yamawaki, Naoshi (2007): Über öffentliche Philosophie (公共哲学とは何か). Chikuma, Tokyo

Yamawaki, Naoshi (2008): Glocal Public Philosophy: A Vision of Good Societies in the 21st Cenrtury (グローカル公共哲学。「活私開公」のヴィジョンのために). University of Tokyo Press, Tokyo

Yamazaki, Kiyoo (Hrsg.) (2002): Moderne Erziehung und Schule (現代の教育と学校). 2. Auflage. Kawashima, Tokyo

Zymek, Bernd (1986): Der unaufhaltsame, ungewollte Trend zum Allgemeinen. Widersprüche der strukturellen Entwicklung und bildungstheoretischen Begründung des deutschen höheren Schulsystems. In: Tenorth, Heinz-Elmar (Hrsg.): Allgemeine Bildung. Analysen zu ihrer Wirklichkeit, Versuche über ihre Zukunft. Weinheim und München, S. 76-93

The manufacturer's authorised representative in the EU is Springer
Nature Customer Service Centre GmbH, Europaplatz 3, 69115 Heidelberg,
Germany. If you have any concerns regarding our products, please
contact ProductSafety@springernature.com

Printed and bound by CPI Group (UK) Ltd, Croydon, CR0 4YY
23/04/2026
02095592-0005